中华人民共和国法律释义丛书

全国人民代表大会常务委员会法制工作委员会　编

中华人民共和国
慈善法释义

主　编：阚　珂（全国人大常委会法制工作委员会
原副主任）
副主编：郭林茂（全国人大常委会法制工作委员会
社会法室巡视员）

法律出版社

图书在版编目(CIP)数据

中华人民共和国慈善法释义/全国人大常委会法制工作委员会编. —北京:法律出版社,2016.6

(中华人民共和国法律释义)

ISBN 978-7-5118-9619-3

Ⅰ.①中… Ⅱ.①全… Ⅲ.①慈善事业—法律—法律解释—中国 Ⅳ.①D922.182.35

中国版本图书馆CIP数据核字(2016)第132723号

责任编辑/麦 锐 **装帧设计**/李 瞻

出版/法律出版社 **编辑统筹**/法规出版分社
总发行/中国法律图书有限公司 **经销**/新华书店
印刷/固安华明印业有限公司 **责任印制**/吕亚莉

开本/850毫米×1168毫米 1/32 **印张**/18.25 **字数**/430千
版本/2016年7月第1版 **印次**/2016年7月第1次印刷

法律出版社/北京市丰台区莲花池西里7号(100073)
电子邮件/info@lawpress.com.cn **销售热线**/010-63939792/9779
网址/www.lawpress.com.cn **咨询电话**/010-63939796

中国法律图书有限公司/北京市丰台区莲花池西里7号(100073)
全国各地中法图分、子公司电话:
第一法律书店/010-63939781/9782 **西安分公司**/029-85388843 **上海公司**/021-62071010/1636
北京分公司/010-62534456 **深圳公司**/0755-83072995 **重庆公司**/023-65382816/2908

书号:ISBN 978-7-5118-9619-3 **定价:**56.00元

(如有缺页或倒装,中国法律图书有限公司负责退换)

出版前言

《中华人民共和国法律释义丛书》是由全国人大常委会法制工作委员会组织编辑的一套系列丛书。

该套丛书由一系列法律释义组成。邀请有关专家、学者和部分参与立法的同志编著。该丛书坚持以准确地反映立法宗旨和法律条款内容为最基本要求,在每部法律释义中努力做到观点的权威性和内容解释的准确性。

我们相信,该套丛书的陆续出版,将会给广大读者进一步学好法律提供有益的帮助。

目　　录

第一部分　释　　义

第二部分 附 录

附录四

第一部分 释　义

第一章 总　则

第一条　为了发展慈善事业，弘扬慈善文化，规范慈善活动，保护慈善组织、捐赠人、志愿者、受益人等慈善活动参与者的合法权益，促进社会进步，共享发展成果，制定本法。

【释义】　本条是关于立法目的的规定。

立法目的是制定法律所希望达到的目标，是整部法律的核心和灵魂。按照本条规定，本法的立法目的包括以下几个方面：

一、发展慈善事业

慈善事业是建立在社会捐献基础之上并以援助弱势群体和促进社会公益为己任的社会事业，是当代社会治理结构中十分有益的组成部分。我国民间的慈善活动有着非常悠久的历史。改革开放以来，以慈善组织专业运作为特征的现代慈善事业在我国开始起步，并随着社会经济发展水平的提升而蓬勃兴起，取得了显著成效。以慈善组织为代表的各类慈善力量迅速发展壮大，社会慈善意识明显增强，各类慈善活动积极踊跃，在灾害救助、贫困救济、医疗救助、教育救助、扶老助残和其他公益事业领域发挥了积极作用。特别是近二十年来，我国慈善事业步入良性发展轨道，处于较快发展时期。截至 2015 年 2 月，各级民政部门登记的社会组织总数超过六十六万个,涉及扶贫济困、救灾救援、助学助医等多个领域。特别是基金会发展不断提速,数量已达四千六百多个,总资产超过一千亿元,年支出超过四百亿元。慈善组织已经成为我国慈善事业的活跃力量。社会捐赠稳步增长。从2006年的不足一百亿元发展到一千亿元左右,发展潜力仍然巨大。经常开展慈善服务的志愿者达六千五百多万人,尤其在汶川特大地震等重大自然灾害和奥运会等大型公益活动中,志愿者成为解难事、办大事的重要支撑。

党中央、国务院高度重视我国慈善事业的发展。党的十六届四中全会以来,中央对支持发展慈善事业作出了一系列重要部署,特别是党的十八届三中、四中、五中全会和中央扶贫开发工作会议、中央经济工作会议,对支持慈善事业发挥扶贫济困的积极作用,完善慈善法律制度,广泛动员社会力量开展社会救助和社会互助、志愿服务活动等提出了明确要求。习近平总书记在中央扶贫开发工作会议上提出,要创新我国慈善事业制度。2014年国务院出台了关于促进慈善事业健康发展的指导意见。各级政府对于慈善事业的政策支持也在不断加强。进入新世纪以来,我国慈善立法进程不断加快。进一步完善慈善法律制度,是全面推进依法治国的重要任务。经过各方多年的不懈努力,我国相继制定了一些涉及慈善活动的法律,主要包括公益事业捐赠法、红十字会法,合同法、信托法的有关内容也涉及慈善活动,企业所得税法、个人所得税法在公益事业捐赠税收优惠等方面也作了规定。国务院还制定了《基金会管理条例》《社会团体登记管理条例》《民办非企业单位登记管理暂行条例》等行政法规。一些地方还制定了慈善方面的地方性法规或政府规章。应当说,这些慈善法律法规在实践中发挥了积极作用。但总的来讲,我国慈善事业与国家取得的经济发展成就和社会文明发展进步的要求相比，还相对滞后，无论是政策支持的力度、公众参与的广度与深度，还是慈善组织的资源动员能力及其发挥的社会功能，都十分有限。现行慈善法律规定还相当分散，缺乏整体性、统一性和系统性，与慈善事业蓬勃发展的新形势、新任务不相适应。随着慈善事业快速发展，慈善领域也出现了一些新情况、新问题：慈善组织内部治理尚不健全、运作不尽规范，行业自律机制尚未形成，全社会慈善氛围还不够浓厚，等等。这些问题需要通过制定慈善法加以引导和规范，从而促进慈善事业健康发展。2016 年 3 月 16 日十二届全国人民代表大会第四次会议通过了《中华人民共和国慈善法》。这是完善中国特色社会主义法律体系的重要举措，是全面依法治国、促进国家治理体系和治理能力现代化的必然要求。将慈善法提请十二届全国人大四次会议审议，是深入推进科学立法、民主立法，发挥全国人大代表在立法中的主体作用的重要举措。全国人大代表是最高国家权力机关的组成人员，来自人民，最直接地了解人民群众的呼声和意愿。由全国人民代表大会审议慈善法草案，有利于广泛集中民智、凝聚共识，将中国共产党关于发展慈善事业的重要主张和人民的意愿上升为国家意志，在全社会形成有利于慈善事业发展的良好氛围，为慈善法的贯彻实施奠定更加坚实的基础。

二、弘扬慈善文化

中国是一个有着悠久而辉煌的慈善传统的国家。慈心善行是中华民族的优秀美德和文化传统。自古以来，中华民族乐善好施、扶贫济困、守望相助等慈善行为有其深厚的文化基础和道德力量。制定慈善法，是弘扬中华民族传统美德、培育和践行社会主义核心价值观的内在要求。在中国特色社会主义建设中，发展慈善事业，广泛动员社会力量支持慈善、参与慈善，积极支持社会成员关爱他人、保护弱者，是对中华民族优秀美德的传承，是对社会主义核心价值观的弘扬。制定慈善法，在全社会提倡、支持和鼓励助人为乐、团结友爱、无私奉献的友善精神，有助于社会成员在义行善举中不断累积道德力量，将社会主义核心价值观内化于心、外化于行，为实现中华民族伟大复兴的中国梦提供持久精神力量。

三、规范慈善活动

我国的慈善事业起步晚，发展速度快，这是我国的国情。因此，慈善法必须立足我国基本国情，从实际出发，坚持在发展中规范，在规范中发展。本法专章规定了发展慈善事业的促进措施，降低慈善组织设立门槛，适度放开公开募捐资格，引入慈善信托等创制性规定。同时为了加强对慈善活动的管理，从强化信息公开、加强慈善组织内部治理结构、规范慈善财产管理使用和构建行政监管、行业自律、社会监督相结合的监管体系等多个方面进行规定。目的在于提高慈善组织的公信力，增强慈善活动透明度。对慈善活动进行规范，是为了净化慈善环境，为了使慈善事业更好地发展。

四、保护慈善组织、捐赠人、志愿者、受益人等慈善活动参与者的合法权益

慈善组织、捐赠人、志愿者等都是慈善活动的参与者，他们的合法权益受到法律的保护。本法从多个方面对慈善活动参与者的合法权益予以保护。如开展募捐活动，应当尊重和维护募捐对象的合法权益，保障募捐对象的知情权；开展募捐活动，不得摊派或者变相摊派；慈善组织接受捐赠，捐赠人要求签订书面捐赠协议的，慈善组织应当与捐赠人签订书面捐赠协议；捐赠人有权查询、复制其捐赠财产管理使用的有关资料；慈善组织确需变更捐赠协议约定的用途的，应当征得捐赠人同意；慈善组织开展慈善服务，应当尊重受益人、志愿者的人格尊严，不得侵害受

益人、志愿者的隐私；捐赠人、慈善信托的委托人不同意公开的姓名、名称、住所等信息，不得公开等。

五、促进社会进步，共享发展成果

党的十八届五中全会通过了《中共中央关于制定国民经济和社会发展第十三个五年规划的建议》，首次提出创新、协调、绿色、开放、共享五大发展理念，为全面建设小康社会提出新的发展目标。全会提出，坚持共享发展，必须坚持发展为了人民、发展依靠人民、发展成果由人民共享，作出更有效的制度安排，使全体人民在共建共享发展中有更多获得感，增强发展动力，增进人民团结，朝着共同富裕方向稳步前进。消除贫困、改善民生、逐步实现共同富裕，是社会主义的本质要求，是我们党的重要使命。党的十八大明确提出到2020年全面建成小康社会的奋斗目标，十八届五中全会和中央扶贫开发工作会议把农村贫困人口脱贫作为全面建成小康社会的基本标志，强调要广泛动员全社会力量，全力推进脱贫攻坚。扶贫济困是慈善应有之意和首要任务，发展慈善事业是脱贫攻坚不可或缺的重要力量，有助于推动先富帮后富、最终实现共同富裕。制定慈善法，鼓励支持自然人、法人和其他组织开展以扶贫济困为重点的慈善活动，有利于广泛汇聚社会帮扶资源，与精准扶贫、精准脱贫有效对接，为打赢脱贫攻坚战、实现全面建成小康社会的宏伟目标作出贡献，最终促进社会进步。

第二条　自然人、法人和其他组织开展慈善活动以及与慈善有关的活动，适用本法。其他法律有特别规定的，依照其规定。

【释义】　本条是关于调整范围以及法律适用的规定。

一、本法的调整范围

依照本条规定，本法调整的主体范围，是自然人、法人和其他组织。自然人既包括中国人也包括外国人。法人包括在中国境内依法成立的具有法人资格的单位和组织。其他组织既包括慈善组织也包括慈善组织以外的其他组织。可以看出,本法在主体适用方面是开放性的,没有加以限制。

本法的调整事项,是慈善活动以及与慈善有关的活动。本法所称的慈善活动,本法第三条给出了定义,即自然人、法人和其他组织以捐赠财产或者提供服务等方式,自愿开展的公益活动。与慈善有关的活动,包括慈善组织的投资活动、信息公开、有关人民政府对慈善活动采取的促进措施以及有关部门依照本法实施的监督管理工作等。

二、法律适用

慈善活动及与慈善有关的活动,适用本法,同时,按照本条规定,其他法律有特别规定的,依照其规定。慈善法是慈善制度建设的一部基础性、综合性法律。慈善法相对于某些法律是一般法,相对某些法律又是特别法。从我国现有法律看,涉及慈善活动的相关法律还有公益事业捐赠法、合同法、信托法和红十字会法等。这些法律大都对慈善活动的某一方面或者某些特殊主体作了规定。就慈善法与公益事业捐赠法、合同法的关系来看,公益事业捐赠法主要对向公益性社会团体和公益性非营利的事业单位捐赠财产,用于公益事业作了规定;合同法规定了赠与合同一章。这两部法律与慈善法有关慈善捐赠一章的内容有重合和交叉的地方,二者并行不悖,在各自的调整范围内继续适用,尤其是公益事业捐赠法对政府接受捐赠等特殊事项的规定,仍然继续适用;对二者不一致的内容,慈善法出台后,按照新法优于旧法的原则,适用慈善法。就慈善法与红十字会法的关系而言,按照红十字会法的规定,中国红十字会是从事人道主义工作的社会救助团体。红十字会与一般的慈善组织相比有其特殊性，其组织、职责、经费与财产等事项，适用红十字会法的规定；红十字会开展募捐等事项，红十字会法未作规定或者仅作了原则规定的，可以适用慈善法的有关具体规定。

第三条　本法所称慈善活动，是指自然人、法人和其他组织以捐赠财产或者提供服务等方式，自愿开展的下列公益活动：

（一）扶贫、济困；

（二）扶老、救孤、恤病、助残、优抚；

（三）救助自然灾害、事故灾难和公共卫生事件等突发事件造成的损害；

（四）促进教育、科学、文化、卫生、体育等事业的发展；

（五）防治污染和其他公害，保护和改善生态环境；

（六）符合本法规定的其他公益活动。

【释义】　本条是关于慈善活动的定义和范围的规定。

一、慈善活动的定义

按照本条规定，是指自然人、法人和其他组织以捐赠财产或者提供服务等方式，自愿开展的公益活动。包括以下几层含义：

1. 慈善活动的主体没有限制，包括所有的自然人、法人和其他组织。

2. 慈善活动的方式，包括捐赠财产或者提供服务等方式，即通常所说的"有钱出钱，有力出力"。捐赠财产，按照本法规定，是指自然人、法人和其他组织基于慈善目的，自愿、无偿赠与财产的活动。捐赠人可以通过慈善组织捐赠，也可以直接向受益人捐赠。捐赠财产包括货币、实物、有价证券、股权、知识产权等有形和无形财产。提供服务，按照本法规定，是指慈善组织和其他组织以及个人基于慈善目的向他人或者社会提供的志愿无偿服务和其他非营利服务。慈善组织开展慈善服务，可以自己提供或者招募志愿者提供，也可以委托有服务专长的其他组织提供。这里讲的志愿无偿服务，是指不以获取报酬为目的，自愿服务于他人和社会的公益行为。

3.慈善活动的性质。一是自愿；二是公益性，即应当符合社会公共利益，是为不特定多数人的利益。这里讲的公益活动，与公益事业捐赠法中规定的公益活动内涵基本是一致的。之所以将慈善活动定义为公益活动，目的是使之与公益事业捐赠法相衔接，避免出现理解上的分歧。

二、慈善活动的范围

慈善有狭义和广义之分。狭义的慈善，即“小慈善”，也就是传统的慈善，主要指扶贫济困救灾，这也是我国慈善事业的基础和重点；广义的慈善，即“大慈善”，也就是现代慈善，除了扶贫济困救灾之外，还包括促进教育、科学、文化、卫生、体育事业的发展，保护环境等有利于社会公共利益的活动。随着经济社会的发展，特别是人民的慈善意识和社会保障水平的提高，对慈善的理解发生了很大的变化，我国的慈善活动也日益呈现出多样化的趋势，从“小慈善”逐步向“大慈善”领域发展。从我国的实际情况出发，结合国际上慈善活动发展的趋势，慈善法对慈善活动的界定采用了“大慈善”的概念。在慈善活动的内容上既突出扶贫济困救灾这一重点，又涵盖其他公益事业领域，为慈善事业进一步发展在立法上提供了广阔的空间。

本法对哪些活动属于慈善活动，采取了列举的方式，列举的内容与公益事业捐赠法和信托法规定的范围基本是一致的。本条具体列举了六项，具体包括以下内容：

1.扶贫、济困。这是慈善活动要突出的重点。即扶持贫穷的人、接济困难的人，扶助贫困户或贫困地区发展生产，改变贫困面貌，用金钱或物资帮助生活困难的人。扶贫济困是慈善的应有之意,是传统慈善和现代慈善都包括的内容。本法突出鼓励和支持扶贫济困的慈善活动,目的是通过立法将更多的慈善资源引导、汇聚到扶贫济困这一重点领域。按照原来草案的规定,与本条第二项扶老、救孤、恤病等并列规定在一项中。为了突出扶贫济困,将其单独列为一项,并在促进措施中规定,国家对开展扶贫济困的慈善活动,实行特殊的优惠政策。国务院关于促进慈善事业健康发展的指导意见中也提出,突出扶贫济困。鼓励、支持和引导慈善组织和其他社会力量从帮助困难群众解决最直接、最现实、最紧迫的问题入手,在扶贫济困、为困难群众救急解难等领域广泛开展慈善帮扶,与政府的社会救助形成合力,有效发挥重要补充作用。扶贫济困是慈善事业的重要领域,在政府保障困难群众基本生活的同时,鼓励和支持社会力量以扶贫济困为重点开展慈善活动,有利于更好地满足困难群众多样化、多层次的需要,帮助他们摆脱困境、改善生活,形成慈善事业与社会救助的有效衔接和功能互补,共同编密织牢社会生活安全网。

2. 扶老、救孤、恤病、助残、优抚。即扶助老人、救助孤儿、体恤救济病人、帮助残疾人、优待伤残军人及家属。这类人群属于社会的弱势群体,是困难群体,需要得到全社会的关心和帮助。这里讲的“优抚”,根据我国《军人抚恤优待条例》规定,中国人民解放军现役军人、服现役或者退出现役的残疾军人以及复员军人、退伍军人、烈士遗属、因公牺牲军人遗属、病故军人遗属、现役军人家属统称为优抚对象。条例中所称的家属是指军人(含烈士)的父母、配偶、子女,以及依靠军人生活的十八周岁以下的弟妹,军人自幼曾依靠其抚养、失去自养能力后又必须依靠军人生活的其他亲属。这部分人在享受国家有关待遇的同时,也应当得到全社会的帮助。

3. 救助自然灾害、事故灾难和公共卫生事件等突发事件造成的损害。当发生自然灾害、事故灾难等突发事件造成很大的损害时，政府的救助力量有限，需要动员全社会的力量进行支援和救助。例如，汶川大地震，社会各界纷纷捐款捐物，大批的志愿者投入到第一线，参与救援工作。因此，这也是慈善活动的应有之意。

4. 促进教育、科学、文化、卫生、体育等事业的发展。这是慈善活动发展到一定阶段，注入的新的内涵。现代的慈善已经不仅仅局限于扶贫济困救灾，有了新的含义。这些内容关系到全社会精神文明建设，有利于增强国家软实力，提高全民素质，有利于人民的身体健康。

5. 防治污染和其他危害，保护和改善生态环境。保护和改善人类的生存环境，才能保障经济社会的可持续发展，有利于人类的可持续发展。这也是对慈善活动定义更宽的原因。

6. 符合本法规定的其他公益活动。除前五项以外，可能还有其他的公益活动，为避免列举不全，本项采用了兜底的表述方式。但是，慈善活动的范围，也不是无限的，并不是任何公益活动都是慈善活动。本法对于其他活动公益也作了限定，即必须是符合本法规定的慈善活动。

第四条　开展慈善活动，应当遵循合法、自愿、诚信、非营利的原则，不得违背社会公德，不得危害国家安全、损害社会公共利益和他人合法权益。

【释义】　本条是关于慈善活动应当遵循的基本原则的规定。

慈善活动涉及慈善募捐、慈善捐赠、慈善信托、慈善服务等多个方面，在开展这些活动时应当遵循以下主要原则：

一、合法的原则

慈善法是慈善制度建设的基础性、综合性法律。制定慈善法的重要目的就是规范慈善活动，把慈善活动纳入法制化的轨道。开展慈善活动应当依照慈善法的规定进行。除了慈善法之外，我国的合同法、公益事业捐赠法、信托法以及相关税法也对开展慈善活动作出了相关的规定，对这些规定，开展慈善活动应当遵守。

二、自愿的原则

自愿原则是民事活动的基本原则。开展慈善活动涉及慈善组织、捐赠人、志愿者、受益人等多方参与人，各方当事人应当在自愿的基础上确定相互之间的权利和义务。慈善活动的重要内容是慈善捐赠，相对于其他有偿的民事活动而言，捐赠行为是无偿的，更应当体现捐赠人的真实意愿。实践中有的单位在发生自然灾害时，为了完成捐款任务，直接在职工的工资中扣除相关的捐款，该做法违背了慈善活动应当自愿的原则。为了充分保障慈善活动的自愿性，本法第三十二条规定，开展募捐活动，不得摊派或者变相摊派，不得妨碍公共秩序、企业生产经营和居民生活。第七十六条规定，涉及国家秘密、商业秘密、个人隐私的信息以及捐赠人、慈善信托的委托人不同意公开的姓名、名称、住所、通讯方式等信息，不得公开。当然，自愿原则也不是绝对的，当事人在慈善活动应当遵守法律的规定，尊重社会公德，不得损害国家安全、损害社会公共利益和他人的合法权益。

三、诚信的原则

诚信的原则是要求在开展慈善活动中诚实、讲信用，不得欺诈或者有其他违背诚实信用的行为。近些年来，慈善组织出现的一系列负面事件，使慈善组织的公信力受到了社会各方面的质疑。因此，本法将诚信作为开展慈善活动的一项重要原则，就是要求慈善组织尊重和维护募捐对象的合法权益,保障募捐对象的知情权,不得通过虚构事实等方式欺骗、诱导募捐对象实施捐赠。同时要履行法律规定的信息公开义务,以增加慈善组织的公信力,把慈善事业做成人人信任的“透明口袋”,使诚信原则贯穿于慈善活动的每个环节。

四、非营利的原则

非营利原则也是开展慈善活动的一项重要原则。根据本法的规定,慈善组织是指依法成立,符合本法规定,以开展慈善活动为宗旨的非营利组织。慈善服务是指慈善组织和其他组织以及个人基于慈善目的,向社会或者他人提供的志愿服务和其他非营利服务。从以上规定中可以看出,“非营利”是慈善活动的重要特征。非营利是指慈善组织开展活动不能以营利为目的。但是,非营利并不意味着慈善组织不能参与任何的营利性活动,而是要求慈善组织通过经营取得的收入和利润必须用于慈善事业,不得在其发起人、成员中分配,以保证慈善组织的慈善宗旨不会改变。非营利性的原则还严格限制慈善组织与关系人之间发生交易等。“非营利”是慈善组织的最本质特征,也是慈善组织与公司等营利性组织的根本区别所在。

五、不得违背社会公德,不得危害国家安全、损害社会公共利益和他人合法权益的原则

自愿是开展慈善活动的一项基本原则,但是自愿原则的前提是慈善活动的参与人要遵守法律,不损害国家安全,不损害社会公共利益和他人的合法权益。慈善法等相关法律都对慈善活动有明确的禁止性规定,参与慈善活动的当事人对于这些规定必须严格遵守。例如,本法第十五条规定,慈善组织不得从事、资助危害国家安全和社会公共利益的活动,不得接受附加违反法律法规和社会公德条件的捐赠。第三十二条规定,开展募捐

活动,不得摊派或者变相摊派,不得妨碍公共秩序、企业生产经营和居民生活。第六十二条规定,开展慈善服务,应当尊重受益人、志愿者的人格尊严,不得侵害受益人、志愿者的隐私。第七十六条规定,涉及国家秘密、商业秘密、个人隐私的信息以及捐赠人、慈善信托的委托人不同意公开的姓名、名称、住所、通讯方式等信息,不得公开。如果在慈善活动中违背了社会公德、危害国家安全或者损害社会公共利益和他人合法权益,要依法承担相应的法律责任。

第五条　国家鼓励和支持自然人、法人和其他组织践行社会主义核心价值观,弘扬中华民族传统美德,依法开展慈善活动。

【释义】　本条是关于国家鼓励社会开展慈善活动的规定。

一、慈善活动符合社会主义核心价值观和中华民族传统美德

根据本法第三条规定,慈善活动是指自然人、法人和其他组织以捐赠财产或者提供服务等方式,自愿开展的扶贫、济困,扶老、救孤、恤病、助残、优抚,救助自然灾害、事故灾难和公共卫生事件等突发事件造成的损害,促进教育、科学、文化、卫生、体育等事业的发展,防治污染和其他公害,保护和改善生态环境等公益活动。从慈善活动的范围来看,开展慈善活动与社会主义核心价值观的要求和中华民族的传统美德是一致的。

2006 年 10 月,党的十六届六中全会第一次明确提出了“建设社会主义核心价值体系”的重大命题和战略任务,明确提出了社会主义核心价值体系的内容,并指出社会主义核心价值观是社会主义核心价值体系的内核。2007 年 10 月,党的十七大进一步指出了“社会主义核心价值体系是社会主义意识形态的本质体现”。2011 年 10 月,党的十七届六中全会强调,社会主

义核心价值体系是“兴国之魂”，建设社会主义核心价值体系是推动文化大发展大繁荣的根本任务。提炼和概括出简明扼要、便于传播践行的社会主义核心价值观，对于建设社会主义核心价值体系具有重要意义。2012 年 11 月，党的十八大报告明确提出“三个倡导”，即“倡导富强、民主、文明、和谐，倡导自由、平等、公正、法治，倡导爱国、敬业、诚信、友善，积极培育社会主义核心价值观”，这是对社会主义核心价值观的最新概括。2013 年 12 月，中共中央办公厅印发《关于培育和践行社会主义核心价值观的意见》，明确提出以“三个倡导”为基本内容的社会主义核心价值观，与中国特色社会主义发展要求相契合，与中华优秀传统文化和人类文明优秀成果相承接，是我们党凝聚全党全社会价值共识作出的重要论断。社会主义核心价值观的基本内容是：富强、民主、文明、和谐，自由、平等、公正、法治，爱国、敬业、诚信、友善。24 字核心价值观分为国家、社会和公民个人三个层面。

中华民族乐善好施、扶贫济困、守望相助的慈行善举有着深厚的文化基础。在中国特色社会主义建设中，发展慈善事业，广泛动员社会力量支持慈善、参与慈善，积极支持社会成员关爱他人、保护弱者，既是对中华民族优秀美德的传承，又是对社会主义核心价值观的弘扬。

二、国家鼓励依法开展慈善活动

根据本条规定，国家鼓励和支持自然人、法人和其他组织依法开展慈善活动。这一规定包含以下几层含义：

第一，鼓励和支持的主体是国家，主要是各级国家权力机关、国家行政机关、国家司法机关等国家机关。这些国家机关通过制定法律法规和政策措施，通过依法履行监管、服务和审判职能等，对社会开展慈善活动给予鼓励和支持。为鼓励和支持开展慈善活动,慈善法设专章对促进慈善事业发展的措施作出了规定。这些措施涵盖慈善事业发展的方方面面,如在宏观政策方面规定,国家对开展扶贫济困的慈善活动实行特殊的优惠政策;在慈善活动用地方面规定,慈善组织开展扶贫、济困、扶老、救孤、恤病、助残、优抚等慈善活动需要慈善服务设施用地的,可以依法申请使用国有划拨土地或者农村集体建设用地;在慈善税收优惠方面规定,企业慈善捐赠支出超过法律规定的准予在计算企业所得税应纳税所得额时当年扣除的部分,允许结转以后三年内在计算应纳税所得额时扣除;在捐赠方面规定,向慈善组织捐赠实物、有价证券、股权和知识产权的,依法免征权利转让的相关行政事业性费用;在金融支持方面规定,鼓励金融机构为慈善组织、慈善信托提供融资和结算等金融服务;在购买服务方面规定,各级人民政府及其有关部门可以依法通过购买服务等方式,支持符合条件的慈善组织向社会提供服务;在慈善专业人才培养方面规定,国家鼓励高等学校培养慈善专业人才;在慈善表彰方面规定,国家建立慈善表彰制度,对在慈善事业发展中做出突出贡献的自然人、法人和其他组织予以表彰,等等。这些措施对于促进慈善事业健康良好发展,鼓励和支持自然人、法人和其他组织依法开展慈善活动具有十分重要的作用和意义。

第二,鼓励和支持的对象是自然人、法人和其他组织,即本法第三条规定的开展慈善活动的主体。

第三,鼓励和支持的是开展慈善活动,即开展本法第三条规定范围内的公益活动,而不是其他非公益活动。

第四,鼓励和支持的是依法开展慈善活动。我国是法治国家,任何人都必须在法律框架内行事。慈善法是慈善制度建设的基础性、综合性法律,是慈善领域的基本法律,确立了整个慈善事业的基本制度,包括慈善组织、慈善募捐、慈善捐赠、慈善信托、慈善服务等内容。这里的“依法”，主要是依据慈善法。除慈善法外，在我国的法律体系中涉及慈善相关内容的还有公益事业捐赠法、合同法、信托法、企业所得税法、红十字会法、个人所得税法、《个人所得税法实施条例》《救灾捐赠管理办法》等法律法规，自然人、法人和其他组织在开展慈善活动时，除依据慈善法外，还应当遵守相关法律、法规和规章等的规定。

第六条　国务院民政部门主管全国慈善工作，县级以上地方各级人民政府民政部门主管本行政区域内的慈善工作；县级以上人民政府有关部门依照本法和其他有关法律法规，在各自的职责范围内做好相关工作。

【释义】　本条是关于慈善工作的主管部门以及相关部门职责的规定。

促进慈善事业发展，既要赋予慈善组织及其他主体的自主性，激发慈善活力，也要通过监督管理进一步规范慈善行为，引导慈善活动健康、有序地发展。慈善组织的发展离不开政府部门监管、行业自律以及社会监督，其中政府部门的监督管理在我国慈善事业的发展中起着重要的作用。长期以来，我国民部部负责制定我国的社会团体、基金会、民办非企业单位（社会服务机构）的发展规划和方针政策，负责起草相关的法律法规，制定部门规章，承担依法对社会团体、基金会、民办非企业单位进行登记管理和监督责任。为了加强对慈善组织的管理，1988 年民政部就成立了社团管理司，专门负责社团登记管理工作。1997 年社团管理局更名为社会团体和民办非企业单位管理司。根据 1998 年国务院办公厅印发的民政部“三定方案”，民办非企业单位登记管理工作由民政部负责。民间组织管理局的职责是：拟定社团和民办非企业单位管理的方针、政策、规章并监督实施。

负责全国性社团、跨省社团、在内地的香港、澳门、台湾社团、外国人在华社团、国际性社团在华机构的登记和年度检查;研究提出会费标准和财务管理办法,监督社团活动社团组织的违法行为和未经登记而以社团名义开展活动的非法组织,指导和监督地方社团的登记管理工作。研究民办非企业单位发展规划,拟定管理民办非企业单位的政策措施查处,指导和监督民办非企业单位登记管理工作。我国县级以上地方人民政府民政部门也设立了专门的机构或者配备了专门的人员负责对慈善工作进行管理,对在本管辖权区内的慈善组织进行登记管理和执法监督。为了进一步明确民政部门的工作职责,本条明确规定,国务院民政部门主管全国慈善工作,县级以上地方各级人民政府民政部门主管本行政区域的慈善工作。各级民政部门应当依法履行职责,做好慈善组织的登记和认定工作,加强对慈善活动的监督检查和对慈善行业组织的指导,对涉嫌违法的慈善组织依法给予处罚。

除了民政部门外,财政、税务、审计等部门对慈善活动承担着不同的监管职责,财政、税务、审计部门要依法对慈善组织的财务会计、享受税收优惠和使用公益事业捐赠统一票据、财务会计报告的审计等情况进行监督管理。由于慈善活动包括促进教育、科学、文化、卫生、体育等事业的发展,这些领域的主管部门在各自的职责范围内对慈善组织进行监督管理。各县级以上人民政府有关部门应当向慈善组织、慈善信托受托人等提供慈善需求信息,为慈善活动提供指导和帮助,通过购买服务等方式,支持符合条件的慈善组织向社会提供服务,并依照有关政府采购的法律法规向社会公开相关情况。根据本法的规定,有的部门还承担着对慈善组织相应违法行为进行处罚的职责:如广播、电视、报刊以及网络服务提供者、电信运营商未履行相关验证义务的，由其主管部门予以警告，责令限期改正而不改正的，限期停止活动；慈善组织弄虚作假骗取税收优惠的，由税务机关依法查处。因此，各级人民政府及有关部门应当履行法律规定的职责，加强对慈善活动的监督管理，县级以上民政部门应当建立与其他部门之间的慈善信息共享机制，加强合作和配合，使法律中对慈善活动的监督管理措施落到实处。

需要说明的是，政府部门对慈善组织不是家长式的监管，因为随着慈善业的不断发展，政府部门大包大揽的管理模式已经不符合现代慈善业的发展趋势，也无法满足我国慈善活动日益增长的需求。政府部门应当依法履行好法律规定的职责，同时通过加强行业自律和社会监督，积极引导慈善行业自律来规范其行为，通过社会监督保障慈善组织的公信力。

在法律起草过程中，有的建议参照英国、新加坡、新西兰等国家的做法成立慈善委员会，作为对慈善组织统一的监督管理机构。考虑到我国的民政部门长期以来在慈善组织的管理方面累积了丰富的经验，所以，由民政部门继续统一负责对慈善组织的监管工作是符合我国国情的。

第七条　每年9月5日为"中华慈善日"。

【释义】 本条是关于"中华慈善日"的规定。

设立"中华慈善日"的主要目的，是调动公众参与慈善、增强全社会慈善意识。近年来，社会各界关于设立全国"慈善日"的呼声不断，全国"两会"期间，一些全国人大代表、全国政协委员提出了设立"慈善日"相关议案、提案和建议，累计达数十份。许多海外华人、港澳台同胞也多次向国内有关部门呼吁，建议设立中国的"慈善日"，以团结全球华人的力量，助力祖国的发展。

一、各地设立慈善日的情况

到2015年年底，山东省、浙江省、沈阳市、武汉市、长春市、长沙市、郑州市等13个省、市已先后设立“慈善日”。如深圳于2008年将11月1日确定为“深圳慈善日”，广州于2009年将12月12日确定为“广州慈善日”，山东于2011年将5月18日确定为“山东慈善日”，长沙于2012年将3月1日确定为“长沙慈善日”。各地通过在“慈善日”举办活动，在全社会提倡、支持和鼓励助人为乐、团结友爱、无私奉献的精神，营造全民参与慈善的良好风尚，取得了积极的效果。本法作为慈善制度建设基础性、综合性法律，规定“中华慈善日”，具有十分重要的现实意义。

二、“国际慈善日”的由来

设立慈善日不光是我国部分地方的做法，在国际上也有先例。2012年12月17日，联合国大会作出决议，为纪念在1997年9月5日逝世的特里萨修女，将每年9月5日定为国际慈善日。特里萨修女1910年生于前南斯拉夫斯科普里，1950年在印度加尔各答成立了仁爱传教修女会，因致力于帮助穷人而闻名，她的工作得到全世界的认可并广受好评，在1979年被授予诺贝尔和平奖。设立国际慈善日的目的，旨在客观认识并动员全世界人民、非政府组织和利益相关者通过志愿者和慈善活动帮助他人。联合国决议，邀请所有会员国、联合国系统各组织、其他国际和区域组织以及包括非政府组织和个人在内的民间社会以适当方式纪念国际慈善日，鼓励慈善行为，包括举办教育和公共宣传活动。在我国法律中规定“中华慈善日”，与联合国决议相衔接，也有利于促进这一领域的国际交流与合作。

三、“中华慈善日”的日期

关于“中华慈善日”的具体日期，在慈善法草案起草过程中经过了反复讨论和研究，出现了多种意见。第一种意见，将“中华慈善日”确定为每年9月5日。主要理由是与联合国确定的“国际慈善日”日期相衔接。第二种意见，反对将9月5日确定为“中华慈善日”。主要理由是目前我国9月的节日太多，有抗日战争纪念日、中秋节、教师节、全国爱牙日、全国公民道德宣传日，还有多个国际纪念日，把中华慈善日定在这一月份不利于开展调动公众积极参与慈善的活动。有的建议将中华慈善日确定为每年3月5日，与传统的学雷锋日和中国青年志愿者服务日的日期一致，既符合慈善精神，又有中国特色。第三种意见，不固定日期，选择在节日较少的月份，如4月的某一个周末。理由是设立慈善日的目标不是纪念日，设立在4月的某一个周末，有利于更多的民众参与慈善活动。有利于形成良好的慈善氛围，选择在某月某周设立纪念日的方式在国际上也比较常见。此外，也有意见不赞成设立慈善日。

慈善法草案一审稿采纳了上述第二种意见，将每年3月5日确定为“中华慈善日”。在常委会审议过程中，一些常委会组成人员提出，每年3月5日已经确定为学雷锋日，雷锋精神的实质和核心是全心全意为人民服务，包括公而忘私的共产主义风格、奋不顾身的无产阶级斗志等内容，与慈善精神的内涵和外延不完全一致，如果两个节日设在同一天，主题过于分散；同时，每年3月5日也是全国人民代表大会会议开幕的日期。“中华慈善日”的设立，应当避开“学雷锋日”和代表大会召开的日期，并与联合国确定的“国际慈善日”日期衔接起来。在向社会公开征求意见过程中，社会公众也提出了类似的意见。考虑到这些意见，慈善法草案将“中华慈善日”修改为每年9月5日，草案提请全国人民代表大会审议后，多数代表赞成这一修改。最终通过的慈善法，将每年9月5日规定为“中华慈善日”。

四、“中华慈善日”开展活动的方式

在组织开展“中华慈善日”的活动过程中，可参照“老年节”、“扶贫日”等经验，采取政府倡导、社会运作、公众参与的方式。例如，结合政府举办的慈善表彰活动，积极开展公益广告、设立慈善地标、开展校园慈善实践教育活动等，推动慈善文化进机关、进学校、进社区、进乡村，多点开花，普及宣传慈善文化。企业、慈善组织等社会各界通过举办义演、义拍、义卖、义诊等各种形式的慈善活动，不断扩大慈善事业的社会影响力。报纸、广播、电视、互联网等媒体通过设计公益专栏、慈善频道等方式，广泛传播慈善文化。

第二章 慈善组织

第八条 本法所称慈善组织，是指依法成立、符合本法规定，以面向社会开展慈善活动为宗旨的非营利性组织。

慈善组织可以采取基金会、社会团体、社会服务机构等组织形式。

【释义】 本条是关于慈善组织及其组织形式的规定。

近年来，我国慈善组织蓬勃发展、规模不断壮大，积极开展慈善活动，已经成为慈善事业的活跃力量。截至 2015 年 2 月，在民政部门登记注册的社会组织总数已超过六十六万个，这些组织中有不少在慈善领域内开展活动，建立的慈善项目达数百万个，逐步形成了一大批特色鲜明、具有广泛社会影响力的品牌项目，受益人群逐年扩大。在慈善组织迅速发展的同时，国家通过不断完善政策法规体系，不断推动建立自我管理、政府监管、公众监督和行业自律四位一体的监管体系，慈善组织管理也日趋规范化、科学化、精细化。

一、慈善组织的概念

慈善法所称的慈善组织，是指在民政部门依法登记，符合慈善法规定，以面向社会开展慈善活动为宗旨的非营利性组织，包括绝大多数基金会，部分以面向社会开展慈善活动为宗旨的社会团体和民办非企业单位。依法成立的基金会、社会团体和民办非企业单位都具有法人主体资格。民办非企业单位实际就是本法所称的“社会服务机构”。

二、慈善组织的特征

慈善组织具有下列特征：

1. 公益性。慈善组织的公益性，是指以面向社会开展公益活动为宗旨，以奉献社会、服务大众为使命，不以特定私人利益作为组织目的，相关财产不得被私人所分配和利用，也不得兼顾私利。关于"面向社会开展慈善活动"，主要是指慈善组织开展慈善活动的受益对象，应当是不特定的多数人。公益性是慈善组织的重要特征，但不是慈善组织的独有特征，除慈善组织外，其他的法人组织和非法人组织，开展公益活动，也可能具有公益性。

2. 非营利性。慈善组织的非营利性，是指不以营利为目的，没有股东，不分配利润。"非营利"并不代表慈善组织不能从事一定的投资行为，而是要求其投资所获得的收益只能继续用于慈善事业，不得进行分配，即"禁止利润分配原则"。从国际经验看，西方发达国家普遍允许慈善组织从事一定的投资行为，日本甚至允许慈善组织将其百分之四十九的财产用于投资。为此，本法第五十四条对慈善组织为实现财产保值增值进行投资作出了专门的规定。

3. 财产独立性和公共性。慈善组织的财产主要来自捐赠及其孳息，捐赠人的财产一旦捐给慈善组织，就不再属于捐赠人所有。慈善组织对其财产的使用受到慈善宗旨和捐赠合同的限定，必须用于慈善目的，并不得在慈善组织发起人、捐赠人和慈善组织成员中分配。

4. 自治性。慈善组织为切实履行自身宗旨，应当建立一套与其开展活动的特点相适应的内部治理机制，包括决策、执行及监督机制。

三、慈善组织的组织形式

慈善组织本身并不是一种独立的社会组织形式，也不是一种新设的社会组织类型，而是在现有基金会、社会团体、民办非企业单位三类社会组织基础上，从慈善宗旨角度按照设定的条件对相关社会组织的组织性质进行的认定。符合条件的就是本法所称的慈善组织，不符合条件的就不属于慈善组织。因此，本法规定，慈善组织可以采取基金会、社会团体和社会服务机构三种组织形式。

1. 基金会

基金会是利用自然人、法人或者其他组织捐赠的财产，以从事公益事业为目的非营利性法人。按照现行的《基金会管理条例》，基金会分为公募基金会和非公募基金会。基金会的发展近年不断提速，目前数量已达四千七百多个，其中公募基金会一千四百多个，其余为非公募基金会。各类基金会总资产超过一千亿元，每年用于慈善事业的支出超过四百亿元，在动员社会资源、开展慈善活动等方面发挥了重要作用。目前绝大多基金会都属于慈善组织，如中国青少年发展基金会、中国残疾人福利基金会、中华环境保护基金会、爱佑慈善基金会、安利公益基金会、北京大学教育基金会等。

需要说明的是，按照现行的《基金会管理条例》，公募基金会和非公募基金会在登记设立时就明确了开展活动的具体形式，非公募基金会不能转变为公募基金会，对两类基金会在原始基金、治理结构、财产管理使用上提出了不同的要求。慈善法对基金会管理方式作出了适当调整，即把公开募捐作为一种资格管理，慈善组织具备一定的条件，就可以向其登记的民政部门申请公开募捐资格。也就是说，现有的非公募基金会，符合慈善法规定的条件，也可以申请公开募捐资格，开展公开募捐活动。

2. 社会团体

社会团体是由公民自愿组成，为实现会员共同意愿开展活动的非营利性社会组织。主要类型有协会、学会、研究会、促进会、联合会、校友会等。

社会团体要成为慈善组织，需以慈善即社会公共利益为宗旨，而不是服务于会员群体。慈善会、志愿者协会、社会工作者协会等社会团体就是典型的慈善组织，如中华慈善总会、中华环保联合会、中国扶贫开发协会、中国社会工作联合会等。目前全国已设立的慈善会已超过两千个。行业协会、商会、校友会等社会团体，是以服务会员群体为宗旨，因此不属于本法所称的慈善组织。

需要说明的是，宗教团体是一类特殊的社会团体。在慈善法审议过程中，有的意见提出，要对宗教团体和宗教场所开展慈善活动作出相应的规定。目前，国务院《宗教事务条例》和国家宗教事务局、中共中央统战部等六部门印发的《关于鼓励和规范宗教界从事公益慈善活动的意见》，对宗教团体和宗教活动场所接受捐赠，以及为公益慈善事业捐款捐物、设立公益慈善项目和公益慈善组织作了规定。《宗教事务条例》第三十五条规定，宗教团体、宗教活动场所可以按照国家有关规定接受境内外组织和个人的捐赠，用于与该宗教团体、宗教活动场所宗旨相符的活动。违反国家有关规定接受境内外捐赠的，须承担相应的法律责任。《关于鼓励和规范宗教界从事公益慈善活动的意见》中提出，宗教界从事公益慈善活动时，应当自觉遵守宪法、法律法规规章，在法律和政策许可的范围内开展活动，不得在公益慈善活动中传播宗教。立法过程中经研究认为，宗教团体和宗教活动场所开展慈善活动的，可按照上述规定办理，慈善法中可不作特别规定。宗教团体和宗教活动场所通过设立基金会等慈善组织开展慈善活动，同时应当遵守慈善法的相关规定。

3. 社会服务机构

社会服务机构，是指企业事业单位和其他社会力量以及公民个人利用非国有资产举办的，从事非营利性社会服务活动的社会组织，目前，社会服务机构的主要类型有非营利的民办教育机构、民办医疗机构、社工服务机构等。

社会服务机构要成为慈善组织，需要以面向社会开展慈善活动为宗旨，并符合慈善组织相应的条件。社会服务机构中，面向社会公众，为残疾人、老年人、困境儿童等群体提供帮扶的社会服务机构，就是典型的慈善性质组织，如自闭症儿童康复机构、残疾人康复训练中心、空巢老人关爱之家、农民工法律援助与研究中心等。据不完全统计，目前全国有上万家社会服务机构属于慈善性质组织。

需要说明的是，按照《民办非企业单位登记管理暂行条例》的规定，社会服务机构（民办非企业单位）除了登记为法人以外，也可以登记为合伙或个体，也就是说，目前的社会服务机构有的具有法人主体资格，有的不具有法人主体资格。目前，经民政部门登记的社会服务机构中，大部分具有法人主体资格。据统计，截至2014年年底，全国共有法人形式的民办非企业单位22.83万个，个人和合伙形式的民办非企业单位仅有6.4万个。同时，按照《民政部关于民办学校民事主体资格变更有关问题的通知》（民函〔2005〕237号）的要求，合伙、个体形式的民办学校，具备法人条件的应当变更为法人形式。今后的思路是，社会服务机构要尽可能地取得法人主体资格。按照慈善法的规定，如果社会服务机构要成为慈善组织，需要履行相应的登记和认定程序。

第九条　慈善组织应当符合下列条件：

（一）以开展慈善活动为宗旨；

（二）不以营利为目的；

（三）有自己的名称和住所；

（四）有组织章程；

（五）有必要的财产；

（六）有符合条件的组织机构和负责人；

（七）法律、行政法规规定的其他条件。

【释义】　本条是关于慈善组织应当符合的条件的规定。

慈善组织开展慈善活动，应当具备一定的条件。明确的宗旨、目的和组织章程，可供识别的名称，以及人员、组织机构、住所、财产等保障，是慈善组织开展慈善活动必不可少的基本条件。有关基金会、社会团体、社会服务机构的行政法规对相关组织的条件作了规定，本法在这些规定的基础上，为慈善组织设定统一的基本条件，提出具体要求，主要是为了保证慈善组织的规范性，为慈善组织的登记、认定等提供必要的依据，保证慈善组织有能力开展慈善活动，促进慈善事业的健康发展。具体而言，慈善组织的条件包括了宗旨、目的、名称和住所、组织章程、财产、组织机构和负责人等多个方面，是慈善组织正常开展活动的必备因素。

一、以开展慈善活动为宗旨

规范慈善活动、促进慈善事业健康发展是本法的主要立法目的。开展慈善活动是慈善组织安身立命的基础，更是慈善组织最基本的功能和价值所在。因此，本法规定，成为慈善组织最首要的前提条件是以开展慈善活动为宗旨。如果不以开展慈善活动为宗旨，就不能称为慈善组织，也无法在民政部门获得相应的登记和认定。本法第三十三条还规定，禁止任何组织或者个人假借慈善名义或者假冒慈善组织开展募捐活动，骗取财产。实施上述违法行为的，由公安机关依法查处。

二、不以营利为目的

“不以营利为目的”是慈善组织非营利性特征的具体表现，也是对慈善组织的基本要求。对于慈善组织而言，不以营利为目的包含了三个层面的含义。第一个层面，慈善组织设立的目的不是为了营利。也就是说，慈善组织的宗旨、章程应当符合慈善的基本要求，出发点不是为了开展经营活动，获取利润。例如，基金会章程必须明确基金会的公益性质，不得规定使特定自然人、法人或者其他组织受益的内容。第二个层面，“不以营利为目的”并不排斥投资经营活动。慈善组织设立后，在具体的运行中，为实现慈善财产的保值、增值，可以开展低风险的投资经营活动。第三个层面，对于投资活动取得收益的处理。根据慈善组织非营利性特征，投资取得的收益也属于慈善财产的一部分，也应当全部用于慈善目的，不得进行与慈善活动无关的分配。

三、有自己的名称和住所

慈善组织的名称，是体现其宗旨和业务范围的重要标志。具有自己的名称，是一个慈善组织与其他组织最为直观的区别，有利于慈善组织开展活动，也有利于其树立慈善品牌，不断扩大影响力。慈善组织的名称应当符合有关法律、法规的规定。例如，社会团体的名称应当与其业务范围、成员分布、活动地域相一致，准确反映其特征。全国性的社会团体的名称冠以“中国”、“全国”、“中华”等字样的，应当按照国家有关规定经过批准。地方性的社会团体的名称不得冠以“中国”、“全国”、“中华”等字样。

作为社会组织实体，慈善组织需要具备与其开展慈善活动相适应的住所,这是慈善组织的基本的物质基础。有关的行政法规也对慈善组织的住所提出了要求,基金会、社会团体要“有固定的住所”,社会服务机构要“有必要的场所”。需要注意的是,本法把住所作为慈善组织登记设立的条件之一,对住所的形式和权属等并未提出具体要求。根据本法规定,慈善组织应当遵循管理费用最必要原则,厉行节约,减少不必要的开支。因此,慈善组织通过租用办公场所等形式开展慈善活动的,也符合本法的规定。在立法中我们了解到,很多慈善组织的办公场所,是由单位或者企业、个人无偿提供的,只要能保证开展慈善活动的需要,这些住所的形式都符合法律的要求。

四、有组织章程

组织章程是慈善组织为了调整其内部关系,规范慈善组织从业人员行为而制定的,具有明显行为规则性质的文件,是设立慈善组织的必备文件,是慈善组织内部管理和活动的根本准则。组织章程有利于保证慈善组织的活动准则和发展方向,为慈善组织的民主决策与自律提供重要依据,对慈善组织的健康发展具有非常重要的意义。本法第十一条对慈善组织的章程应当载明的事项提出了具体要求。

五、有必要的财产

慈善组织开展慈善活动的主要方式是向受益人提供资助和服务,这些活动需要慈善组织具备必要的财产。同时,为保证慈善组织日常的正常运转,也需要相应的资金支持。慈善组织可以采取不同的组织形式,相应的财产要求也有所不同,法律上对必要的财产是多少,没有规定具体的数额,各种组织形式不同,对财产的要求也是不同的。例如,现行有关行政法规对全国性公募基金会、地方性公募基金会和非公募基金会的原始基金提出了不同的要求;要求社会团体有合法的资产和经费来源,对全国性的社会团体、地方性的社会团体和跨行政区域的社会团体的活动资金提出了不同的要求。对社会服务机构要求是,有与其业务活动相适应的合法财产。

六、有符合条件的组织机构和负责人

符合条件的组织机构和负责人是慈善组织规范运行的重要条件。不同形式的慈善组织,需要有与其开展慈善活动相适应的组织机构和负责人。有关的行政法规对慈善组织的组织机构和负责人提出了明确的要求。例如,基金会应当设理事会,作为基金会的决策机构。理事会设理事长、副理事长和秘书长,从理事中选举产生,理事长是基金会的法定代表人。基金会应当设监事,依照章程规定的程序检查基金会财务和会计资料,监督理事会遵守法律和章程的情况。本法第十六条还对不得担任慈善组织的负责人的情形进行了列举。

七、法律、行政法规规定的其他条件

本条明确列举的上述条件,是对慈善组织的共性要求。由于慈善组织可以采取不同的组织形式,相关的行政法规对这些组织还有一些具体的要求,慈善组织要相应符合这些要求,才能保证慈善活动顺利开展。例如,基金会、社会团体要能够独立承担民事责任,还要有与其开展活动相适应的专职工作人员。有的社会服务机构在申请登记前,要经业务主管单位审查同意。本法规定慈善组织应当符合法律、行政法规规定的其他条件,既是考虑对慈善组织管理的现实需要,又在一定程度上为今后慈善组织的发展和规范留下了制度空间。

第十条　设立慈善组织,应当向县级以上人民政府民政部门申请登记,民政部门应当自受理申请之日起三十日内作出决定。符合本法规定条件的,准予登记并向社会公告;不符合本法

规定条件的，不予登记并书面说明理由。

本法公布前已经设立的基金会、社会团体、社会服务机构等非营利性组织，可以向其登记的民政部门申请认定为慈善组织，民政部门应当自受理申请之日起二十日内作出决定。符合慈善组织条件的，予以认定并向社会公告；不符合慈善组织条件的，不予认定并书面说明理由。

有特殊情况需要延长登记或者认定期限的，报经国务院民政部门批准，可以适当延长，但延长的期限不得超过六十日。

【释义】　本条是关于慈善组织登记设立程序的规定。

本条对设立慈善组织的管理部门、期限和具体程序的规定，具体分为新设慈善组织和现有社会组织申请认定为慈善组织两种情况。

一、慈善组织登记制度改革的基本情况

根据社会组织“三个条例”的规定，基金会、社会团体、社会服务机构在登记设立时实行双重许可，即在设立基金会、社会团体、社会服务机构前，应当经过业务主管单位的审查同意后，才可以向民政部门申请设立登记。实践证明，在双重许可制度下，一些从事慈善活动的社会组织因为没有业务主管单位，或者不能获得业务主管单位的同意或批准，无法到民政部门登记。有的社会组织为了规避双重许可下烦琐的程序，到工商部门登记为企业，有的甚至游离于登记管理制度之外。双重许可影响了社会组织的独立性和自治性，也成为影响慈善事业发展的一个重要因素。

自 2013 年以来，国务院有关部门积极开展社会组织登记制度改革，稳妥推进公益慈善类等社会组织直接登记，逐步下放符合条件的慈善组织登记管理权限，形成了一批改革成果。本条规定是对这些改革成果的肯定，主要目的是通过逐步实现对慈善组织的直接登记，降低慈善组织的设立门槛，激发全社会参与慈善的活力。2013年3月，第十二届全国人民代表大会第一次会议批准的《国务院机构改革和职能转变方案》提出，重点培育、优先发展行业协会商会类、科技类、公益慈善类、城乡社区服务类社会组织。成立这些社会组织，直接向民政部门依法申请登记，不再需要业务主管单位审查同意。2013年11月，党的十八届三中全会也对此提出了明确要求。根据上述改革精神，国务院民政部门会同有关部门积极稳妥开展社会组织登记制度的改革试点工作，不断完善直接登记后对社会组织的事中、事后监管形式，强化对社会组织的自律要求，并加强社会监督、法律监督和政府监管，实现从单一的行政监管到多元治理的转变，推动形成政社分开、权责明确、依法自律的现代社会组织体制。本法关于慈善组织登记管理的规定是在这一大的背景下确立的。

二、慈善组织的登记

登记是成立慈善组织的法定程序。本法第十条第一款规定，设立慈善组织，应当向县级以上人民政府民政部门申请登记，民政部门应当自受理申请之日起三十日内作出决定。符合本法规定条件的，准予登记并向社会公告；不符合本法规定条件的，不予登记并书面说明理由。

1. 登记管理部门

县级以上人民政府民政部门是慈善组织的登记管理部门。根据现行的相关行政法规，基金会、社会团体、社会服务机构根据其规模大小、活动范围不同，在不同层级的民政部门登记。

关于基金会的登记管理部门。按照《基金会管理条例》的现行规定，国务院民政部门和省、自治区、直辖市人民政府民政部门是基金会的登记管理机关。根据下放行政审批权限的改革精神，将来慈善组织符合条件的，也可以到市、县一级人民政府的民政部门申请登记。关于社会团体的登记管理部门。按照现行的做法，全国性的社会团体，由国务院的登记管理机关负责登记管理；地方性的社会团体，由所在地人民政府的登记管理机关负责登记管理；跨行政区域的社会团体，由所跨行政区域的共同上一级人民政府的登记管理机关负责登记管理。关于社会服务机构的登记管理部门。按照现行做法，国务院民政部门和县级以上地方各级人民政府民政部门是本级人民政府的民办非企业单位登记管理机关。

需要说明的是，本法第二十条规定，慈善组织的组织形式、登记管理的具体办法由国务院制定。下一步，国务院要根据法律的这一授权，按照本法的相关规定，对现行社会组织的“三个条例”进行修改。

2. 申请程序

根据行政许可法的规定，公民、法人或者其他组织从事特定活动，依法需要取得行政许可的，应当向行政机关提出申请。设立慈善组织，应当向民政部门提交相应的申请文件。包括申请书、章程草案、财产证明、住所证明、组织机构情况、负责人身份证明和简历等材料。具体到基金会、社会团体和社会服务机构等组织形式，还有相应的具体要求，如基金会需要提供原始资金证明等材料。申请人应当对申请材料实质内容的真实性负责。

3. 审查期限

按照行政许可法第四十二条的规定，除可以当场作出决定的情况外，通常的行政许可审查期限为二十日。二十日内不能作出决定的，经本行政机关负责人批准，可以延长十日。考虑到部分行政审批事项的特殊性，行政许可法同时规定“法律、法规另有规定的，依照其规定”。根据现行行政法规，对社会团体的登记审查期限为三十日,对基金会和社会服务机构的登记审查期限为六十日。考虑到慈善组织可以采取这三种组织形式,与一般的行政许可相比有特殊性,本法规定对慈善组织的审查登记期限为统一为三十日。也就是说,无论采取何种形式申请设立慈善组织,民政部门一般应当在三十日内审查完毕作出决定。

4. 决定内容

对于设立慈善组织的登记申请,民政部门审查完毕后,依法作出两种决定。一是,符合本法规定条件的,准予登记并向社会公告。准予登记,由民政部门登记慈善组织的名称、住所、宗旨、组织章程等信息,并发给登记证书。同时,由民政部门向社会公告。二是,不符合本法规定条件的,不予登记并书面说明理由。按照行政许可法的规定,行政机关依法作出不予行政许可的书面决定的,应当说明理由,并告知申请人享有依法申请行政复议或者提起行政诉讼的权利。这些规定的目的主要是为了保证申请人的救济权利。

三、慈善组织的认定

在慈善法公布前,根据社会组织的“三个条例”,已经成立了相当的数量的基金会、社会团体和社会服务机构。慈善法通过后,这些非营利组织也可以依法申请为慈善组织。考虑到他们在设立时已经过相应的登记程序,因此本法规定了相对登记而言比较简化的认定程序。这些非营利组织的组织形式不变,只需要到原来登记的民政部门提出申请,由民政部门予以认定。在审查期限上,也比新设登记的时间短,要求民政部门应当自受理申请之日起二十日内作出决定。民政部门审查完毕,也是作出两种决定:一是,符合慈善组织条件的,予以认定并向社会公告;二是,不符合慈善组织条件的,不予认定并书面说明理由。

四、延长审查期限的特殊情况

通常情况，草案规定的登记审查期限三十日、认定审查期限二十日，对于审查一般的慈善组织登记和认定事项而言，民政部门可以做到。但实践中对部分情况比较特殊的慈善组织，在登记和认定过程中履行的内部程序较多，有的可能还需要由政府作出批复，在三十日或者二十日内无法完成相关的报批程序。考虑到这些特殊情况，本法规定，有特殊情况需要延长登记或者认定期限的，报经国务院民政部门批准，可以适当延长，但延长的期限不得超过六十日。

在慈善法草案审议过程中，针对这一规定有的意见提出，如果要求向县级人民政府民政部门申请登记或者认定为慈善组织的时限需要延长的，也必须经国务院民政部门批准，可能会增加慈善组织和基层民政部门的负担。需要说明的是，根据实践情况看，本条所称的“特殊情况”主要是指部分全国性的基金会和社会团体，在名称中需要冠以“中国”、“全国”、“中华”等字样，需要获得国务院的批复，所以在登记或者认定过程中需要延长审查期限。但考虑到对其登记或者认定的工作本身就是国务院民政部门的职责，因此仍由国务院民政部门负责。根据登记管理的层级划分，省级以下人民政府民政部门登记或者认定一般性的非营利组织，能够在法定期限内审查完毕，作出决定，这也是对省级以下人民政府民政部门的严格要求，有利于申请人在较短的时间内获得相应的许可，符合行政许可法的有关规定。

五、关于特殊情况的“双重管理”

需要说明的是，根据目前改革推进的情况看，绝大部分慈善组织可以向民政部门直接申请登记或者认定。但实践中，仍有部分慈善组织由于存在专业性较强、活动范围比较特殊等情况，民政部门作为登记管理机关，还不具备对其专业和活动范围进行审查的条件,对于这一小部分慈善组织,还需要经过业务主管单位的审批,目前仍实行双重管理。随着行政审批制度改革的不断推进,将来条件成熟时,此类事前审批逐步取消,最终实现所有慈善组织在民政部门一次性完成登记或认定。

第十一条　慈善组织的章程,应当符合法律法规的规定,并载明下列事项:

(一)名称和住所;

(二)组织形式;

(三)宗旨和活动范围;

(四)财产来源及构成;

(五)决策、执行机构的组成及职责;

(六)内部监督机制;

(七)财产管理使用制度;

(八)项目管理制度;

(九)终止情形及终止后的清算办法;

(十)其他重要事项。

【释义】　本条是关于慈善组织章程应当载明的事项的规定。

慈善组织的章程,是指由慈善组织制定、经过登记管理部门审查批准,关于慈善组织性质、宗旨、任务、内部治理结构、人员构成、职责范围、权利义务、活动规则、纪律措施、终止程序等内容的文件,是慈善组织根本性的规章制度。有人把章程称作慈善组织的"宪法",为慈善组织的民主决策和自律管理提供了重要的依据,对慈善组织的健康发展具有非常重要的意义。本条对慈善组织章程应当载明的事项进行列举,主要是引导慈善组织在制定章程过程中,明确需要载明的事项,做到有法可依、规范制定。

一、慈善组织章程的基本特征

作为慈善组织根本性的规章制度，章程具有以下特征：

1. 合法性

慈善组织章程的合法性包括两个方面：一是内容上的合法性。也就是慈善组织章程的内容应当符合法律法规的规定。二是形式上的合法性。章程是慈善组织设立的必备条件之一，需要在申请登记时向登记管理机关提交，经过登记管理机关的审查批准。

2. 稳定性

章程是慈善组织的基本纲领和行动准则，在一段时间内应保持稳定，保证慈善组织规范、有序开展活动。如果需要修改章程，需要履行相应的程序。

3. 约束性

慈善组织章程提出的要求，一般不由国家强制力保证执行，而是依靠慈善组织的人员共同实施，对慈善组织及其人员有较强的规范作用和约束力。

二、慈善组织章程应当载明的事项

本法对慈善组织章程应当载明的事项作出规定，主要是为了保证章程的规范性，应当载明的事项是章程的"必备条款"，也是登记管理机关根据慈善组织应当具备的条件要求，需要重点审查的内容。为保证慈善组织章程的合法性和规范性，登记管理机关通常会制发章程范本，供慈善组织的申请人在起草章程时参考。章程应当载明的事项中，名称、宗旨、住所、组织形式、内部监督机制、决策执行机构的组成及职责等事项具有一般性，法律也提出了明确的要求。活动范围、财产来源及构成、财产管理使用制度、项目管理制度、终止情形及终止后的清算办法以及其他重要事项，由慈善组织根据实际情况予以确定，但也必须在章程中载明。

第十二条　慈善组织应当根据法律法规以及章程的规定，建立健全内部治理结构，明确决策、执行、监督等方面的职责权限，开展慈善活动。

慈善组织应当执行国家统一的会计制度，依法进行会计核算，建立健全会计监督制度，并接受政府有关部门的监督管理。

【释义】　本条是关于慈善组织治理结构和会计规范的规定。

慈善组织的公益性、非营利性、自治性和财产兼具独立性与公共性等特点，决定慈善组织的内部治理结构不同于公司等营利性组织。慈善组织一方面通过开展募捐、接受捐赠，动员和开发慈善资源；另一方面，又需要将慈善资源合理有效地用于受益人，追求慈善目的。慈善组织在这一过程中承担着慈善资源配置和转换的功能。慈善活动本身的自愿性、无偿性等特点，决定捐赠人、受益人对慈善组织进行监督的动力不足。因此，有必要在法律上对慈善组织的内部治理结构提出明确要求，确定慈善组织内部权力分配和制衡关系，通过慈善组织的自律运行，实现慈善组织的健康运转。同时，考虑到慈善财产的管理和使用是慈善组织开展活动的关键环节，本条对慈善组织的会计监督管理也作出了明确规定。

一、关于慈善组织的内部治理

社会组织“三个条例”从不同角度对基金会、社会团体和社会服务机构的内部治理提出了要求，本法也要求慈善组织在章程中载明“决策、执行机构的组成”、“内部监督机制”等内容。其他行政法规、地方性法规根据需要，也可以对慈善组织的内部治理作出规定。慈善组织应当根据这些规定，建立健全内部治理结构，明确内部机构的职责权限，开展慈善活动。通常情况下，慈善组织的内部治理结构主要包括决策、执行和监督三个方面：

1. 决策机构

决策机构是慈善组织的中枢，通过定期召开会议等形式，行使决策权，如制定、修改章程，选举、罢免慈善组织负责人，决定慈善组织的重大业务计划，如资金募集、管理和使用计划，年度收支预算和决算审定，制定内部管理制度，决定设立办事机构、分支机构和代表机构，决定基金会的分离、合并或终止等重大事项。慈善组织的章程中，应当对该慈善组织决策机构的组成和职权作出明确的规定。例如，基金会的决策机构是理事会，社会团体的决策机构是会员大会或者会员代表大会。决策机构依法行使章程规定的职权。

2. 执行机构

执行机构负责主持开展日常工作，是慈善组织内部具体组织开展慈善活动的机构。如基金会的执行机构通常是秘书处，在理事长和秘书长的领导下开展工作。执行机构的职权除了保证慈善组织的日常运转外，还负责组织实施年度工作计划，协调慈善组织内部各机构开展工作，代表本慈善组织对外签署文件、合同和接受捐赠、开展募捐，具体负责慈善财产的管理和使用，组织招募志愿者开展慈善活动等。

3. 监督机构

监督机构依照章程规定的程序，负责检查慈善组织的财务和会计资料，监督决策机构、执行机构遵守法律法规和章程的情况，有权向决策机构提出质询和建议，并向登记管理机关、业务主管单位以及税务、会计主管部门反映情况等。

二、关于对慈善组织的会计监督管理

慈善组织开展慈善活动涉及慈善财产的管理和使用，慈善财产兼具独立性和公共性的特点,决定对慈善财产管理和使用情况进行会计监督时,不宜采用企业等营利组织的会计制度。与企业会计制度相比,慈善组织执行的会计制度在会计要素、计量基础、净资产的核算和列报、收入确认、费用分类,以及会计报表构成等方面均有较大区别。2004 年 8 月 18 日,财政部出台了《民间非营利组织会计制度》(财会〔2004〕7 号),慈善组织应当执行财政部规定的统一的会计制度。对慈善组织的会计规范包括以下三个方面:

一是依法进行会计核算。《民间非营利组织会计制度》对慈善组织的会计核算提出了明确的要求。慈善组织的会计核算应当以权责发生制为基础,遵循谨慎性原则,以实际发生的交易或者事项为依据,如实反映慈善组织的财务状况、业务活动情况和现金流量等信息。会计核算所提供的信息应当能够满足会计信息使用者(如捐赠人、会员、监管者)等的需要。会计核算应当按照规定的会计处理方法进行,会计信息应当口径一致、相互可比。会计核算应当及时进行,不得提前或延后。会计核算和编制的财务会计报告应当清晰明了,便于理解和使用。在会计核算中,所发生的费用应当与其相关的收入相配比,同一会计期间内的各项收入和与其相关的费用,应当在该会计期间内确认,等等。

二是建立健全会计监督制度。慈善组织要结合宗旨和开展慈善活动的特点,制定相应的内部会计控制制度,以加强内部会计监督,提高会计信息质量和管理水平。健全的会计监督制度包括内部牵制、财产清查和内部审计三个方面。内部牵制是慈善组织内部的各机构、各环节相互牵制、相互监督;财产清查是定期对慈善财产、物资进行核对,通过核对是否账、实相符,检查内部制约的执行情况;内部审计是对慈善组织内部牵制制度落实情况、开展慈善活动情况进行的审计,保证慈善财产的规范、有效使用。

三是接受政府有关部门的监督管理。除接受民政部门的监督管理外,财政、审计、监察等政府有关部门根据慈善财产的性质,在各自职责范围内也有权对慈善组织执行会计制度的情况进行监督管理。如县级以上人民政府监察机关、审计机关依法对通过慈善组织的自然灾害救助款物、捐赠款物的管理使用情况进行监督检查。全国性的慈善组织使用国有资产的情况,还要接受中央财政等有关部门的监督管理。

第十三条　慈善组织应当每年向其登记的民政部门报送年度工作报告和财务会计报告。报告应当包括年度开展募捐和接受捐赠情况、慈善财产的管理使用情况、慈善项目实施情况以及慈善组织工作人员的工资福利情况。

【释义】　本条是关于对慈善组织实行年度报告制度的规定。

一、关于慈善组织的年度报告制度

目前,民政部门对社会组织的管理采取的是年度检查制度,根据"简政放权,放管结合,优化服务"的要求,慈善法规定对慈善组织实行年度报告制度,未规定年度检查制度。"年度检查"改为"年度报告",与中共中央办公厅、国务院办公厅印发的《行业协会商会与行政机关脱钩总体方案》中建立年度报告制度的要求是一致的。

慈善组织经民政部门登记或者认定后,即取得合法地位,有权以慈善组织的身份在社会上开展活动,依法享受相应的优惠和扶持政策。慈善组织在开展活动的过程中,要加强自律,注意规范自我行为,不断完善和发展。年度报告有利于民政部门及时了解和掌握慈善组织运行和开展活动的情况，更好地为慈善组织提供服务、指导和帮助；有利于充分发挥社会监督的作用，强化慈善组织及其负责人的信用约束，建立慈善组织的信用体系；是对慈善组织实施监督管理的重要环节；是促进慈善组织健康发展的重要手段。慈善组织必须依法主动进行年度报告。

慈善组织在进行年度报告时，应当向其登记的民政部门报送年度工作报告和财务会计报告。

1. 报送年度工作报告。年度工作报告是全面反映慈善组织年度运营和开展慈善活动等情况的报告。根据现行《基金会管理条例》规定，基金会的年度工作报告应当包括：开展募捐、接受捐赠、提供资助等活动的情况以及人员和机构的变动情况等。根据现行《社会团体登记管理条例》和《民办非企业单位登记管理暂行条例》规定，社会团体和民办非企业单位的工作报告内容包括：遵守法律法规和国家政策的情况、依法履行登记手续的情况、按照章程开展活动的情况、人员和机构变动的情况以及财务管理的情况。

2. 报送财务会计报告。财务会计报告是单位依法向国家有关部门提供或者向社会公开披露的反映该单位财务状况和经营成果的书面文件。

慈善组织执行的是《民间非营利组织会计制度》（财会〔2004〕7号），财务会计报告由会计报表、会计报表附注和财务情况说明书组成，分为年度财务会计报告和中期财务会计报告，年度财务会计报告是以整个会计年度为基础编制的财务会计报告。民间非营利组织会计制度在会计要素、计量基础、净资产的核算和列报、收入确认、费用分类，以及会计报表构成等方面均与企业会计制度有较大区别：一是会计要素。没有设置企业会计中的所有者权益和利润会计要素，而是采用了净资产，也没有设置预算会计中的支出会计要素，而是采用了费用。二是会计计量基础。捐赠、政府补助等是无偿取得，无法按实际成本原则确认和计量，因此引入了公允价值等计量基础。三是净资产的核算和列报。非营利组织的净资产主要来自捐赠，而捐赠经常有时间或用途的限定，适应这个特点，制度将净资产分为限定性净资产和非限定性净资产两类进行核算和列报。四是收入的确认。非营利组织的收入既有捐赠、会费等非交换交易收入，又有提供服务收入、投资收益等交换交易收入，制度对此进行了区分。五是费用的分类。适应评价非营利组织经营绩效的要求，制度对费用的会计核算严格区分业务活动成本和期间费用。六是财务会计报告的内容及其组成。非营利组织的财务会计报告至少应当包括资产负债表、业务活动表、现金流量表三张基本报表以及会计报表附注等内容，与企业有所区别。

根据我国会计法规定，各单位必须根据实际发生的经济业务事项进行会计核算，填制会计凭证，登记会计账簿，编制财务会计报告。为保证财务会计报告的真实、完整，我国会计法第二十一条规定："财务会计报告应当由单位负责人和主管会计工作的负责人、会计机构负责人（会计主管人员）签名并盖章；设置总会计师的单位，还须由总会计师签名并盖章。单位负责人应当保证财务会计报告真实、完整。"

3. 接受报告的部门。接受报告的主体是慈善组织登记的民政部门，即慈善组织在哪个民政部门登记，就向哪个民政部门报告。

4. 报告的时间。慈善组织必须每年都向民政部门报送年度工作报告和财务会计报告，而不能两年或者两年以上进行合并报告。根据现行《基金会管理条例》规定，基金会应当于每年3月31日前向登记管理机关报送上一年度工作报告。根据现行

《社会团体登记管理条例》和《民办非企业单位登记管理暂行条例》规定，社会团体和民办非企业单位应当于每年 5 月 31 日前向登记管理机关报送上一年度的工作报告。

二、报告的内容

关于报告的内容，根据本条规定，报告应当包括年度开展募捐和接受捐赠情况、慈善财产的管理使用情况、慈善项目实施情况以及慈善组织工作人员的工资福利情况。开展募捐和接受捐赠情况，包括开展募捐的时间、地域、形式以及捐赠的种类、数量等情况。慈善财产的管理使用情况，包括对募集的财产登记造册，对捐赠的不易储存、运输或者难以直接用于慈善目的的实物进行拍卖或者变卖，为实现财产保值、增值进行投资，按照募捐方案或者捐赠协议使用捐赠财产等情况。慈善项目实施情况，包括慈善项目实施流程、受益人、项目支出、对项目实施进行跟踪监督等情况。慈善组织工作人员的工资福利情况，是指慈善组织为其工作人员提供工资、奖金、津贴、补贴等待遇的情况。

需要说明的是，本条列举的内容是从慈善组织的一般情况出发的，是所有类型和领域的慈善组织在进行年度报告时都应当报告的内容。实践当中，报告的内容不局限于上述内容，不同类型和领域的慈善组织具有不同的特点，报告还应当依法结合并反映慈善组织各自的特点。

第十四条　慈善组织的发起人、主要捐赠人以及管理人员，不得利用其关联关系损害慈善组织、受益人的利益和社会公共利益。

慈善组织的发起人、主要捐赠人以及管理人员与慈善组织发生交易行为的，不得参与慈善组织有关该交易行为的决策，有关交易情况应当向社会公开。

【释义】　本条是关于慈善组织关联交易的规定。

关联交易一般是指具有投资关系或合同关系的不同主体之间所进行的交易,又称为关联方交易。慈善组织属于非营利组织,有人认为不存在关联交易。事实上,慈善组织虽然不以营利为目的,但是为实现财产的保值、增值可以进行投资等商业活动,在这一过程中存在很多交易行为,就有可能产生关联交易。不正当的关联交易会使慈善组织丧失公信力,损害慈善组织、受益人的利益和社会公共利益,破坏慈善环境,影响慈善事业的健康发展。在《美国国内税法典》中将关联方称为内部人或者不合格人,基金会或者其控制组织与不合格人的一些关联交易是法律所禁止的。

本条在借鉴其他国家和地区法律规定和我国实践经验的基础上,对慈善组织的关联交易问题作出了规定,以避免不正当的关联交易损害慈善组织、受益人的利益和社会公共利益。

根据本条第一款规定,慈善组织的发起人、主要捐赠人、管理人员这三类人不得利用其关联关系损害慈善组织、受益人的利益和社会公共利益。关联关系,是指可能导致利益转移的各种关系,包括慈善组织的发起人、主要捐赠人、管理人员与其直接或者间接控制的企业、基金会、民办非企业单位(慈善法将"民办非企业单位"更名为"社会服务机构")之间的关系等。当慈善组织的发起人、主要捐赠人、管理人员与慈善组织的交易对象存在关联关系时,相关交易就可能受慈善组织的发起人、主要捐赠人、管理人员的影响、控制或支配,从而出现损害慈善组织、受益人的利益和社会公共利益的情况。本款对慈善组织的发起人、主要捐赠人以及管理人员利用其关联关系损害慈善组织、受益人的利益和社会公共利益的作出了禁止性规定。

本条第二款主要是通过程序来避免对慈善组织不利的关联

交易发生。该款规定:慈善组织的发起人、主要捐赠人以及管理人员与慈善组织发生交易行为的,不得参与慈善组织有关该交易行为的决策,有关交易情况应当向社会公开。慈善组织的发起人、主要捐赠人以及管理人员与慈善组织发生交易行为的,应当回避对该交易的决策,这是慈善组织的发起人、主要捐赠人以及管理人员的一项法定义务。规定这项义务,主要是考虑到慈善组织的发起人、主要捐赠人以及管理人员有可能在该项交易上与慈善组织存在利益冲突,禁止其参与相关交易的决策,有利于防止慈善组织的发起人、主要捐赠人以及管理人员利用其在慈善组织中所处的地位,牺牲慈善组织的利益谋求自己的利益或者为他人牟取利益,如慈善组织以高于市场价的价格购买关联方的产品或服务等。除决策回避外,本款还规定,慈善组织的发起人、主要捐赠人以及管理人员与慈善组织进行交易的情况应当向社会公开。向社会公开有关交易情况,有利于加强对此类交易行为的社会监督,进而促进慈善组织的发起人、主要捐赠人以及管理人员严格遵守法律规定,为慈善组织获得捐赠和开展活动创造良好的环境和条件。

慈善组织的发起人、主要捐赠人以及管理人员违反本条规定造成慈善组织慈善财产损失的,应当根据本法第九十九条的规定承担相应的法律责任,即由民政部门予以警告、责令限期改正;逾期不改正的,责令限期停止活动并进行整改。

需要说明的是,本条并不是禁止慈善组织所有的关联交易。事实上,在关联交易中,交易双方相互了解、彼此信任,可避免信息不对称,出现问题协调解决,能提高交易效率,降低交易成本,不排除有的关联交易是对慈善组织有利的,如慈善组织以低于市场价的价格从其发起人控股的公司承租房屋、购买设备等。因此,本条禁止的是慈善组织的发起人、主要捐赠人、管理人员利用其关联关系损害慈善组织、受益人的利益和社会公共利益的关联交易,以及慈善组织的发起人、主要捐赠人、管理人员参与慈善组织有关交易行为的决策和不向社会公开有关交易情况的行为。符合以下几项的关联交易是允许的:一是不得使慈善组织、受益人的利益和社会公共利益受损;二是慈善组织的发起人、主要捐赠人、管理人员不得参与相关交易的决策;三是关联交易必须做好信息公开。

第十五条 慈善组织不得从事、资助危害国家安全和社会公共利益的活动,不得接受附加违反法律法规和违背社会公德条件的捐赠,不得对受益人附加违反法律法规和违背社会公德的条件。

【释义】 本条是关于慈善组织不得从事的行为的规定。

一、慈善组织不得从事、资助危害国家安全和社会公共利益的活动

1. 慈善组织不得从事、资助危害国家安全的活动。开展慈善活动,不得危害国家安全,这是本法总则第四条中的明确要求。国家安全法明确规定,中华人民共和国公民、一切国家机关和武装力量、各政党和各人民团体、企业事业组织和其他社会组织,都有维护国家安全的责任和义务;任何个人和组织不得有危害国家安全的行为,不得向危害国家安全的个人或者组织提供任何资助或者协助;任何个人和组织违反国家安全法和有关法律,不履行维护国家安全义务或者从事危害国家安全活动的,依法追究法律责任。这里规定的"国家安全",根据国家安全法的规定,是指国家政权、主权、统一和领土完整、人民福祉、经济社会可持续发展和国家其他重大利益相对处于没有危险和不受内外威胁的状态,以及保障持续安全状态的能力。

慈善组织作为慈善活动的重要参与者，有必要进一步对其作出明确的要求。慈善组织除自身不得从事危害国家安全的活动，也不得资助他人从事危害国家安全的活动。

2. 慈善组织不得从事、资助危害社会公共利益的活动。开展慈善活动，不得违背社会公德，不得损害社会公共利益，这也是本法总则第四条中的要求。社会公共利益是指全体社会成员的共同利益。法律保障社会公共利益，也就是保护全体人民的公共利益，保护每一个公民的自身利益。在我国的民事法律制度中，将尊重社会公共利益作为民事法律行为的有效条件之一。民法通则规定，民事活动应当尊重社会公德，不得损害社会公共利益；违反社会公共利益的民事行为无效。慈善组织作为慈善活动重要参与者，对慈善组织进一步提出明确要求是必要的。

二、慈善组织不得接受附加违反法律法规和违背社会公德条件的捐赠

本法总则中规定，自然人、法人和其他组织要依法开展慈善活动；开展慈善活动，应当遵循合法原则；不得违背社会公德。慈善组织在开展慈善活动时不得违反法律法规，不得违背社会公德。慈善组织在接受捐赠时也应当遵守这一要求。慈善捐赠应当基于慈善目的，是自愿、无偿赠与财产的活动，不能附加违反法律法规的条件。本法对慈善捐赠作了专章规定，根据规定，捐赠人与慈善组织可以约定捐赠财产的用途和受益人；但约定捐赠财产的用途和受益人时，不得指定与捐赠人有利害关系的人作为受益人。任何组织和个人不得利用慈善捐赠违反法律规定宣传烟草制品，不得利用慈善捐赠以任何方式宣传法律禁止宣传的产品和事项。公益事业捐赠法也规定，捐赠应当遵守法律、法规，不得违背社会公德，不得损害公共利益和其他公民的合法权益。如果捐赠人提出类似上述违反法律法规的约定条件

的，慈善组织不得接受这样的捐赠。

社会公德是指全体公民在社会交往和公共生活中应该遵循的行为准则，其主要内容是文明礼貌、助人为乐、爱护公物、保护环境、遵纪守法等。捐赠人捐赠时提出违背社会公德条件的，慈善组织也应当予以拒绝，不得接受这样的捐赠。

三、慈善组织不得对受益人附加违反法律法规和违背社会公德的条件

受益人是慈善活动的重要一方，法律明确规定了对受益人的要求，受益人未按照协议使用慈善财产或者有其他严重违反协议情形的，慈善组织有权要求其改正；拒不改正的，慈善组织有权解除协议并要求受益人返还财产。同时也规定，慈善组织确定慈善受益人，应当坚持公开、公平、公正的原则。开展慈善服务，应当尊重受益人的人格尊严，不得侵害受益人的隐私。本条进一步明确规定，慈善组织不得对受益人附加违反法律法规和违背社会公德的条件。这也是总则关于开展慈善活动，应当遵循合法原则，不得违背社会公德，针对慈善组织的具体要求。

需要注意的是，慈善组织违反本条规定应当承担相应的法律责任。一是慈善组织从事、资助危害国家安全和社会公共利益活动的，由有关机关依法查处，由民政部门依法吊销登记证书并予以公告。二是慈善组织接受附加违反法律法规或者违背社会公德条件的捐赠，或者对受益人附加违反法律法规和违背社会公德的条件的，由民政部门责令限期改正；逾期不改正的，吊销登记证书并予以公告。

第十六条　有下列情形之一的，不得担任慈善组织的负责人：

（一）无民事行为能力或者限制民事行为能力的；

（二）因故意犯罪被判处刑罚，自刑罚执行完毕之日起未逾五年的；

（三）在被吊销登记证书或者被取缔的组织担任负责人，自该组织被吊销登记证书或者被取缔之日起未逾五年的；

（四）法律、行政法规规定的其他情形。

【释义】 本条是关于担任慈善组织负责人的条件限制的规定。

慈善法从慈善组织的内部治理和信息公开两方面着手，规范慈善组织积极开展慈善活动，维护其社会公信力。慈善组织的负责人代表慈善组织行使职权，对慈善组织的内部治理起着至关重要的作用，其任职条件应在法律规定基础上体现慈善组织的意思自治，由组织章程作出具体条件性要求，本条仅规定了哪些人员不得担任慈善组织的负责人，即对负责人的任职开出“负面清单”，属于最低要求。

一、慈善组织的负责人的范畴

慈善组织主要采取基金会、社会团体以及社会服务机构等组织形式。对于基金会、社会团体和社会服务机构的负责人，相关的法律法规中有所规定。

关于基金会的负责人，根据2004年国务院《基金会管理条例》和民政部《基金会换发登记证书方案》的有关规定，基金会的负责人为其理事长、副理事长和秘书长，负责人必须依照章程规定的程序，从理事中选举产生。法定代表人必须由理事长担任。关于社会团体和民办非企业单位的负责人，原则上同基金会负责人的构成基本一致，均由该组织的理事长（会长）、副理事长（副会长）、秘书长组成。如《民政部关于社会团体登记管理有关问题的通知》规定，健全社会团体负责人备案制度，社会团体换届产生新一届理事长(会长)、副理事长(副会长)、秘书长后,无论是否发生人员、职务变动,均应按照相关规定,及时到登记管理机关办理负责人变更备案手续。

二、关于对不得担任慈善组织的负责人的限制性要求

1. 无民事行为能力或者限制民事行为能力的

民事权利能力,是指享有民事权利、承担民事义务的资格。民事权利包括物权、债权、知识产权、人身权等。民法通则规定,公民从出生时起到死亡时止,具有民事权利能力。中国公民均享有民事权利能力,但不是都能享有民事行为能力。民事行为能力是指独立地行使民事权利、履行义务的能力,包括承担其所作的民事行为后果的能力。限制民事行为能力,包括年满十周岁不满十八周岁的公民;不能完全辨认自己行为的精神病人。无民事行为能力人包括不满十周岁的公民和不能辨认和不能控制自己行为的精神病人。只有具有民事行为能力的人,才可以独立实施一定的民事法律行为,产生预期的民事法律后果,因而,公民是否具有民事行为能力,直接关系到其进行的民事活动是否具有法律意义。

2. 因故意犯罪被判处刑罚,自刑罚执行完毕之日起未逾五年的

对于慈善组织负责人是否可以由被判处过刑罚的人担任,《基金会管理条例》和《社会团体登记管理条例》等都有不同规定。《基金会管理条例》规定,因犯罪被判处管制、拘役或者有期徒刑,刑期执行完毕之日起未逾五年的,因犯罪被判处剥夺政治权利正在执行期间或者曾经被判处剥夺政治权利的,不得担任基金会的理事长、副理事长或者秘书长。《社会团体登记管理条例》第十三条规定,发起人、拟任负责人正在或者曾经受到剥夺政治权利的刑事处罚的,登记管理机关不予批准筹备。

《民办非企业单位登记管理暂行条例》规定，拟任负责人正在或者曾经受到剥夺政治权利的刑事处罚，登记机关不予登记。慈善法一审稿中规定的是“被判处刑罚，刑罚执行完毕未逾五年”，在常委会第二次审议后，有意见提出应对“被判处刑罚”作一下区分，不能将所有被判处刑罚的人均限制在慈善组织负责人之外，慈善法对此作了相应修改，对慈善组织负责人的这一条件限制，比起《基金会管理条例》的规定，缩小了限制范围，将犯罪限定于故意犯罪；比起《社会团体登记管理条例》的规定，设置了“未逾五年”的时间限制，这样的立法初衷，在于最大范围地动员和鼓励全社会力量做慈善，参与慈善。

3. 在被吊销登记证书或者被取缔的组织担任负责人，自该组织被吊销登记证书或者被取缔之日起未逾五年的

本条对《基金会管理条例》的有关规定作了相应修改。《基金会管理条例》规定，曾在因违法被撤销登记的基金会担任理事长、副理事长或者秘书长，且对该基金会的违法行为负有个人责任，自该基金会被撤销之日起未逾五年的，不得担任基金会的理事长、副理事长或者秘书长。

4. 法律、行政法规规定的其他情形

有关慈善组织负责人不得任职的条件，本法不可能一一列举，因此规定了兜底条款，即“法律、行政法规规定的其他情形”。如《基金会管理条例》第二十三条规定，基金会理事长、副理事长和秘书长不得由现职国家工作人员兼任。基金会的法定代表人，不得同时担任其他组织的法定代表人。公募基金会和原始基金来自中国内地的非公募基金会的法定代表人，应当由内地居民担任。《社会团体登记管理条例》第十三条规定，社会团体的法定代表人，不得同时担任其他社会团体的法定代表人。

第十七条 慈善组织有下列情形之一的,应当终止:

(一)出现章程规定的终止情形的;

(二)因分立、合并需要终止的;

(三)连续二年未从事慈善活动的;

(四)依法被撤销登记或者吊销登记证书的;

(五)法律、行政法规规定应当终止的其他情形。

【释义】 本条是关于慈善组织终止情形的规定。

慈善组织的终止是指慈善组织因发生章程规定或者法律规定的解散事由而停止活动,最终可能失去法律人格的法律行为。

根据本条规定,慈善组织有下列情形之一的,可以终止:

1. 出现章程规定的终止情形的。本法第十一条规定,慈善组织的章程,应当载明终止情形及终止后的清算办法。终止情形是慈善组织章程中必须记载的事项,在制定章程时,可以预先约定慈善组织终止的各种事由。

2. 因分立、合并需要终止的。慈善组织的合并,是指两个或者两个以上的慈善组织依照有关法律规定,共同组成一个慈善组织的法律行为。慈善组织的合并可以分为吸收合并和新设合并两种形式。吸收合并,是指通过将一个或一个以上的慈善组织并入另一个慈善组织的方式而进行慈善组织合并的一种法律行为。当慈善组织吸收合并时,并入的慈善组织终止,其法人资格消失,接受合并的慈善组织继续存在,并办理相关变更手续及将变更信息公开。新设合并,是指两个或者两个以上的慈善组织以消灭各自的法人资格为前提而合并为一个新的慈善组织的法律行为,当新设合并时,原有慈善组织的法人资格均告消灭。

3. 连续二年未从事慈善活动的。对于一定时间内没有从事慈善活动的慈善组织,法律规定取消其法律人格。日本一般法人法中也有类似规定,在法务大臣官报中向休眠一般社团法人进行公示,要求其在两个月内应当向登记机构上报,仍不上报者,则在前文所述两个月期满后,视为已解散。对于该项内容,慈善法一审稿规定的是“连续三年未从事慈善活动的”;在审议过程中,根据相关意见建议以及地方的实践做法,将其由“三年”改为“二年”。

4. 依法被撤销登记或者吊销登记证书的。慈善组织实施了违反法律、行政法规规定的行为,被依法吊销登记证书或者撤销登记的,应当终止。如本法第一百零三条规定,慈善组织弄虚作假骗取税收优惠的,由税务机关依法查处;情节严重的,由民政部门吊销登记证书并予以公告。严格来说,被撤销登记与吊销登记证书有所不同。“吊销登记证书”属于行政处罚措施,行政处罚法第八条规定,行政处罚的种类包括:警告;罚款;没收违法所得、没收非法财物;责令停产停业;暂扣或者吊销许可证、暂扣或者吊销执照;行政拘留;法律、行政法规规定的其他行政处罚。“吊销登记证书”属于第五类“吊销许可证”范畴,是一种严厉的行政处罚措施。根据行政许可法第六十九条规定,有下列情形之一的,作出行政许可决定的行政机关或者其上级行政机关,根据利害关系人的请求或者依据职权,可以撤销行政许可:(1)行政机关工作人员滥用职权、玩忽职守作出准予行政许可决定的;(2)超越法定职权作出准予行政许可决定的;(3)违反法定程序作出准予行政许可决定的;(4)对不具备申请资格或者不符合法定条件的申请人准予行政许可的;(5)依法可以撤销行政许可的其他情形。被许可人以欺骗、贿赂等不正当手段取得行政许可的,应当予以撤销。可见,对慈善组织的撤销登记属于行政许可法规定的行政机关撤回、撤销行政许可的行为。

5. 法律、行政法规规定应当终止的其他情形。因为本条第(一)至(四)项并未将慈善组织终止的情形一一列举全面,因此,第(五)项规定了兜底条款。

第十八条　慈善组织终止,应当进行清算。

慈善组织的决策机构应当在本法第十七条规定的终止情形出现之日起三十日内成立清算组进行清算,并向社会公告。不成立清算组或者清算组不履行职责的,民政部门可以申请人民法院指定有关人员组成清算组进行清算。

慈善组织清算后的剩余财产,应当按照慈善组织章程的规定转给宗旨相同或者相近的慈善组织;章程未规定的,由民政部门主持转给宗旨相同或者相近的慈善组织,并向社会公告。

慈善组织清算结束后,应当向其登记的民政部门办理注销登记,并由民政部门向社会公告。

【释义】　本条是关于慈善组织的清算以及清算后剩余财产的处理原则的规定。

慈善组织的清算,是在慈善组织终止后,依照一定程序了结慈善组织事务使慈善组织归于消灭的一系列法律行为和制度的总成。慈善组织终止后,都应当进行清算,不经清算,不得注销设立登记。因此,清算是慈善组织的法人资格消灭前的一个必经程序。慈善组织的清算由慈善组织的决策机构成立的清算组按照法定程序进行。根据本条规定,慈善组织因本法第十七条规定而终止的,应当自终止情形出现之日起三十日内成立清算组进行清算,并向社会公告。

一、慈善组织的清算组的成立

慈善组织的清算组,是指在慈善组织清算期间负责清算事务执行的法定机构。由于慈善组织终止后其业务执行机构丧失了执行权力,必须由清算组接管慈善组织的后继事务。一般情况下清算组由慈善组织的决策机构成立。慈善组织的决策机构,对不同社会组织形式来说有不同要求,慈善组织中的社团法人,其会员大会是决策机构,基金会及其他社会组织形式的理事会是其决策机构。在特殊情况下,当慈善组织不成立清算组或者清算组不履行职责的,民政部门可以申请人民法院指定有关人员组成清算组进行清算。公司法第一百八十三条规定,公司逾期不成立清算组进行清算的,债权人可以申请人民法院指定有关人员组成清算组进行清算。因为慈善组织作为非营利组织,涉及社会公共利益,与公司的盈利性质有所不同,因此在申请权利人的限定上法律进行了区别规定,赋予民政部门申请人民法院指定组成清算组的权利。对于清算组具体人员的选任条件和任职资格,本法未作限定,法人和自然人均可出任清算人。

二、清算组的职权

本法并未对清算组的职权作出明确规定,但是,从一般实践和相关法律法规的规定来看,清算组在清算期间的职权有:一是全面清理慈善组织财产,列出财产清单;二是处理与清算有关的慈善组织未了结的慈善项目或慈善服务等业务;三是清缴慈善组织所欠税款以及清算过程中所产生的税款;四是代表慈善组织参与民事诉讼活动等。

三、慈善组织清算后剩余财产的处理

1. 慈善组织清算后的剩余财产不得向其发起人、捐赠人以及慈善组织成员进行分配。慈善组织作为非营利组织,其财产属性与公司的财产属性有所不同,其名义上虽然属于慈善组织,但具有社会公共属性。本法第五十二条规定,慈善组织的财产应当根据章程和捐赠协议的规定全部用于慈善目的,不得在发起人、捐赠人以及慈善组织成员中分配。因此,清算后的剩余财产也不得在内部成员和相关人员间分配利润。

2. 慈善组织清算后的剩余财产,按照慈善组织章程的规定转给宗旨相同或者相近的慈善组织;章程未规定的,由民政部门主持转给宗旨相同或者相近的慈善组织,并向社会公告。

慈善财产处理的近似原则,在国际上被广泛应用。近似原则是指当慈善目的不能实现时,可以将原来慈善目的变更为最接近原慈善目的的其他目的,使慈善活动得以继续运行。它最早起源于罗马法,在英国慈善法和美国、日本等国家慈善相关法律中均有规定。我国《基金会管理条例》中也有类似规定。《基金会管理条例》第三十三条规定,基金会注销后的剩余财产应当按照章程的规定用于公益目的;无法按照章程处理的,由登记管理机关组织捐赠给与基金会性质、宗旨相同的社会公益组织,并向社会公告。该项规定明确了基金会终止后剩余财产的处分,应当在登记管理机关的监督下按照原来基金会章程的规定用于公益目的,如果章程未作具体规定或者无法按照章程规定操作,导致剩余财产无法按照章程处理的,同样应遵循不改变基金会财产用于公益事业目的的原则,由登记管理机关负责组织捐赠给宗旨相同的社会公益组织,并将有关情况向社会公告。鉴于《基金会管理条例》的规定不能适用其他组织形式的慈善组织,因此慈善法对此原则进行了系统的规定,不仅规定了慈善组织清算后的剩余财产的处理,还在慈善财产一章中规定了慈善项目终止后捐赠财产有剩余的处理原则。

四、注销登记

慈善组织清算结束后,应当办理注销登记。办理注销登记后其法人资格取消,由民政部门履行信息公开的义务,向社会公告慈善组织的注销情况。本法第七十条规定,县级以上人民政府民政部门和其他有关部门应当及时向社会公开包括慈善组织登记事项、慈善信托备案事项、具有公开募捐资格的慈善组织名单等慈善信息。其中,慈善组织登记事项就包括慈善组织的注销登记情况。

第十九条 慈善组织依法成立行业组织。

慈善行业组织应当反映行业诉求,推动行业交流,提高慈善行业公信力,促进慈善事业发展。

【释义】 本条是关于慈善行业组织的规定。

慈善行业组织是慈善行业自律的载体,对于规范慈善组织的行为,促进慈善事业的健康发展,具有非常重要的意义。

一、慈善组织可以依法成立行业组织

行业组织是公民、法人和其他组织在自愿基础上基于共同的利益要求所组成的一种民间性、非营利性的社会团体。2004年国务院颁布的《全面推进依法行政实施纲要》提出,凡是公民、法人和其他组织能够自主解决的,市场竞争机制能够调节的,行业组织或者中介机构通过自律能够解决的事项,除法律另有规定的外,行政机关不要通过行政管理去解决。2014年《国务院关于促进慈善事业健康发展的指导意见》规定,强化慈善行业自律,要推动建立慈善领域联合型、行业性组织,建立健全行业标准和行为准则,增强行业自我约束、自我管理、自我监督能力。慈善行业组织是由慈善组织作为会员自愿组成、协调慈善组织与政府、捐赠方等关系、旨在促进慈善事业规范发展的自律性行业组织。我国已经开始出现一些慈善法人的行业组织,如2007年由北京市十三家慈善公益组织联合发起、北京市民政局主管注册的首都慈善公益组织联合会,其属于非营利社团法人,职能是发挥连接政府、慈善组织和社会三方的桥梁纽带作用,制定慈善组织行业规范,培训民间慈善组织成员,监督救助项目实施,协调资金及政策等方面的支持,积极推进建立完善的慈善事业筹资机制、运营管理机制、监督反馈机制和动员激励机制。目前，我国存在的比较典型的慈善行业组织除中国慈善联合会外，还有中国社会组织促进会等，他们是按照《社会团体登记管理条例》在民政部登记的全国性社会团体；还有首都慈善联合会，在北京市民政局登记。慈善领域的行业组织，一般由民政部门担任业务主管单位和登记管理机关，或者在民政部门直接登记，在民政部门的指导和监督管理下，依照其章程开展工作。

二、慈善行业组织的职能

慈善行业组织的主要职能，是代表和维护慈善组织的合法权益，反映慈善行业诉求，推动慈善行业间的交流，提高慈善行业公信力，促进慈善事业发展。目前，众多慈善组织纷纷表示，慈善人才的缺乏，尤其是高端人才的匮乏，是对慈善组织发展的主要障碍之一。慈善行业组织可以通过内部建议、交流培训、为慈善组织提供业务指导和咨询等工作促进慈善人才的培养。同时，作为自律性的行业组织，慈善行业组织有权参与制定慈善行业的行为规范和标准，协助改进部分慈善组织及其成员自律意识淡薄、运作不规范的不足。

第二十条　慈善组织的组织形式、登记管理的具体办法由国务院制定。

【释义】　本条是关于对国务院就慈善组织的组织形式和登记管理等内容制定具体办法的授权规定。

慈善法第二章主要规范慈善组织的内部治理。在慈善法出台之前，相比公司的相关法律法规，我国慈善组织治理结构的制度建设较为落后，相关的法律法规较为欠缺；《社会团体登记管理条例》（1998 年）、《民办非企业单位登记管理暂行条例》（1998 年）和《基金会管理条例》（2004 年）是非营利社会组织开展活动的最主要依据。《社会团体登记管理条例》和《民办非企业单位登记管理暂行条例》仅是对社团和民办非企业单位的登记管理进行规范,在组织形式、内部治理等方面存在欠缺。随着社会高速发展,上述三个条例也存在诸多与现实需要不符的规定。慈善法出台之后,在慈善组织的登记管理、活动成本控制、主要负责人的限制等很多方面都有新的规定。新的制度设计需要制定具体办法予以细化,对原有制度的不同规定则需要修改原有的规定。需要注意的是,本条规定,“慈善组织的组织形式、登记管理的具体办法由国务院规定”,授权仅限于慈善组织的组织形式和登记管理两方面的内容,国务院在制定具体办法的时候不应超过组织形式和登记管理的内容限制。另外,本条是在慈善法第二次审议后根据有关意见新增加的条款。

第三章 慈善募捐

第二十一条 本法所称慈善募捐,是指慈善组织基于慈善宗旨募集财产的活动。

慈善募捐,包括面向社会公众的公开募捐和面向特定对象的定向募捐。

【释义】 本条是关于慈善募捐的定义及其分类的规定。

慈善募捐是慈善活动的重要环节,是慈善组织募集慈善财产的主要方式,也是其开展慈善活动的前提和基础。通过慈善募捐,慈善组织募得相应的款物用于开展慈善活动。慈善募捐和慈善捐赠是一项事物的两个方面,从慈善组织的角度而言,其向捐赠人募集财产属于慈善募捐;而从捐赠人的角度而言,其向慈善组织捐赠财产,属于本法第四章所规定的慈善捐赠,慈善募捐往往是慈善捐赠发生的先导环节。慈善募捐是慈善法所要规范的一项重要环节和核心内容。从慈善事业的历史发展轨迹来看,在早期,慈善募捐是社会组织和个人均可开展的一项活动,属于自发自愿的行为,但是随着现代慈善事业的发展,一些国家和地区逐步对慈善募捐加以严格的规范,有的对有权开展慈善募捐的主体加以一定的限制,有的出于维护公共秩序的需要,对慈善募捐行为尤其是公开募捐行为加以一定的管理和规范。从当前我国的实际情况看,慈善事业发展中存在的问题,与慈善募捐法律制度不完善有很大的关系:一方面,享有慈善募捐资格的主体尤其是具有公开募捐资格的主体过窄,限制了更多的社会组织参与慈善活动。按照我国现行有关法律、行政法规的规定，享有公开募捐资格的主体主要限于红十字会、慈善会和公募基金会，目前全国大概不到五千家。另一方面，当前慈善领域出现的某些乱象也与慈善募捐行为不规范有很大关联，尽管合法的募捐主体范围有限，但是在实践中，不少社会组织以及个人，无论其是否具有公开募捐资格，有时却在开展形式多样的公开募捐活动。如某报社通过其公开发行的报刊刊登消息，呼吁广大读者为某灾区儿童或者某重病患者捐款，某一个人通过网络呼吁广大网民为遭受意外或者特殊困难的亲朋好友捐款。这些行为本身从道德层面探讨尤其具有正当性，但是考虑到现代慈善事业发展的客观规律和趋势，却需要加以一定的引导和规范。尤其是在我国当前诚信体系尚不完善的大环境下，一些不法组织或者个人利用社会公众的善心，通过发布虚假的募捐信息，诈捐、骗捐的现象还时有发生，需要从立法上加以约束和规范。

一、慈善募捐的定义

本条第一款对慈善募捐的概念作了法律上的界定，由条文规定可以看出，慈善募捐具有以下三方面的特征：

1. 慈善募捐是慈善组织的专属活动。根据本法第二条的规定，自然人、法人和其他组织均可开展慈善活动，但慈善募捐作为慈善活动的一个环节，由于其涉及公共资金的募集和管理，只能由慈善组织来实施。本法对慈善募捐，无论是定向募捐还是公开募捐，均对主体资格作了明确限定，即慈善组织自成立之日起可以开展定向募捐，开展公开募捐需要依照本法规定取得公开募捐资格。按照这些规定，慈善募捐是慈善组织的专属活动，也是慈善组织享有的一项特有权利。慈善组织以外的其他组织或者个人不得开展慈善募捐，无论是定向募捐还是公开募捐。

需要说明的是,慈善募捐是慈善组织的一项专属活动,并不排斥慈善组织以外的其他组织和个人接受慈善捐赠。根据本法第三十五条的规定,捐赠人可以通过慈善组织捐赠,也可以直接向受益人捐赠。慈善募捐是慈善组织主动、积极向捐赠人募集财产的活动,慈善组织以外的其他组织和个人被动接受捐赠人的捐赠,不属于慈善募捐行为。

2. 慈善募捐应当服务于慈善宗旨的实现。本法对慈善宗旨未作界定,但是根据本法第三条对慈善活动的定义,慈善宗旨与开展慈善活动的含义基本上是一致的,本质上都是一种公益活动。慈善宗旨是指某一特定的慈善组织为开展慈善活动而设定的宗旨或者目标。慈善组织开展慈善募捐,其目的是通过慈善募捐筹集慈善财产,从而用于开展慈善活动。也就是说,相对于整个慈善活动而言,慈善募捐本身不是目的,而仅仅是一个中间环节。慈善组织开展慈善募捐活动,不是为了慈善组织本身的利益,而是为了不特定对象开展的一种公益活动。

3. 慈善募捐是一种募集财产的活动。从词义上分析,"募捐"又可称为"筹集款物",是指将分散的社会资源动员并集中起来的过程。慈善募捐是指基于慈善宗旨的募捐行为,其行为本身是指通过设置募捐箱、通过广播电视互联网等媒体发布募捐信息,劝导募捐对象向慈善组织捐赠款物的行为,是一种积极、主动的行为,这也是其区别于被动接受捐赠的一项显著特征。

二、慈善募捐的分类

慈善募捐可以按照不同的标准分类。例如,按照慈善组织的组织形式划分,有基金会的慈善募捐和社会团体的慈善募捐,以及社会服务机构的慈善募捐;按照募捐所采用的方式(媒体)来划分,可以分为公共场所募捐、通过广播电视报刊募捐,以及互联网募捐等。本条第二款按照募捐对象范围的不同,将慈善募捐分为面向社会公众的公开募捐和面向特定对象的定向募捐。之所以作这样的划分,主要是考虑到由于募捐对象范围的不同,慈善募捐行为的社会影响或因其行为不端而可能产生的社会危害性有很大的不同,对募捐对象的权利可能带来的影响或者造成的侵害也有很大的不同,由此,在立法规范的程度、规范的方式方法上,有必要作一定的区分。定向募捐由于只面向特定对象,相比较公开募捐而言,无论是其对象数量还是其广度、社会影响上,都要小得多,募捐对象与慈善组织之间一般存在特定的关系,对慈善组织的活动更加便于监督,因此对其在立法上的规制也要相对缓和一些。而反观公开募捐,由于其面向社会公众,筹集的社会资金往往量大面广,单个的个体对慈善组织的活动一般而言难以实施有效监督,这就需要在立法上施加更加严格的规范。

1. 公开募捐。公开募捐是面向社会公众募集慈善财产的一种募捐活动。公开募捐的核心特征在于募捐对象的不确定性,即慈善组织在开展公开募捐时,其所针对的对象是不特定的社会公众,而非特定的某些人或者某一类人。从募捐方式上来看,公开募捐可以采用本法第二十三条规定的方式,这些方式包括在公共场所设置募捐箱,举办面向社会公众的义演、义赛、义卖、义展、义拍、慈善晚会等,以及通过广播、电视、报刊、互联网等媒体发布募捐信息。这些募捐方式由于其本身的公开性,决定了其受众必然是不特定的社会公众。

2. 定向募捐。定向募捐是面向特定对象募集慈善财产的一种募捐活动。定向募捐的核心特征在于募捐对象的特定性。如何理解募捐对象的“特定性”? 关键的要素在于募捐对象与慈善组织之间是否具有“特定的关系”,这种特定的关系,即可以是组织上的关系，例如本法第二十八条所列举的慈善组织的发起人、理事会成员和会员。

需要说明的是，由于“面向社会公众”与“面向特定对象”这两个概念本身的不确定性，实践中难免会存在一些模糊地带或者交叉的地方，需要结合个案加以分析和认定，以确定某一慈善募捐究竟属于定向募捐还是公开募捐。这里需要把握的是：一是定向募捐和公开募捐不能简单地以募捐对象的数量多少来划分。公开募捐由于面向社会公众，一般来说数量众多；定向募捐由于面向特定对象，一般来说数量有限。但是在某些情况下，一些表面上看起来对象有限的定向募捐实际上是公开募捐。例如，某一慈善组织专门针对某一些富豪上门开展募捐，而这些富豪与该慈善组织之间没有特定的关系，既不是该慈善组织的发起人、理事会成员或者会员，也没有其他特定的利害关系。这种所谓的“定向募捐”即使其所针对的富豪人数十分有限，仍然有可能构成公开募捐。又如，某高校设立的基金会针对其校友开展募捐活动，尽管其校友数量可能成千上万，但是由于校友与学校之间具有特定的身份关系，仍不属于公开募捐而属于定向募捐。二是公开募捐与定向募捐不能简单地以募捐方式来划分。本法第二十三条规定了开展公开募捐可以采取的方式，同时第二十九条明确规定开展定向募捐不得采取或者变相采取上述方式。这主要是考虑到本法第二十三条规定的募捐方式，其所针对的募捐对象必然是不特定的，采取这些方式开展募捐必然是公开募捐，因此不得为定向募捐所用。在实践中，有些募捐方式如义展、义拍、慈善晚会等，如果是面向特定对象的，同样可以为定向募捐所采取，而只有面向社会公众举办的义展、义拍、慈善晚会等，才属于公开募捐的方式。

第二十二条　慈善组织开展公开募捐，应当取得公开募捐资格。依法登记满二年的慈善组织，可以向其登记的民政部门申请公开募捐资格。民政部门应当自受理申请之日起二十日内作出决定。慈善组织符合内部治理结构健全、运作规范的条件的，发给公开募捐资格证书；不符合条件的，不发给公开募捐资格证书并书面说明理由。

法律、行政法规规定自登记之日起可以公开募捐的基金会和社会团体，由民政部门直接发给公开募捐资格证书。

【释义】　本条是关于公开募捐资格的规定。

开展募捐活动是否需要取得一定的资格，或者说对公开募捐行为是否需要设置一定的准入门槛，一些国家和地区在立法上有不同的做法。有的国家和地区对公开募捐设置一定的实现许可程序，例如英国建立统一的公共场所募捐执照制度，对在公共场所开展募捐实施许可管理，许可内容包括募捐的时间和地点。发放执照的目的主要在于调剂不同慈善组织开展募捐活动的场地和时间，从而防止募捐活动过于集中，避免损害公共秩序，保障募捐活动的有序进行。我国香港特别行政区也有类似的做法。我国台湾地区也采取类似的公益劝募许可制度，慈善组织开展劝募活动需要事先向主管机关提交申请表、劝募活动计划书、劝募活动所得财物使用计划书等材料，申请获得劝募许可。从多数国家的情况来看，对开展慈善募捐活动并没有设置严格的准入制度，对募捐活动的规范主要依赖捐赠人的选择和力量制约。政府监管部门对慈善募捐活动的监督主要是一种事后监督，慈善组织通过虚构事实等方式实施诈捐、骗捐的，依法承担相应的民事责任或者追究相应的刑事责任。在我国，由于慈善事业刚刚起步且发展较快，实践中，一些慈善组织运行不规范的现象还比较突出，且主管部门的监管手段有限，因此，立法上对慈善组织的募捐行为尤其是公开募捐行为设置了许可制度，慈善组织只有依法取得公开募捐资格方可开展公开募捐。

一、慈善组织开展公开募捐应当申请取得公开募捐资格

本条第一款对慈善组织申请公开募捐资格的条件和程序作了规定。根据这一规定，慈善组织取得公开募捐资格应当符合下列条件：

1. 依法登记满二年

根据本法第二十八条第一款的规定，慈善组织自登记之日起可以开展定向募捐。如前所述，与慈善组织的定向募捐相比较，公开募捐涉及面广、对社会公众的影响更大，需要作更加严格的规范。因此，相比较于定向募捐，本条首先对公开募捐规定了更加严格的时限要求，即慈善组织依法登记满二年后方可开展公开募捐。“依法登记满二年”实际上是考验期，设置二年考验期的目的，在于督促慈善组织依法规范运作。依法登记满二年是慈善组织申请公开募捐资格的时限要求。在二年的考验期内，慈善组织不得开展公开募捐，但是可以开展定向募捐，并运用慈善组织的创始财产以及定向募捐获得的慈善财产开展慈善活动。

2. 慈善组织内部治理结构健全

慈善组织作为社会组织的一类，应当具备法律法规规定的内部治理结构要求。本法对慈善组织的内部治理结构作了明确要求。例如，根据本法第十一条的规定，慈善组织的章程中应当载明慈善组织决策、执行机构的组成及职责；第十二条规定，慈善组织应当根据法律法规以及章程的规定，建立健全内部治理结构，明确决策、执行、监督等方面的职责权限，开展慈善活动。慈善组织应当执行国家统一的会计制度，依法进行会计核算，建立健全会计监督制度，并接受政府有关部门的监督管理。因此，

慈善组织内部治理结构健全，主要是指慈善组织分别设置了符合本法规定的内部机构，各机构之间职责分工明确，决策、执行、监督等方面的职责都有相应的机构来承担。

3. 慈善组织运作规范

运作规范是保障慈善组织健康发展的基本要求。所谓“运作规范”主要是指慈善组织在运行过程中，严格遵守本法规定的各项义务，没有出现违反本法规定的行为，没有依照本法规定受到相应的处罚。也就是说，慈善组织登记成立后，只要严格遵守本法规定，未受到行政处罚，即符合本条规定的运作规范的要求，民政部门不得附加其他额外条件。

二、申请公开募捐资格的程序

本条第一款同时对慈善组织申请公开募捐资格的程序作了明确规定。首先需要说明的是，申请公开募捐资格是慈善组织的一项权利而非义务，慈善组织有权行使，也可以不行使。如果慈善组织认为自身财力充足，依靠创始财产或者通过定向募捐募得的财产完全可以实现其慈善目的，也可以不申请公开募捐资格。同时，根据现行国务院《基金会管理条例》已经成立的非公募基金会等组织需要开展公开募捐的，则需要依照本法规定首先认定为慈善组织，再依照本条规定向民政部门申请公开募捐资格。

申请公开募捐资格由慈善组织主动向民政部门提出，民政部门应当自受理申请之日起二十日内作出决定。民政部门应当根据本条规定的条件进行审查，符合条件的，发给公开募捐资格证书；不符合条件的，不发给公开募捐资格证书并书面说明理由。需要说明的，发给公开募捐资格证书是一项行政许可，本法未作规定的，同时应当适用行政许可法的规定。例如，民政部门经审查后不发给公开募捐资格证书的，当事人可以依据行政许可法的规定，依法申请行政复议或者提起行政诉讼。

三、关于公募基金会和部分社会团体取得公开募捐资格证书的特殊规定

根据我国现行有关法律、法规的规定，部分基金会和社会团体已经取得公开募捐资格。对于这一部分社会组织，为了简化程序，本条第二款明确规定由民政部门直接发给公开募捐资格证书。

1. 可以公开募捐的基金会，即公募基金会。根据国务院《基金会管理条例》的有关规定，基金会分为面向公众募捐的公募基金会和不得面向公众募捐的非公募基金会。公募基金会自成立之日起即具有公开募捐资格。

2. 可以公开募捐的社会团体。按照目前我国的情况，具有公开募捐资格的主体除了公募基金会以外，还有依据红十字会法成立的中国红十字会总会和地方各级红十字会，实践中中华慈善总会以及各地方设立的慈善会、中国宋庆龄基金会以及各地方设立的宋庆龄基金会，也具有公开募捐资格，对于这些可以公开募捐的社会团体，由民政部门直接发给公开募捐资格证书。

需要说明的是，本法中所规定的公开募捐资格，是指慈善组织的公开募捐资格，因此，无论是可以公开募捐资格的基金会还是社会团体，应当在其依法认定为慈善组织后，由民政部门直接发给公开募捐资格证书；上述基金会和社会团体未申请认定为慈善组织的，不适用本条第二款的规定。

第二十三条　开展公开募捐，可以采取下列方式：

（一）在公共场所设置募捐箱；

（二）举办面向社会公众的义演、义赛、义卖、义展、义拍、慈善晚会等；

（三）通过广播、电视、报刊、互联网等媒体发布募捐信息；

（四）其他公开募捐方式。

慈善组织采取前款第一项、第二项规定的方式开展公开募捐的，应当在其登记的民政部门管辖区域内进行，确有必要在其登记的民政部门管辖区域外进行的，应当报其开展募捐活动所在地的县级以上人民政府民政部门备案。捐赠人的捐赠行为不受地域限制。

慈善组织通过互联网开展公开募捐的，应当在国务院民政部门统一或者指定的慈善信息平台发布募捐信息，并可以同时在其网站发布募捐信息。

【释义】 本条是关于开展公开募捐可以采取的方式的规定。

公开募捐是慈善组织取得慈善财产的重要方式，其可以采取的具体方式多种多样。在立法中明确慈善组织开展公开募捐和定向募捐的方式，有利于给慈善组织提供明确的指引，有利于进一步明确划分公开募捐和定向募捐的界限，有利于慈善组织依法开展慈善募捐活动。

一、开展公开募捐的方式

1. 在公共场所设置募捐箱。在公共场所设置募捐箱是一种传统的募捐方式，也是实践中较为常见的方式。一些慈善组织在机场、车站等公共场所设置募捐箱，社会公众直接将现金投入募捐箱中，由慈善组织收集、汇总善款后用于慈善目的。对捐赠人来说，这是一种相对便捷的方式，且由于募捐箱与捐赠人面对面，提供了一个便于社会公众捐款的渠道，让人们能表达爱心，有利于扩大慈善事业的影响力，提高社会公众的慈善意识。在公共场所设置募捐箱可以固定位置，也应当允许其流动，关键是要明确“谁设置、谁管理、谁负责”，并且规定不得妨碍公共秩序、企业生产经营及城乡居民生活。

2. 举办面向社会公众的义演、义赛、义卖、义展、义拍、慈善晚会等。义演、义赛、义卖、义展、义拍，是指将演出、比赛、销售、展览、拍卖等获得的收入贡献给慈善事业，慈善晚会是指通过举办晚会的方式筹集善款用于慈善事业。这些方式在实践中一般由某些具有社会影响力的公众人物如著名演员、影视明星、体育明星、网络大V等人发起或参与，其目的在于通过动员活动参与者的慈善意识，实现慈善目的。需要说明的，本项规定中的方式，尤其是义卖、义拍、慈善晚会等，既有可能为公开募捐所采取，也有可能为定向募捐所采取。二者的区别，关键在于参加活动的对象是否是特定的。如果对象特定，定向募捐也可以采取这些方式，但不得通过举办面向社会公众的义演、义赛、义卖、义展、义拍和慈善晚会的方式开展定向募捐。

3. 通过广播、电视、报刊、互联网等媒体发布募捐信息。通过广播、电视、报刊、互联网等媒体发布募捐信息，是新型的公开募捐方式，也是目前发展较快、实践中较为常用的公开募捐方式。通过互联网媒体发布募捐信息（互联网募捐）是当前发展迅速的一种公开募捐方式，也是需要进一步加强引导和规范的一种公开募捐方式。互联网募捐具有方便、快捷、针对性强、公开透明程度高等一系列优点，同时也存在信息传播速度快、社会影响力大的特点，由此带来对传统监管方式的挑战，需要加以必要的规范。

4. 其他公开募捐方式。这是一项兜底性条款，除了本条第一款第一项至第三项列举的募捐方式外，慈善组织还可以采取其他方式开展公开募捐。例如，慈善组织登门劝募，如果其是面向社会公众即不特定的对象开展的，也属于公开募捐；慈善组织还可以在街头、车站、码头、机场等公共场所向社会公众派发募捐传单，劝导社会公众将款物转账至指定的账户或者送达特定的地点，同样也是一种公开募捐方式。

二、现场募捐的地域限制

本条第二款对慈善组织通过在公共场所设置募捐箱以及举办面向社会公众的义演、义赛等设置了地域限制，明确采取这些方式开展公开募捐原则上应当在慈善组织登记的民政部门管辖区域内进行。之所以作一定的地域限制，主要是考虑到这些公开募捐方式会对公共秩序、公众生活等产生一定的影响，需要登记管理机关及其他部门实施相应的监管。目前，社会组织登记管理实施的是分级管理的体制，“谁登记，谁负责”，《社会团体登记管理条例》等行政法规对社会组织的活动地域也作了规定和限制。因此，对前述募捐方式进行地域限定，要求在其登记地的民政部门管辖区域内进行，既是为了与现行的社会组织登记管理体制衔接，也是出于维护公共秩序、保持募捐适度性的考虑，避免募捐行为过度涌入和集中在经济发达地区。

在慈善法草案提请全国人大常委会和全国人民代表大会审议过程中，有些常委委员和全国人大代表提出，草案对现场募捐行为的地域限制过于严格，建议适当放宽。为此，本条规定对地域限制又作了一定的变通规定，即慈善组织确有必要在其登记的民政部门管辖区域外进行的，应当报其开展募捐活动所在地的县级以上人民政府民政部门备案。作这样的规定，一方面有利于公开募捐活动的规范管理；另一方面又保持一定的灵活性，有利于经济落后地区设立的慈善组织跨地域开展募捐活动，支持贫困地区慈善事业的发展。实践中需要注意的是，针对慈善组织跨地区开展公开募捐活动，慈善组织登记地的民政部门和募捐活动实施地的民政部门需要加强信息沟通和合作，更好地实现有效监管，同时为慈善募捐活动提供必要的便利。

三、互联网募捐发布募捐信息的要求

本条第三款对慈善组织通过互联网开展公开募捐作了特殊规定。之所以要求慈善组织在民政部统一或指定的信息平台发布募捐信息,一是可以促进网络募捐平台规范化,让网络募捐平台更好地履行审查主体责任;二是相对于分散的信息发布渠道,统一的平台更有利于公众查询,有利于社会监督,同时也在一定程度上有助于避免重复募捐。考虑目前多数慈善组织都有自己的网站,允许慈善组织利用自身门户网站发布募捐信息,有利于扩大慈善组织的社会影响力,也有利于社会公众更好地开展监督。

第二十四条　开展公开募捐,应当制定募捐方案。募捐方案包括募捐目的、起止时间和地域、活动负责人姓名和办公地址、接受捐赠方式、银行账户、受益人、募得款物用途、募捐成本、剩余财产的处理等。

募捐方案应当在开展募捐活动前报慈善组织登记的民政部门备案。

【释义】　本条是关于公开募捐的募捐方案的规定。

公开募捐是慈善组织开展慈善活动的资金来源的重要方式,需要充分的筹备和细致的安排。实践中慈善组织在开展公开募捐活动前,一般都需要做周密的计划和安排,制定翔实的募捐方案。公开募捐涉及对社会公众资金的管理和使用,规定慈善组织开展公开募捐必须事先制定募捐方案并报民政部门备案,是为了便于民政部门对开展公开募捐的慈善组织进行更加有效地监督和管理,确保善款能够善用。按照开展公开募捐的时间阶段,募捐信息的公开可以分为开展募捐活动前的公开、募捐过程中的公开和募捐结束后的公开。本条是关于开展募捐活动前的信息公开规定。

一、关于募捐方案的内容

一些地方已经制定并实施了关于募捐的地方性法规，本条规定的募捐方案的具体内容也参考了地方性法规中关于募捐方案的内容。如2010年湖南省发布的《湖南省募捐条例》第十二条规定，募捐人开展募捐活动前，应当制定募捐方案，报当地人民政府民政部门备案，并在募捐人网站和当地人民政府民政部门网站公布。募捐方案应当包括募捐的目的、时间、地域、募捐的方式、募捐财产的使用计划和工作成本列支计划。2012年上海发布的《上海市募捐条例》第十一条规定："募捐组织开展募捐活动，应当制定募捐方案，并在募捐活动开始十个工作日前，向募捐活动所在地的区、县民政部门办理备案手续；其中，跨区、县开展募捐活动的，向市民政部门办理备案手续。募捐方案应当符合法律、法规的规定，并包括募捐活动的名称、目的、时间、期限、地域范围、预定募集财产的数额、募集财产、接收捐赠的方式（以设置募捐箱方式募捐的，应当列明设置募捐箱的地点、数量）、募集财产的使用计划、工作成本列支计划。"同时，《基金会管理条例》第二十五条第二款中也规定，"公募基金会组织募捐，应当向社会公布募得资金后拟开展的公益活动和资金的详细使用计划"。

1. 募捐目的。募捐目的是指募捐活动所要达到的目标。例如，某一项募捐活动的目的是为了救助西部某一地区的失学儿童，或者为了救助白内障病患的老人。募捐目的应当明确、具体。募捐目的越是明确、具体，越是有利于增强捐赠人捐赠行为的针对性，激发捐赠人的捐赠意愿。

2. 募捐活动的起止时间和地域。即募捐活动开始和终止的时间以及地域范围，募捐活动的期限可以是长期的，也可以是短期的，本法第七十三条对慈善组织应当根据公开募捐周期的长短定期向社会公开其募捐情况和慈善项目实施情况作了明确规定，募捐活动的起止时间与信息公开的要求密切相关。募捐活动的地域范围是指募捐活动在哪些地域开展，根据本法第二十三条第二款的规定，慈善组织采取在公共场所设置募捐箱，以及举办义演、义赛、慈善晚会等方式开展公开募捐的，应当在其登记的民政部门管辖区域内进行，确有必要在其登记的民政部门管辖区域外进行的，应当报其开展募捐活动所在地的县级以上人民政府民政部门备案。捐赠人的捐赠行为不受地域限制。

3. 募捐活动负责人姓名和办公地址。在募捐方案中明确募捐活动负责人姓名和办公地址，既有利于募捐活动规范进行，也有利于监管部门在需要时联系相关人员、了解相应的募捐信息。

4. 接受捐赠方式、银行账户。接受捐赠的方式一般根据捐赠款物的类别加以确定，捐赠人捐赠实物的，一般需要明确接收实物的地点或者场所；捐赠人捐赠款项的，需要明确接受款项的银行账户。随着互联网募捐的快速发展，慈善组织接受捐赠的方式越来越趋于多样化，需要根据实际需要确定，捐赠方式的确定应当有利于捐赠人更方便地实施捐赠行为。

5. 募捐活动的受益人。慈善组织开展募捐活动，其最终目的是要将募得的款物转赠给受益人，从而实现慈善目的。募捐方案中确定的受益人往往是某一种类型或者符合某些特定资助条件的受益人，而不是某一个特定的资助对象。

6. 募得款物用途。这主要是指慈善组织通过募捐活动所募得的收入具体用于哪些方面的慈善活动，或者用于资助哪些受益人。例如，募得款物的用途可以是用于助医或者助学，或者救助贫困儿童。

7. 募捐成本。募捐成本又称筹资费用，根据《民间非营利组织会计制度》的规定，筹资费用是指民间非营利组织为筹集业务活动所需资金而发生的费用，包括民间非营利组织为了获得捐赠资产而发生的费用以及应当计入当期费用的借款费用、汇兑损失（减汇兑收益）等。民间非营利组织为了获得捐赠资产而发生的费用，包括举办募款活动费，准备、印刷和发放募款宣传资料费以及其他与募款或者争取捐赠资产有关的费用。

8. 慈善项目实施后剩余财产的处理。根据本法第五十七条的规定，慈善项目终止后捐赠财产有剩余的，按照募捐方案或者捐赠协议处理；募捐方案未规定或者捐赠协议未约定的，慈善组织应当将剩余财产用于目的相同或者相近的其他慈善项目，并向社会公开。因此，募捐方案可以对慈善项目实施后剩余财产的处理作出规定，既可以规定将剩余财产用于目的相同或者相近的其他慈善项目，也可以作其他规定，如将其归入慈善组织的其他财产。

二、关于募捐方案的备案

本条对符合条件的慈善组织开展公开募捐活动的募捐方案，采取备案制。

慈善组织开展公开募捐活动前应当将本次募捐方案报民政部门备案。在慈善募捐中，若慈善组织因虚假信息得到捐赠者财物时，这不仅对捐赠人不公平，而且会损害整个社会的捐赠热情。慈善组织开展公开募捐前将募捐方案到主管部门登记备案方便民政部门对募捐的适度监督管理，有利于防止虚假募捐的发生。同时，慈善组织在开展公募慈善活动之前将本次募捐方案向社会公开是履行信息披露义务的一种方式。通过募捐方案社会公众可以了解本次募捐活动的发起人的相关信息，以及本次募捐活动的目的、募款所用方向等重要信息。慈善组织将经备案的募捐方案向社会公开，一方面对慈善组织而言，可提高慈善组织的公信力，使得募捐活动有序合法进行；另一方面对社会大众而言，有助于增进捐赠者对公益募捐组织的信任度，保障社会公众的知情权，扩大募捐资金来源范围。

募捐方案备案的负责部门是慈善组织登记的民政部门。这么规定考虑的是，慈善组织登记的民政部门对慈善组织的情况最为了解，监管也更加方便。按照本法第十三条规定："慈善组织应当每年向其登记的民政部门报送年度工作报告和财务会计报告。报告应当包括年度开展募捐和接受捐赠情况、慈善财产的管理使用情况、慈善项目实施情况以及慈善组织工作人员的工资福利情况。"慈善组织登记的民政部门可以将备案的募捐方案，与年度工作报告中年度开展募捐和接受捐赠情况相互参考，共同作为监管慈善组织开展募捐活动的依据。

需要注意的是，制定募捐方案和将募捐方案报民政部门备案是对慈善组织开展公开募捐的要求，对慈善组织在发起人、理事会成员和会员等特定对象的范围内进行的定向募捐则没有规定必须制定募捐方案的要求。

第二十五条　开展公开募捐，应当在募捐活动现场或者募捐活动载体的显著位置，公布募捐组织名称、公开募捐资格证书、募捐方案、联系方式、募捐信息查询方法等。

【释义】　本条是关于开展公开募捐过程中信息公开的规定。

慈善组织开展公开募捐与公众密切相关，必须定期及时公开相关情况，既要有募捐开展前的事前公开，也要在公开募捐活动进行中公开信息。慈善组织在开展公开募捐活动过程中公布相关的信息，既是慈善组织说服募捐对象实施捐赠的需要，同时又有利于社会公众和新闻媒体等对慈善组织的公开募捐行为依法实施监督。

慈善组织提高公信力的关键就是对社会公众进行持续的信息公开,不仅应在募捐前履行信息披露义务,而且应在募捐活动举办现场持续履行信息披露义务,即在募捐活动现场或者载体的显著位置悬挂或摆放民政部门颁发的慈善组织和慈善募捐标识,公布慈善组织名称、公开募捐资格证书、募捐方案以及备案证明、联系方式、募捐信息查询方法等。

一、关于公开募捐中信息公开的地点要求

本条要求慈善组织在开展公开募捐过程中,必须在募捐活动现场或者募捐活动载体的显著位置公开相关信息。"募捐活动现场"与"募捐活动载体"主要是根据公开募捐的不同方式确定的。本法第二十三条规定了公开募捐的方式。"募捐活动现场"指的是"在公共场所设置募捐箱"和"举办面向社会公众的义演、义赛、义卖、义展、义拍、慈善晚会等"的情形。"募捐活动载体"指的是"通过广播、电视、报刊、互联网等媒体发布募捐信息"的情形。

"显著位置"指的是募捐活动现场或者募捐活动载体明显、引人注目的位置。例如,募捐箱上、募捐网站的首页、义拍会会场门口等易被捐赠人发现的地方。

二、关于公开募捐中信息公开的内容要求

本条要求慈善组织在开展公开募捐过程中,信息公开的内容包括募捐组织名称、公开募捐资格证书、募捐方案、联系方式、募捐信息查询方法等。公开募捐中信息公开的具体内容也参考了地方性法规中的相关规定。《广州市募捐条例》第十五条规定:"募捐组织开展募捐活动时,应当在募捐活动现场或者募捐活动载体的显著位置公布募捐组织名称、募捐方案、联络资料以及募捐信息查询方法。经许可募捐的,还应当公布募捐许可证。”《汕头经济特区募捐条例》第十八条第二款规定：“募捐组织开展募捐活动时，应当在募捐活动现场或者募捐活动载体的显著位置公布组织名称、募捐方案、联络资料、监督方式以及募捐信息的查询方法。”

1. 募捐组织名称，即开展公开募捐的慈善组织名称。

2. 公开募捐资格证书。根据本法第二十二条第一款的规定，慈善组织开展公开募捐，应当取得公开募捐资格。公开募捐资格证书即开展公开募捐的慈善组织取得的证书。公布的公开募捐资格证书可以是原件，也可以是扫描件或者复印件。本条规定开展公开募捐活动的慈善组织应当公布公开募捐资格证书的目的是，为了让社会公众尤其是捐赠者知晓该慈善组织是具有公开募捐资格，能够开展公开募捐活动的。

3. 募捐方案。即本法第二十四条规定的募捐方案，其内容包括募捐目的、起止时间和地域、活动负责人姓名和办公地址、接受捐赠方式、银行账户、受益人、募得款物用途、募捐成本、剩余财产的处理等。

4. 联系方式。即慈善组织的联系方式，公布其联系方式的目的，在于便于捐赠人有需要或者有疑问时及时与慈善组织取得联系。

5. 募捐信息查询方法。即捐赠人或者其他社会公众可以通过何种方法查询募捐信息。这里的募捐信息包括募捐活动的进展情况以及募得款物的情况等。

完善及充分的信息披露有利于社会公众了解本次募捐的发起人、募捐的慈善目的、募捐资金的使用方式等，方便社会捐赠人献爱心。只有充分了解募捐的各种信息，时刻维护捐赠人知情权，才有利于募捐的成功完成，扩大募捐资金来源，促进慈善事业发展。

本条是对公开募捐过程中信息公开的要求，关于慈善组织开展定向募捐时信息公开的要求，应当遵守本法第二十八条第二款“慈善组织开展定向募捐，应当在发起人、理事会成员和会员等特定对象的范围内进行，并向募捐对象说明募捐目的、募得款物用途等事项”的规定。

第二十六条　不具有公开募捐资格的组织或者个人基于慈善目的，可以与具有公开募捐资格的慈善组织合作，由该慈善组织开展公开募捐并管理募得款物。

【释义】　本条是关于不具有公开募捐资格的组织或者个人与具有公开募捐资格的慈善组织合作募捐的规定。

一、不具有公开募捐资格的组织和个人不得向社会公开募捐

按照本法规定，慈善募捐是指慈善组织基于慈善宗旨募集财产的活动。开展公开募捐应当是慈善组织，并且应当取得公开募捐资格。本法对于开展公开募捐有明确的要求，因此，不是慈善组织又不具有公开募捐资格的组织和个人不得开展公开募捐。公开募捐涉及公众多、影响面广、财产数额大，既是慈善组织的权利，也承载社会的信任，要求募捐主体具备相匹配的能力和公信力，而个人和不具备募捐资格的组织通常不具备这种条件。在其他国家慈善实践中，公开募捐通常由慈善组织来实施，即便个人开展公开募捐，政府也将其视为“慈善性财产拥有人”进行监管，并引导其跟慈善组织合作募集和使用款物。

二、关于合作公开募捐

本法为个人和不具备公开募捐资格的组织参与公开募捐提供了途径，规定其可以与具有募捐资格的慈善组织合作开展公开募捐。当个人（如有公众影响力的明星等）或者其他不具有公开募捐资格的组织开展慈善活动需要资金时，都可以通过与

具有公开募捐资格的慈善组织合作,开展公开募捐。

1. 合作公开募捐的目的

按照本条规定,不具有公开募捐资格的组织或者个人基于慈善目的,可以与具有公开募捐资格的慈善组织合作。个人或者不具有公开募捐资格的组织与具有公开募捐资格的慈善组织合作开展公开募捐的前提是,必须基于慈善目的。这与本法第三条的规定是一致的,开展慈善活动的目的是为了“利他”而不是“利己”。慈善活动应当符合社会公共利益,是为不特定多数人的利益。因此,合作募捐也必须是为了社会公共利益,不能是为自己或者家人等特定人的利益。

2. 合作开展公开募捐的募捐主体

公开募捐是慈善财产来源的主要方式,是开展慈善活动的重要内容。本法对公开募捐规定得比较详细,对公开募捐的约束也相对较多,已经明确规定了只有获得公开募捐资格的慈善组织才可以开展公开募捐。因此,不具有公开募捐资格的组织或者个人与具有公开募捐资格的慈善组织合作,也只能以具有公开募捐资格的慈善组织的名义开展公开募捐活动。合作开展公开募捐活动,慈善组织同样应当遵守慈善法有关公开募捐的规定进行。

3. 合作募捐募得款物的管理

合作开展公开募捐的主体是具有公开募捐资格的慈善组织,因此该慈善组织有权管理募得款物,并对管理募得款物承担相应的责任和义务。慈善法在“慈善财产”一章中对慈善组织管理募得款物的要求作了明确规定。例如,本法第五十二条规定:“慈善组织的财产应当根据章程和捐赠协议的规定全部用于慈善目的,不得在发起人、捐赠人以及慈善组织成员中分配。”本法第五十三条规定:“慈善组织对募集的财产,应当登记造册,严格管理,专款专用。捐赠人捐赠的实物不易储存、运输或者难以直接用于慈善目的的,慈善组织可以依法拍卖或者变卖,所得收入扣除必要费用后,应当全部用于慈善目的。”慈善组织管理合作募捐募得款物,也必须遵循管理费用最必要原则,充分、高效运用合作募捐募得款物。目前实践中也有不具有公开募捐资格的组织,如私募基金会,与有公开募捐资格的慈善组织合作的情况。具有公开募捐资格的慈善组织可以将合作开展公开募捐募得的款物以慈善项目的方式,交由合作募捐的另一方(即个人或者不具有公开募捐资格的组织)按照慈善宗旨使用。

公开募捐和个人求助是两种不同性质的行为。募捐是慈善组织基于慈善宗旨募集财产的活动,是为了公共利益,个人公开求助则是为自身利益或他人利益,属于私益行为。个人求助最根本的特征上是“利己”,与慈善的本质“利他”不同。慈善法草案向社会公开征求意见时,有网上意见认为,草案禁止了个人求助行为,违反了宪法的有关规定。这是没有全面了解慈善法草案的内容和相关规定的本义。按照草案的规定,慈善活动是指扶贫济困、扶助老幼病残等困难群体的公益活动。慈善法所调整的慈善募捐,是慈善组织为不特定的多数人开展的募捐行为。个人求助是指为本人、为自己的家庭成员或者近亲属,向他人或社会求助的行为。个人因自身或者其家庭成员出现困难,通过各种渠道、各种方式向社会求助,本法没有禁止。慈善法的立法目的之一,在于充分调动社会各方面参与慈善活动的积极性,让做好事更加容易,以利于改善困难群体的生活状况。对于个人求助行为,有民众感到同情、怜悯而给予财物的,就其法律属性而言属于一般的民事赠与行为,构成平等主体之间的民事法律关系,适用民法通则、合同法等民事法律规范。

第二十七条 广播、电视、报刊以及网络服务提供者、电信运营商，应当对利用其平台开展公开募捐的慈善组织的登记证书、公开募捐资格证书进行验证。

【释义】 本条是关于广播、电视、报刊以及网络服务提供者、电信运营商的验证义务的规定。

本法第二十三条规定，公开募捐可以通过广播、电视、报刊、互联网等媒体发布募捐信息。同时规定，慈善组织通过互联网开展公开募捐的，应当在国务院民政部门统一或者指定的慈善信息平台发布募捐信息，并可以同时在其网站发布募捐信息。对采用上述方式进行公开募捐的，本条对广播、电视、报刊以及规定了相应的验证义务。

2014 年《国务院关于促进慈善事业健康发展的指导意见》对平台的验证义务作了规定。该指导意见指出，广播、电视、报刊及互联网信息服务提供者、电信运营商，应当对利用其平台发起募捐活动的慈善组织的合法性进行验证，包括查验登记证书、募捐主体资格证明材料。之所以规定平台的验证义务，是因为公开募捐可能涉及包括捐赠人等在内的广泛的社会公众的利益，如果错误或者不当发布公开募捐信息，造成虚假募捐，将损害社会公众利益，影响正常的社会秩序，并会对慈善事业发展造成不良影响，因此法律规定平台应当尽到验证义务，担负起必要的注意义务。

一、验证义务主体

本条规定的验证义务主体包括“广播、电视、报刊以及网络服务提供者、电信运营商”。其中，广播、电视、报刊是传统的新闻媒体渠道，通过这些媒体可以发布募捐信息。在发布信息前，广播电台、电视台、报刊等进行验证，是为了保证所播放、刊发内容的真实性，维护社会公众的利益。对此，一些法规规章也作出了规定。例如《广播电视管理条例》规定，广播电台、电视台对其播放的广播电视节目内容，应当依照有关规定进行播前审查，重播重审。

除传统的广播、电视、报刊等新闻媒体渠道外，近年来，随着我国网络技术和手机终端的普及，以及在线支付等工具的日益成熟，"网络慈善"已经成为我国慈善组织推广慈善项目和公众参与慈善的重要平台。慈善组织通过互联网开展项目蔚然成风，并以准确的需求定位和专业的操作方式，切实改善了困难群体的生存状况。但是由于互联网具有的信息量大、传播范围广、不受地域限制、传播极为快速等特点，一些不具有公开募捐资格的组织也利用平台发布募捐信息，客观上存在虚实难辨的问题，而逐一甄别的难度极大，政府难以做到全面监管。对此，有必要赋予网络服务提供者、电信运营商验证的义务，进行把关，防止不符合法律规定条件的募捐利用广播、互联网等平台骗捐。这体现了"社会共治"的思路，发挥平台自我监管的作用。类似的做法，如食品安全法第六十二条也有规定。该条规定网络食品交易第三方平台提供者应当对入网食品经营者进行实名登记，明确其食品安全管理责任；依法应当取得许可证的，还应当审查其许可证。

所谓"网络服务提供者"，从广义上讲，指通过信息网络向社会公众提供信息或者为获取网络信息等目的提供服务的机构，包括仅提供连线、连入等物理基础设施服务的网络服务提供者和提供大量各类作品、新闻信息内容的网络服务提供者。所谓"电信运营商"，是指提供包括互联网接入服务在内的通信服务公司。

二、验证对象

验证的对象是利用其平台开展公开募捐的慈善组织的登记

证书、公开募捐资格证书。有以下几点需要注意:(1)只有公开募捐才能通过广播、电视、报刊、互联网等媒体发布募捐信息,面向特定对象的定向募捐不得通过这些方式发布募捐信息。这是因为,定向募捐的对象是特定的,而广播、电视、报刊、互联网等媒体的受众是不特定的,不符合定向募捐的内涵。(2)验证的对象是利用其平台开展公开募捐的慈善组织的登记证书、公开募捐证书。关于登记证书,民政部门准予慈善组织登记后,将颁发登记证书。关于公开募捐资格证书,根据本法第二十二条的规定,依法登记满二年的慈善组织,可以向其登记的民政部门申请公开募捐资格。慈善组织符合内部治理结构健全、运作规范的条件的,发给公开募捐资格证书;此外,如果法律、行政法规规定自登记之日起可以直接公开募捐的基金会和社会团体,民政部门直接发给公开募捐资格证书。

三、验证方式

验证的具体方式包括要求慈善组织提供登记证书、公开募捐资格证书的原件、留存复印件备查、与民政部门在信息平台上发布的慈善组织登记事项进行比对等。

本法"法律责任"一章对违反验证义务的广播、电视、报刊以及网络提供者、电信运营商规定了相应的法律责任。本法第一百零一条第二款规定,广播、电视、报刊以及网络服务提供者、电信运营商未履行本法第二十七条规定的验证义务的,由其主管部门予以警告,责令限期改正;逾期不改正的,予以通报批评。这里的"主管部门",根据广播、电视、报刊、网络服务提供者、电信运营商等各类主体的不同而有所不同,因此法律未作统一规定。

第二十八条　慈善组织自登记之日起可以开展定向募捐。慈善组织开展定向募捐,应当在发起人、理事会成员和会员

等特定对象的范围内进行，并向募捐对象说明募捐目的、募得款物用途等事项。

【释义】 本条是关于慈善组织开展定向募捐的规定。

根据本法第二十一条第二款的规定，慈善募捐包括面向社会公众的公开募捐和面向特定对象的定向募捐。根据这一规定，定向募捐是与公开募捐并列的一种募捐方式，其最主要的特征是只针对特定对象开展募捐。定向募捐在慈善募捐的方式中具有重要地位，在慈善募捐中被广泛运用。从目前我国基金会运行的实际情况看，采取定向募捐（非公开募捐）的基金会属于多数，占基金会总数的百分之七十以上。

一、慈善组织自登记之日起可以开展定向募捐

如前所述，慈善募捐是慈善组织的一项专属权利，也可以说是慈善组织享有的一项最重要的权利。尽管本法对慈善组织取得公开募捐资格设置了一定的时间要求（依法登记满二年）和条件要求（内部治理结构健全、运作规范），但是定向募捐是慈善组织依照本法规定“与生俱来”享有的一项权利，即开展定向募捐是与慈善组织相伴随的一项权利，慈善组织一经登记成立，便享有开展定向募捐的权利。

二、定向募捐的募捐对象

与公开募捐相区别，定向募捐的募捐对象是特定的。本条第二款规定列举了定向募捐的对象范围，这些对象包括慈善组织的发起人、理事会成员和会员。慈善组织的“发起人”也称慈善组织的创办人，是指依照有关法律规定订立发起人协议，提出设立慈善组织申请，并对慈善组织的设立承担责任的人。“理事会成员”是指慈善组织理事会的组成成员，既包括个人成员，也包括单位成员。“会员”是指慈善组织的组成成员，如某一个经认定为慈善组织的协会的会员。从上述募捐对象的特征或者

身份可以看出，这些特定对象与慈善组织之间都具有组织或者身份上的特定关系，慈善组织向这些特定对象开展募捐，属于定向募捐。

需要说明的是，本条第二款对定向募捐的范围作了列举，但是定向募捐的范围不限于上述列举的对象范围，还可能包括其他对象，例如与慈善组织有特定利害关系的单位或者个人，如慈善组织的个人发起人所在的单位，与慈善组织经常发生交易关系的单位，等等。在实践中，由于“面向特定对象”与“面向社会公众”这两个概念本身的不确定性，定向募捐与公开募捐在实践中难免会存在一些模糊地带或者交叉的地方，需要结合个案加以分析和认定，以确定某一慈善募捐究竟属于定向募捐还是公开募捐。

这里需要把握的是：定向募捐和公开募捐不能简单地以募捐对象的数量多少来划分。公开募捐由于面向社会公众，一般来说数量众多；定向募捐由于面向特定对象，一般来说数量有限。但是在某些情况下，一些表面上看起来对象有限的定向募捐实际上是公开募捐。例如，某一慈善组织专门针对富豪们上门开展募捐，而这些富豪与该慈善组织之间没有特定的关系，既不是该慈善组织的发起人、理事会成员或者会员，也没有其他特定的利害关系。这种所谓的“定向募捐”即使其所针对的富豪人数十分有限，仍然有可能构成公开募捐。

三、定向募捐的具体要求

定向募捐面向特定对象，与公开募捐相比较而言社会影响要小得多。但是作为一种慈善募捐活动，其涉及将募捐对象的财产转移为社会公共资产，直接关系到捐赠人的财产权益和社会公共利益，同样需要加以规范。本条第二款对慈善组织开展定向募捐作了一些基本要求：

1. 慈善组织开展定向募捐应当向募捐对象说明募捐目的。所谓“募捐目的”，是指慈善组织开展该定向募捐活动所要达到的目标，例如为了促进教育事业发展，或者救助贫困老人，等等。募捐目的可以是多种多样，其指向只要符合本法第三条中规定的慈善活动的范围即可。

2. 慈善组织开展定向募捐应当向募捐对象说明募得款物用途。所谓“募得款物用途”，是指慈善组织通过定向募捐获得的款物将具体用于哪些方面的活动。例如，为了救助某一地区的失学儿童，为他们提供基本的生活费用，促使其重返校园；或者为某一地区患有白内障的老年人提供治疗费用。“募得款物用途”与“募捐目的”二者既有联系又有区别。一般来说募捐目的相对较为宏观、宽泛，募得款物用途更为具体，指向性更加明确。

除了向募捐对象说明募捐目的和募得款物用途之外，慈善组织在开展定向募捐的过程中，还应当尽可能多地向募捐对象说明有关情况，例如，可以向募捐对象详细说明募得款物的管理情况，以及慈善组织如何采取有效措施确保募得款物使用情况公开透明，捐赠人可以通过哪些途径对慈善组织的慈善项目实施情况进行监督。这既是确保慈善组织规范运作的需要，也是慈善组织吸引和鼓励更多的募捐对象向其捐赠的有效方法。此外，本法第七十四条还对慈善组织开展定向募捐应当及时向捐赠人告知募捐情况、募得款物的管理使用情况作了规定。

第二十九条　开展定向募捐，不得采取或者变相采取本法第二十三条规定的方式。

【释义】　本条是关于开展定向募捐的方式的规定。

本法对慈善组织开展定向募捐的方式未作规定，实践中，由于定向募捐针对特定的对象，开展定向募捐可以采用的方式多种多样，例如慈善组织可以采取登门拜访的方式，针对特定对象进行劝募，慈善组织也可以向特定的对象发送电子邮件，介绍拟开展的慈善项目的有关情况，说服特定对象实施捐赠。

本法第二十三条对慈善组织开展公开募捐可以采取的方式作了规定，其中列举的方式，包括在公共场所设置募捐箱，面向社会公众举办义演、义赛、义卖、义展、义拍、慈善晚会，以及通过广播、电视、报刊、互联网等媒体发布募捐信息等。从这些方式看，由于其面向的是不特定的社会公众，一旦采用了这些方式，即构成了公开募捐行为。因此，慈善组织开展定向募捐不得采取这些方式。

需要说明的是，尽管本条规定对开展定向募捐与开展公开募捐的方式作了区分，但是，公开募捐与定向募捐二者并不能简单地以募捐方式来划分。本法第二十三条规定的募捐方式，其所针对的募捐对象必然是不特定的，采取这些方式开展募捐必然是公开募捐，因此这些方式不得为定向募捐所用。在实践中，有些募捐方式如义展、义拍、慈善晚会等，如果是面向特定对象的，同样可以为定向募捐所采取，而只有面向社会公众举办的义展、义拍、慈善晚会等，才属于公开募捐的方式。

第三十条　发生重大自然灾害、事故灾难和公共卫生事件等突发事件，需要迅速开展救助时，有关人民政府应当建立协调机制，提供需求信息，及时有序引导开展募捐和救助活动。

【释义】 本条是关于发生突发事件时政府的协调机制的规定。

一方有难，八方支援，面对天灾时守望相助是中华民族的优良传统美德。为了在发生重大自然灾害、事故灾难和公共卫生事件等突发事件时,更好地开展募捐和救助,本条对发生突发事件时政府的协调机制作了专门规定。

一、关于建立协调机制的前提条件

根据本条规定,政府建立协调机制的前提条件有二:一是“发生重大自然灾害、事故灾难和公共卫生事件等突发事件”;二是“需要迅速开展救助”。换言之,只有在满足这两个条件时,政府应当建立协调机制。

关于发生重大自然灾害、事故灾难和公共卫生事件等突发事件。突发事件应对法第三条规定,该法所称突发事件,是指突然发生,造成或者可能造成严重社会危害,需要采取应急处置或者可能造成严重社会危害,需要采取应急处置措施予以应对的自然灾害、事故灾难、公共卫生事件和社会安全事件。本法没有“社会安全事件”的表述,主要是考虑到社会安全事件情况比较复杂,也比较危险,主要依靠政府加以处置。

关于需要迅速开展救助。由于各种灾害的发生大多具有突发性,遭遇灾害的社会成员可能迅即陷入生活困境之中,甚至倾家荡产、流离失所。大面积的自然灾害或其他重大灾难等又往往极易造成疫病流行,如果国家和社会不紧急实施救助,遭遇灾害的社会成员就有可能非正常死亡、外出流浪等。因此,实施灾害救助必须将各种救灾实物或服务资源迅速运往灾区,以及时解决灾民的生存危机,并将灾害造成的后果减小到最低程度。《社会救助暂行办法》第二十条规定,国家建立健全自然灾害救助制度,对基本生活受到自然灾害严重影响的人员,提供生活救助。

二、关于协调机制的内容

根据本条规定,当发生重大自然灾害、事故灾难和公共卫生事件等突发事件，需要迅速开展救助时，政府应当做以下三件事：一是建立协调机制，二是提供需求信息，三是及时有序引导开展募捐和救助活动。

关于建立协调机制。突发事件的预防、处置需要多个部门的合作，形成合力，不能仅仅依靠一家单打独斗，因此有必要建立协调机制，这也是我国开展灾害应对和救助的通常做法。如《自然灾害救助条例》规定，国家减灾委员会协调开展重大自然灾害救助工作，国务院民政部门负责全国的自然灾害救助工作，承担国家减灾委员会的具体工作。县级以上地方人民政府或者人民政府的自然灾害救助应急综合协调机构，组织、协调本行政区域的自然灾害救助工作。建立协调机制后，应注意统筹协调，并发挥各部门在开展救助方面的作用。具体包括：(1)立即向社会发布政府应对措施和公众防范措施；(2)紧急转移安置受灾人员；(3)紧急调拨、运输自然灾害救助应急资金和物资，及时向受灾人员提供食品、饮用水、衣被、取暖、临时住所、医疗防疫等应急救助，保障受灾人员基本生活；(4)抚慰受灾人员，处理遇难人员善后事宜；(5)组织受灾人员开展自救互救；(6)分析评估灾情趋势和灾区需求，采取相应的自然灾害救助措施；(7)组织自然灾害救助捐赠活动。

关于提供需求信息。发生突发事件的地区需要的食品、饮用水、衣被、取暖、临时住所、医疗防疫等方面的物资以及医疗卫生等方面的专业人员需求信息等，应当及时向社会发布，引导社会捐赠和志愿者提供必要的救助服务。

关于及时有序引导开展募捐和救助活动。救助工作不仅涉及政府部门，而且需要社会方方面面的支持和参与。突发事件应对法规定，国家鼓励公民、法人和其他组织为人民政府应对突发事件提供物资、资金、技术支持和捐赠。《社会救助暂行办法》规定，国家鼓励、支持社会力量参与社会救助。《自然灾害救助条例》规定，村民委员会、居民委员会以及红十字会、慈善会和公募基金会等社会组织，依法协助人民政府开展自然灾害救助工作。国家鼓励和引导单位和个人参与自然灾害救助捐赠、志愿服务等活动。近年来，在一些大的自然灾害发生后，一些志愿者和民间救灾团体自发组织起来，参与救助，精神非常可贵，但在进入灾区后，也可能面临一些问题。灾区物资本来短缺，志愿者涌入后有可能加重短缺；有的志愿者没有经过专业培训，缺少专业救援知识和技能等。救助需要统一领导和组织实施，志愿者无序涌入后，盲目施救，效果不太理想。因此，本条将“及时有序引导开展募捐和救助活动”作为一项政府的义务加以规定，目的就是要减少这种无序，使得募捐和救助活动更加科学、高效、有序。

第三十一条　开展募捐活动，应当尊重和维护募捐对象的合法权益，保障募捐对象的知情权，不得通过虚构事实等方式欺骗、诱导募捐对象实施捐赠。

【释义】　本条是关于募捐对象的权利的规定。

一、关于尊重和维护募捐对象的合法权益，保障募捐对象的知情权

无论是开展面向社会公众的公开募捐还是开展面向特定对象的定向募捐，慈善组织都需要面对募捐对象。由于捐赠是自愿的，是否捐赠，由募捐对象自主决定。如果接受了劝募，捐出款物，募捐对象就成为捐赠人。当然，募捐对象也可能出于种种原因，不捐出自己的款物。无论是否捐赠，都需要尊重和维护募捐对象的合法权益，保障募捐对象的知情权。这里的“合法权益”，包括但不限于捐赠人的知情权、个人隐私权、用途去向的

知情和尊重意愿等。国外立法对于劝募中尊重和维护募捐对象的合法权益也有规定。新加坡慈善法规定,禁止慈善募捐误导性宣传,所有向捐赠人或者普通社会公众提供的信息均应是准确的,不得带有任何误导。保障募捐对象的知情权,就是要让募捐对象了解、知道募捐活动的有关情况,如募捐活动的受益人、募得款物的用途等。

二、关于不得通过虚构事实等方式欺骗、诱导募捐对象实施捐赠

本条特别规定,不得通过虚构事实等方式欺骗、诱导募捐对象实施捐赠。实践中,有的慈善组织在劝募时采用虚构事实、夸大等方式描述一些受助主体的困难情况,引发人们的关注,事后被发现不符合事实,极大地伤害了人们的感情,损害了慈善事业的声誉。如果募捐对象被欺骗,不仅募不到款物,反而适得其反,将带来人们的反感,长此以往,慈善组织的公信力将逐渐消解,而重塑公信力也将变得非常困难。特别是在目前,影响我国慈善事业发展的一个重要因素是慈善组织的公信力不高。个别慈善组织或者慈善活动因善款未能善得、善款未能善用、善事未能善知而引发负面舆情,招致公众诟病,影响到慈善事业的公信力和认可度。这就需要慈善组织依法开展募捐,真正做到尊重和维护募捐对象的合法权益,将法律规定落到实处。

三、关于违反本条规定的法律责任

本法对违反本条规定开展募捐活动的,规定了相应的法律责任。本法第一百零一条规定,通过虚构事实等方式欺骗、诱导募捐对象实施捐赠的,由民政部门予以警告、责令停止募捐活动;对违法募集的财产,责令退还捐赠人;难以退还的,由民政部门予以收缴,转给其他慈善组织用于慈善目的;对有关组织或者

个人处二万元以上二十万元以下罚款。

第三十二条　开展募捐活动，不得摊派或者变相摊派，不得妨碍公共秩序、企业生产经营和居民生活。

【释义】　本条是关于开展募捐活动不得摊派或者变相摊派，不得妨碍公共秩序等的规定。

一、关于不得摊派或者变相摊派

慈善是他人基于“爱心使然”自愿、无私对其他人进行帮助的行为。慈善是民间事业，发展动力来自于公众的自愿奉献和自觉参与。从语词的表述上也可以看出，募捐中的“募”字，是“劝募”的意思，即通过劝说宣传等方式来募集慈善财产。

在现实中，许多捐款捐物活动都有硬性指标要求，强制摊派现象大量存在，甚至有的还是以政府名义下发红头文件，政府领导召集相关各部门开会组织动员，有的还规定捐款标准、要求底线，针对不同级别的领导、企业、群众，都制定出标准。这种行为违背了自愿原则，引起了人们的反感甚至厌恶，使捐赠人产生了“完成任务”的心理，不利于募捐活动正常有序开展。

之所以出现这种摊派或者变相摊派的现象，究其原因在于，我国的慈善事业主要是在政府的主导下进行的，很多慈善组织是“官办慈善”，具有严重的行政色彩。实际上，慈善应当是民间的责任，慈善捐款不能被摊派或者变相摊派，必须是自愿的。摊派或者变相摊派是违背“募”的本意的。如果想让募捐真正发挥作用，就要去除和减少行政化色彩，回归到募捐的本质上，也就是只有“规范募”才能“促进捐”。

境外一些法律对募捐中不得摊派或者变相摊派也作了规范。我国台湾地区“公益劝募条例”规定，劝募不得以强制摊派或其他强迫方式进行。劝募团体所属人员进行劝募活动时，应当主动出示许可文件及工作证件。日本《公益认定法》对下列行为予以禁止:一是对已作出不愿捐款意思表示的人,继续劝诱其捐款;二是以粗野、蛮横的言行劝诱他人捐款;三是可能使人误认捐赠财产用途的行为;四是可能对其他捐赠者的利益造成非法侵害的行为。俄罗斯联邦《慈善活动和慈善组织法》第四条规定,公民、法人有权根据自愿和自由选择帮助对象,不受阻挠地实行慈善活动。任何人都物权限制公民、法人自由选择慈善活动帮助对象或实施方式。

我国的一些法律、法规、规章对开展募捐活动不得摊派或者变相摊派也作了规范。公益事业捐赠法第四条规定,捐赠应当是自愿和无偿的,禁止强行摊派或者变相摊派,不得以捐赠为名从事营利活动。2008 年民政部《救灾捐赠管理办法》第四条规定,救灾捐赠应当是自愿和无偿的,禁止强行摊派或者变相摊派,不得以捐赠为名从事营利活动。2001 年《民政部关于进一步开展经常性社会捐助活动的意见》重申,捐助应当是自愿和无偿的,禁止强行摊派或变相摊派。

二、关于不得妨碍公共秩序、企业生产经营和居民生活

开展募捐应当不得妨碍公共秩序、企业生产经营和居民生活,不能因为开展募捐而损害其他人的正常生活和社会公共利益。对此,国外一些立法也有规定。如加拿大萨斯喀彻温省《慈善资金募集企业法》第十九条规定,慈善组织及其代表不得在上午 8 点到下午 9 点以外的时间进行电话募集或上门募集。这是因为上门募集意味着募捐工作人员需要拜访家庭或者营业场所,在公民休息时间或者法人非营业时间拜访,会影响公民或者法人的休息或营业。其第二十二条又规定,如果某人明示不要对其进行募集活动,慈善组织及其代表应立即停止对其进行募捐行为,并且可以将其记载在慈善组织的不对其募集人员名

单上。

对违反本条规定的行为，本法规定了相应的法律责任。本法第一百零一条规定，向单位或者个人摊派或者变相摊派的，妨碍公共秩序、企业生产经营或者居民生活的，由民政部门予以警告、责令停止募捐活动；对违法募集的财产，责令退还捐赠人；难以退还的，由民政部门予以收缴，转给其他慈善组织用于慈善目的；对有关组织或者个人处二万元以上二十万元以下罚款。

第三十三条　禁止任何组织或者个人假借慈善名义或者假冒慈善组织开展募捐活动，骗取财产。

【释义】 本条是关于任何组织或者个人假借慈善名义或者假冒慈善组织开展募捐活动骗取财产的禁止性规定。

一、禁止任何组织或者个人假借慈善名义开展募捐活动，骗取财产

慈善募捐是指慈善组织基于慈善宗旨募集财产的活动。基于慈善宗旨是开展慈善募捐的前提。根据本法规定，慈善活动是自然人、法人和其他组织以捐赠财产或者提供服务等方式，自愿开展的公益活动，目的是为了扶贫、济困，扶老、救孤、恤病、助残、优抚，救助自然灾害、事故灾难和公共卫生事件等突发事件造成的损害，促进教育、科学、文化、卫生、体育等事业的发展，以及防治污染和其他公害，保护和改善生态环境等。如果只是假借慈善名义进行募捐活动，实际是为了骗取财产，并不是为了扶贫、济困、扶老、救孤、恤病、助残、优抚等目的，这严重损害捐赠人利益，破坏慈善事业公信力，是法律所禁止的。

二、禁止任何组织或者个人假冒慈善组织开展募捐活动，骗取财产

本法对慈善组织的慈善募捐作了专门规定，明确规定慈善

组织募集财产应当基于慈善宗旨；慈善组织可以开展定向募捐；取得公开募捐资格的慈善组织可以开展公开募捐。不具有公开募捐资格的组织或者个人基于慈善目的，可以与具有公开募捐资格的慈善组织合作，由该慈善组织开展公开募捐并管理募得款物等。由于法律赋予了慈善组织开展慈善募捐的一些权利，因而慈善组织也应当符合法律规定的条件，并不是任何非营利性组织都可以成为慈善组织。

现实中，由于一些慈善类社会组织特别是一些较为有名的慈善类社会组织，具有较好的社会公信力和募集财产能力，社会上有的法人、其他组织或者个人就假借慈善名义或者假冒这些慈善类社会组织，开展募捐活动，实质上这是欺骗行为，极大损害慈善形象和社会公信力，法律有必要对这类现象作出明确的禁止规定。

为打击这类行为，本法还特别规定，国家鼓励公众、媒体对慈善活动进行监督，对假借慈善名义或者假冒慈善组织骗取财产的违法违规行为予以曝光，发挥舆论和社会监督作用。在法律责任中还规定，自然人、法人或者其他组织假借慈善名义或者假冒慈善组织骗取财产的，由公安机关依法查处。治安管理处罚法也规定，诈骗公私财物的，处五日以上十日以下拘留，可以并处五百元以下罚款；情节较重的，处十日以上十五日以下拘留，可以并处一千元以下罚款。以其他虚假身份招摇撞骗的，处五日以上十日以下拘留，可以并处五百元以下罚款；情节较轻的，处五日以下拘留或者五百元以下罚款。

第四章 慈善捐赠

第三十四条 本法所称慈善捐赠，是指自然人、法人和其他组织基于慈善目的，自愿、无偿赠与财产的活动。

【释义】 本条是关于慈善捐赠内涵的规定。

一、慈善捐赠主体包括自然人、法人或者其他组织

目前，我国境内的慈善捐赠主体主要是公民、法人和其他组织，境外慈善捐赠主体主要有国际组织、境外非政府组织、海外华侨华人以及港澳台同胞，当然也不乏一些外国公民。本法立法宗旨之一就是要发展慈善事业，弘扬慈善文化，通过鼓励和支持最广泛的人有钱出钱，有力出力，参与慈善事业，从而践行社会主义核心价值观，弘扬中华民族传统美德。为更好地鼓励更广泛的人参与慈善捐赠，保护捐赠人的积极性和合法权利，有必要明确慈善捐赠主体的范围。因此本条规定慈善捐赠的主体，为自然人、法人和其他组织。这里的自然人、法人和其他组织都是民法上的概念。

1. 自然人。自然人是相对于法人而言的，基于自然出生而依法享有民事权利，承担民事义务的个人，不仅包括我国境内的公民个人，也包括港澳台同胞，华侨华人及外国公民。

需要注意的是，判断某一自然人的捐赠行为的法律后果时，必须考虑捐赠人是否具有法定的民事行为能力。依据我国民法通则的规定，十八周岁以上的公民是成年人，具有完全民事行为能力，可以独立进行民事活动。因而他实施的捐赠需由个人承

担法律后果。十周岁以上十八周岁以下的未成年人,以及不能完全辨认和控制自己行为的精神病人是限制民事行为能力人,可以进行与他的年龄、智力相适应的民事活动。因而由他实施的捐赠行为只有在与他的年龄、智力相适应的情况下,才由其本人承担法律后果。十周岁以下的未成年人以及被宣告为无民事行为能力的成年人,只能由他的法定代理人代理进行民事活动。实践中,一些学校动员未成年学生实施捐赠的情况并不少见,这样的捐赠在充分尊重未成年人意愿的情况下,还必须符合民法有关自然人民事行为能力的规定。如未成年人将自己名下的房产用以慈善捐赠的,则该行为因与该未成年人的民事行为能力不匹配而无效。

2. 法人。所谓法人,是指依法成立,有必要的财产和经费,有自己的名称、组织机构和场所,具有民事权利能力和民事行为能力,依法独立享有民事权利和承担民事义务的组织。我国的法人包括企业法人以及机关、事业单位和社会团体法人。他们是重要的慈善捐赠主体。

3. 其他组织。所谓其他组织,是指除自然人、法人以外的各类非法人的社会组织。

二、慈善捐赠是赠与的一种形式

赠与是赠与人将自己的财产无偿给予受赠人、受赠人表示接受的一种行为。受赠人可以是任何自然人、法人或者其他组织。慈善捐赠是赠与的一种形式,是有条件的赠与,即是基于慈善目的而实施的赠与。基于慈善目的的要求,慈善赠与的受赠人只能是慈善组织或者受益人,相对于一般赠与的受赠人的范围窄很多。

三、慈善捐赠是基于慈善目的实施的赠与行为

一般而言,为了人道主义救助,为了帮助那些在经济或者生

活上陷入困境、凭自己的能力难以脱困、急需社会提供帮助的个人,或者为了促进社会发展和进步的社会公共和福利事业都属于慈善目的。本法对慈善目的未作出界定,但根据本法第三条的规定所开展的下列公益活动都属于符合慈善目的的活动:(1)扶贫、济困;(2)扶老、救孤、恤病、助残、优抚;(3)救助自然灾害、事故灾难和公共卫生事件等突发事件造成的损害;(4)促进教育、科学、文化、卫生、体育等事业的发展;(5)防治污染和其他公害,保护和改善生态环境;(6)符合本法规定的其他公益活动。基于开展上述活动的需要所实施的赠与都是基于慈善目的的慈善捐赠。

四、慈善捐赠是自愿无偿的

1. 慈善捐赠应当是自愿的。慈善捐赠应当是捐赠人自主、自愿的行为,捐赠人有权根据自身情况决定是否进行慈善捐赠、捐赠什么、捐赠多少、捐赠方式、捐赠期限、向哪个慈善组织或者受益人进行慈善捐赠等。例如,企业进行股权捐赠时,考虑持股公司的股价稳定、投资者信心,以及资本控制等因素,有权对股权捐赠作出一些灵活安排。其做法可包括,分成不同年度若干次捐赠,而非一次性捐赠;在表决权和持股权分离的情况下,还可以选择捐赠无表决权的股票,保留有表决权股票的方式等。

自然人、法人和其他组织有权决定是否进行慈善捐赠,任何组织或者个人,都不能强行摊派或者变相摊派,都不能强行或变相要求其进行慈善捐赠,否则就是违法行为。在我国,一般的企事业单位或者社会组织都有对口的行政机关作为主管部门。主管部门对于这些单位和组织可以进行业务指导和监督,但不能干涉其内部事务,也不能越俎代庖。企事业单位和社会组织不应成为政府部门的附属机构。那种以行政命令向个人或者单位、组织下达摊派任务,强行要求向某一社会团体捐赠财物的做法，是法律所禁止的。另外，慈善捐赠是捐赠人和受赠人双方的自愿行为，既不能强行摊派，也不能强迫受赠，捐赠程序应当体现慈善捐赠人和受赠人双方的意愿。例如，捐赠协议是一种约定捐赠人和受赠人权利义务的好形式。但需要注意的是，是否签订捐赠协议应当取决于捐赠人与受赠人双方共同的意愿，受赠人不得强迫或者变相强迫捐赠人签订捐赠协议。

实践中，慈善组织应当尊重捐赠人的意愿，为捐赠人提供充分空间予以灵活变通，以达到既实现慈善宗旨，又有效地保护捐赠人合法权益与捐赠意愿的双赢效果。

2. 慈善捐赠应当是无偿的。从民事行为上看，慈善捐赠也是一种赠与行为。因此，慈善捐赠必然是无偿的，也就是说，捐赠人将自己的财产给付受赠人，受赠人取得捐赠财产，无须向捐赠人支付相应的代价。实际中，有的企业对一些社会团体或活动进行赞助，例如，世界许多知名企业都对奥运会予以赞助，这种赞助实际上是一种商业推广行为。奥委会举办者在利用其巨大影响筹集了大量资金的同时，企业也借此为自己的产品或企业形象做广告，扩大自身的影响力。因此，这种赞助并不是无偿的，不属于慈善捐赠的范围。另外，实践中，有些企业单位在进行慈善捐赠的过程中，可能存在收受受赠人的回扣的现象。这也违背了慈善捐赠的无偿性，是法律所不允许的。

自愿和无偿是慈善捐赠本身所具有的属性。不具有自愿性和无偿性的，也就不能称其为慈善捐赠。

第三十五条　捐赠人可以通过慈善组织捐赠，也可以直接向受益人捐赠。

【释义】　本条是关于慈善捐赠途径的规定。

慈善捐赠的受赠人可以是慈善组织或者受益人。

1. 慈善组织

根据本法第八条和第十条的规定,慈善组织是指依法成立、符合本法规定,以面向社会开展慈善活动为宗旨的非营利性组织,可以采取基金会、社会团体、社会服务机构等组织形式。新设立的慈善组织,应当依法直接向所在地的县级以上人民政府民政部门申请登记;本法公布前已经设立的基金会、社会团体、社会服务机构等非营利性组织,可以向其登记的民政部门申请认定为慈善组织。这里的社会服务机构指的是民办非企业单位。

本法提倡捐赠人更多地通过慈善组织进行捐赠。因为慈善组织有健全的内部治理结构、规范的管理、严格的财务管理制度,可以有效地对慈善财产进行管理和使用,更好地发挥慈善财产的效用。如果直接捐赠给受益人也会带来一些问题,如慈善财产如何有效使用、剩余的慈善财产如何处理等,而向慈善组织捐赠则可以避免产生这些问题。

2. 受益人

(1)受益人主要是指在经济或者生活上陷入困境、凭自己的能力难以脱困,或者遇到自然灾害、事故灾难、公共卫生事件等突发事件造成损害、急需获得社会帮助的人。

(2)本法施行后,未向民政部门申请慈善组织认定的原公益性非营利组织,以及公益性非营利的教、科、文、卫、体、福利等事业单位,仍可依据公益事业捐赠法的有关规定接收捐赠人的捐赠,将受赠财产用于社会公共和社会福利事业,这也是符合本法第三条规定的立法精神的。这种情况下,上述公益性非营利组织和事业单位也是慈善捐赠的受益人。如捐赠人可以选择直接向一公立学校捐建一座教学设施,该学校则为慈善捐赠的受益人。

(3)另外,在慈善捐赠中,政府一般不可以作为受赠人,更不可以成为直接受益人。但根据公益事业捐赠法第十一条的规定,在发生自然灾害时或者境外捐赠人要求县级以上人民政府及其部门作为受赠人时,县级以上人民政府及其部门可以接受捐赠,并依法对捐赠财产进行管理。县级以上人民政府及其部门可以将受赠财产转交公益性社会团体或者公益非营利的事业单位;也可以按照捐赠人的意愿分发或者兴办公益事业,但是不得以本机关为受益对象。因此,政府在两种情况下可以接受捐赠:第一种情况是,政府在救助灾害时可以接受捐赠。救灾是一个比较特殊的问题,时效性很强。我国的灾害发生比较频繁,人民政府承担的救灾和灾后重建的任务很重。发生自然灾害时,民众的捐赠热情高涨,捐赠量会激增,仅靠现有的慈善组织的力量接受捐赠并将捐赠财产转用于灾区灾民是不现实的。与民间社会组织相比,政府有管理社会经济事务的职能,有强大的组织、指挥和协调能力。一旦发生重大自然灾害,由政府来接受捐赠,并将捐赠财产迅速送达灾区和灾民手中,便于及时救灾抢险和启动灾后重建,尽快实现捐赠目的。第二种情况是,应境外捐赠人的要求,政府可以接受捐赠。一些港澳台同胞、海外华侨、华人、外国政府组织以及其他的境外捐赠人,出于对人民政府的信任,希望将财产直接捐赠给政府,并通过政府尽快实现捐赠目的。因此,在境外捐赠人提出要求的情况下,政府可以接受捐赠。需要注意的是,政府及其部门承担的仅仅是代为接收并分发捐赠财物和兴办公益事业的职责,而不得以本机关和本部门为受益对象。政府受赠而其机关和人员并不受益,体现了政府服务社会的职能,也是加强党风廉政建设的需要。随着我国慈善事业进一步发展,政府作为受赠人的情况应当越来越少。

需要注意的是,捐赠人有权选择受赠对象。慈善捐赠必须充分尊重捐赠人的意愿,符合捐赠自愿原则。捐赠自愿原则不仅包括捐赠人是否实施捐赠的自愿、捐多捐少的自愿、捐赠何种标的的自愿以及如何实施捐赠的自愿,还包括捐赠人有权选择受赠对象的自愿。每个慈善组织都有自己的慈善宗旨,不同慈善组织,有着不同的慈善宗旨。例如,中华慈善总会的宗旨是发扬人道主义精神,弘扬中华民族扶贫济困的传统美德,帮助社会上不幸的个人和群体,开展多种形式的社会救助工作;中华环保基金会的宗旨是推进中国环境保护的管理、科学研究、宣传教育、人才培训、学术交流、环保产业发展以及涉外活动等各项环保事业的发展。不同的捐赠人实施慈善捐赠的目的也有所不同,如有的要资助青少年教育,有的要保护环境,有的要救济贫困,有的要鼓励见义勇为。同时,不同的慈善组织在捐赠财产管理和使用上也会有所不同。捐赠人可以根据自身的情况和慈善组织的情况,选择他认为最能实现其慈善目的的慈善组织或者受益人进行捐赠。规定捐赠人可以选择受益人,有利于实现捐赠人的意愿,有利于受赠人加强对受赠财产的使用和管理,提高捐赠财产的使用效率,有利于促使慈善组织之间形成良性竞争,促进慈善事业健康有序发展。

第三十六条　捐赠人捐赠的财产应当是其有权处分的合法财产。捐赠财产包括货币、实物、房屋、有价证券、股权、知识产权等有形和无形财产。

捐赠人捐赠的实物应当具有使用价值,符合安全、卫生、环保等标准。

捐赠人捐赠本企业产品的,应当依法承担产品质量责任和义务。

【释义】　本条是关于捐赠财产的规定。

本条规定包含四层意思：

一、捐赠人捐赠的财产应当是其有权处分的合法财产

1. 捐赠财产必须是合法财产。公民、法人或者其他组织用于慈善捐赠的财产必须是自己的合法财产。民法通则第七十二条、第七十三条、第七十四条、第七十五条规定，财产所有权的取得不得违反法律规定，禁止任何组织或者个人侵占、哄抢、私分、截留或者破坏国家的、集体的以及公民个人的合法财产。捐赠人在实施慈善捐赠时，应当遵守宪法、法律等的规定，捐赠财产必须具有合法性，即财产的来源、取得和占有必须符合宪法和法律的有关规定。盗窃、抢劫，或以其他非法手段获得的财产，不属于合法财产，不能作为捐赠财产。

2. 捐赠人对其捐赠的财产还必须依法享有处分权。所谓处分权，是指所有人对财产享有依法进行处置的权利。处分权是一项重要的财产权能，它与所有权关系密切。由于处分权直接决定了所有权的归属，因而，它是所有权的核心。民法通则第七十一条规定，“财产所有权是指所有人依法对自己的财产享有占有、使用、收益和处分的权利”。处分权是其中之一。对财产拥有所有权的人，就当然拥有处分权。对财产行使处分权有两种方式，即对财产的消费和转让。对财产的消费属于事实上的处分，而对财产的转让属于法律上的处分。慈善捐赠是对财产的无偿转让。因此捐赠的财产必须是捐赠人有权处分的财产。反过来说，对财产拥有所有权的人，当然可以根据自己的意愿对财产实施捐赠。

需要注意的是，处分权作为所有权的一项权能，也是可以基于法律规定和所有人的意志而与所有权相分离的。例如，国有企业、集体企业、股份制企业等，其财产的所有权都可以依法与处分权相分离。在企业财产所有权与处分权相分离的情况下，企

业可以对财产行使处分权,而对企业财产实施捐赠则是行使处分权的一种方式。因此,企业对财产实施捐赠应有适当的限制,须符合以下条件:第一,这种捐赠应当在法律规定的处分权范围内,或者取得财产所有权人的授权。没有法律的规定或者取得特定的授权,任何企业以及企业负责人都不得慷国家或者其他财产所有权人之慨,对经营管理的生产资料和劳动产品随意进行捐赠。第二,捐赠财产应当是企业所能支配的财产,即偿还债务后企业的自有资金。任何企业及其负责人都不得对应偿债务的财产进行捐赠,否则属于不当处分。第三,企业的捐赠应当在生产经营有赢利的情况下进行,自身经营亏损的企业不宜实施大额捐赠。本法第四十三条规定,国有企业实施慈善捐赠应当遵守有关国有资产管理的规定,履行批准和备案程序,即是体现了上述精神。

二、捐赠财产的形式

根据本条规定,捐赠财产包括货币、实物、房屋、有价证券、股权、知识产权等有形和无形财产。从以上规定可以看出,对于各种捐赠形态,本法本着开放的精神,都予以认可,以汇集各种力量参与慈善活动,推动慈善事业发展。

1. 货币捐赠。货币是传统的捐赠财产的形式,包括纸币、硬币、储蓄存款、电子货币等。货币的捐赠方式多种多样,包括传统的现场付款、邮政汇款、银行转账、提供金融票据,现代新兴的电子支付,如网上银行、手机银行、支付宝、微信等方式。

2. 实物和房屋等捐赠。实物捐赠是一种常见的捐赠形式。这里的实物是指现实存在的、具体的、可见的有价值的物品,属于有形财产的形式。实践中,常见捐赠汽车、药品、电器、电子产品、衣物等实物。近年来,也出现了捐赠房屋等不动产的,房屋捐赠涉及房屋所有权变更,需要依法办理不动产登记手续。另外,随着我国文化市场的发展,也开始出现以字画、古玩对慈善组织进行捐赠的现象。如雅安地震发生后,中华少年儿童慈善救助基金会联合多个艺术机构举行名人名家慈善捐赠书画笔会,该次笔会收集的全部字画作品,经统一登记造册后,全部捐献给中华少年儿童慈善救助基金会。这些作品经公开拍卖,拍卖所得善款全部捐赠给雅安地震灾区。再如 2008 年,珠海蓝天天使爱心公社收到北京市民捐赠的三件收藏,其中一幅据称是吴冠中早年的绘画作品,另外两幅则据称是王羲之孙子的字迹。对于字画或者古玩捐赠,应当遵守有关法律法规特别是文物保护相关法律法规的规定,依法进行变卖或拍卖,将所得价款用于慈善事业。字画、古玩等存在估价难问题,有时真假难辨,但也不应因噎废食,对各种捐赠形态还是应持鼓励、支持态度。

3. 有价证券和股权捐赠。有价证券和股权是近年来新兴的捐赠财产的形式。有价证券,是指标有票面金额,用于证明持有人或该证券指定的特定主体对特定财产拥有所有权或债权的凭证。有价证券是虚拟资本的一种形式,它本身没价值,但有价格。有价证券按其所表明的财产权利的不同性质,可分为三类,即商品证券、货币证券及资本证券。

(1)商品证券。商品证券是证明持券人有商品所有权或使用权的凭证,取得这种证券就等于取得这种商品的所有权,持券者对这种证券所代表的商品所有权受法律保护。属于商品证券的有提货单、运货单、仓库栈单等。

(2)货币证券。货币证券是指本身能使持券人或第三者取得货币索取权的有价证券,货币证券主要包括两大类:一类是商业证券,主要包括商业汇票和商业本票;另一类是银行证券,主要包括银行汇票、银行本票和支票。

(3)资本证券。资本证券是指由金融投资或与金融投资有直接联系的活动而产生的证券。持券人对发行人有一定的收入请求权，它包括股票、债券及其衍生品种如基金证券、可转换证券等。

股票是资本证券最常见的形式。股权即股票持有者所具有的与其拥有的股票比例相应的权益及承担一定责任的权力。慈善股权捐赠，是指持有股权的自然人、法人或其他组织将自己持有的股权，捐赠给慈善事业，通过股权变现或者分红用于慈善目的的行为。

2008 年汶川地震后，福耀玻璃集团、蒙牛乳业、阳光媒体集团等采取的是股权捐赠方式。随着我国现代企业制度的发展，股权捐赠可能成为越来越多企业更为偏好的慈善捐赠形态。2009 年，财政部发布《关于企业公益性捐赠股权有关财务问题的通知》（财企〔2009〕213 号），明确股权作为公司财产可以进行慈善捐赠。在操作上，企业股权捐赠必须经过公司内部决策程序，即股东大会或者董事会审议通过后才能进行。捐赠股权后应依法办理手续，已经转让的股权不得再行使股东权利。

4. 知识产权捐赠。知识产权是指人们就其智力劳动成果所依法享有的专有权利，通常是国家赋予创造者对其智力成果在一定时期内享有的专有权或独占权。各种智力创造如发明、文学和艺术作品，以及在商业中使用的标志、名称、图像以及外观设计，都可被认为是某一个人或组织所拥有的知识产权。知识产权主要包括著作权、专利权和商标权。知识产权从本质上说是一种无形财产权，其客体是智力成果或是知识产品，是一种无形财产或者精神财富，是创造性的智力劳动所创造的劳动成果。它与房屋、汽车等有形财产一样，都受到国家法律的保护，都具有价值和使用价值。有些重大专利、驰名商标或作品的价值也远远高于房屋、汽车等有形财产。因此，以知识产权进行慈善捐赠也是本法所鼓励的。

三、捐赠财产应当符合一定的规范要求

本条第二款规定，捐赠人捐赠的实物应当具有使用价值，符合安全、卫生、环保等标准。

1. 捐赠人捐赠的实物应当具有使用价值。实物的使用价值是指其具有能够满足人们某种需要的属性，如粮食能充饥，衣服能御寒，汽车能运输等。有使用价值的物品，或者可以被消费以满足衣食住行的基本生活需要，或者可以被用于交换，以换取金钱或者其他利益。捐赠人以实物进行捐赠，是为了给生活陷入困境的人提供必要的帮助，该实物或者是可以直接满足受益人某方面的需要，或者是可以因其具有使用价值而被折现，可以为受益人换取其他可以满足生活需要的物品。如果捐赠人捐赠的实物没有使用价值，慈善捐赠行为本身就失去了存在的基础。

2. 捐赠人捐赠的实物应当符合安全、卫生、环保等标准。捐赠人捐赠的实物，最终会用以满足人们生产和生活的需要，应当符合国家有关产品质量的法律法规规定和强制性技术标准。根据产品质量法第二十六条的规定，产品应当不存在危及人身、财产安全的不合理的危险，有保障人体健康，人身、财产安全的国家标准、行业标准的，应当符合该标准。许多产品都有安全、卫生、环保等国家标准、行业标准。捐赠人捐赠的实物必须符合上述标准。捐赠人捐赠的实物还必须是对社会生活和人体健康无害的，烟草、毒品、军火等不能作为慈善捐赠财产。

四、对捐赠人捐赠本企业产品的规范要求

本条第三款规定，捐赠人捐赠本企业的产品的，应当依法承担产品质量责任和义务。我国产品质量法对生产者的产品质量责任和义务作了专门规定。生产者应当对其生产的产品质量负责。产品应当不存在危及人身、财产安全的不合理的危险，有保障人体健康和人身、财产安全的国家标准、行业标准的,应当符合该标准;应具备产品应当具备的使用性能,但是,对产品存在使用性能的瑕疵作出说明的除外;产品符合在产品或者其包装上注明采用的产品标准,符合以产品说明、实物样品等方式表明的质量状况。产品或者其包装上的标识必须真实,并符合下列要求:(1)有产品质量检验合格证明;(2)有中文标明的产品名称、生产厂厂名和厂址;(3)根据产品的特点和使用要求,需要标明产品规格、等级、所含主要成分的名称和含量的,用中文相应予以标明;需要事先让消费者知晓的,应当在外包装上标明,或者预先向消费者提供有关资料;(4)限期使用的产品,应当在显著位置清晰地标明生产日期和安全使用期或者失效日期;(5)使用不当,容易造成产品本身损坏或者可能危及人身、财产安全的产品,应当有警示标志或者中文警示说明。裸装的食品和其他根据产品的特点难以附加标识的裸装产品,可以不附加产品标识。易碎、易燃、易爆、有毒、有腐蚀性、有放射性等危险物品以及储运中不能倒置和其他有特殊要求的产品,其包装质量必须符合相应要求,依照国家有关规定作出警示标志或者中文警示说明,标明储运注意事项。生产者不得生产国家明令淘汰的产品。生产者不得伪造产地,不得伪造或者冒用他人的厂名、厂址。生产者不得伪造或者冒用认证标志等质量标志。生产者生产产品,不得掺杂、掺假,不得以假充真、以次充好,不得以不合格产品冒充合格产品。

捐赠人作为生产者,如果因其捐赠的本企业产品存在质量问题,给受益人或者其他消费者造成损失的,应当依法承担赔偿责任。如因产品存在缺陷造成受益人或者消费者人身、缺陷产品以外的其他财产损害的,捐赠人还要依据侵权责任法的规定,承担产品责任,予以赔偿。

第三十七条　自然人、法人和其他组织开展演出、比赛、销售、拍卖等经营性活动，承诺将全部或者部分所得用于慈善目的的，应当在举办活动前与慈善组织或者其他接受捐赠的人签订捐赠协议，活动结束后按照捐赠协议履行捐赠义务，并将捐赠情况向社会公开。

【释义】　本条是关于自然人、法人和其他组织承诺以开展演出、比赛、销售、拍卖等经营性活动的所得实施捐赠的规定。

1. 根据本条规定，自然人、法人和其他组织在开展经营性活动时承诺将全部或者部分所得用于慈善目的的，是本法所允许的。实践中经常有单位或者明星承诺以开展演出或者比赛的门票收入实施捐赠，也有单位或者明星开展义卖、义拍，承诺以销售所得或者拍卖所得实施捐赠。

2. 但是也应当注意到，在我国慈善事业发展过程中，出现一些无良商家借慈善名义沽名钓誉或开展商业经营活动牟利，甚至假借慈善名义骗取财产的现象。这造成了广大民众对真慈善活动的怀疑与观望，削弱了民众进行慈善捐赠的热情，影响了慈善事业的健康发展，是法律所不允许的。本法严格禁止假借慈善名义骗取财产，并鼓励公众、媒体对上述行为予以曝光，发挥舆论和社会监督作用。对于自然人、法人和其他组织开展面向公众的演出、比赛、销售、拍卖等商业经营性活动，承诺将全部或者部分所得用于慈善目的的，本法是允许的，并规定具体要求：

（1）自然人、法人和其他组织应当在开展演出、比赛、销售、拍卖等经营性活动前与相关慈善组织或者其他接受捐赠的人签订捐赠协议。捐赠协议中对捐赠款项的规定，应当与自然人、法人和其他组织承诺捐赠的经营性活动所得一致。慈善组织应当是依照本法规定登记成立或者获得认定的社会团体、基金会、社会服务机构等非营利性组织。其他接受捐赠的人，可以是需要社会提供帮助的个人或者单位。

(2)演出、比赛、销售、拍卖等经营性活动结束后,自然人、法人和其他组织应当按照捐赠协议履行捐赠义务,向受赠人捐出全部或者部分所得。这里的所得,要看自然人、法人和其他组织公开承诺和捐赠捐赠协议的规定,是商业销售所得还是利润所得。实践中,一般承诺捐赠销售所得的较多。

(3)自然人、法人和其他组织应当将按照捐赠协议履行捐赠义务的情况向社会公开。公开的事项应当包括慈善目的、受赠人、此次经营活动的销售所得、承诺捐赠比例、实际捐赠比例等。

第三十八条　慈善组织接受捐赠,应当向捐赠人开具由财政部门统一监(印)制的捐赠票据。捐赠票据应当载明捐赠人、捐赠财产的种类及数量、慈善组织名称和经办人姓名、票据日期等。捐赠人匿名或者放弃接受捐赠票据的,慈善组织应当做好相关记录。

【释义】　本条是关于慈善组织向捐赠人开具捐赠票据的规定。

本条包含以下几层意思:

一、慈善组织应当向捐赠人开具捐赠票据

根据本条的规定,慈善组织接受捐赠后,应当向捐赠人开具由财政部门统一监(印)制的捐赠票据。捐赠票据是指慈善组织按照自愿、无偿原则,依法接受用于慈善事业的捐赠财物时,向提供捐赠的自然人、法人和其他组织开具的凭证。慈善组织接受捐赠后向捐赠人出具的捐赠票据,具有三方面的作用:一是表明慈善组织收到捐赠的收据,是慈善组织加强内部监督的一种形式;二是捐赠人对外捐赠并根据国家有关规定申请捐赠款项税前扣除的有效凭证，是捐赠人享受优惠的凭证，捐赠人收到捐赠票据后可以凭此向税务部门办理税收优惠；三是财务收支和会计核算的原始凭证，是财政、税务、审计监察等政府有关部门对慈善组织进行监督检查的重要依据。

根据财政部2012年公布的《财政票据管理办法》（财政部令第70号）的规定，国家机关、公益性事业单位、公益性社会团体和其他公益性组织依法接受公益性捐赠时开具的凭证，是公益事业捐赠票据，属于财政票据；财政票据由省级以上财政部门按照管理权限分别监（印）制。慈善组织开具的捐赠票据应当适用上述规定，由财政部门按照职能分工和管理权限统一负责捐赠票据的印制、核发、保管、核销、稽查等工作。

二、捐赠票据应当载明的内容

根据本条规定，捐赠票据应当载明捐赠人、捐赠财产的种类及数量、慈善组织名称和经办人姓名、票据日期等。根据财政部2010年印发的《公益事业捐赠票据使用管理暂行办法》（财综〔2010〕112号）的规定，捐赠票据的基本内容包括票据名称、票据编码、票据监制章、捐赠人、开票日期、捐赠项目、数量、金额、实物（外币）种类、接受单位、复核人、开票人及联次等。捐赠票据一般应设置为三联，包括存根联、收据联和记账联，各联次以不同颜色加以区分。

三、捐赠人匿名或者放弃接受捐赠票据情况的处理

实践中，一些捐赠人出于做好事不留名的思想或者其他各种原因匿名进行捐赠，也有一些捐赠人向慈善组织明确表示不要开具捐赠票据。为了督促慈善组织极其工作人员妥善保管和处理这一部分捐赠财物，保障这一部分人的慈善宗旨得以实现，本条特别作出规定，捐赠人匿名或者放弃接受捐赠票据的，慈善组织应当做好相关记录。接受捐赠的慈善组织并应按照捐赠财

产的性质、种类等登记造册并制作会计账簿。

需要注意的是，开具捐赠票据应符合以下要求：第一，合法性。即开具由财政部门统一监（印）制的捐赠票据，不得开具本单位的收据，更不得打白条。第二，有效性。这是指收据应具备本法规定全部的形式要件，并经签字盖章。第三，按照自愿和无偿原则依法接受捐赠的行为，应当开具捐赠票据。对于下列行为，不得使用捐赠票据：(1)集资、摊派、筹资、赞助等行为；(2)以捐赠名义接受财物并与出资人利益相关的行为；(3)以捐赠名义从事营利活动的行为；(4)收取除捐赠以外的政府非税收入、医疗服务收入、会费收入、资金往来款项等应使用其他相应财政票据的行为；(5)按照税收制度规定应使用税务发票的行为；(6)财政部门认定的其他行为。

第三十九条　慈善组织接受捐赠，捐赠人要求签订书面捐赠协议的，慈善组织应当与捐赠人签订书面捐赠协议。

书面捐赠协议包括捐赠人和慈善组织名称，捐赠财产的种类、数量、质量、用途、交付时间等内容。

【释义】　本条是关于慈善捐赠协议的规定。

一、签订书面捐赠协议

捐赠人向慈善组织捐赠财产，与慈善组织形成合同关系，该合同属于合同法规定的赠与合同。根据合同法的规定，当事人订立合同，有书面形式、口头形式和其他形式。法律、行政法规规定采用书面形式的，应当采用书面形式。当事人约定采用书面形式的，应当采用书面形式。

实践中，捐赠人一般情况下选择通过汇款、转账等方式直接向慈善组织进行捐赠，并不与慈善组织签订书面捐赠协议。但有时捐赠人可能出于多方面考虑，要求签订书面捐赠协议，此时慈善组织应当尊重捐赠人的意愿，与其签订书面捐赠协议。本条规定的签订书面捐赠协议以捐赠人为核心，一旦捐赠人提出签订书面捐赠协议，慈善组织必须与其签订书面捐赠协议，这是慈善组织必须履行的一项义务。公益事业捐赠法也规定，捐赠人可以与受赠人就捐赠财产的种类、质量、数量和用途等内容订立捐赠协议。签订书面捐赠协议，便于明确双方权利义务关系，减少可能产生的纠纷，有利于督促各方认真对待合同内容、严格按照协议内容履行义务。

二、书面捐赠协议的内容

按照本条第二款的规定，书面捐赠协议包括捐赠人和慈善组织名称、捐赠财产的种类、数量、质量、用途、交付时间等内容。1. 捐赠财产的种类，本法规定捐赠人捐赠的财产应当是其有权处分的合法财产，包括货币、实物、房屋、有价证券、股权、知识产权等有形和无形财产。2. 捐赠财产的数量。捐赠人实际捐赠的财产应当符合捐赠协议约定的数量。3. 捐赠财产的质量。同种类的产品，质量千差万别，价值大相径庭，为避免出现误解，有必要在捐赠协议中明确约定。即使没有约定财产质量，捐赠人也应当确保产品符合相关法律法规要求的标准。本法也明确规定捐赠的实物应当具有使用价值，符合安全、卫生、环保等标准。捐赠人捐赠本企业产品的，应当依法承担产品质量责任和义务。4. 捐赠财产的用途，包括财产的受益人、使用方式或使用目的等方面的内容，如果捐赠人在协议中对此有明确要求，慈善组织应当严格按照捐赠协议的约定使用。5. 捐赠财产的交付时间。捐赠财产特别是针对特定事项如地震等自然灾害的捐赠财产，需要尽快交付相关财物，否则不利于捐赠目的的实现。除了上述内容，当事人还可以依法在捐赠协议里约定其他相关内容。

第四十条　捐赠人与慈善组织约定捐赠财产的用途和受益人时，不得指定捐赠人的利害关系人作为受益人。

任何组织和个人不得利用慈善捐赠违反法律规定宣传烟草制品，不得利用慈善捐赠以任何方式宣传法律禁止宣传的产品和事项。

【释义】　本条是关于受益人的指定以及宣传方面的禁止性规定。

一、关于捐赠人与慈善组织指定的要求

按照本法规定，捐赠人可以通过慈善组织捐赠，也可以直接向受益人捐赠。向慈善组织捐赠时，应遵守本条的规定。一是捐赠人与慈善组织约定捐赠财产的用途和受益人时，不得指定捐赠人的利害关系人作为受益人，即不得与慈善组织约定将捐赠财产用于捐赠人的利害关系人。捐赠人可以通过慈善组织捐赠，指定特定领域或范围内的主体作为受益人，但受益人不能是与捐赠人有利害关系的人，否则就背离了慈善性质。利害关系人的范围，需要根据捐赠人和受益人的具体关系确定。例如，近亲属之间可以直接赠与，但如果一方向慈善组织进行捐赠，并指定近亲属作为受益人，不但不属于慈善目的，还消耗慈善组织的管理等慈善资源。再如，一个企业向慈善组织捐赠，指定其股东控制的另一个企业作为受益人，相当于变相的关联交易和利益输送。慈善法和相关税法规定了慈善捐赠的税收优惠制度，如果将向利害关系人的捐赠认定为慈善捐赠，还可能导致捐赠人不当享受税收优惠，不但于慈善活动无益，还给国家税收带来损失。

二、慈善捐赠宣传方面的禁止性规定

本条第二款规定，任何组织和个人不得利用慈善捐赠违反法律规定宣传烟草制品，不得利用慈善捐赠以任何方式宣传法律禁止宣传的产品和事项。

慈善募捐可以举办义演、义赛、义卖、义展、义拍、慈善晚会，或者通过广播、电视、报刊、互联网等媒体发布募捐信息等方式进行。在这些活动中，通过公开宣传一方面吸引捐赠者捐赠，另一方面也间接对捐赠者作了宣传。另外，在一些慈善活动中，捐赠者通过其他一些方式如冠名等形式进行宣传，有利于树立良好的社会形象。例如，公益事业捐赠法规定，捐赠人对于捐赠的公益事业工程项目可以留名纪念；捐赠人单独捐赠的工程项目或者主要由捐赠人出资兴建的工程项目，可以由捐赠人提出工程项目的名称，报县级以上人民政府批准。慈善法本条规定主要有两层含义：一是不得利用慈善捐赠违反法律规定宣传烟草制品。这里的违反法律规定，主要指的是违反广告法的规定。例如，广告法第二十二条规定："禁止在大众传播媒介或者公共场所、公共交通工具、户外发布烟草广告。禁止向未成年人发送任何形式的烟草广告。禁止利用其他商品或者服务的广告、公益广告，宣传烟草制品名称、商标、包装、装潢以及类似内容。烟草制品生产者或者销售者发布的迁址、更名、招聘等启事中，不得含有烟草制品名称、商标、包装、装潢以及类似内容。"广告法之所以对烟草制品广告作出限制性规定，是考虑到烟草制品本身存在的危害性。同样的道理，在慈善活动中也不能变相公开宣传烟草制品。例如，在电视公开募捐过程中，如果公开宣传烟草制品，就相当于变相规避广告法的规定，是不允许的。二是不得利用慈善捐赠以任何方式宣传法律禁止宣传的产品和事项。禁止宣传的产品包括麻醉药品、精神药品、医疗用毒性药品、放射性药品等特殊药品，药品类易制毒化学品，以及戒毒治疗的药品、医疗器械和治疗方法等。相关宣传不得有下列情形：(1)损害国家的尊严或者利益，泄露国家秘密；(2)妨碍社会安定，损害社会公共利益;(3)危害人身、财产安全,泄露个人隐私;(4)妨碍社会公共秩序或者违背社会良好风尚;(5)含有淫秽、色情、赌博、迷信、恐怖、暴力的内容;(6)含有民族、种族、宗教、性别歧视的内容;(7)妨碍环境、自然资源或者文化遗产保护。

第四十一条　捐赠人应当按照捐赠协议履行捐赠义务。捐赠人违反捐赠协议逾期未交付捐赠财产,有下列情形之一的,慈善组织或者其他接受捐赠的人可以要求交付;捐赠人拒不交付的,慈善组织和其他接受捐赠的人可以依法向人民法院申请支付令或者提起诉讼:

(一)捐赠人通过广播、电视、报刊、互联网等媒体公开承诺捐赠的;

(二)捐赠财产用于本法第三条第一项至第三项规定的慈善活动,并签订书面捐赠协议的。

捐赠人公开承诺捐赠或者签订书面捐赠协议后经济状况显著恶化,严重影响其生产经营或者家庭生活的,经向公开承诺捐赠地或者书面捐赠协议签订地的民政部门报告并向社会公开说明情况后,可以不再履行捐赠义务。

【释义】　本条是关于捐赠人履行捐赠义务的规定。

一、捐赠人的捐赠义务

慈善捐赠属于公益活动,捐赠人和受赠人达成捐赠协议的,应当根据诚实信用原则的要求按照捐赠协议履行相关义务。按照一般的赠与合同,捐赠人逾期未交付捐赠财产的,并不强制要求其交付财产,但根据本条的规定,如果捐赠人违反捐赠协议逾期未交付捐赠财产的,有两种处理办法:一是慈善组织和其他接受捐赠的人可以要求捐赠人交付;二是捐赠人拒不交付的,慈善组织和其他接受捐赠的人可以依法向人民法院申请支付令或者提起诉讼。

二、强制履行交付捐赠财产义务的情形

1. 捐赠人通过广播、电视、报刊、互联网等媒体公开承诺捐赠。捐赠人通过相关媒体公开承诺捐赠，社会对此已经知晓，对社会的正面效应也已形成。如果允许捐赠人出尔反尔随便撤销承诺，会对社会形成较大的负面影响，影响社会诚信观念的树立和诚信文化的形成，影响社会慈善活动正常进行以及慈善文化的健康发展。

2. 捐赠财产用于扶贫、济困、扶老、救孤、恤病、助残、优抚，救助自然灾害、事故灾难和公共卫生事件等突发事件造成的损害，并签订书面捐赠协议的。合同法也明确规定，具有救灾、扶贫等社会公益、道德义务性质的赠与合同或者经过公证的赠与合同，赠与人不得撤销赠与。之所以作这些规定，是因为扶贫、济困、扶老、救孤、恤病、助残、优抚，救助自然灾害、事故灾难和公共卫生事件等突发事件，具有基础性和紧迫性的特点，如果签订了书面捐赠协议，就应当认真履行，这体现了以人为本的人道主义精神。

三、履行捐赠义务的例外情形

慈善从根本上是自愿、无偿行为，在捐赠人公开承诺捐赠或者签订书面捐赠协议后经济状况显著恶化，已经严重影响其生产经营或者家庭生活的情况下，如果再强制要求其履行对外捐赠义务，有违慈善的人道主义精神，与慈善法的出发点也是相违背的。例如，企业通过互联网公开承诺捐赠，在实际实施捐赠前，因经济危机陷入经营困境以致资不抵债进入破产程序，此时如果再要求其履行原来的捐赠义务，就背离了慈善活动的初衷。再如，自然人公开承诺捐赠后陷入生活困难，自身都需要接受社会救助，要求其履行捐赠义务，既不可能实现，又有违人道主义精神。因此本条第二款规定，捐赠人公开承诺捐赠或者签订书面捐赠协议后经济状况显著恶化，严重影响其生产经营或者家庭生活的，经向公开承诺捐赠地或者书面捐赠协议签订地的民政部门报告并向社会公开说明情况后，可以不再履行捐赠义务。

实践中出现过一些企业和个人随意撤销公开承诺捐赠的情况，对社会造成了不好的影响。为了规范随意撤销承诺的行为，维护慈善活动秩序和促进社会诚信意识，本法规定撤销捐赠需要履行一定程序。捐赠者需要向公开承诺捐赠地或者书面捐赠协议签订地的民政部门报告，并向社会公开说明情况，接受政府监管部门和社会的监督，避免随意撤销和虚构事实的情况。

第四十二条　捐赠人有权查询、复制其捐赠财产管理使用的有关资料，慈善组织应当及时主动向捐赠人反馈有关情况。

慈善组织违反捐赠协议约定的用途，滥用捐赠财产的，捐赠人有权要求其改正；拒不改正的，捐赠人可以向民政部门投诉、举报或者向人民法院提起诉讼。

【释义】　本条是关于捐赠人知情权和监督权等的规定。

一、捐赠人的知情权

按照本条第一款的规定，捐赠人有权查询、复制其捐赠财产管理使用的有关资料，慈善组织应当及时主动向捐赠人反馈有关情况。

捐赠人将财物捐赠给慈善组织，捐赠的财物由慈善组织管理、使用，但捐赠人享有对捐赠财产管理使用情况的知情权。一方面，捐赠财产来源于捐赠人，赋予其知情权，让其了解相关情况，体现了对捐赠人真实意愿的尊重和负责。另一方面，这也是对慈善组织进行监督的一种途径。捐赠人行使知情权的方式主要包括查询、复制相关捐赠财产使用的有关资料。这是本法赋予捐赠人的权利。慈善组织应当为捐赠人行使知情权创造条件，需要反馈相关情况的，应当及时主动向捐赠人反馈有关情况。这是本法对慈善组织规定的一项义务。

二、捐赠人对慈善组织使用慈善财产的监督

公益事业捐赠法规定，受赠人与捐赠人订立了捐赠协议的，应当按照协议约定的用途使用捐赠财产，不得擅自改变捐赠财产的用途。如果确需改变用途的，应当征得捐赠人的同意。本法也规定，慈善组织开展慈善活动，应当依照法律法规和章程的规定，按照募捐方案或者捐赠协议使用捐赠财产。慈善组织确需变更募捐方案规定的捐赠财产用途的，应当报民政部门备案；确需变更捐赠协议约定的捐赠财产用途的，应当征得捐赠人同意。

慈善组织履行法定程序后，可以变更捐赠协议约定的捐赠财产的用途。如果未履行法定程序即变更捐赠财产的用途，则构成滥用捐赠财产。例如，捐赠协议约定捐赠财产应当用于教育，但慈善组织将该财产用于环境保护。再如，捐赠协议约定了捐赠财产应当在一定期限内使用完毕，而慈善组织超出使用期限、长期搁置对该资金的使用。滥用捐赠财产，违反了捐赠协议，还是违约行为。合同法规定，当事人一方不履行合同义务或者履行合同义务不符合约定的，应当承担继续履行、采取补救措施或者赔偿损失等违约责任。按照本条第二款的规定，慈善组织违反捐赠协议约定的用途，滥用捐赠财产的，有以下几种处理方式：一是捐赠人可以要求慈善组织加以改正。二是慈善组织拒不改正的，捐赠人可以向民政部门投诉、举报或者向人民法院提起诉讼。民政部门可以对慈善组织进行警告，责令其限期改正；逾期不改正的，责令限期停止活动并进行整改。人民法院可以根据当事人的请求，依法判决慈善组织承担相应的法律责任。

第四十三条　国有企业实施慈善捐赠应当遵守有关国有资产管理的规定,履行批准和备案程序。

【释义】 本条是关于对国有企业实施慈善捐赠的特殊规定。这一条是在慈善法草案第二次审议后根据有关意见新增加的条款,旨在加强国有资产监管。

一、国有企业实施捐赠应当遵守有关国有资产管理的规定

随着我国公益事业的发展,企业对外捐赠支出的范围和规模不断扩大,各国有企业要加强对外捐赠事项的管理,认真履行社会责任,积极参与救助捐赠活动,规范对外捐赠行为,有效维护出资人权益。国务院国有资产监督管理委员会根据公益事业捐赠法和《国有企业领导人员廉洁从业若干规定》等有关规定,于2009年发布《国务院国有资产监督管理委员会关于加强中央企业对外捐赠管理有关事项的通知》,通知旨在进一步规范中央企业对外捐赠行为,维护国有股东权益,引导中央企业正确履行社会责任。按照通知规定,集团总部应当制订和完善对外捐赠管理制度,对集团所属各级子企业对外捐赠行为实行统一管理,明确对外捐赠事项的管理部门,落实管理责任,规范内部审批程序,细化对外捐赠审核流程;要根据自身经营实力和承受能力,明确规定对外捐赠支出范围,合理确定集团总部及各级子企业对外捐赠支出限额和权限;应将日常对外捐赠支出纳入预算管理体系,细化捐赠项目和规模,严格控制预算外捐赠支出,确保对外捐赠行为规范操作。

1. 规范界定对外捐赠范围。企业对外捐赠范围为:向受灾地区、定点扶贫地区、定点援助地区或者困难的社会弱势群体的救济性捐赠,向教科文卫体事业和环境保护及节能减排等社会

公益事业的公益性捐赠，以及社会公共福利事业的其他捐赠等。用于对外捐赠的资产应当权属清晰、权责明确，应为企业有权处分的合法财产，包括现金资产和实物资产等，不具处分权的财产或者不合格产品不得用于对外捐赠。对外捐赠应当通过依法成立的接受捐赠的慈善机构、其他公益性机构或政府部门进行。

2. 合理确定对外捐赠规模。坚持量力而行原则，合理确定对外捐赠支出规模和标准。对外捐赠支出规模一般不得超过企业内部制度规定的最高限额；盈利能力大幅下降、负债水平偏高、经营活动现金净流量为负数或者大幅减少的企业，对外捐赠规模应当进行相应压缩；资不抵债、经营亏损或者捐赠行为影响正常生产经营的企业，除特殊情况外，一般不得安排对外捐赠支出。

二、国有企业实施慈善捐赠应当履行法定程序

1. 严格捐赠审批程序。各国有企业应当加强对外捐赠的审批管理，严格内部决策程序，规范审批流程。企业每年安排的对外捐赠预算支出应当经过企业董事会或类似决策机构批准同意。对外捐赠应当由集团总部统一管理，所属各级子企业未经集团总部批准或备案不得擅自对外捐赠。对于内部制度规定限额内并纳入预算范围的对外捐赠事项，企业捐赠管理部门应当在支出发生时逐笔审核，并严格履行内部审批程序；对于因重大自然灾害等紧急情况需要超出预算规定范围的对外捐赠事项，企业应当提交董事会或类似决策机构专题审议，并履行相应预算追加审批程序。

2. 建立备案管理制度。国务院国资委对中央企业对外捐赠事项实行备案管理制度。本企业对外捐赠管理制度、中央企业对外捐赠预算专项报告应报送国资委。中央企业捐赠行为实际发生时捐赠项目超过以下标准的，应当报国资委备案同意后实

施:净资产小于一百亿元的企业,捐赠项目超过一百万元的;净资产在一百亿元至五百亿元的企业,捐赠项目超过五百万元的;净资产大于五百亿元的企业,捐赠项目超过一千万元的。对于突发性重大自然灾害或者其他特殊事项超出预算范围需要紧急安排对外捐赠支出,不论金额大小,中央企业在履行内部决策程序之后,应及时逐笔向国资委备案。

第五章　慈善信托

第四十四条　本法所称慈善信托属于公益信托，是指委托人基于慈善目的，依法将其财产委托给受托人，由受托人按照委托人意愿以受托人名义进行管理和处分，开展慈善活动的行为。

【释义】　本条是关于慈善信托定义的规定。

慈善信托是开展慈善活动的重要形式。以信托方式开展慈善活动具有一定优势。慈善信托无须申请法人登记，运营成本低。其次，慈善信托财产独立性强，具有更多专业化的财产保值增值方式。信托法专门规定了公益信托制度，慈善信托属于公益信托，应当符合信托法中关于公益信托的一般规定。考虑到信托法有些规定比较原则，需要进一步完善。为更好适应目前实施慈善信托的需要，慈善法专章规定了慈善信托制度，对相关问题进一步作了明确规定。

1. 慈善活动属于公益活动，慈善信托属于公益信托。根据本法第三条的规定，慈善活动是指自然人、法人和其他组织以捐赠财产或者提供服务等方式，自愿开展的扶贫、济困，扶老、救孤、恤病、助残、优抚，救助自然灾害、事故灾难和公共卫生事件等突发事件造成的损害，促进教育、科学、文化、卫生、体育等事业的发展，防治污染和其他公害，保护和改善生态环境等公益活动。根据信托法第六十条的规定，为了救济贫困，救助灾民，扶助残疾人，发展教育、科技、文化、艺术、体育、医疗卫生事业，发展环境保护事业和其他社会公益事业等公共利益目的之一而设立的信托，属于公益信托。本法第四十四条规定慈善信托属于公益信托，明确了慈善法与信托法的关系，避免适用的混乱。

2. 慈善信托的设立条件比较严格。一是设立程序复杂。慈善信托除了和其他信托一样需要书面签订合同确定有关信托的各类事项以外，还需要受托人在信托文件签订之日起七日内将信托文件向受托人所在地县级以上人民政府民政部门备案。不进行备案的，不享受税收优惠。二是对受托人的要求更高。在民事或营业信托中，凡符合信托法规定的完全民事行为能力人或依法设立的法人组织，都可以成为受托人。慈善信托则由于涉及社会公益，所以对受托人的条件作了限制，委托人仅能指定其信赖的慈善组织或信托公司担任受托人。三是特别设置了监察人制度。由于慈善信托的受益人在获得信托受益权之前是非特定、不明确的，与委托人没有利害关系，因此民事或营业信托中受益人对受托人的监督在慈善信托中很难实现，为弥补受益人监督的"缺位"，慈善信托设置了信托监察人，对受托人管理信托的行为进行监督，保证慈善信托目的的实现。

3. 慈善信托应当是基于慈善目的，开展慈善活动。根据信托法第二条的规定，信托是指委托人基于对受托人的信任，将其财产权委托给受托人，由受托人按委托人的意愿，以自己的名义为受益人的利益或者特定目的，进行管理或者处分的行为。慈善信托与一般信托主要区别在于，委托人设立慈善信托须是基于慈善目的，受托人须利用信托财产开展慈善活动。慈善信托的受益人是非特定的，信托文件仅载明受益人的资格条件，由受托人根据所确定的条件选择确定，而不是委托人在信托文件中具体指定的。当然，尽管受益人是不特定的，委托人依然可以规定或者限定受益人的人数，甚至受益人享受的信托利益的数量。

4. 慈善信托应当按照委托人意愿开展慈善活动。慈善信托的财产来自委托人,该信托财产须是委托人合法所有的财产。慈善信托设立后,受托人必须按照委托人的意愿开展相关活动。

5. 受托人以自己的名义利用信托财产开展慈善活动。委托人出于对受托人的信任,将财产委托给受托人。受托人是以自己的名义而非以委托人的名义对信托财产管理、使用或处分,开展慈善活动。

第四十五条　设立慈善信托、确定受托人和监察人,应当采取书面形式。受托人应当在慈善信托文件签订之日起七日内,将相关文件向受托人所在地县级以上人民政府民政部门备案。

未按照前款规定将相关文件报民政部门备案的,不享受税收优惠。

【释义】　本条是关于慈善信托文件形式和备案的规定。

信托法第六十二条规定,公益信托的设立和确定其受托人,应当经有关公益事业的管理机构批准。未经公益事业管理机构的批准,不得以公益信托的名义进行活动。信托法没有明确"公益事业的管理机构"是什么部门,实践中设立公益信托不知道去哪里登记。另外,有的提出,信托法对规定公益信托应当登记,为鼓励慈善事业的发展,应适当降低慈善信托的设立门槛。

一、设立慈善信托、确定受托人和监察人,应当采取书面形式

信托涉及多方主体对财产权利的管理、使用和处分等,法律关系比较复杂,信托法明确规定,设立信托应当采取书面形式。采取书面形式,有利于明确各方权利义务关系,确保信托更规范地运行,尽可能避免产生纠纷。考虑到慈善信托涉及社会公共利益,慈善法进一步明确规定了设立慈善信托、确定受托人和监察人,应当采取书面形式。

根据信托法的规定,书面形式包括信托合同、遗嘱或者法

律、行政法规规定的其他书面文件等。所谓法律、行政法规规定的其他书面文件等,是指协议书、信件和数据电文(包括电传、传真、电子邮件)等可以有形表现所载内容的形式。书面文件应当载明下列事项:(1)信托目的;(2)委托人、受托人的姓名或者名称、住所;(3)受益人或者受益人范围;(4)信托财产的范围、种类及状况;(5)受益人取得信托利益的形式、方法。可以载明信托期限、信托财产的管理方法、受托人的报酬、新受托人的选任方式、信托终止事由等事项。

二、信托文件的备案

信托法规定设立公益信托应当登记。慈善法规定慈善信托向民政部门备案即可,无须进行登记。该规定降低了慈善信托的设立门槛和成本,有利于更好地利用慈善信托开展慈善活动。慈善信托备案期限为信托文件签订之日起七日内,备案机关为受托人所在地县级以上人民政府民政部门。

三、未按照前款规定将相关文件报民政部门备案的,不享受税收优惠

将相关文件进行备案是享受税收优惠的前提。慈善法规定了开展慈善活动依法享受税收优惠,以慈善信托方式开展慈善活动,如果未按规定将相关文件报民政部门备案,民政部门等无法有效了解慈善信托的设立和运作情况,慈善信托活动不能享受税收优惠。

第四十六条　慈善信托的受托人,可以由委托人确定其信赖的慈善组织或者信托公司担任。

【释义】 本条是关于受托人资格的规定。

信托法第二十四条规定,受托人应当是具有完全民事行为能力的自然人、法人。法律、行政法规对受托人的条件另有规定

的，从其规定。在慈善法立法过程中，关于慈善信托受托人的资格，有不同观点。有的认为，为鼓励慈善事业发展，不宜对受托人的资格作特殊要求，具有完全民事行为能力的自然人、法人均可担任慈善信托受托人。有的认为，慈善信托开展的是慈善活动，只有慈善组织才能作为受托人。考虑到慈善信托涉及社会公共利益，对受托人的条件作出特殊规定，有利于确保慈善信托的规范运行，综合考虑各方面意见，本条规定慈善组织或者信托公司可以担任慈善信托受托人。慈善组织可以采取基金会、社会团体、社会服务机构等组织形式。信托公司是指依照公司法和《信托公司管理办法》设立的主要经营信托业务的金融机构。

慈善信托在我国刚刚起步，实践经验还不够，受托人的范围尚不宜过宽。目前个人信用体系尚不健全，出于保障委托人财产安全和受益人权益的考虑，慈善法未把自然人列为慈善信托的受托人。其次，慈善组织具备开展慈善活动的专业优势，由其担任受托人，便于其根据慈善信托财产情况有效开展相关慈善项目，有效实现委托人希望达到的慈善目的。一般情况下，信托公司从事的信托活动是营利性活动，但其作为慈善信托受托人，利用慈善财产开展的为非营利性活动。信托公司作为受托人，有利于有效管理信托财产，促进信托财产的保值增值。

第四十七条　慈善信托的受托人违反信托义务或者难以履行职责的，委托人可以变更受托人。变更后的受托人应当自变更之日起七日内，将变更情况报原备案的民政部门重新备案。

【释义】　本条是关于变更受托人的规定。

慈善信托委托人基于对受托人的信任委托其管理慈善信托财产，受托人对慈善信托负有信托义务，如果其违反信托义务或者因其他原因难以履行职责的，需要更换受托人。

一、需要变更受托人的情形

1. 受托人违反信托义务

信托法对受托人的信托义务作了规定，包括：受托人应当遵守信托文件的规定，为受益人的最大利益处理信托事务；受托人管理信托财产，必须恪尽职守，履行诚实、信用、谨慎、有效管理的义务。本法第四十八条规定，慈善信托的受托人管理和处分信托财产，应当按照信托目的，恪尽职守，履行诚信、谨慎管理的义务。受托人违反信托义务的，委托人可以变更受托人。

2. 受托人难以履行职责

受托人因被依法解散、撤销或被宣告破产等原因难以履行职责的，为确保慈善信托正常运行，需要更换受托人。

二、委托人可以变更受托人

信托法第六十八条规定，公益信托的受托人违反信托义务或者无能力履行其职责的，由公益事业管理机构变更受托人。考虑到慈善信托是委托人将自己的财产用于慈善活动，慈善信托相关事项确需变更的，应当尊重委托人的意思，慈善法规定委托人可以变更受托人。

三、变更受托人后应当备案

本法规定，受托人应当在慈善信托文件签订之日起七日内，将相关文件向受托人所在地县级以上人民政府民政部门备案。变更受托人，属于备案信息变更，因此本条规定变更受托人应当自变更之日起七日内，将变更情况报原备案的民政部门重新备案。

第四十八条　慈善信托的受托人管理和处分信托财产，应当按照信托目的，恪尽职守，履行诚信、谨慎管理的义务。

慈善信托的受托人应当根据信托文件和委托人的要求，及

时向委托人报告信托事务处理情况、信托财产管理使用情况。慈善信托的受托人应当每年至少一次将信托事务处理情况及财务状况向其备案的民政部门报告,并向社会公开。

【释义】 本条是关于受托人信托义务和接受监督的规定。

慈善信托设立后,受托人按照信托文件的要求以自己名义管理信托财产,为规范受托人管理信托财产的行为,本条规定了受托人的相关义务。

一、信托人管理和处分信托财产的义务

第一,信托人应当按照信托目的管理和处分信托财产。慈善目的是慈善信托的宗旨,信托人应严格按照信托文件规定的慈善目的管理和处分信托财产。

第二,信托人应当恪尽职守,履行诚信、谨慎管理的义务。信托文件对受托人的职责有明确规定的,受托人应严格按照该规定履行职责。在履行职责过程中,应当根据遵守诚实信用原则,谨慎管理信托财产。信托法对受托人的信托义务作了规定,包括:受托人应当遵守信托文件的规定,为受益人的最大利益处理信托事务。受托人管理信托财产,必须恪尽职守,履行诚实、信用、谨慎、有效管理的义务。受托人不得将信托财产转为其固有财产。受托人不得将其固有财产与信托财产进行交易或者将不同委托人的信托财产进行相互交易,但信托文件另有规定或者经委托人或者受益人同意,并以公平的市场价格进行交易的除外。受托人必须将信托财产与其固有财产分别管理、分别记账,并将不同委托人的信托财产分别管理、分别记账。受托人应当自己处理信托事务,但信托文件另有规定或者有不得已事由的,可以委托他人代为处理。

二、委托人的知情权

委托人是慈善信托财产的提供者,对慈善财产的使用应当享有知情权。信托法规定,受托人应当每年定期将信托财产的管理运用、处分及收支情况,报告委托人和受益人。慈善法规定,慈善信托的受托人应当根据信托文件和委托人的要求,及时向委托人报告信托事务处理情况、信托财产管理使用情况。慈善法的该规定更加灵活,便于委托人及时了解慈善信托情况。

三、向民政部门报告并向社会公开相关信息

信托法第六十七条规定,公益信托受托人应当至少每年一次作出信托事务处理情况及财产状况报告,经信托监察人认可后,报公益事业管理机构核准,并由受托人予以公告。慈善法规定,慈善信托的受托人应当每年至少一次将信托事务处理情况及财务状况向其备案的民政部门报告,并向社会公开。慈善法在确保民政部门和社会监督的前提下简化了相关程序。根据慈善法的规定,受托人报告或公开的信息包括信托事务处理情况及财务状况,每年至少一次。

第四十九条　慈善信托的委托人根据需要,可以确定信托监察人。

信托监察人对受托人的行为进行监督,依法维护委托人和受益人的权益。信托监察人发现受托人违反信托义务或者难以履行职责的,应当向委托人报告,并有权以自己的名义向人民法院提起诉讼。

【释义】　本条是关于慈善信托的信托监察人的规定。

在"慈善信托"一章设置信托监察人制度,是为了加强对慈善信托的监督,保证慈善信托的目的能够实现,以此保护社会公众的利益。信托法中的"公益信托"一章也有信托监察人的规定。

为保障慈善信托目的的实现,保护受益人权利,慈善法规定了信托监察人制度。信托监察人在信托法律关系中拥有独立的地位，不隶属于委托人，也不属于慈善事业行政管理机关，更不是受益人的代理人，其权限基于法律规定与信托合同的约定。规定信托监察人制度，对提高慈善信托保值增值功能、增加慈善资源投入，保障委托人和受益人合法权益具有重要意义。

由于慈善信托的受托人是不特定的社会公众，只有在享受信托利益时才能确定具体的受益人。因此，与一般的私益信托从成立时就有明确的受益人不同，慈善信托（也即公益信托）在执行过程中，由于受益人范围比较广泛，由广大的受益人直接对受托人的信托活动进行监督难以操作，所以本法在慈善信托的制度中设置了信托监察人制度。信托监察人既是受益人利益的代表，又是对受托人的信托活动实施监督的人。其他国家的信托法，例如日本和韩国，也规定了这一制度。

一、关于信托监察人的设置

1. 信托法关于公益信托的信托监察人选任规定。信托法第六十四条规定："公益信托应当设置信托监察人。信托监察人由信托文件规定。信托文件未规定的，由公益事业管理机构指定。"因此，信托法规定的原则是委托人在设立公益信托时，如果决定自己选任信托监察人，就应当在信托文件中作出规定。如果在信托文件中未规定信托监察人，依照信托法第六十四条规定，由公益事业管理机构指定。

2. 其他国家关于信托监察人选任的规定。日本信托法规定："受益人不特定或者尚不存在时，法院可根据利害关系人的请求或依职权选任信托管理人，但已经依信托行为指定了信托管理人时，不在此限。"韩国信托法规定："无特定或尚没有受益人时，法院须根据有关利害关系人的请求，或以职权选任信托管理人。但是，以信托行为选任信托管理人的除外。"从以上的规定可以看出，关于信托监察人的选任，日本、韩国与我国信托法相同，都可以在信托文件中规定信托监察人。不同的是，当信托文件未规定信托监察人时，日本、韩国的规定是，由利害关系人或检察官申请人民法院选任，而我国信托法规定由公益事业管理机构指定。

3. 慈善法关于信托监察人选任的规定。由于本法第四十六条规定，“慈善信托的受托人，可以由委托人确定其信赖的慈善组织或者信托公司担任”。可见，在慈善信托的受托人方面，慈善法的规定比信托法关于公益信托受托人的规定更为严格。因此，本法规定慈善信托的委托人可以根据需要设置信托监察人，例如慈善信托的受托人是运作规范的慈善组织，委托人对担任受托人的慈善组织充分信任，那么也可以不设置信托监察人。另外，根据本法第四十五条的规定，设置慈善信托监察人也必须采取书面形式。

二、关于信托监察人的权利义务

设置信托监察人，赋予其监察权利有利于保护慈善信托财产和相关的公共利益。但信托法中没有对信托监察人的权利作明确的规定，导致即便依公益信托需要选定了合适的信托监察人，监察人的各项权利与义务以及责任范围、议事规则也没有法律明确规定。因此，为了解决信托法中公益信托的不足，推动慈善信托的发展，本法对慈善信托监察人的权利和义务作了明确规定。

首先，信托监察人的职责是为了维护委托人和受益人的权益，应当依法对受托人的行为进行监督。信托法第二十条至第二十三条规定了委托人和受益人享有的权利。即委托人和受益人有权了解信托财产的管理运用、处分及收支情况，并有权要求受托人作出说明等权利。其次，信托监察人发现受托人违反信托义务或者难以履行职责的，应当向委托人报告，并有权以自己的名义向人民法院提起诉讼。

关于信托监察人起诉的规定的含义是：(1)信托监察人行使起诉权时是以监察人自己的名义进行，信托监察人是一个独立的法律主体。(2)信托监察人行使起诉权的目的是为了维护委托人和受益人的利益，并且由于慈善信托的受益人不特定而委托人是确定的，因此信托监察人向法院提起诉讼前应当向委托人报告。(3)信托监察人行使起诉权的条件是发现受托人违反信托义务或者难以履行职责。例如受托人违反信托目的处分信托财产或者因违背管理职责、处理信托事务不当致使信托财产受到损失的情形。

第五十条　慈善信托的设立、信托财产的管理、信托当事人、信托的终止和清算等事项，本章未规定的，适用本法其他有关规定；本法未规定的，适用《中华人民共和国信托法》的有关规定。

【释义】　本条是关于慈善信托的各项制度适用法律的规定。

慈善法对慈善信托作了专章规定，与信托法中的公益信托相比作了很多灵活的规定，如取消了设立公益信托和确定受托人应当经公益事业管理机构批准的规定。

根据本法第四十四条规定，慈善信托属于公益信托。因此，信托法有关公益信托的规定适用于慈善信托。对照两法，慈善法中“慈善信托”一章的内容与信托法中“公益信托”一章的内容在以下几个方面存在交叉：

第一，主管机构。信托法第六十二条规定，公益信托的设立和确定其受托人，应当经有关公益事业的管理机构批准。在实践中，由于公益事业管理机构不明确，使得公益信托的设立存在障碍，难以发展壮大。本法第四十五条规定，受托人应当在信托文件签订之日起七日内将相关文件向受托人所在地县级以上人民政府民政部门备案。这样就明确了慈善信托的行政主管机关是民政部门。

第二，设立程序。信托法要求设立公益信托都应当经公益事业管理机构批准，未经公益事业管理机构的批准，不得以公益信托的名义进行活动。慈善法降低了设立门槛，要求受托人在信托文件签订之日起七日内将相关文件向受托人所在地县级以上人民政府民政部门备案即可。

第三，税收优惠。信托法没有对公益信托规定任何税收优惠措施，这是导致公益信托在实践中发展不佳的一个重要原因。根据本法第四十五条第二款“未按照前款规定将相关文件报民政部门备案的，不享受税收优惠”的精神，依法向民政部门备案的慈善信托，可获得享受税收优惠的资格。

第四，受托人范围与选任。信托法规定“受托人应当是具有完全民事行为能力的自然人、法人”。但“公益信托”一章并未专门对公益信托受托人资格作出规定，只规定公益信托受托人的确定、辞任、变更都须经过公益事业管理机构批准。本法第四十六条则对受托人的范围作了明确规定：“慈善信托的受托人，可以由委托人确定其信赖的慈善组织或者信托公司担任。”

第五，监察人的选任及职责。信托法规定公益信托应当设置信托监察人。信托监察人由信托文件规定，信托文件未规定的，由公益事业管理机构指定。慈善法则放松了限制，规定慈善信托的委托人根据需要，可以确定信托监察人。即设置监察人不是硬性要求，设与不设，委托人有自主决定权。在监察人的职责方面，慈善法相较于信托法也有不同规定：一是，信托法要求受托人应当至少每年一次作出信托事务处理情况及财产状况报告，经信托监察人认可后，报公益事业管理机构核准，并由受托人予以公告。慈善法则不再要求报告需经监察人认可。二是，慈善法更加明确了信托监察人在发现受托人违反信托义务或者难以履行职责时，应当向委托人报告，并有权以自己的名义向人民法院提起诉讼。

对于上述前法和后法规定不完全一致的条款，慈善信托在法律适用上面临前法与后法的关系处理问题。按照立法法关于上位法优于下位法、特别法优于一般法、新法优于旧法的原则，新的规定与旧的规定不一致的，适用新的规定。由于信托法出台在前，慈善法出台在后，因此，对于信托法与慈善法规定不一致的地方，慈善信托应当适用慈善法的规定。

慈善法"慈善信托"一章主要对慈善信托的定义、备案、受托人的资格和职责、监察人的选任和职责等作了规定。对于在"慈善信托"一章未作规定的事项，要适用慈善法其他有关规定。本章和其他章节也未作规定的，则适用信托法的相关规定。

第六章　慈善财产

第五十一条　慈善组织的财产包括：

（一）发起人捐赠、资助的创始财产；

（二）募集的财产；

（三）其他合法财产。

【释义】 本条是关于慈善组织财产种类的规定。

慈善组织的财产，是慈善组织正常运作和承担民事责任的物质基础，是开展慈善活动、实现慈善目的的物质保障。本条对慈善组织的财产按照慈善财产的来源进行了分类，这样有利于规范对慈善财产的管理。对不同来源的慈善财产，会有不同的要求。按照本条规定，慈善组织的财产包括以下三个方面：

一、发起人捐赠、资助的财产

发起人捐赠、资助的财产，也就是通常所说的创始财产，是指设立慈善组织的必要财产。按照本法规定，慈善组织应当符合的条件中包含有必要的财产一项。这就说明，必要的财产是慈善组织设立的必要条件之一。至于必要的财产应当是多少，本法未作具体规定，按照现行《基金会管理条例》的规定，全国性公募基金会的原始基金不低于八百万元人民币，地方性公募基金会的原始基金不低于四百万元人民币，非公募基金会的原始基金不低于二百万元人民币；原始基金必须为到账货币资金。按照现行《社会团体登记管理条例》的规定，社会团体应当有合法的资产和经费来源，全国性的社会团体有十万元以上活动资金,地方性的社会团体和跨行政区域的社会团体有三万元以上活动资金。

慈善组织的创始财产包括发起人捐赠的财产和所接受资助的财产。发起人捐赠的财产,是慈善组织的主要原始财产。慈善组织成立之初,发起人必须首先捐出一部分财产,作为原始财产。发起人捐赠的财产,可以是货币、实物、房屋、有价证券、股权、知识产权等有形和无形财产,但必须是其有权处分的合法财产。资助的财产,主要是指政府资助的财产。政府资助,在许多国家是慈善组织重要的资金来源。例如,德国慈善组织收入的百分之六十八来自政府,法国是百分之六十。政府资助慈善组织的目的,一是基于慈善事业发展的需要;二是借助慈善组织承担一些政府无法完成的社会服务等方面的功能,政府运用财政资金向慈善组织提供援助。

二、募集的财产

募集的财产,主要是指慈善组织成立后,所接受的自然人、法人和其他组织基于慈善目的,自愿、无偿赠与的财产,以及慈善组织通过募捐的方式取得的财产。按照本法规定,募集财产分为两种方式,一种是面向社会公众的公开募捐;另一种是面向特定对象的定向募捐。开展公开募捐,可以采取下列方式:一是在公共场所设置募捐箱;二是举办面向社会公众的义演、义赛、义卖、义拍、慈善晚会等;三是通过广播、电视、报刊、互联网等媒体发布募捐信息;四是其他公开募捐方式。开展定向募捐,应当在发起人、理事会成员和会员等特定对象的范围内进行。

三、其他合法财产

慈善组织的财产除了原始财产,即发起人捐赠、资助的财产和募集的财产,还有其他财产来源,主要包括以下几方面的财产:

1. 接受政府购买服务获得的收入。政府购买公共服务是指将原来由政府直接提供的、为社会公共服务的事项交给有资质的社会组织或市场机构来完成,并根据社会组织或市场机构提供服务的数量和质量,按照一定的标准进行评估后支付服务费用,即"政府承担、定项委托、合同管理、评估兑现",是一种新型的政府提供公共服务方式。随着服务型政府的加快建设和公共财政体系的不断健全,政府购买公共服务将成为政府提供公共服务的重要方式。在我国,随着经济发展方式的转型和人口结构的变化,社会对养老、育幼、助残、扶贫、济困等公共服务的需求不断增长,单纯依靠政府提供这些公共服务既不现实,也和市场经济条件下政府职能的转变相悖。因此,必须充分发挥以提供社会服务为主的慈善组织在公共服务中的作用,以市场手段促使慈善组织提供公共服务,以弥补政府公共服务的不足,更好地满足社会的需要。政府从慈善组织购买公共服务,而慈善组织从政府间接获得资金支持,对双方都有利。因此,政府购买服务的收入,也是慈善组织财产来源的一个重要方面。

2. 经营性收入。按照公益事业捐赠法的规定,公益性社会团体应当严格遵守国家的有关规定,按照合法、安全、有效的原则,积极实现慈善财产的保值增值。按照本法规定,慈善组织为实现财产保值、增值进行投资的,应当遵循合法、安全、有效的原则。可以看出,实现财产的保值、增值,是法律赋予慈善组织对慈善财产的责任,是慈善组织必须要做的。虽然慈善组织是以开展慈善活动为宗旨的非营利性组织,但并不是说慈善组织一律不得从事营利性活动,只是对从事营利性活动所取得的收入不得进行分配。经营性收入,主要包括以下几个方面:一是因慈善财产的保值、增值所进行的投资取得的收入;二是将慈善财产存入金融机构取得的利息收入;三是因提供慈善服务,而向服务对象收取一定的费用，等等。

3. 其他收入。除上述两种收入以外，慈善组织还有其他财产来源。例如，慈善组织中的社会团体向会员收取的会费，慈善组织作为慈善信托的受托人因管理慈善信托收取的合理费用等。

需要强调的是，无论何种方式取得的慈善财产，其合法性是非常重要的。按照本法规定，慈善组织开展慈善活动应当依照法律的规定进行。慈善财产的合法性，包括取得方式的合法性和财产本身的合法性。1. 取得方式的合法性。即慈善组织应当通过合法的方式取得慈善财产。例如，按照本法规定，只有取得公开募捐资格的慈善组织才可以面向社会公众开展公开募捐。可以采取在公共场所设置募捐箱、举办面向社会公众的义演等，以及通过互联网等媒体发布募捐信息等方式。取得公开募捐资格的慈善组织通过以上方式募集的财产，就是通过合法方式取得的财产。反之，不具有公开募捐资格的慈善组织采取以上方式募集的财产，就不是合法取得的财产。再如，慈善组织进行投资，不得违反法律法规的规定，如果是违反有关法律法规的规定取得的收入，也不是合法取得的财产。2. 财产本身必须是合法的。按照本法规定，捐赠人捐赠的财产应当是其有权处分的合法财产。即捐赠人不能将非法获取的财产进行捐赠。如以贪污、受贿、盗窃等违法犯罪手段取得的财产不能进行捐赠。

第五十二条　慈善组织的财产应当根据章程和捐赠协议的规定全部用于慈善目的，不得在发起人、捐赠人以及慈善组织成员中分配。

任何组织和个人不得私分、挪用、截留或者侵占慈善财产。

【释义】　本条是关于慈善组织财产如何使用的规定。

慈善组织的财产具有很强的特殊性,不同于一般民事主体对其财产拥有的完全的所有权,慈善组织对慈善财产是不能随意支配的,其所有权受到一定的限制。由于慈善财产是为了实现慈善目的,为不特定多数人的利益,从公众募集而来的,因此,慈善财产具有社会公共性。本法第五十五条也明确规定,慈善组织开展慈善活动,应当依照法律法规和章程的规定,按照募捐方案或者捐赠协议使用捐赠财产。

一、慈善组织使用慈善财产应当根据章程的规定

慈善组织财产权与公司等营利性组织的财产权不同,其使用、处分等权能要受到法律、章程和合同的约束和限制。按照本法规定,慈善组织的章程应当符合法律法规的规定,并载明宗旨。由于慈善组织形式多样,其具体宗旨也各不相同,因此,法律要求慈善组织的章程中必须载明宗旨。如中国残疾人福利基金会的章程中规定,本会旨在弘扬人道主义,动员社会力量,发展残疾人事业,促进残疾人平等参与社会活动。宋庆龄基金会在章程中规定,本会旨在增进国际友好,维护世界和平;促进祖国统一大业;发展少年儿童文教、福利事业。深圳壹基金公益基金会章程中规定的宗旨为:传播人人参与的公益文化,搭建公信透明的、可持续发展的公益平台;充分发挥公益组织救灾与防灾的积极作用,为各种自然灾难提供人道主义援助;推动中国公益事业专业化和规范化的发展。捐赠人之所以将财产捐赠给慈善组织,就是基于对慈善组织章程的认同,也就是对该组织宗旨的认同。因此,慈善组织必须按照章程的规定使用慈善财产,这样才能符合捐赠人的意愿。

二、慈善财产应当按照捐赠协议使用

捐赠协议,实际上就是民法意义上的合同。合同的内容由捐赠人和慈善组织进行约定。按照本法规定,慈善组织接受捐

赠，捐赠人要求签订书面捐赠协议的，慈善组织应当与捐赠人签订书面捐赠协议。书面捐赠协议包括捐赠财产的用途等事项。由于慈善财产是捐赠人基于慈善目的捐赠给慈善组织的，因此，慈善组织在使用捐赠财产时，应当按照捐赠协议的规定，符合捐赠人的意愿，不得违背捐赠人的愿意使用慈善财产。慈善组织确需变更捐赠协议约定的捐赠财产用途的，应当征得捐赠人同意。如果慈善组织违反捐赠协议约定的用途，滥用捐赠财产的，捐赠人有权要求其改正；拒不改正的，捐赠人可以向民政部门投诉、举报或者向人民法院提起诉讼。这是法律对慈善组织规定的一项义务，慈善组织必须遵守。对擅自改变捐赠财产用途的，由民政部门予以警告、责令限期改正；逾期不改正的，责令限期停止活动并进行整改。如果经依法处理后一年内再出现该种违法行为或者有其他情节严重情形的，由民政部门吊销登记证书。

三、慈善财产应当全部用于慈善目的

慈善组织的成立是为了开展慈善活动，其组织的宗旨是为了实现某些慈善目的。慈善组织募集财产是基于慈善目的，捐赠人捐赠财产，也是为了慈善目的。因此，慈善组织的财产应当全部用于慈善目的，不得将慈善财产用于非慈善目的。虽然慈善组织因慈善财产保值、增值的需要可以将一部分慈善财产用于投资，但是，投资取得的收益仍然要全部用于慈善目的。全部用于慈善目的具体来讲，就是慈善组织将慈善财产以再次捐赠的方式，或者提供服务的方式，用于本法第三条规定的扶贫、济困，扶老、救孤、恤病、助残、优抚，救助自然灾害、事故灾难和公共卫生事件等突发事件造成的损害，以及促进教育、科学、文化、卫生、体育等事业的发展，环境保护等领域。至于如何理解“全部用于”慈善目的，有的意见提出，慈善组织为开展慈善活动的一些必要的开支以及慈善组织的一些管理费用，也是慈善财产的一部分,这些支出不是慈善目的。这个问题应当这样理解,慈善组织为开展慈善活动,必然要有一些支出,这些支出是为慈善活动服务的,法律上应当允许,但是,应当符合法律法规的规定。慈善组织的日常运行也需要一些费用,如承租办公用房、工作人员的工资等一些必要的费用。这些都是为了实现慈善目的所支出的费用。因此,法律也对慈善组织的这些费用规定了标准和要求,即慈善组织应当积极开展慈善活动,充分、高效运用慈善财产,并遵循管理费用最必要原则,厉行节约,减少不必要的开支。慈善组织中具有公开募捐资格的基金会的年度管理费用不得超过当年总支出的百分之十。其他慈善组织的管理费用的支出标准,由国务院民政部门会同国务院财政、税务等部门制定。慈善组织应当按照法律、行政法规及其他有关规定执行。如果慈善组织管理费用的支出符合法律规定的要求,就可以认定为是用于慈善目的。

四、慈善财产不得分配

按照本法规定,开展慈善活动,应当遵循合法、自愿、诚信、非营利的原则。本法所称慈善组织,是指依法成立、符合本法规定,以面向社会开展慈善活动为宗旨的非营利性组织。可以看出,非营利性是慈善组织的基本属性,财产的非分配性又是非营利性的实质内容。慈善组织无论开展何种形式的经营业务,其收入都不能作为利润在成员之间进行分配,只能用于慈善组织所开展的各种慈善活动及自身的发展。因此,本条规定,慈善组织的财产不得在发起人、捐赠人以及慈善组织成员中分配。

1. 不得分配的人员范围。即慈善财产不仅不能在慈善组织的成员中分配,对发起人和捐赠人也不能进行分配。任何组织和个人对慈善组织都没有股东权利。由于慈善组织的理事不应当从慈善组织的财产上获得收益,因此,慈善组织的财产也不得在理事中进行分配。

2. 不得分配的财产。一是慈善组织存续期间的慈善财产，包括因投资取得的收益等财产不得进行分配。二是慈善组织清算后剩余财产的处理。有的意见提出，慈善组织清算以后的剩余财产，应当返还给慈善组织的发起人。这种提法是不对的。慈善组织的非营利性决定了慈善组织清算后剩余财产不得分配给慈善组织的成员，而应当实行近似原则。按照本法规定，慈善组织清算后的剩余财产，应当按照慈善组织章程的规定转给宗旨相同或者相近的慈善组织；章程未规定的，由民政部门主持转给宗旨相同或者相近的慈善组织，并向社会公告。也就是说，慈善组织财产不能因慈善组织是否存在而改变用途，而是应当继续用于慈善目的。剩余财产既不能归还捐赠人，也不能被其他人私分。如果将慈善组织清算后的剩余财产在慈善组织的成员中进行了分配，则违背了慈善宗旨，也违背了捐赠人的慈善意愿。三是按照本法规定，慈善项目终止后捐赠财产有剩余的，按照募捐方案或者捐赠协议处理；募捐方案未规定或者捐赠协议未约定的，慈善组织应当将剩余财产用于目的相同或者相近的其他慈善项目。可以看出，慈善项目完成后的剩余财产，也是不能返还给捐赠人的。

五、不得私分、挪用、截留或者侵占慈善财产

这是对慈善财产的保护性的规定。我国物权法规定，国家、集体、私人的物权和其他权利人的物权受法律保护，任何单位和个人不得侵犯。慈善财产属于慈善组织所有，具有公共财产的属性，应当全部用于慈善目的，受法律的保护，任何组织和个人不得对其加以侵犯，也不得用于慈善目的以外的其他用途。本条规定的禁止性的行为主体，是任何组织和个人，包括慈善组织，也包括民政部门和其他有关部门。本条规定了四种禁止的行为。

1. 私分慈善财产。主要是指由单位负责人决定,或者单位的决策机构集体讨论决定,以单位名义将慈善财产私分给单位的所有职工。如果不是分给所有职工,而是几个负责人暗中私分,则构成贪污行为。

2. 挪用慈善财产。主要是指利用职务上的便利,挪用慈善财产归个人使用或者借贷给他人,数额较大、超过三个月未还,或者虽未超过三个月,但数额较大、进行营利活动,或者进行非法活动的行为。

3. 截留慈善财产。主要是指在办理慈善财产过程中,扣留了慈善财产,未进行入账,影响了慈善财产的使用,或者违反与受益人的协议,不按照规定时限向受益人进行资助或提供服务等行为。

4. 侵占慈善财产。主要是指以非法占有为目的,将慈善财产占为己有,数额较大,拒不交还的行为。宪法第十二条规定“禁止任何组织或个人用任何手段侵占或者破坏国家和集体的财产”。这里所说的侵占,是广义上的含义,指的是侵犯财产,包括盗窃、诈骗、贪污、抢夺等各种犯罪行为,还包括侵犯财产的各种民事侵权行为、各种利用职务的行政渎职行为。

按照本法规定,慈善组织私分、挪用、截留或者侵占慈善财产的,由民政部门责令限期改正;逾期不改正的,吊销登记证书并予以公告;有违法所得的,由民政部门予以没收;对直接负责的主管人员和其他直接责任人员处二万元以上二十万元以下罚款。县级以上人民政府民政部门和其他有关部门及其工作人员私分、挪用、截留或者侵占慈善财产的,由上级机关或者监察机关责令改正;依法应当给予处分的,由任免机关或者监察机关对直接负责的主管人员和其他直接责任人员给予处分。

第五十三条 慈善组织对募集的财产，应当登记造册，严格管理、专款专用。

捐赠人捐赠的实物不易储存、运输或者难以直接用于慈善目的的，慈善组织可以依法拍卖或者变卖，所得收入扣除必要费用后，应当全部用于慈善目的。

【释义】 本条是关于慈善组织如何管理慈善财产的规定。

慈善组织通过募捐募集来的财产，是捐赠人为了慈善目的向慈善组织捐赠的，献出的是一份爱心，慈善组织应当妥善保管。本条规定了慈善组织的保管义务。

一、应当登记造册

慈善组织接受捐赠财产后，应当按照慈善财产的性质、种类等登记造册，并制作会计账簿。按照会计法和民间非营利组织会计制度的规定，慈善组织必须根据实际发生的经济业务事项进行会计核算，填制会计凭证，登记会计账簿，编制财务会计报告。对于现金资产，应当按照实际收到的金额及时如实入账；对于非现金资产，如接受捐赠的短期投资、固定资产和无形资产等，应当按照国家有关规定依据有关凭据或公允价值入账。对于无法可靠计量公允价值的财产，如文物资产以及一些无形资产，应当单独登记，并在会计报表中注明。目的是便于对慈善财产实施规范化管理，也便于监管部门实施监督，同时，也便于捐赠人查询。慈善组织应当将组织的财产与捐赠人捐赠的财产严格区分，分别入账。

二、严格管理、专款专用

严格管理，对任何组织来说都是至关重要的。所谓严格管理，就是要按照既定的制度或标准要求认真仔细地加以管束或从严负责落实。严格，就是在遵守制度或掌握标准时认真细致，毫不放松。慈善组织应当加强对慈善财产的管理，建立健全内部治理结构与规章制度。慈善组织应当按照有关规定建立健全现金收支管理的制度。接受非现金捐赠,要建立相应的管理制度,对非现金捐赠进行验收确认,登记入账。只有严格管理慈善财产,才能做到正确使用,保证慈善目的的实现。专款专用,是指对指定用途的资金,应按规定的用途使用,并单独反映。这条原则是事业单位会计特有的一条准则。慈善组织的财产来源多样化,捐赠主体较多,必须按照慈善财产取得时约定的不同用途使用,专款专用并专设账户;会计报表应单独反映其取得、使用情况,从而保证专用资金的使用效果。慈善财产的捐赠者对其所捐赠的财产不要求取得资本收益和资本回收,但有按预定用途使用的要求。所以慈善财产必须按规定的用途使用,不得挪作他用。例如,所接受的捐赠是用于扶贫济困的,慈善组织必须将这一捐赠用于扶贫济困,而不能用于促进文化、卫生、体育等事业的发展。实行专款专用的原则,有利于保证慈善组织的慈善活动的顺利开展。

三、慈善财产的拍卖或者变卖

按照本条第二款的规定,捐赠人捐赠的实物不易储存、运输或者难以直接用于慈善目的的,慈善组织可以依法拍卖或者变卖,所得收入扣除必要费用后,应当全部用于慈善目的。一般情况下,捐赠人捐赠的财产都是受益人所需或者可以直接使用的,但也有一些特殊情况,有些捐赠实物不易储存或者难以直接用于慈善目的。例如,在有的地方发生的自然灾害救助活动中,有的捐赠人捐赠了食品、口红、字画等,对于这部分捐赠的实物,有些食品属于不易储存、运输的;口红等化妆品以及字画等属于难以直接用于慈善目的,慈善组织可以将这些物品采取拍卖或者变卖的方式处理。为了捐赠财产能够有效使用,避免浪费,本法赋予了慈善组织一定的处置权,包括拍卖和变卖。拍卖,是以公开竞价的方式，将特定的物品或财产权利转让给最高应价者的买卖方式。拍卖的方式透明度较高，有专门的机构、特定的场所和完整的拍卖程序，可以避免“暗箱操作”，保证捐赠财产卖得其价。变卖，是指以出卖物品的方式换取现金。这也是处理慈善财产的一种方式。对于拍卖或者变卖所得收入扣除必要费用后，应当全部用于慈善目的，不得挪作他用。这里讲的必要的费用，主要指采取拍卖或者变卖的方式，必然产生的一些费用，如进行拍卖，要付给拍卖人一定比例的佣金等。拍卖和变卖的费用应当是合理且必要的，不能在拍卖或者变卖环节使慈善财产遭受不必要的损害。

第五十四条　慈善组织为实现财产保值、增值进行投资的，应当遵循合法、安全、有效的原则，投资取得的收益应当全部用于慈善目的。慈善组织的重大投资方案应当经决策机构组成人员三分之二以上同意。政府资助的财产和捐赠协议约定不得投资的财产，不得用于投资。慈善组织的负责人和工作人员不得在慈善组织投资的企业兼职或者领取报酬。

前款规定事项的具体办法，由国务院民政部门制定。

【释义】　本条是关于慈善组织进行投资的规定。

慈善组织的发展需要源源不断的资金保障，以使慈善组织保持稳定和可持续发展。慈善组织接受的捐赠财产往往不是一次性使用完毕，会有一定的结余，靠捐赠财产的保值增值继续从事慈善事业。因此，实现捐赠财产的保值增值，是慈善组织的重要职责。慈善组织只有对慈善财产进行保值增值，才能弥补慈善资金的不足，提高慈善资源的配置效率，增加慈善组织从事慈善活动的经济基础，以保证慈善组织能够自由开展业务活动而尽量不受社会捐赠不足的制约。只有这样，慈善组织才会充满活力，才能在现代市场经济体制中获得健康发展。实现慈善财产保值增值的方式主要是进行适当的投资。法律不禁止慈善组织的投资行为，需要禁止的是因投资取得的收益在慈善组织成员中进行分配。法律应当对慈善组织保值增值的投资行为进行规制。因此，本条对慈善组织为保值增值而进行的投资行为作了规定。

一、投资行为须遵循的原则

由于慈善组织从事的是社会公益事业，其从事的投资活动所产生的风险可能威胁慈善组织的安全，因投资活动带来的经济利益容易诱发慈善组织偏离慈善宗旨去牟取私利；慈善组织的投资活动可能导致国家税收被规避，造成与其他营利性公司的不正当竞争等。因此，法律对慈善组织的投资活动应当予以适当规制。基于我国资本市场的波动和慈善组织背景资源的差异，无法规定一个适用于全体慈善组织保值增值的投资方式和标准，因此，本法未对慈善组织为保值增值进行投资的领域、种类、额度等进行限定，而是借鉴了现行基金会管理的思路，对慈善组织进行的投资行为，作了原则性、开放性的规定，规定了须遵循的原则，即合法、安全、有效的原则。

1. 合法性原则。这是指慈善组织为保值增值进行的投资活动必须符合法律法规的规定，包括投资的财产、投资的领域、方式和决策程序都必须符合法律法规的规定。例如，按照本法规定，慈善组织中具有公开募捐资格的基金会开展慈善活动的年度支出，不得低于上一年总收入的百分之七十或者前三年收入平均数额的百分之七十。也就是说，具有公开募捐资格的基金会要进行投资，必须在保证慈善活动支出比例的前提下进行，否则不符合法律的规定。再如，投资必须是允许投资的领域，如果是法律法规规定禁止投资的领域，不得进行投资。《教育部、财政部、民政部关于加强中央部门所属高校教育基金会财务管理的若干意见》中规定，基金会应当建立投资责任体系和追踪问责机制，明确投资止损原则，通过有效的过程管理控制投资风险。基金会可用于保值增值的资产限于非限定性资产和在保值增值期间暂不需要拨付的限定性资产。捐赠人对于其捐赠款投资有限制性意见的，基金会不能违背捐赠人意愿开展投资活动。基金会应保持资金的流动性，投资活动不得影响公益支出的实现。基金会进行委托投资的，应当委托银行或者其他金融机构进行。基金会的资金不得投向期货、期权等衍生金融工具。有关基金会应当遵守上述规定。该规定对其他慈善组织也有借鉴意义。

2. 安全性原则。安全性原则要求保证投资本金的可收回性，尽可能避免在投资中遭受损失。捐赠财产的安全使用通常被认为是不得从事高风险投资，一旦出现高风险，慈善组织可能面临资金周转的压力，无法向社会公众特别是捐赠人交代，也无法向服务对象交代。因此，对于不能保证安全或者风险过高的投资应当禁止，以确保慈善组织投资的安全性。至于如何界定“高风险”，目前尚无这方面的法律规定，并且为了使捐赠财产增值而购买债券、股票等有价证券本身就具有一定的风险性，因此，怎样在财产增值的情况下使风险降至最低，才是安全性原则的核心问题。实践中，许多基金会通过银行存款的方式进行保值增值。银行存款安全性很高，流动性也高，但是效益性较差。也有的慈善组织通过购买债券实现保值增值。债券包括国债和企业债券，比较而言，国债发行量大，流通性好，信誉高。在所有的投资方式中，国债的安全性最高，收益比银行存款略高。可以说，国债是很适合于基金会的一种投资方式。还有的慈善组织会选择购买某企业的股票这种投资方式，虽然利润高，但是风险也高,对此应当有所限制。慈善组织开展保值增值更要注重风险控制,应当构建一个全方位的制度体系,可以从资金种类、投资领域和品种、理事会在资产管理方面的权利和责任、具体投资决策程序、风险准备金设定、投资出现风险时的止损原则以及发现问题后的追惩手段等多方面共同约束。

3. 有效性原则。这是指慈善组织应积极实现捐赠财产保值增值。有效性原则首先体现在目的的有效性上,即要达到保值增值的目的,以最小的投入实现最大的产出;其次体现在方式的有效性上,即采用合理的方式实现保值增值的目的。不得采取明显不能使慈善财产增值的方式进行投资,要在合法、安全的前提下选择收益最高的投资方式。

4. 投资收益的使用。慈善组织通过投资取得的收益,应当全部用于慈善目的,不得返还给捐赠人,也不得在内部成员中进行分配,不得挪作他用,否则,就违背了慈善宗旨。

二、投资方案的决策程序

按照本条规定,慈善组织的重大投资方案应当经决策机构组成人员三分之二以上同意。有的意见提出,要求所有投资方案都要经决策机构三分之二以上同意,实践中很难做到,有的慈善组织决策机构成员很多,且分布在不同地区,开一次大会不容易,要求投资方案都要经三分之二同意有些做不到。因此,本条将投资方案限定于"重大"。本条并未要求所有的投资方案都要经决策机构组成人员三分之二以上同意,而是限于重大投资方案。重大投资方案,主要是指对慈善组织具有重大影响的投资活动。至于何谓"重大",本法并未明确界定,具体哪些投资属于重大投资,可由各慈善组织的章程规定。这里所讲的决策机构,因各类慈善组织的形式不同、内部治理结构不同,决策机构也有所不同。如按照《基金会管理条例》的规定,理事会是基金会的决策机构，依法行使章程规定的职权。章程规定的重大投资活动，须经出席理事表决，三分之二以上通过为有效。这里讲的“三分之二”，应是决策机构组成人员的实际人数的三分之二，不是到会人员的三分之二。

三、投资财产的限制

虽然本法规定慈善组织对慈善财产要进行保值增值，并可以进行投资，但是并不是说所有的慈善财产都可以用来进行投资，本条规定限定了可用于投资的财产类型。即政府资助的财产和捐赠协议约定不得投资的财产，不得用于投资。政府资助慈善组织的财产，是纳税人创造的财富，应当按照资助的项目专款专用，不得用于投资。如果用这部分财产进行投资，就违背了政府资助慈善的初衷。慈善组织在募捐或者捐赠人在捐赠财产时有关于捐赠财产用途的约定，慈善组织不得随意改变用途，除非捐赠人约定捐赠财产可以用于投资的，一律不得用于投资。按照《民政部关于规范基金会行为的若干规定》（试行）的规定，基金会可用于保值增值的财产限于非限定性资产、在保值增值期间不需要拨付的限定性资产。如果慈善组织将不得用于投资的财产投资的，将由民政部门予以警告、责令限期改正；逾期不改正的，责令限期停止活动并进行整改。情节严重的，将由民政部门吊销登记证书。

四、慈善组织的负责人和工作人员兼职和取酬的限制

实践中有些慈善组织的负责人或者工作人员在与本组织有经济利益关联的企业兼职，并且取酬。这样做极有可能影响慈善组织的利益，有的甚至搞不正当交易，严重违背了慈善宗旨，极易产生腐败行为。为了避免这种现象的发生，加强慈善组织的反腐倡廉工作，本条规定了慈善组织的负责人和工作人员不得在慈善组织投资的企业兼职或者取酬。本条规定限定的是不

得在慈善组织投资的企业兼职，至于在其他企业能否兼职，本法未作限制。本条规定限制了两种行为，一是兼职，二是取酬。实践中有的企业成立的基金会，企业的工作人员被派到基金会工作，有的是兼职的，并且这些人不在慈善组织取酬，这是允许的。有的慈善组织的负责人可能同时是某企业的负责人，如果该负责人主业不是慈善组织，而是其他企业，慈善组织的职务是兼职，这也不违反法律的规定。

五、具体办法制定的授权

本条规定允许慈善组织为实现慈善财产的保值增值进行投资活动，但未对允许投资的领域、投资的方式、投资财产占慈善财产的比例等方面作具体规定，只是规定了应当遵循的原则，也未对慈善组织的负责人和工作人员在所投资企业兼职或者领取报酬的问题作出具体规定，而是授权国务院民政部门制定具体办法。慈善法出台后，国务院民政部门应当依据本法确定的基本原则，制定具体办法，对慈善组织保值增值的投资活动进行规范。

第五十五条　慈善组织开展慈善活动，应当依照法律法规和章程的规定，按照募捐方案或者捐赠协议使用捐赠财产。慈善组织确需变更募捐方案规定的捐赠财产用途的，应当报民政部门备案；确需变更捐赠协议约定的捐赠财产用途的，应当征得捐赠人同意。

【释义】　本条是关于慈善组织应当按照募捐方案或者捐赠协议使用捐赠财产的规定。

捐赠人将自己的财产捐赠给慈善组织后，该财产的所有权就不再属于捐赠人，而变为慈善组织的财产，慈善组织对其享有占有、使用、收益和处分的权利。但是，慈善组织对捐赠财产行使的是有限制的所有权,必须按照规定的用途来使用捐赠财产。捐赠财产的用途可以在募捐方案中规定,也可以通过捐赠协议约定。变更捐赠财产用途的,应当履行法定的程序。

慈善组织开展慈善活动,使用捐赠财产应当依照法律法规和章程的规定进行。除了本法之外,公益事业捐赠法、合同法等法律以及有关行政法规、地方性法规也对慈善活动相关内容作出了规定,慈善组织在开展活动中也应当遵守相关的规定。慈善组织的章程中一般会对捐赠财产的使用等行为规范作出规定。例如,壹基金的规章中明确规定,捐赠协议明确了具体使用方式的捐赠,根据捐赠协议的约定使用。对于章程规定的内容慈善组织也应当遵守。根据本条的规定,慈善组织对于捐赠财产应当按照以下原则来使用:

1. 应当按照募捐方案使用。根据本法第二十四条规定,开展公开募捐,应当制订募捐方案。募捐方案包括募捐目的、起止时间和地域、活动负责人姓名和办公地址、接受捐赠方式、银行账户、受益人、募得款物用途、募捐成本、剩余财产的处理等。募捐方案应当在开展募捐活动前报慈善组织登记的民政部门备案。由于募捐方案中对于受益人、募得款物的用途等都作出了明确的规定,所以,慈善组织应当按照慈善方案使用捐赠财产。如果确需变更慈善方案的,应当报慈善组织登记的民政部门备案,这主要是考虑到公开募捐取得的捐赠财产由于涉及捐赠人较多,无法一一征求意见,由民政部门代表捐赠人和公众进行监督。慈善组织在开展募捐活动前将募捐方案报民政部门备案,在后续确需变更募捐方案的,也应当报民政部门备案。例如,募捐项目是为了在地震灾区重建学校,后来由于政府已经拨款用于重建学校的费用,募得款项的用途变更为给灾区的学生购买学习用品,在这种情况下慈善组织首先应当将有关变更事项向慈善组织登记的民政部门备案,之后,再按照变更后的用途来使用捐赠财产。

2. 按照捐赠协议使用捐赠财产。根据本法规定,慈善组织接受捐赠,捐赠人要求签订书面捐赠协议的,慈善组织应当与捐赠人签订书面捐赠协议。书面捐赠协议中应当明确捐赠的用途和受益人,不得指定捐赠人的利益关系人作为受益人。捐赠人应当按照捐赠协议履行捐赠义务。捐赠协议是捐赠人和慈善组织之间权利义务的约定,其中捐赠协议中规定的捐赠财产的用途是捐赠协议中的重要内容。根据我国合同法的规定,只有在当事人协商一致的情况下,才可以变更合同,因此,慈善组织履行慈善协议时,发生了确需变更捐赠协议约定的捐赠财产用时,慈善组织不得擅自变更,必须征得捐赠人的同意。例如,捐赠人与慈善组织在捐赠协议中明确约定,捐赠的款项用于某市儿童福利院的重建项目,如果慈善组织拟将该款项用为该市儿童公园增添游乐设置,那么在这种情况下,必须要征得捐赠人的同意后,方可将捐赠财产用于变更后的项目。

慈善组织未征得捐赠人的意见或者在捐赠人不同意的情况下,擅自改变捐赠协议约定用途的,捐赠人有权要求慈善组织改正;慈善组织拒不改正的,捐赠人可以向民政部门投诉、举报或者向人民法院提起诉讼。我国一些基金会的规章中对改变捐赠财产用途的情况作出了规定,例如,壹基金的规章中规定,捐赠人有权向壹基金查询捐赠财产的使用、管理情况,并提出意见和建议。对于捐赠人的查询,壹基金应当及时如实答复。壹基金违反捐赠协议使用捐赠财产的,捐赠人有权要求壹基金遵守捐赠协议或者向人民法院申请撤销捐赠行为、解除捐赠协议。

第五十六条　慈善组织应当合理设计慈善项目,优化实施

流程，降低运行成本，提高慈善财产使用效益。

慈善组织应当建立项目管理制度，对项目实施情况进行跟踪监督。

【释义】　本条是关于慈善组织对于运作慈善项目的规定。

慈善项目是慈善组织开展活动的主要表现形式。慈善组织正是通过慈善项目的实施，才能使慈善财产能够发挥出其应有的作用。对于慈善组织而言，只有加强对慈善项目的管理，规范慈善项目的管理流程，才能确保慈善项目工作的效率及一致性，只有通过提高慈善项目质量，才能更好地实现慈善组织的使命和战略。

根据本条的规定慈善组织应当从以下几方面，加强对慈善项目的管理：

第一，慈善项目的设计要合理。目前我国的慈善组织发展迅速，慈善组织之间也存在竞争的态势。因此，每个慈善组织应当根据自身的特点和优势来设计慈善项目，不能盲目跟风，人云亦云。慈善项目的设计应当根据社会的实际情况，多为困难群体提供便利。慈善组织确定慈善项目之前要进行充分的调研和论证，可以通过实地调研、问卷等方式广泛听取公众的意见，以便科学地确定慈善项目，保证慈善资源能够高效的利用。例如，某地区已有多个资助农村学校学生“早餐计划”的慈善项目，那么在慈善项目设计时，就应当避开这一热点，选择其他慈善项目，使该项目既满足农村学生的现实需求，又能提升公众捐赠的积极性。

第二，慈善项目的流程要优化。慈善项目管理常规流程可按周期分为以下几个阶段：一是具体项目的设计和立项审批；二是资金拨付；三是项目实施与监测；四是项目的完成。对于慈善组织来说，慈善项目的流程要进行优化，特别是要对一般情况的慈善项目和紧急救灾慈善项目的流程作出不同的规定,对于后者的项目流程可以减少内部的审批环节,尽可能简化、便捷,保障慈善项目的及时、顺利地实施,充分保障紧急情况下对慈善财产的需求,同时也要防止程序方面出现的漏洞,造成捐赠财产的违规使用。

第三,慈善项目的运行成本要降低。由于我国的慈善业长期在“非透明”的环境下运行,捐赠财产被挪用的情况不断被媒体曝光,因此,对于慈善组织从捐赠款项中支付管理成本的情况,一些公众也难以接受。但是,慈善项目的运行,需要慈善组织付出一定的人力和物力,必须会所产生相应的运行成本。例如,慈善组织用于项目人员培训、项目宣传、管理人员薪酬、差旅费等开支,以及运送、保管慈善物资所需要费用等。因此,慈善组织不可能在“零成本”的情况下来运作。但是,运作成本不能“零成本”绝不意味着可以高成本运作,根据本法的规定,慈善组织应当积极开展慈善活动,充分、高效运用慈善财产,并遵循管理费用最必要原则,厉行节约,减少不必要的开支,尽可能地减少支运行成本。只有运行成本低、管理规范的慈善组织,才能吸引更多的公众来进行捐赠。

第四,慈善财产的使用效益要提高。是否高效地使用慈善财产,是衡量一个慈善组织的是否合格的重要标志。慈善组织应当尽可能得以最低的成本发挥出慈善财产的最大效益。充分提高慈善财产的使用效益,应当是所有捐赠人的共同愿望,也是慈善组织的责任所在。慈善组织应当通过信息公开,使公众了解到其使用慈善财产的情况。只有慈善财产使用效益高的慈善组织,才能吸引到更多的公众对其进行捐赠。

慈善项目的确定除了要遵循以上原则之外,慈善组织还应当建立项目管理制度,对项目实施情况进行跟踪监督。慈善组织不能将款项划拨给受益人后就完成了自己的使命，而应当建立起对项目实施情况的监督机制。不论是慈善组织直接运作的慈善项目还是委托其他单位运作的慈善项目，慈善组织都要切实负起责任，对项目实施全过程监管，不仅要在资金拨付之前做好项目的调查研究工作，并且要在资金拨付之后，采取必要的方式对项目的开展情况进行事中事后监督，如电话回访、实地考察、第三方评估等，发现项目进度及资金使用方面存在重大问题，应当及时进行调整，对于仍然存在的问题，慈善组织有权改变预算资金的金额，缓拨或停拨下期的项目资助款。对于项目合作机构在申报、管理和实施过程中，存在弄虚作假、截留、挪用、挤占项目资金等违反法律的行为，慈善组织可以依据协议的规定中止慈善项目，依法追究合作机构的法律责任，从而确保慈善财产真正用于最终受益人。

第五十七条　慈善项目终止后捐赠财产有剩余的，按照募捐方案或者捐赠协议处理；募捐方案未规定或者捐赠协议未约定的，慈善组织应当将剩余财产用于目的相同或者相近的其他慈善项目，并向社会公开。

【释义】　本条是关于剩余的捐赠财产处理的规定。

根据本法规定，慈善组织开展公开募捐，应当制定募捐方案。募捐方案中应当包括剩余财产的处理等内容。慈善组织与捐赠人签订的捐赠协议中可以约定剩余捐赠财产的处理方案。尊重当事人的意愿是处理剩余财产的最重要的原则。但是，在实践中存在慈善组织没有在募捐方案中明确剩余捐赠财产如何处理的情形，以及捐赠协议中没有约定慈善组织如何处理剩余财产的情况，那么在以上情况下，对于剩余财产如何处理，需要法律予以明确。

慈善项目终止后捐赠财产有剩余的,这些剩余财产不能收为国有,也不能由政府部门替慈善组织进行处理剩余财产。慈善组织可以行使对剩余财产进行处置,但是,其处置权要依照以下规定来行使:

首先要尊重当事人的意愿。募捐方案中一般会明确规定剩余财产的处理方式,捐赠人进行捐赠实际上等于是认可了募捐方案中有关剩余财产的处理办法。通过捐赠协议进行捐赠的,协议中明确剩余财产的处理办法的,应当按照协议来处理剩余财产。无论是按照募捐方案还是捐赠协议来处理剩余财产,都体现了充分尊重捐赠人意愿的立法精神。需要注意的是,募捐方案和捐赠协议在约定剩余财产的处理时也应该遵守“近似原则”,而不能有任何返还捐赠人和违背慈善宗旨的约定。

其次,按照“近似原则”来处理,将剩余财产用于目的相同或者相近的其他慈善项目。慈善组织的募捐方案未规定或者捐赠协议未约定的,对于剩余捐赠财产的处理,国际上通行的做法是要遵循“近似原则”,即应当将剩余财产用于与原慈善项目相同或者近似的其他慈善项目。因此,本法对于剩余财产处理的规定是按照“近似原则”规定的。“近似原则”充分体现了对捐赠人真实意愿的尊重,同时赋予慈善组织对剩余捐赠财产的处置权,也有利于充分发挥慈善组织的作用,使捐赠财产充分发挥出其应有的效果。遵循“近似原则”是由慈善组织本身的性质和特点决定的。慈善组织的财产主要来源于自然人、法人或其他组织的捐赠,应当按照章程规定的宗旨和慈善活动业务范围将捐赠财产全部用于慈善目的,不得在发起人、捐赠人以及慈善组织成员中分配。同时,任何组织和个人不得私分、挪用、截留或者侵占慈善财产。因此,慈善组织的慈善项目终止后,其剩余财产的用途不能因项目的终止而改变,而是应当用于目的相同或者相近的其他慈善项目。例如，某慈善组织为了资助该市东城区儿童白血病的治疗进行募捐，共募得款项六百万元，由于东城区只有五名白血病儿童患者，捐得的款项用于这五名儿童的治疗费用后剩余二百万元，那么这剩余的二百万元可以用资助该市西城区儿童白血病的慈善项目，或者用于资助其他儿童大病的慈善项目。

对于将剩余财产用于目的相同或者相近的其他慈善项目的，慈善组织必须向社会公开，接受主管部门和社会各方面的监督，以保证剩余财产的使用符合法律的规定。通过社会监督防止慈善组织未将剩余财产用于募捐方案或者捐赠协议约定的“近似目的”。社会公众通过慈善组织公开的信息，发现慈善组织未将剩余财产用于募捐方案或者捐赠协议约定的“近似目的”的，可以向民政部门、其他有关部门或者慈善行业组织投诉、举报。

第五十八条　慈善组织确定慈善受益人，应当坚持公开、公平、公正的原则，不得指定慈善组织管理人员的利害关系人作为受益人。

【释义】　本条是关于确定慈善受益人原则的规定。

慈善受益人是指基于慈善捐赠行为而获得利益的人。受益人可以是特定的个人，也可以是一类群体或者单位，如慈善受益人是留守儿童，或者白血病患者，或者某地遭受地震的灾民，或者在某一地区建立希望小学。慈善捐赠具有不特定性，所以在慈善项目启动时受益人无法具体化或者数量化，但是慈善项目一旦实施，受益人就会具体到某个个体或者单位。慈善组织应当按照法律规定确定慈善受益人，不得“暗箱操作”、徇私舞弊，将慈善组织管理人员的利害关系人作为受益人。

根据本法第四十条规定，捐赠人与慈善组织约定捐赠财产的用途和受益人时，不得指定捐赠人的利害关系人作为受益人。因此，捐赠人捐赠财产时不能将自己的亲朋好友作为受益人，防止捐赠人既享受税收优惠政策，又以捐赠的名义将财产转给自己亲朋好友，使自己的亲朋好友从中得好处。那么，慈善组织接受了捐赠财产后，同样不得指定慈善组织管理人员的利害关系人为受益人，而应当通过公开的程序确定慈善受益人。

慈善组织确定慈善受益人，应当以公开、公平、公正的原则进行。公开是指慈善组织确定受益人的程序要有透明度，不能“暗箱操作”，受益人的信息要依法向社会公开，接受社会监督。公平是要求慈善组织和受益人应当合理确定双方的权利和义务，任何一方不得享有特权，或者给一方强加不合理的义务。公正是要求慈善组织要维护受益人的合法权益，不能保护受益人中的一方，而损害另一方。公开、公平、公正，是一个相互联系、不可分割的统一整体。慈善组织通过履行公开、公平、公正的原则选择受益人，保障选定的受益人符合慈善目的和捐赠人的意愿。公开、公平、公正的原则是通过标准、程序的设定和对相关人员的信息披露来实现。没有建立公平、公正的选择标准，没有经过公平、公正的决策程序，没有充分的信息披露，直接指定特定受益人，就违背了慈善的宗旨。

本条中的“慈善组织管理人员”主要包括慈善组织的理事长、副理事长、秘书长和以及项目的负责人等，这些人员属于慈善组织的负责人员或者负责具体项目的人员，他们可以参与慈善项目的选择和决策，或者负责具体项目的实施。为了防止慈善组织的管理人员利用职务之便，违背捐赠人的真实意愿，将慈善项目为自己的利害关系人受益或者服务，使慈善项目丧失公正性，影响慈善组织的公信力，本法明确禁止慈善组织的管理人员指定其利害关系人为受益人。

哪些人属于慈善组织管理人员的“利害关系人”呢？我国现行的法律没有对“利害关系人”作出明确的界定，一般应当包括慈善组织管理人员的家庭成员，如父母、子女、兄弟姐妹、祖父母、外祖父母、孙子女，外孙子女以及其他具有血亲和姻亲关系的人，以及慈善组织的发起人、主要捐赠人、慈善组织管理人员主要来源单位、慈善组织对外投资的被投资方、正在与慈善组织管理人员发生重大交易的交易方以及一切与慈善组织管理人员存在重大利益关联或会对慈善组织的管理人员产生重大影响的个人和组织。

慈善组织的募捐方案中应当明确受益人的情况，慈善组织根据需要可以与受益人签订协议，明确权利义务，约定慈善财产的用途等内容，因此，慈善组织应当将其确定受益人的信息向社会公开，以便于主管部门和公众监督慈善组织确定的受益人是否符合法律的规定。

第五十九条　慈善组织根据需要可以与受益人签订协议，明确双方权利义务，约定慈善财产的用途、数额和使用方式等内容。

受益人应当珍惜慈善资助，按照协议使用慈善财产。受益人未按照协议使用慈善财产或者有其他严重违反协议情形的，慈善组织有权要求其改正；受益人拒不改正的，慈善组织有权解除协议并要求受益人返还财产。

【释义】　本条是关于慈善组织与受益人签订协议和受益人违反协议行为的规定。

一、关于慈善组织与受益人签订协议的必要性和协议包含的主要内容

本条所称协议，等同于合同法中所指的合同，是平等的当事

人之间设立、变更、终止民事权利义务关系的文件。协议作为一种民事法律行为，是当事人协商一致的产物，是当事人意思表示相一致的协议。只有当事人所做出的意思表示合法，协议才具有法律约束力。慈善组织作为慈善财产的管理者和使用者，负有监督慈善财产按照慈善宗旨和捐赠目的使用的义务。当慈善组织将慈善财产资助给受益人时，为了确保慈善财产的安全，慈善组织应当根据需要与受益人签订协议，其目的在于明确当事人双方的权利义务，约定慈善财产的用途、数额和使用方式等内容。通过签订协议的方式，一方面要求慈善组织按照协议提供承诺数额的资金，以约定的方式资助受益人；另一方面，要求受益人收到资助后，应当按照协议约定的方式用于指定用途。这样一来，就可以最大限度地确保慈善组织的资助行为既符合慈善组织的慈善目的，又能确保受益人真正受益，确实发挥慈善财产的社会效益，也便于慈善组织和受益人双方进行互相监督。

按照合同法的要求，结合慈善行为的自身特点，慈善组织与受益人签订的协议内容应当至少包括当事人的名称或者姓名和住所、资助标的、资助金额或数量、履行期限、地点和方式、违约责任、解决争议的方法。

二、关于受益人违反协议时慈善组织的处理原则

合同法规定，当事人一方不履行合同义务或者履行合同义务不符合约定的，应当承担继续履行、采取补救措施或者赔偿损失等违约责任。慈善组织作为资助人，有权对资助财产的使用是否合乎资助的目的、符合资助协议等情况进行监督。在监督中，如果发现受益人未按照协议使用慈善财产或者有其他严重违反协议情形的，慈善组织有权要求其改正；拒不改正的，慈善组织有权解除协议并要求受益人返还财产。此外，如果受益人是因为不可抗力导致不能履行协议，根据不可抗力的影响，可以

部分或者全部免除责任，但法律另有规定的除外。受益人延迟履行后发生不可抗力的，不能免除责任。

需要说明的是，慈善组织是否与受益人签订协议，是慈善组织根据需要来决定的，本法并不作强制性规定。有的情况下，慈善组织虽然没有与受益人直接签订书面协议，但是慈善组织制定的慈善项目的管理制度、公告等，其中载明了受益人的义务，并向受益人进行了告知的，受益人在接受了慈善组织资助后就与慈善组织建立了合同关系，也属于对有关义务进行了约定。

第六十条　慈善组织应当积极开展慈善活动，充分、高效运用慈善财产，并遵循管理费用最必要原则，厉行节约，减少不必要的开支。慈善组织中具有公开募捐资格的基金会开展慈善活动的年度支出，不得低于上一年总收入的百分之七十或者前三年收入平均数额的百分之七十；年度管理费用不得超过当年总支出的百分之十，特殊情况下，年度管理费用难以符合前述规定的，应当报告其登记的民政部门并向社会公开说明情况。

具有公开募捐资格的基金会以外的慈善组织开展慈善活动的年度支出和管理费用的标准，由国务院民政部门会同国务院财政、税务等部门依照前款规定的原则制定。

捐赠协议对单项捐赠财产的慈善活动支出和管理费用有约定的，按照其约定。

【释义】　本条是关于慈善组织慈善活动年度支出以及管理费用列支标准的规定。

一、关于慈善组织慈善活动年度支出和管理费用的具体范围

慈善组织的慈善活动支出包括以下两部分：

1. 慈善组织拨付（包括委托其他组织拨付）给受益人的资金和物资。

2. 与开展慈善活动直接相关的支出，包括：为向受益人提供物资和服务发生的采购费用；开展慈善活动人员的报酬，参加慈善活动的志愿者保险费，交通、午餐补贴，培训等费用；为立项、执行、监督和评估慈善活动发生的差旅费、交通费、通讯费、会议费、培训费、评估费；为宣传、推广慈善活动发生的业务活动招待费、广告费，以及因活动需要购置、租赁或借用房屋、设备所发生的租赁费、折旧费、修理费、办公费、水电费、邮电费、物业管理费等。

按照《民间非营利组织会计制度》的规定，管理费用是指民间非营利组织为组织和管理其业务活动所发生的各项费用。包括权力机构经费和行政管理人员的工资、奖金、住房公积金、住房补贴、社会保障费、离退休人员工资与补助、福利费以及办公费、水电费、邮电费、物业管理费、差旅费、折旧费、修理费、租赁费、无形资产摊销费、资产盘亏损失、资产减值损失、因预计负债所产生的损失、聘请中介机构费和应偿还的受赠资产等。

参照《民间非营利组织会计制度》的规定，慈善组织的某些费用如果属于多项业务活动或者属于业务活动、管理活动和筹资活动等共同发生的，而且不能直接归属于某一类活动的，应当将这些费用按照合理的方法在各项活动中进行分配。

二、关于慈善组织慈善活动年度支出及管理费用列支的基本原则

慈善组织服务于最广大人民群众的根本利益，开展慈善活动是慈善组织设立的宗旨，对慈善组织来说实现慈善目的是其存在的根本目的，应当确保持续地对慈善事业进行投入。为了实现慈善的宗旨，慈善组织应当积极开展慈善活动，尽可能地将慈善组织的财产充分用于慈善目的，而不是消极地维持本组织的存续。同时，慈善组织对慈善宗旨的履行还体现在用有限的

资源实现最大的社会效益,为此必须坚持管理费用最必要原则,厉行节约,减少不必要的开支。慈善法在规定上述原则的基础上也对如何履行上述原则作出了具体规定,即用慈善活动的年度支出和管理费用两个标准来对慈善组织的活动进行了限定。慈善活动支出体现慈善组织为了履行慈善宗旨而进行的投入,按照积极、充分、高效的原则,不能低于一定的标准。管理费用是慈善组织维持自身存在和运营的成本,按照必要和节约的原则,不能高于一定的标准。

三、关于具有公开募捐资格的基金会慈善活动年度支出和管理费用的标准

由于具有公开募捐资格的基金会是公信力要求最高的一类慈善组织,同时又有《基金会管理条例》规定的相关比例的实践经验,慈善法对这一类组织的慈善活动支出和管理费用标准进行了直接规定,并在现行《基金会管理条例》规定的基础上适当放宽了标准。

1. 在计算慈善活动年度支出比例时,本法为慈善组织提供了两种衡量标准:一是参照《基金会管理条例》的规定,要求具有公开募捐资格的基金会开展慈善活动的年度支出,不得低于上一年总收入的百分之七十;另一衡量标准为具有公开募捐资格的基金会开展慈善活动的年度支出不得低于前三年收入平均数额的百分之七十。两个标准是或者的关系,即慈善组织只需要满足其中一种就算达标。引入前三年收入平均数额作为计算慈善活动年度支出比例的基数,主要是解决慈善组织每年的捐赠收入和慈善活动支出存在不确定性和波动性的问题。

2. 年度管理费用的列支标准同样参照《基金会管理条例》的规定,不得超过当年总支出的百分之十。但是,本法也规定,特殊情况下,年度管理费用难以符合前述规定的,应当报告其登

记的民政部门并向社会公开，如实说明情况。这里所提到的“特殊情况”，主要包括以下两类情形：

一是对于第一年新成立的慈善组织，由于成立之初一般都会发生一次性较大的管理费用，而同时又因为新成立尚不具备条件全面开展慈善项目，所以导致当年的总支出中基本都是管理费用。

二是慈善组织年度管理费用超标是因为某些不可抗力，导致慈善组织的折旧费、无形资产摊销费、资产盘亏损失、资产减值损失、因预计负债所产生的损失突发性增长造成的，等等。

四、关于其他类型慈善组织的慈善活动年度支出和管理费用的标准

其他类型的慈善组织也应当有具体的标准，但由于慈善组织主体形式和活动方式非常多样，规定简单、统一的标准难以符合慈善组织运作的实际。为体现科学立法的精神，慈善法对其他慈善组织的慈善活动年度支出和管理费用标准授权国务院民政部门会同国务院财政、税务等部门制定。在制定的过程中，同样应当体现“积极开展慈善活动，充分、高效运用慈善财产，并坚持管理费用最必要原则，厉行节约，减少不必要的开支”的原则，还要体现本法订立具有公开募捐资格的基金会的有关标准的立法意图。

五、关于捐赠协议对慈善活动支出和管理费用的约定

本条最后一款规定，捐赠协议对单项捐赠财产的慈善活动支出和管理费用有约定的，按照其约定。按照本款规定的精神，针对某一笔单独的捐赠，如果捐赠人在捐赠协议中设定了与本法规定不一致的慈善活动支出和管理费用标准，慈善组织应当按照捐赠协议的要求进行列支。但需要注意的是，单笔捐赠协议规定的慈善活动支出和管理费用标准与慈善活动年度支出和

管理费用标准是两个不同层面的标准,是个别与总体的关系。允许个别不同标准的存在,前提是这些个别的标准不能影响到总体标准的实现,即本法赋予捐赠协议自由决定权的前提,是慈善组织的慈善活动年度支出和管理费用不得超过法定标准。因此,慈善组织和捐赠人在捐赠协议中约定慈善活动支出和管理费用标准时,必须确保不能使慈善组织全年的慈善活动支出比例和管理费用比例超过法定标准,否则,慈善组织一样不能以尊重捐赠人意愿的理由逃避处罚。

第七章 慈 善 服 务

第六十一条　本法所称慈善服务,是指慈善组织和其他组织以及个人基于慈善目的,向社会或者他人提供的志愿无偿服务以及其他非营利服务。

慈善组织开展慈善服务,可以自己提供或者招募志愿者提供,也可以委托有服务专长的其他组织提供。

【释义】 本条是关于慈善服务的定义和慈善组织提供慈善服务方式的规定。

慈善服务是实现捐赠人或慈善组织意愿的关键环节,处在募捐、捐赠、归集慈善资源、实现慈善目标全过程的末端,是慈善宗旨和慈善目的实现的“最后一公里”。很多慈善活动最终的表现形式是向受益人提供服务。本法第三条规定,慈善活动是指自然人、法人和其他组织以捐赠财产或者提供服务等方式,自愿开展的公益活动。从慈善活动的定义可以看出,慈善活动的运作方式,基本包括捐赠财产和提供服务两种,也就是人们常说的“有钱出钱,有力出力”。本法第三章“慈善募捐”、第四章“慈善捐赠”、第五章“慈善信托”,主要是对慈善财产有关的内容进行了规定和规范。慈善服务作为慈善活动的重要方式之一,在慈善法中单列一章规定,是慈善法律制度体系化的一个重要体现。

一、慈善服务的概念

从现代慈善事业的运作过程来看,慈善活动的完整链条基本包括三大环节：募捐，即慈善组织基于慈善宗旨募集财产；捐赠，即自然人、法人和其他组织基于慈善目的，自愿、无偿赠与财产；服务，即慈善组织使用募集得来的财产服务于社会或者受益人，以实现慈善目的。本法所称慈善服务，是指慈善组织和其他组织以及个人基于慈善目的，向社会或者他人提供的志愿无偿服务以及其他非营利服务。这一概念主要包括以下几方面的内容：

1. 慈善服务的提供主体

可以提供慈善服务的主体很多，主要可以分为两个方面，一是慈善组织，二是其他组织和个人。也就是说，提供慈善服务并不是慈善组织的专属职能，慈善捐赠一样，其他组织和个人基于慈善目的，也可以向社会和他人提供慈善服务。个人基于慈善目的，不通过慈善组织直接为受益人提供的服务也应属于慈善服务。例如，某人出于善意，免费护理困难老年人，免费对孤儿进行抚养或教育。不过个人提供的慈善服务，可能无法享受相应的税收优惠和政策支持。

2. 慈善服务的公益性

慈善服务作为一种重要的慈善活动，公益性是其首要特征。按照本条规定，慈善服务的提供对象是“社会或者他人”，也就是说，慈善法意义上的慈善服务，不以特定私人利益作为组织目的，不得兼顾私利。对于慈善组织而言，慈善服务是指慈善组织募集慈善资源后使用慈善资源服务于社会或受益人的活动。对其他组织和个人而言，慈善服务是指某个组织或个人直接利用自身的资源或时间、智力、体力、技能等，服务于社会或受益人的活动。因此，慈善服务的范围非常广泛，具体包括以扶老、助残、恤幼、济困、救灾等形式对困难群体和个人的帮助，以及对教育、科学、文化、卫生、体育、环境保护等事业发展的促进等。慈善组织、其他组织和个人提供的慈善服务，其实也是在上述领域内开展的各种公益性服务。

3. 慈善服务的非营利特征

具体来说，慈善服务的形式包括两类：一是志愿无偿服务，二是其他非营利服务。通常情况下，志愿无偿服务作为慈善服务的形式比较好理解。志愿无偿服务是不以获得报酬为目的，自愿奉献时间和智力、体力、技能等，帮助他人、服务社会的慈善行为，一般不涉及慈善款物的流转与使用，是慈善服务的一种具体形式。志愿服务除具有自愿、利他等特性外，还具有无偿性，是最能凸显慈善宗旨的慈善服务。

需要正确理解的是“其他非营利服务”，这其中涉及对“非营利”概念的理解。在慈善法审议过程中，有的意见提出，慈善服务应当是无偿的，不允许在提供慈善服务过程中向受益对象收取费用。应当说，非营利的特征与是否收取费用是两个概念。慈善服务的非营利性表明，除了志愿无偿服务外，受益人并不完全是享受慈善组织、其他组织和个人提供的免费服务，一些专业的慈善服务本身需要必要的成本，这些低偿的慈善服务恰好又是受益人亟须且在他们合理的费用负担范围内，为了保证开展这类慈善服务的持久性，应当允许这些专业的慈善服务收取较低标准的费用。“低价有偿”的特点与慈善服务的“非营利性”并不冲突，因为即便是收取了一定的费用，慈善服务的“非营利性”特征也决定了收取的这些费用不得被分配，也不得用于慈善活动以外的其他支出。

二、慈善组织开展慈善服务的方式

慈善组织开展慈善服务，基本可以分为三种模式：一是自己提供。慈善组织自身具有相应能力和资质的，或者具有专门的队伍，可以开展与其宗旨和章程相适应的慈善服务。如养老院、福利院、康复中心等,有专业的医护、康复人员为受益人提供服务。二是通过志愿者提供。有的慈善组织募集资金的能力很强,但是本身并不拥有专门的队伍,在开展慈善活动过程中,可能需要招募志愿者来提供慈善服务。例如,慈善组织可以根据需要,组织志愿者为孤寡老人、空巢老人、残疾人提供生活救助和照料服务。三是委托有服务专长的其他组织提供。除了上述养老院等专业的慈善组织外,一些慈善组织在募集资金和调动慈善资源方面有优势,在开展专业的慈善服务时,可以委托有服务专长的其他组织提供。所以,慈善组织提供慈善服务的方式有多种,应当根据自身情况和提供的服务领域特点,有区别地进行。

第六十二条　开展慈善服务,应当尊重受益人、志愿者的人格尊严,不得侵害受益人、志愿者的隐私。

【释义】 本条是关于慈善服务中受益人、志愿者人格尊严和隐私保护的规定。

近年来,根据媒体披露,社会上出现了一些与慈善服务宗旨和本质不相适应的情况。例如,有的组织和个人出于获得社会关注,或者完成有关部门和单位下达任务等目的,在组织开展慈善服务过程中,不考虑受益人实际情况,不顾他们的尊严和感受。如有的组织在每年农历 9 月 9 日老年节扎堆到敬老院为孤寡老人洗脚,一位老人一天之内被反复多次洗脚,损害了慈善工作的形象。有的慈善组织不顾志愿者的意愿和人格尊严,在招募、安排志愿者过程中,不顾志愿者的体能、技能等实际情况,安排他们从事不适当的工作,甚至加班加点、超负荷工作等。此外,有的组织和个人在开展慈善服务过程中,还存在曝光受益人病情、泄露志愿者个人信息等侵害受益人、志愿者隐私的情况。

为了规范慈善服务，禁止类似行为，本条对保护受益人、志愿者的人格尊严和隐私作出了专门规定。

一、尊重受益人、志愿者的人格尊严

慈善服务主要涉及三个方面的主体：一是慈善服务的提供者，主要包括慈善组织、其他组织或者个人；二是志愿者；三是受益人。在慈善服务过程中，慈善服务提供者、志愿者与受益人之间是平等的关系，应当相互尊重。例如，慈善服务提供者在对受益人提供服务时，不能以“施舍”、“恩赐”的心理自居，以为帮助了他人就觉得高人一等。慈善组织和其他组织在招募志愿者开展慈善服务过程中，不能把志愿者视为“免费劳动力”，而是要充分尊重他们的服务和贡献。

二、不得侵害受益人、志愿者的隐私

慈善组织和其他组织在招募、组织志愿者开展慈善服务时，会对志愿者进行实名登记，因此会掌握和了解志愿者的一些具体情况；也会在开展慈善服务过程中，了解、接触到受益人的家庭关系、病情等个人隐私，这些隐私信息一旦泄漏出去，会给当事人带来侵害。因此，在开展慈善服务的过程中，不得侵害他们的隐私。侵犯当事人隐私，要依法承担相应的责任，如根据侵权责任法第六十二条的规定，如果开展医疗康复等慈善服务时泄露受益人的隐私或者未经受益人同意公开其病历资料，造成患者损害的，应当承担侵权责任。

第六十三条　开展医疗康复、教育培训等慈善服务，需要专门技能的，应当执行国家或者行业组织制定的标准和规程。

慈善组织招募志愿者参与慈善服务，需要专门技能的，应当对志愿者开展相关培训。

【释义】　本条是关于开展专业慈善服务相关要求的规定。

慈善服务是直接面对自然人的服务，需要有相应的服务标准和规程。慈善服务涉及的领域十分宽泛，其中既有通过普通志愿者开展的一般性的志愿服务，也有涉及医疗康复、教育培训等方面的专业慈善服务，后者的专业性比较强，特别需要提供慈善服务的人员具有专门技能。目前，我国法律、法规、规章和其他规范性文件在医疗康复、教育培训等方面有相关的要求，有的行业组织结合行业自身特点，也制定相应的标准和规程。在开展慈善服务过程中，这些标准和规程应当得到严格执行。

一、专业慈善服务应当遵守相关标准和规程

目前，慈善服务涉及的领域越来越广，比起传统的慈善服务来说，有的慈善组织、其他组织和个人充分利用自身专长，在医疗康复、教育培训等领域开展专门的慈善服务，得到了社会和慈善受益人的欢迎。慈善组织、其他组织和个人在开展专业的慈善服务过程中，不能因为无偿或低偿就降低服务的标准，更不能以此为由，违反相关标准和规程，损害受益人的合法权益。开展医疗服务、教育培训等慈善服务的组织，应当在机构设置、人员资格、服务内容等方面按照有关法律、法规和规章的要求和有关行业组织的规定进行，并严格遵守相关的标准和规程。

二、慈善组织应当按要求对志愿者进行专业培训

慈善组织招募的志愿者，通常来自于不同的领域，在专业背景和服务技能方面各有不同。慈善组织在开展慈善服务过程中，有的慈善服务需要专门的技能，比如开展应急救援、医疗康复等活动，需要具备必要的救援常识和基本的医疗知识。在具体开展慈善服务时，有的需要志愿者直接提供相应的专业服务，有的则不需要志愿者直接提供，而是由他们辅助专业人员进行。在此情况下，就需要志愿者具备必要的知识和技能。慈善组织根据具体慈善服务的要求，有义务对所招募的志愿者开展相关

培训,保证他们在开展慈善服务过程中,提供较为专业的慈善服务,同时避免发生不当操作、提供服务不适当等情况,损害受益人的合法权益。

第六十四条　慈善组织招募志愿者参与慈善服务,应当公示与慈善服务有关的全部信息,告知服务过程中可能发生的风险。

慈善组织根据需要可以与志愿者签订协议,明确双方权利义务,约定服务的内容、方式和时间等。

【释义】　本条是关于慈善组织招募志愿者时应当履行的主要义务和慈善组织与志愿者签订协议的规定。

志愿者是参与慈善服务的重要主体。我国现行国家层面的法律法规没有对志愿者进行定义,只有一些地方性志愿服务立法作了定义。根据2013年民政部印发的《中国社会服务志愿者队伍建设指导纲要(2013－2020年)》(民发〔2013〕216号),志愿者是不以获取物质报酬为目的,自愿奉献时间、智力、体力和技能等,为他人和社会提供公益服务的人。志愿者提供的志愿服务与慈善服务中其他非营利服务的主要区别是无偿性和广泛性。志愿者不以获取报酬为目的,为受益人无偿提供服务,受益人获得服务无须支付报酬;人人都可以成为志愿者,参与与其年龄、智力、体力、身心状况等相适应的志愿服务,是践行社会主义核心价值观的生动实践,是弘扬慈善文化,培育公民慈善意识的有效途径。

一、关于慈善组织招募志愿者时应当履行的主要义务

1. 慈善组织招募志愿者一般有两种类型。一种是日常性招募,收集积累志愿者信息资源,建立志愿者资料库,开展基础培训,形成相对稳定的志愿者队伍,为开展慈善服务储备人力资

源;另一种是应急性(临时性)招募,为某一具体慈善服务设定有针对性的条件,招募符合相应资格要求的志愿者提供服务。

2. 公示与慈善服务有关的全部信息,告知服务过程中可能发生的风险,是慈善组织招募志愿者参与慈善服务时必须履行的重要义务。

与慈善服务有关的全部信息至少包括:开展慈善服务的慈善组织信息,慈善服务的时间、地点、方式、服务对象等信息,需要招募志愿者的岗位、条件、人数、保障条件等信息。其中,志愿者的保障条件包括但不限于志愿者保险、交通误工等补贴、志愿者服装工具、专项培训等。公示的信息必须真实、准确、完整,一方面让志愿者对具体的慈善服务、资格要求和保障条件有充分了解,以决定是否参与;另一方面确保慈善组织招募到符合资格要求的志愿者,保障服务达到预期效果。

志愿者参与慈善服务,必然伴随着风险。这些风险不仅涉及志愿者和受益人,也涉及慈善组织。如志愿者在野外作业或者参与应对突发事件过程中的健康和人身安全风险;救灾时面对死亡和危险场景,可能会出现紧张、失眠、痛哭等情绪失控和严重心理应激反应。受益人在接收志愿者提供的慈善服务过程中,由于志愿者的专业技术或个人素质的欠缺导致服务对象得不到好的服务甚至对其身心健康造成不良影响,也面临一定风险。慈善组织可能面临由于志愿者的疏忽或操作不当导致组织财物或其他资源受到损坏或流失的风险,同时组织的公众形象受到影响,让潜在的志愿者和受益人对组织产生质疑或者形成负面印象,影响组织发展。慈善组织通过告知志愿者服务过程中可能发生的风险,一方面让志愿者对参与慈善服务的风险有全面认识,结合自身条件和风险控制及承受能力决定是否参与,充分行使自主决定权,切实保护志愿者合法权益;另一方面,尽职履行组织义务,一旦损害发生,有利于保护组织权益,明确各方责任。同时,志愿者认为慈善组织公示的慈善服务信息和告知的风险不够充分全面,可以要求慈善组织进一步解释说明或者拒绝参加该慈善服务。

二、关于慈善组织与志愿者签订协议

1. 慈善组织与志愿者之间就慈善服务签订协议,是慈善服务法律关系明确化与规范化的有效方式。根据劳动法第三条、第十六条规定,劳动合同是劳动者与用人单位确立劳动关系、明确双方权利和义务的协议,劳动者享有取得劳动报酬的权利。志愿者提供的慈善服务是不获取报酬的无偿服务,志愿者与慈善组织也没有劳动法上的劳动关系。因此从法律性质上看,该协议不是劳动合同。

根据合同法第二条规定,合同是平等主体的自然人、法人、其他组织之间设立、变更、终止民事权利义务关系的协议。从法律性质上看,慈善组织与志愿者之间就慈善服务签订的协议是民事合同。签订协议的当事人即慈善组织和志愿者是法律地位平等的民事主体;协议的主要内容是明确志愿者提供服务的内容、时间、地点和双方在服务过程中的权利义务。

2. 在开展慈善服务前,慈善组织应当与志愿者就慈善服务的主要内容、双方权利义务协商一致、达成协议。这种协议在法律上就是合同。合同的形式既可以是口头的,也可以是书面的。只要法律没有对合同形式作出强制性规定,合同的效力就不受合同形式的影响。因此,不论慈善组织与志愿者间的协议是否采用书面形式,只要双方就协议内容达成一致,协议就成立并生效了。实践中,一方面志愿者参与扶贫济困、扶老、救孤、恤病、助残等慈善活动非常普遍和频繁,若法律强制性要求每一个慈善活动都要通过书面协议的方式确定双方权利义务,会造成诸多不便。所以,本条规定慈善组织根据需要可以与志愿者签订协议。另一方面,在志愿者参与一些较为特殊的慈善服务时,志愿者的人身、财产安全与合法权益处于较高风险中或长时间不确定状态,慈善组织与志愿者间的权利义务关系较为复杂,一旦发生纠纷,难以及时有效解决。因此,在招募志愿者参与对人身安全、身心健康有较高风险的慈善活动,为大型公益活动提供慈善服务,连续提供三个月以上专职慈善服务以及法律、法规规定应当签订书面协议的,慈善组织应当与志愿者签订书面协议。协议应当包括服务内容、时间和地点,当事人的权利、义务,风险保障措施,协议的变更和解除,法律责任及争议解决方式和需要明确的其他事项。

第六十五条　慈善组织应当对志愿者实名登记,记录志愿者的服务时间、内容、评价等信息。根据志愿者的要求,慈善组织应当无偿、如实出具志愿服务记录证明。

【释义】　本条是关于慈善组织对志愿者实名登记和出具志愿服务记录证明义务的规定。

志愿者参与慈善服务,在不求回报、积极奉献社会的同时,也在获得相关履历评价、记录证明等方面存在一定的诉求。对志愿者进行实名登记做好相关的记录,既有利于慈善组织规范管理、掌握开展慈善服务的情况,也是慈善组织对志愿者应当履行的义务。

一、关于志愿者实名登记

慈善组织对志愿者实名登记,是实现志愿者科学管理的基本条件,是慈善服务取得良好成效的基础,是开展志愿服务记录和出具志愿服务记录证明的前提。建立规范统一的志愿者实名登记制度,对志愿者年龄、技能、特长等相关信息进行登记,一是可以建立志愿者信息数据库，了解志愿者参加慈善服务的意愿及其专业特长，有利于合理配置志愿者资源，避免重叠浪费。二是增强志愿者的归属感，对志愿者改进服务态度，增强服务技能，提高服务质量都能起到积极的促进作用，有利于志愿者自身行为的约束和规范。三是有利于国家掌握志愿者信息资源，在需要时能够及时整合、动员社会力量。

慈善组织对志愿者实名登记时，一般应登记志愿者的姓名、性别、年龄、身份证号码、专业特长、可提供服务时间、联系方式等信息；根据一些慈善服务的需要，还可以登记民族、政治面貌、学历、居住区域、从业状况、服务区域等信息。

二、关于志愿服务记录

我国现行国家层面律法规没有对志愿服务记录进行规定，只有一些地方性志愿服务立法使用过志愿服务记录的表述。根据2012年民政部印发的《志愿服务记录办法》（民函〔2012〕340号），志愿服务记录是指依法成立的志愿者组织、公益慈善类组织和社会服务机构以纸质材料和电子数据等载体记录志愿者参加志愿服务的信息。

开展志愿服务记录工作，建立志愿服务记录制度，是推动志愿服务制度化发展的要求。中央文明委《关于推进志愿服务制度化的意见》（文明委〔2014〕3号）对志愿服务记录提出了明确要求：志愿服务活动结束后，由城乡社区、志愿服务组织、公益慈善类组织、社会服务机构等，根据统一的内容、格式和记录方式，对志愿者的服务进行及时、完整、准确记录，为表彰激励提供依据。开展志愿服务记录工作，建立志愿服务记录制度，是回应社会现实需求的举措。志愿服务情况是公民社会责任意识和诚信的重要体现。随着我国经济社会的发展，志愿服务经历越来越成为人们工作、学习、生活必不可少的一部分。如外企招聘、国外学校招生往往要求候选人提供志愿服务证明。开展志愿服务记录工作，建立志愿服务记录制度，是提供真实有效志愿服务证明的基础。近年来，许多人大代表、专家学者、志愿者都强烈呼吁建立志愿服务记录制度，规范志愿服务记录行为。开展志愿服务记录工作，建立志愿服务记录制度，对志愿者提供志愿服务信息进行有效记载和管理，既有利于各有关部门充分掌握志愿者服务信息，及时制定和调整政策，充分合理地配置、使用志愿服务，也有助于建立志愿服务激励回馈机制，保障志愿者和志愿服务对象的合法权益，激发公众参与志愿服务的热情。

慈善组织开展志愿服务记录工作，要注意几个方面问题。一是记录主体。要把握"谁组织，谁记录"的原则，慈善组织招募使用志愿者开展慈善服务，就应该由慈善组织对志愿者的服务情况进行记录，不能由其他组织或个人记录。二是记录内容。按照《志愿服务记录办法》的规定，慈善组织应当记录志愿者的个人基本信息、志愿服务信息、培训信息、表彰奖励信息、被投诉信息等内容。其中，志愿者个人基本信息应当包括姓名、性别、出生年月、身份证号、服务技能、联系方式等；志愿服务信息应当包括志愿者参加志愿服务活动（项目）的名称、日期、地点、服务对象、服务内容、服务时间、服务质量评价、活动（项目）负责人、记录人等；培训信息应当包括志愿者参加志愿服务有关知识和服务技能培训的内容、组织者、日期、地点、学时等。三是服务时间计算。志愿者参与不同的志愿服务项目只是服务分工不同，每个志愿者付出的时间是同等的，其时间记录不应区别对待。慈善组织记录志愿服务时间应以小时为计量单位，记录志愿者实际提供志愿服务的时间。四是记录转移和共享。随着志愿者在全国各地以及不同组织之间流动机会的不断增大，志愿服务记录转移和共享工作，对保持志愿服务记录连续性、完整性显得尤为重要。实践中,在志愿者要求开具志愿服务证明和星级评定工作中,为了获得完整服务记录,慈善组织也需要通过信息系统等平台进行志愿服务记录的转移和共享。

三、关于出具志愿服务记录证明

志愿服务记录证明是志愿服务记录制度的重要组成部分,是志愿者参加志愿服务活动的真实体现。我国现行全国性法律法规没有对志愿服务记录证明进行规定,大部分地方志愿服务立法和《志愿服务记录办法》使用的是“志愿服务证明”,只有《山西省志愿服务条例》使用了“志愿服务记录证明”的表述。《志愿服务记录办法》规定,志愿服务证明应当载明当事人的志愿者身份、志愿服务时间和内容。这些信息也是慈善组织应当记录和证明志愿者参与服务的核心信息。

根据2015年中央文明办、民政部、教育部、共青团中央联合印发的《关于规范志愿服务记录证明工作的指导意见》(民发〔2015〕149号),慈善组织在出具志愿服务记录证明时应注意三个问题:一是证明出具主体。按照“谁记录,谁证明”的原则,证明必须由组织并记录了志愿者参加服务的慈善组织出具。二是证明格式。慈善组织应按照统一规范的格式为志愿者开具证明。志愿服务记录证明应包含下列信息:(1)志愿者身份信息,包括志愿者姓名、证件类型和号码、志愿者编号等;(2)志愿服务信息,主要为志愿者参加志愿服务活动的服务时间(以小时为计量单位)和内容;(3)出具主体信息,包括出具主体的名称、负责人、经办人、联系方式等;(4)其他信息,包括证明编号、出具证明的日期及其他需要说明的事项等。志愿服务记录证明应加盖出具主体公章。如需补充证明志愿者参加志愿服务活动的其他信息,可以附件形式附后。该指导意见同时给出了证明推荐格式。三是证明出具流程。志愿服务记录证明应当按照志愿者申请、慈善组织受理、出具证明和公示的程序办理出具。

第六十六条　慈善组织安排志愿者参与慈善服务，应当与志愿者的年龄、文化程度、技能和身体状况相适应。

【释义】　本条是关于慈善组织合理安排志愿者参与慈善服务的规定。

合理安排志愿者参与慈善服务，不仅是慈善服务顺利开展取得实效的前提条件，更是有效发挥志愿者作用、切实保护志愿者利益的基本要求。地方志愿服务立法对合理安排志愿者参与志愿服务都作出了规定，如《山西省志愿服务条例》第十六条规定，志愿服务组织应当尊重志愿者本人意愿，安排与其年龄、智力、体力、技能、时间等相适应的志愿服务。志愿服务组织、志愿服务对象不得要求志愿者从事超出其能力的志愿服务；《福州市志愿服务条例》第十六条规定，志愿服务组织安排志愿者参加志愿服务活动时，应当与志愿者的年龄、健康状况等条件相适应，与志愿服务项目所要求的知识技能相适应，不得安排志愿者从事超出其自身能力的志愿服务活动。本条借鉴地方立法经验，根据实际情况，对慈善组织应当合理安排志愿者参与慈善服务作了规定。

慈善组织作为慈善活动的规划、指导和调动者，应当合理安排和指导志愿者参与慈善服务，即安排志愿者从事与其年龄、文化程度、技能和身体状况相适应的活动。例如，安排具有电器维修技能的志愿者为社区居民提供家电维修维护服务是比较合适的，安排年龄较大的志愿者参与应急救援、物资运送等需要一定身体条件的服务是不恰当的。同时，这种安排并不是一次性的行动，慈善组织有责任不断跟踪了解志愿者服务情况、遵守组织管理规定和程序情况以及风险防范、安全保障等情况，根据条件的变化,及时对志愿者的安排作出调整。实践中,既要为具备相应技能和条件的志愿者提供合适的慈善服务岗位,做到志愿者资源优化配置,又要避免一些志愿者凭借一腔热情,不顾自身条件去参与自己力不能及的服务活动,不仅实现不了慈善服务的目的,反而给慈善服务和自己带来不利影响,甚至自己身心受到伤害或者给服务对象造成伤害。

需要说明的是,慈善组织在安排志愿者参与慈善服务时,除了要考虑其年龄、文化程度、技能和身体状况等因素外,必要时还要根据服务具体情况对志愿者的犯罪记录、学习情况、工作经历等进行了解考察,有不良记录的志愿者要限制其参加相关的慈善服务或岗位。例如,有经济不良行为的志愿者,在参与慈善服务时一般不适宜从事与财产物资管理、发放有关的岗位;驾驶记录较差的志愿者,一般不适宜从事车辆驾驶的岗位;有对青少年犯罪记录的志愿者一般不适宜参与服务对象为青少年的慈善服务。

第六十七条　志愿者接受慈善组织安排参与慈善服务的,应当服从管理,接受必要的培训。

【释义】　本条是关于志愿者参与慈善组织安排的慈善服务应当履行的义务的规定。

参与慈善服务是志愿者的权利,志愿者有权决定自己是否参与慈善服务以及参与何种慈善服务。但是,志愿者一旦决定接受慈善组织安排参与慈善服务,就应当同时遵守相应的义务,即服从慈善组织的管理,接受必要的培训。这些义务对于保障慈善服务符合宗旨、安全有序进行、取得预期效果等具有重要意义。本条在借鉴地方立法规定和总结实践经验的基础上,对志愿者参与慈善组织安排的慈善服务应当服从管理、接受必要的培训作了规定。

一、关于志愿者服从管理

志愿者在接受慈善组织安排参与慈善服务时服从管理，是保障慈善服务顺利开展实现预期成效的需要，也是防范风险、保护志愿者自身权益免受侵害的要求，还是锻炼志愿者团队意识、提升自身能力素质的途径。地方性志愿服务立法都对志愿者服从管理的义务进行了规定，如《重庆市志愿服务条例》第十二条规定，志愿者应当履行志愿服务承诺或者协议约定，在志愿服务过程中接受所在的志愿服务组织的安排和管理；《大连市志愿服务条例》第十条规定，参加志愿服务组织的志愿者，应当接受志愿服务组织的安排和管理。

实践中，慈善组织安排志愿者参与的慈善服务，都是有组织、有计划、有目标的慈善活动。这些服务，有时是有较高风险的。慈善组织通过建立风险评估机制，对每个环节、每个岗位可能发生的风险进行评估，制定有针对性的服务计划和风险防范预案。这些计划、目标、方案的实施，需要参与的志愿者按照慈善组织的管理和安排，各司其职，协作配合共同完成。同时，志愿者只有在慈善组织安排下，从事时间、地点、对象和内容已经规定了的慈善服务，才能被认定为是该组织的慈善服务，享受相应的权益保障和支持，由此产生的法律上的各种后果才能够被慈善组织认可与接受。否则，志愿者个人进行的不具有上述性质的服务行为，只能视为个人行为，不视为慈善组织安排的慈善服务；相应的，慈善组织也没有义务给予不接受安排的志愿者以保障和支持，不承担志愿者个人行为所产生的任何法律后果。

二、关于志愿者接受必要的培训

培训是提高志愿者慈善服务知识和技能、培养志愿者奉献、友爱、互助、进步精神、促进志愿者团队建设、完善慈善服务工作网络的重要途径和手段。接受必要的培训是志愿者接受慈善组织管理的基本要求,同时对志愿者开展培训也是慈善组织必须履行的职责和义务,本法第六十三条第二款规定:"慈善组织招募志愿者参与慈善服务,需要专门技能的,应当对志愿者开展相关培训。"

地方志愿服务立法多是从志愿者享有权利的角度对接受培训进行规定,如《广东省志愿服务条例》第十六条规定,志愿者有接受与所参加的志愿服务活动有关的教育、培训的权利;《山西省志愿服务条例》第九条规定,志愿者有获得与志愿服务有关的知识和技能培训的权利。

第六十八条　慈善组织应当为志愿者参与慈善服务提供必要条件,保障志愿者的合法权益。

慈善组织安排志愿者参与可能发生人身危险的慈善服务前,应当为志愿者购买相应的人身意外伤害保险。

【释义】　本条是关于慈善组织对参与慈善服务的志愿者的保障义务和购买人身意外伤害保险的规定。

为参与慈善服务的志愿者提供必要条件,通过各种机制和途径保障志愿者合法权益,是激发志愿者热情的关键举措,是慈善组织在安排志愿者开展慈善服务时必须履行的基本义务。志愿者在参与慈善服务的过程中,有可能因种种原因遭受意外伤害,进而造成经济损失。为参与可能发生人身危险的慈善服务的志愿者购买人身意外伤害保险,是转嫁、化解志愿者在开展慈善服务过程中遭遇的人身伤害损失风险,打消志愿者后顾之忧的有效措施和科学手段,是保障志愿者权益的重要机制。本条对慈善组织的上述义务作了规定。

一、关于慈善组织对参与慈善服务的志愿者的保障义务

地方志愿服务立法中普遍对为志愿者参与志愿服务提供必要条件,保障志愿者合法权益进行了规定,如2014年3月1日起施行的《山西省志愿服务条例》第二十八条规定,志愿服务组织、志愿服务对象根据服务需要,为志愿者提供必要的物质和安全保障;2016年2月1日起施行的《湖北省志愿服务条例》第十五条规定,志愿服务组织应当为志愿者提供必要的条件和保障。

实践中,根据具体服务内容的不同,必要条件可以包括专门培训、交通通讯、餐饮住宿、服装标识、医疗药品、必备工具、购买保险、安全保障等。志愿者的合法权益除民事主体所具有的人身权、财产权等基本权利之外,在参与慈善服务时还应当包括有权自愿参加慈善服务,有权拒绝提供超出其自身能力或者约定范围的慈善服务;获得慈善服务真实、准确、完整的信息;获得慈善服务所需的教育和培训;获得从事慈善服务必要的条件和安全保障;请求慈善组织帮助解决在慈善服务期间遇到的实际困难;对慈善组织提出建议和意见;要求慈善组织出具志愿服务记录证明等权利。

二、关于为志愿者购买人身意外伤害保险

根据保险法第十二条的规定,人身保险是以人的寿命和身体为保险标的的保险。理论和实务上按照保障范围将人身保险划分为人寿保险、人身意外伤害保险和健康保险。其中人身意外伤害保险是以被保险人的身体利益作为保险标的,即被保险人在保险期限内,因遭受意外事故而使身体受到伤害,及因此致残、致死时,保险人按合同约定给付保险金的人身保险。

中央及有关部门文件、许多地方志愿服务立法都对为志愿者购买保险作出了相关规定。中央文明委《关于深入开展志愿服务活动的意见》《关于推进志愿服务制度化的意见》明确要求

应当根据需要为志愿者购买必要保险；公安部、国家发展和改革委员会、民政部、财政部、人力资源和社会保障部《关于积极促进志愿消防队伍发展的指导意见》（公通字〔2012〕61 号）鼓励志愿消防队参照政府专职消防队员标准，为志愿消防员办理人身意外伤害保险；《中国社会服务志愿者队伍建设指导纲要（2013－2020 年）》提出推动建立志愿者保险制度，明确志愿者保险的责任主体、涉险范围和风险承担机制，为志愿者参与社会服务解除后顾之忧；教育部印发的《学生志愿服务管理暂行办法》（教思政〔2015〕1 号）规定，学校组织开展志愿服务，必要时要为学生购买或者要求服务对象购买相关保险。学生自行开展志愿服务，学校应要求学生做好风险防控，必要时购买保险。《湖北省志愿服务条例》第三十三条规定，志愿服务组织应当为参加有较高人身安全风险的志愿服务活动的志愿者办理人身意外伤害保险。大型社会活动的举办者应当为志愿者办理人身意外伤害保险。《重庆市志愿服务条例》第十八条规定，志愿服务组织可以根据自身条件和实际需要，为志愿者办理相应的保险。志愿服务组织开展应急救援、大型社会活动、境外志愿服务等具有较大人身伤害风险的志愿服务活动，应当为志愿者购买相应的人身意外伤害保险。

实践中，购买志愿者人身意外伤害保险主要面临无经费来源、志愿者个人投保费用较高、保险公司承保意愿不强等问题。针对这些问题，已有地方探索由政府出资为当地所有实名注册志愿者提供免费保险的做法。北京市从 2014 年开始，由财政出资为全市实名注册志愿者购买了团体人身意外伤害保险，保障范围包括在北京地区范围内，志愿者在提供志愿服务时，以及在接受培训、复训、演练和往返途中时发生的意外伤害；因志愿服务需要，志愿者受在“志愿北京”注册的志愿服务组织委派，到京外开展志愿服务(如应急志愿者赴外省演练、多省合作演练、志愿者赴外省支教等)期间及往返途中发生的意外伤害。保障内容有意外伤害身故、意外伤害残疾、意外伤害医疗费用、意外伤害住院津贴、意外伤害紧急医疗救援、猝死六项保障内容,最高保额达一百二十万元。因覆盖当地所有志愿者群体,总量较大,每名志愿者一年的保费不到一元甚至更低。此外,北京还推动试点为应急志愿者提供第三者责任保险,为志愿者对服务对象造成的损害提高保险赔偿。上海市从2010年开始,就为其全体注册志愿者投保了团体保险。2015年又推出了"志愿者1+1保险计划",注册志愿者只需自付一元保费即可获得与上海市志愿者协会团体保单相同的保障,即享有双倍保险保障,保额可达四十万元。通过财政的集中投入和志愿者自愿低价购买,覆盖了所有政府必须为志愿者投保的情形,如政府举办大型赛会招募志愿者的保险、应对突发事件招募应急救援志愿者的保险等,既为志愿者参与慈善服务提供了坚实保障,又解决了投保经费、支持了慈善事业发展,还在总量上节约了财政资金,实现了一举多得。

第八章 信息公开

第六十九条　县级以上人民政府建立健全慈善信息统计和发布制度。

县级以上人民政府民政部门应当在统一的信息平台，及时向社会公开慈善信息，并免费提供慈善信息发布服务。

慈善组织和慈善信托的受托人应当在前款规定的平台发布慈善信息，并对信息的真实性负责。

【释义】　本条是关于政府建立慈善信息统计和发布制度、统一信息平台的规定。

公开慈善信息是社会公众了解慈善组织和慈善活动的重要途径，也是对慈善组织和慈善活动进行社会监督的前提和基础。社会上出现过慈善组织滥用捐赠财产的情况，不仅严重损害了慈善组织的公信力，甚至引发社会对整个慈善事业的不信任，影响十分恶劣，信息不够公开是造成上述问题的原因之一。因此，本条对慈善信息统计和发布问题作了规定，政府和慈善组织等应当按照本条规定统计和发布慈善信息，做好信息公开。

一、政府建立慈善信息统计和发布制度

统计法规定，统计的基本任务是对经济社会发展情况进行统计调查、统计分析，提供统计资料和统计咨询意见，实行统计监督。国家建立集中统一的统计系统，实行统一领导、分级负责的统计管理体制。所称“县级以上人民政府建立健全慈善信息统计和发布制度”，是将慈善信息统计和发布纳入国家统一的统计管理体制。本法明确规定县级以上人民政府是慈善信息统计和发布的责任主体。各级人民政府要将慈善信息统计和发布纳入整个政府信息公开统计报送工作的范畴,加强组织与领导,为慈善信息统计和发布工作提供必要的保障;建立慈善信息统计和发布制度,健全科学的统计指标体系,不断改进统计方法,充分运用信息化手段,对慈善组织、慈善活动信息的收集、整理、统计、分析、发布、应用等环节进行规范,提高慈善信息统计和发布的科学性。

慈善信息的统计和发布也应当符合国家对统计管理体制"统一领导、分级负责"的基本要求。首先,应当在国家层面建立集中统一的慈善信息统计和发布体系、制度和标准,需要民政、统计、财政、税务等有关部门共同参与。按照统计法的规定,慈善信息统计调查属于民政等有关部门的专业性统计调查项目;慈善信息统计标准体系中属于国家统计标准的,应当由国家统计局制定,或者由国家统计局和国务院标准化主管部门共同制定;属于部门统计标准的,可以由民政部门作为慈善事业主管部门制定,报国家统计局审批。其次,县级以上地方各级人民政府分级负责本级辖区内的慈善信息统计工作,应当按照国家有关规定建立慈善信息统计资料的保存、管理制度,建立健全慈善统计信息共享机制。县级以上人民政府的民政、财政、税务等有关部门应当按照规定及时向本级人民政府统计机构报送统计慈善信息所需要的有关资料。县级以上地方各级人民政府统计机构应当及时向本级人民政府的民政、财政、税务等有关部门提供慈善信息统计资料;并按照国家有关规定,定期发布慈善信息统计资料。最后,慈善组织、受托开展慈善信托的信托公司和其他慈善信息的统计调查对象,应当按照国家有关规定设置原始记录、统计台账,建立健全相应的管理制度。

二、民政部门建立统一的慈善信息平台

县级以上人民政府民政部门在履行职责过程中通过制作或者获取,并以一定形式记录、保存,形成了与慈善组织、慈善活动有关的政府信息。由于慈善涉及广大社会公众利益,与慈善相关的政府信息具有很强的公共性,也是慈善组织和慈善活动接受社会监督的重要基础之一,因此,县级以上人民政府民政部门应当及时向社会公开慈善信息。

民政部门公开慈善信息,需要有发布信息的载体、介质,也就是进行信息公开的平台。实践中,已有复杂多样、功能不一的各类信息平台,如广播、电视、报刊、互联网等。目前,一些地方人民政府和有关部门已经搭建了慈善信息公开的平台,社会各界也自发建立了不少慈善信息公开平台,例如门户网站开设的公益频道、公益专区等,这些平台虽然已经具备了一定的社会影响力,但仍是分散化的、没有统一,有的平台发布的信息的权威性和专业性无法得到根本保障,有的平台由于定位和功能所限,并不适合政府部门发布信息。由于统一的慈善信息发布平台尚未建立,全国慈善信息、慈善数据没有形成一盘棋,无法进行共享,这对政府在慈善领域开展数据收集、统计分析、调查研究和政策创制是不利的。另一方面,不规范的发布平台加大了社会公众进行慈善信息检索、查询和监督的成本,一定程度上妨碍了慈善信息的传播和应用。特别是随着自媒体等新媒体平台的兴起,信息出现了交互强传播快、低门槛易操作等新特点,人人都可以成为信息发布和传播的主体,慈善信息难免会出现鱼龙混杂、良莠不齐的现象。如果缺乏统一的慈善信息发布平台,虚假的信息便无法及时验伪,负面舆情无法及时应对,不利于慈善事业健康发展。因此,建立统一的慈善信息发布平台,才能保障政府有关部门有效、及时地向社会公开与慈善相关的政府信息。

由于民政部门是慈善工作的主管部门，是政府公开慈善信息的责任主体，政府在慈善信息公开中的职责主要是由民政部门来承担，因此，统一的慈善信息平台应当由民政部门牵头建设或指定。建立统一的慈善信息平台，并不是指只能有一个慈善平台，“统一”不意味着“唯一”。国务院民政部门牵头建立全国层面统一的慈善信息平台，并对平台进行维护和管理；县级以上地方各级人民政府民政部门可以在国务院民政部门的统一领导下建立本行政区域内统一的慈善信息平台，并对平台进行维护和管理。无论是哪一层级民政部门建立的信息平台，都应确保严肃性、权威性、专业性，信息更新及时。

三、慈善组织应当在民政部门建立的慈善信息平台上发布慈善信息

不管是全国层面统一的信息平台，还是地方建立的信息平台，都不仅仅是为民政部门服务的平台，慈善组织、慈善信托的委托人以及其他有关部门也应当能够在平台上发布信息。慈善组织、慈善信托的委托人发布的信息，角度、内容和政府部门不完全一致，既可以与政府部门发布的信息互相印证，也可以发布募捐、项目展示等个性化的慈善信息。其他有关部门获取的慈善信息，制定的与慈善组织相关的行政法规、规章和规范性文件，也应当在平台上发布。

慈善组织、慈善信托的委托人以及其他有关部门在上述信息平台上履行法定的慈善信息发布义务。除此之外，也可以在其他平台上发布信息。例如，慈善组织可以在其自建的网站上发布慈善信息，也可在门户网站、社交软件、学术期刊上发布慈善信息；既可以在国内的信息平台发布，也可以到国外的信息平台上发布。

慈善组织和慈善信托的受托人虽然是在民政部门的信息平

台上发布信息，但作为信息发布的责任主体，按照“谁发布，谁负责”的原则，应当对其发布的慈善信息的真实性负责。如果慈善组织和慈善信托的受托人发布了虚假、伪造、编造的慈善信息，应当承担相应的法律责任，信息平台对慈善组织和慈善信托的受托人发布信息的真实性不负法律责任。由于平台是由民政部门负责建设与维护，慈善组织和慈善信托的受托人在平台上发布法定信息不需要支付任何费用。

第七十条　县级以上人民政府民政部门和其他有关部门应当及时向社会公开下列慈善信息：

（一）慈善组织登记事项；

（二）慈善信托备案事项；

（三）具有公开募捐资格的慈善组织名单；

（四）具有出具公益性捐赠税前扣除票据资格的慈善组织名单；

（五）对慈善活动的税收优惠、资助补贴等促进措施；

（六）向慈善组织购买服务的信息；

（七）对慈善组织、慈善信托开展检查、评估的结果；

（八）对慈善组织和其他组织以及个人的表彰、处罚结果；

（九）法律法规规定应当公开的其他信息。

【释义】　本条是关于民政部门和其他有关部门应当主动公开的慈善信息的规定。

慈善信息涉及慈善组织和慈善活动的方方面面，本条对其中哪些慈善信息应当由政府主动向社会公开作了规定。本条规定的政府应当向社会公开的慈善信息都属于涉及社会公众利益、需要社会公众广泛知晓或者参与的信息，也是政府有关部门在履行职责过程中制作或者获取的信息，规定由政府有关部门公开,能够保证这些信息的真实性、权威性、准确性和及时性,同时也方便了社会获取这些信息。

一、各有关政府部门应当按照各自职能公开所掌握的慈善信息

本条所规定的应当公开的慈善信息,是有关行政机关在履行职责过程中制作或者获取的,以一定形式记录、保存的信息,按照《政府信息公开条例》,属于政府信息。应当对所掌握的慈善信息进行公开的,既包括县级以上人民政府民政部门,也包括其他有关部门。民政部门是慈善事业的主管部门,又负责慈善组织的登记、认定、监管等职能,对慈善信托相关文件进行备案,因此,民政部门承担着公开相关信息的职责。除民政部门以外,其他有关部门,如公安部门、检察院、法院等,也能获取、掌握部分慈善组织、慈善活动的信息;人民政府的其他组成部门,如统计、财政、税务部门,不但可以获取、掌握慈善组织、慈善活动的信息,还能够参与制作有关慈善信息,例如,统计慈善组织信息,发布慈善组织、慈善活动数据,制定慈善组织税收优惠政策,对慈善组织实施税收优惠等。因此,各相关部门在各自的职权范围内,都有公开慈善信息的义务。

二、县级以上人民政府民政部门和其他有关部门应当主动公开的九类慈善信息

1. 慈善组织登记事项。民政部门对慈善组织登记的有关事项,包括但不限于:慈善组织的名称、组织形式、登记管理机关、业务主管单位(无业务主管单位的慈善组织无需公开)、统一社会信用代码、设立宗旨、业务范围、法定代表人、成立时间、联系方式、住所、是否具有公开募捐资格,以及行政法规所规定的其他属于登记事项的信息。

2. 慈善信托备案事项。民政部门对慈善信托备案的有关事

项,包括但不限于:委托人、受托人的登记事项、信托文件、受托人变动情况、信托事务处理情况及财务状况等。

3. 具有公开募捐资格的慈善组织名单。民政部门对所登记的基金会、社会团体、社会服务机构准予公开募捐,发放了公开募捐资格证书的名单。

4. 具有出具公益性捐赠税前扣除票据资格的慈善组织名单。该名单按照现行规定由财政部门、税务部门、民政部门联合发布公告予以确认。

5. 对慈善活动的税收优惠、资助补贴等促进措施。财政、税务、民政等有关部门对于慈善活动制定的有关税收优惠、资助补贴的具体政策。例如,2015 年 12 月财政部、国家税务总局、海关总署联合发布的《慈善捐赠物资免征进口税暂行办法》,该办法规定对境外捐赠人无偿向受赠人捐赠的直接用于慈善事业的物资,免征进口关税和进口环节增值税。类似的政策应当向社会进行公开。

6. 向慈善组织购买服务的信息。财政部、民政部、工商总局印发的《政府购买服务管理办法(暂行)》规定,政府购买服务是指“通过发挥市场机制作用,把政府直接提供的一部分公共服务事项以及政府履职所需服务事项,按照一定的方式和程序,交由具备条件的社会力量和事业单位承担,并由政府根据合同约定向其支付费用”。慈善组织属于政府购买服务的承接主体之一。政府购买服务应当符合公开透明原则,应当及时向社会公告购买内容、规模、对承接主体的资助要求和应提交的相关材料等相关信息,要公开财政预算及部门和单位的政府购买服务活动的相关信息。

7. 对慈善组织、慈善信托开展检查、评估的结果。民政部门依法对慈善组织、慈善信托开展检查,组织第三方评估,有关结果要向社会进行公开。其他有关部门依法对慈善组织、慈善信托开展专项检查,进行专项评估也要公开有关结果。

8. 对慈善组织和其他组织以及个人的表彰、处罚结果。政府部门在慈善领域开展的对慈善组织和其他组织、个人的表彰,如中华慈善奖的评选结果要对社会公开。还有,民政部门和其他部门依法对慈善组织和其他组织作出的行政处罚等要向社会进行公开。

9. 法律法规规定应当公开的其他信息。该项是兜底条款,不属于上述八项的信息,但又在有关法律法规中明确要求要公开的,需要公开。

县级以上人民政府民政部门和其他有关部门公开的慈善信息,可以分为两大类。第一类是慈善组织、慈善活动的客观信息,如上述第一、二项信息。这类信息的特点是具有客观性、确定性、唯一性,仅随着慈善组织、慈善活动自身的产生、变化、结束而发生变更,社会公众可以对慈善组织有直观、清晰的认识;第二类是政府和有关部门履行职能中对慈善组织、慈善活动形成的信息,如上述第三、四、五、六、七、八项信息,是由政府及其有关部门建立制度、确立标准、设定规则后,运用这一整套评判体系对慈善组织、慈善信托、慈善活动及有关组织、个人进行评价、判定后产生的信息,该类信息中既可能有正面信息,也可能有负面信息。上述慈善信息都应当在县级以上各级民政部门统一的信息平台上公布,当然也可以同时在其他平台上公开。

第七十一条 慈善组织、慈善信托的受托人应当依法履行信息公开义务。信息公开应当真实、完整、及时。

【释义】 本条是关于慈善组织、慈善信托的受托人信息公开义务和基本原则的规定。

慈善组织、慈善信托的受托人信息公开，是基于慈善的本质属性、基于组织自我运转本能、基于建立慈善组织公信力的要求而进行。信息公开有利于提高其本身的公开透明度，保护捐赠人的知情权，提高慈善事业的公信力，促进慈善事业健康发展。现实中，公众对慈善组织的信息公开普遍抱有期望，但往往难以满足要求。慈善法对慈善组织、慈善信托的受托人应当依法履行信息公开义务和基本原则等作出规定，是十分必要的。

一、依法履行信息公开义务

依法公开信息，是慈善组织、慈善信托的受托人应当履行的法定义务。根据国外经验，不少国家对慈善组织的信息公开非常重视，作了明确的规定。如英国规定，慈善组织需要按照规定标准向慈善委员会申报信息，慈善委员会将所有慈善组织的年报和财务信息在网上进行披露。本法其他一些条款的规定，也要求慈善组织有义务公开信息。如捐赠人有权查询、复制其捐赠财产管理使用的有关资料，慈善组织应当及时主动向捐赠人反馈有关情况；慈善组织开展定向募捐的，应当及时向捐赠人告知募捐情况、募得款物的管理使用情况，等等。另外，慈善组织的信息公开有利于通过社会监督，解决财产所有者缺位问题。慈善组织的财产虽然属于慈善组织所有，但由于附上了“公共”目的，为防止被私人侵占，也有接受社会监督的需要。这里规定的信息公开的主体是慈善组织、慈善信托的受托人。根据本法规定，慈善组织，是指依法成立、符合本法规定，以面向社会开展慈善活动为宗旨的非营利性组织。慈善组织可以采取基金会、社会团体、社会服务机构等组织形式。慈善信托的受托人，可以由委托人确定其信赖的慈善组织或者信托公司担任。

本法对不履行法定义务，规定了法律责任。根据本法的规定，慈善组织未依法履行信息公开义务的，由民政部门予以警告、责令限期改正;逾期不改正的,责令限期停止活动并进行整改。经依法处理后一年内再出现规定情形的,由民政部门吊销登记证书并予以公告。

二、信息公开的真实、完整、及时原则

慈善组织、慈善信托的受托人信息公开,应当遵循真实、完整、及时原则。这一原则是对实践经验的提炼和总结,是非常必要的。

1. 真实原则。慈善组织向社会公开组织章程和决策、执行、监督机构成员信息以及国务院民政部门要求公开的其他信息;慈善信托的受托人应当每年至少一次将信托事务处理情况及财务状况向其备案的民政部门报告,并向社会公开;慈善组织、慈善信托的受托人应当向受益人告知其资助标准、工作流程和工作规范等信息,等等。这些信息应当真实,也即应当是客观、准确可靠的。不能弄虚作假,进行伪造、编造、捏造,或者进行误导式描述。慈善组织要对发布信息真实性承担主体责任。

2. 完整原则。对要求公开的信息,慈善组织、慈善信托的受托人要完整公开有关信息。本法对有些信息的完整公开也作了明确规定,如要求慈善组织应当每年向社会公开其年度工作报告和财务会计报告。具有公开募捐资格的慈善组织的财务会计报告须经审计。财务会计报告如未经审计,是不完整的,甚至是不真实的。公开募捐周期超过六个月的,至少每三个月公开一次募捐情况,公开募捐活动结束后三个月内应当全面公开募捐情况等。因此,慈善组织、慈善信托的受托人应当严格按照法律、行政法规的要求,全面公开有关信息,不得进行选择性公开。需要注意的是,慈善法也规定,涉及国家秘密、商业秘密、个人隐私的信息以及捐赠人、慈善信托的委托人不同意公开的姓名、名称、住所、通讯方式等信息,不得公开。因此,慈善组织以及慈善信托的受托人在信息公开时要谨慎,认真审查应当公开的内容。

3. 及时原则。对要求公开的信息要及时公开,这是由信息时效性所决定的。本法对有些信息的及时公开作了明确要求,如信息有重大变更的,慈善组织应当及时向社会公开。具有公开募捐资格的慈善组织应当定期向社会公开其募捐情况和慈善项目实施情况。公开募捐周期超过六个月的,至少每三个月公开一次募捐情况,公开募捐活动结束后三个月内应当全面公开募捐情况。慈善项目实施周期超过六个月的,至少每三个月公开一次项目实施情况,项目结束后三个月内应当全面公开项目实施情况和募得款物使用情况,等等。这些都是对及时原则的具体规定。需要注意,及时不等于实时。如本法上述有关慈善组织的信息公开,有的规定了定期公开信息,有的规定有关活动周期超过六个月的,至少每三个月公开一次,并在活动结束后三个月内全面公开相关情况。信息公开的及时性应该更接近于“适时性”,是指在合适的时间节点进行公开。

第七十二条　慈善组织应当向社会公开组织章程和决策、执行、监督机构成员信息以及国务院民政部门要求公开的其他信息。上述信息有重大变更的,慈善组织应当及时向社会公开。

慈善组织应当每年向社会公开其年度工作报告和财务会计报告。具有公开募捐资格的慈善组织的财务会计报告须经审计。

【释义】　本条是关于慈善组织应当向社会公开有关信息范围的规定。

哪些信息应当公开是本法需要解决的问题。如果不明确规定哪些信息应当公开,实际操作中仍会因为法律规定不具体而无法落实有关信息公开的原则。对信息公开原则作具体细化规定，有利于信息公开原则通过法律的具体规定落到实处，有利于慈善组织有明确的依据去具体落实法律规定的要求，最终是有利于提高慈善事业的透明度。

一、应当公开的一般信息范围

1. 组织章程。慈善组织应当有组织章程，这是成为慈善组织的条件之一。慈善组织的章程，应当符合法律法规的规定，并载明下列事项：(1)名称和住所；(2)组织形式；(3)宗旨和活动范围；(4)财产来源及构成；(5)决策、执行机构的组成及职责；(6)内部监督机制；(7)财产管理使用制度；(8)项目管理制度；(9)终止情形及终止后的清算办法；(10)其他重要事项。慈善组织向社会公开的章程内容，至少应当包含上述事项。

2. 决策、执行、监督机构成员信息。章程对决策、执行机构的组成及职责作了规定。这项信息对机构成员信息公开作了要求，这也是慈善组织的基本信息，作进一步明确的规定，是为了强调这项信息的重要性。

3. 国务院民政部门要求公开的其他信息。国务院民政部门主管全国慈善工作，负有制定慈善组织登记管理、执法监察的政策、办法，对地方登记管理机关工作进行指导和监督等职责，因而国务院民政部门有权根据监督管理工作的需要，要求慈善组织公开有关信息。例如，在发生重大自然灾害、事故灾难和公共卫生事件时，国务院民政部门可以要求慈善组织对参与救灾的具体情况向社会公开，慈善组织应当进行公开。地方各级民政部门要求慈善组织公开有关信息的，慈善组织可以遵照要求进行公开。

上述信息有重大变更的，慈善组织应当及时向社会公开。信息的重大变更主要是指章程和决策、执行、监督机构成员情况以及国务院民政部门要求慈善组织公开的信息中，有较为明显的变动内容的,变动后的内容应当及时向社会公开。如慈善组织的业务范围作了调整,负责人变动,住所地址变更,之前公开的信息有误进行了纠正的,都属于重大变更。

二、应当每年公开的信息

慈善组织的年度工作报告和财务会计报告应当每年向社会公开。年度工作报告和财务会计报告主要包括慈善组织年度开展募捐以及接受捐赠情况、慈善财产的管理使用情况、开展慈善项目情况、慈善组织工作人员的工资福利情况等信息。这些信息直接与捐赠人、受益人、社会公众的利益密切相关,是社会各界关注的焦点,也是判定慈善组织是否履行宗旨、运转良好的依据。慈善组织应当将上述信息真实、完整、及时地进行公开。慈善组织既要在每年的 3 月 30 日前将年度工作报告和财务会计报告向登记的民政部门报告,又要面向社会公开。

本条还特别规定,具有公开募捐资格的慈善组织的财务会计报告在公开之前,必须先进行审计。主要是基于以下考虑:具有公开募捐资格的慈善组织,其募捐行为涉及面广、影响力大、社会公众关注度和参与度较高,通过审计,可以保证财务会计报告的真实有效,也是对慈善组织活动的监督。审计机构由具有公开募捐资格的慈善组织自行聘请,相关费用自行承担。如有必要,民政部门可以委托会计师事务所对具有公开募捐资格的慈善组织的财务会计报告进行抽查审计。其他慈善组织也可以对财务会计报告进行审计。

第七十三条　具有公开募捐资格的慈善组织应当定期向社会公开其募捐情况和慈善项目实施情况。

公开募捐周期超过六个月的,至少每三个月公开一次募捐情况,公开募捐活动结束后三个月内应当全面公开募捐情况。

慈善项目实施周期超过六个月的，至少每三个月公开一次项目实施情况，项目结束后三个月内应当全面公开项目实施情况和募得款物使用情况。

【释义】 本条是关于具有公开募捐资格的慈善组织向社会公开有关情况的规定。

根据本法规定，慈善募捐包括面向社会公众的公开募捐和面向特定对象的定向募捐两种形式。两种不同形式的募捐不仅在募捐资格、募捐方式等方面有不同的法律要求，在信息公开方面的法律义务要求也不同。公开募捐活动是一项面向社会公众的行为，由于涉及社会公共秩序和公共利益，需要法律有更多的规范。为了保护社会公众对慈善组织公开募捐的知情权和监督权，本条规定了具有公开募捐资格的慈善组织关于公开募捐及募捐后项目实施的信息公开义务。对于慈善组织来说，信息公开是其开展慈善活动、进行慈善募捐所需遵守的根本原则，当慈善组织向社会公众进行募捐时，更需要及时告知社会公众公开募捐情况和项目实施情况，这样不仅有利于增加慈善组织的透明度和公信力、增加捐赠人对慈善组织的信任度，也有利于保障捐赠人的知情权，进而实施有效的社会监督，有效地防止暗箱操作，还有利于促进慈善组织建立健全内部管理机制，规范内部管理，促进慈善事业的健康发展。

本条规定，具有公开募捐资格的慈善组织应当定期公开向社会公众募捐情况和慈善项目实施情况，这是对具有公开募捐资格的慈善组织公开有关信息的总要求。公益事业捐赠法也有类似规定，受赠人应当公开接受捐赠的情况和受赠财产的使用、管理情况，接受社会监督。本条分两款，包括以下几层含义。

一、对公开募捐情况和慈善项目实施情况进行公开

具有公开募捐资格的慈善组织信息公开的内容包括公开募

捐情况和慈善项目实施情况。

1. 公开募捐情况。在募捐开始前,具有公开募捐资格的慈善组织须先行向社会公开以下信息:慈善组织的名称、住所、宗旨和活动范围等组织信息、公开募捐资格、募捐目的、募款用途、募捐的起止时间、募得款物的使用计划、接受捐赠方式、联系方式等。具有公开募捐资格的慈善组织在募捐结束后,须向社会全面公开关于募捐情况的信息,除了募捐开始前所应公开的信息外,具有公开募捐资格的慈善组织还应再公开受赠款物构成、受赠数额、捐赠人、是否向捐赠人开具票据以及募捐成本等与募捐相关的信息。

2. 慈善项目实施情况。对基于公开募捐所实施的慈善项目,慈善组织应在项目结束后,全面公开项目实施情况,包括项目名称、受益人的申请及评审程序、项目实施成本(包括物资采集、人力成本等)、管理费用、项目实施进度等;项目委托第三方执行的,还应公开执行方的相关信息。此外,依据本条,慈善组织还应全面公开募得款物的使用情况,如是否按规定或捐赠协议约定的用途使用捐赠财产、捐赠财产的保值增值情况等。

二、信息公开的时间要求

根据本条规定,慈善组织应当定期进行信息公开,并对募捐情况和项目实施情况的信息公开时间作出了强制规定。慈善组织募捐周期超过六个月的,在募捐过程中,至少每三个月应当公开一次募捐情况,公开募捐活动结束后三个月内应当全面公开募捐情况。慈善项目实施周期超过六个月的,在项目实施过程中,至少每三个月应公开一次截至当前的项目实施情况,项目结束后三个月内应当全面公开项目实施情况和募得款物使用情况。

慈善组织不仅要公开最后的结果性信息,还要公开相关过程性信息。也就是说，慈善组织公开募捐时，信息公开不是一次性的法律行为，而是一个持续性的法律行为，尤其是当募捐周期较长或者项目实施周期较长时，慈善组织须定期公开相关信息。要求慈善组织定期进行信息公开，也是本法第七十一条关于信息公开及时性要求的具体落实，通过法律明确规定信息公开的时间，确保社会公众可以及时知晓慈善组织的活动情况，增加慈善组织的透明度。

三、信息公开的对象

开展公开募捐的慈善组织，其信息公开的对象是社会公众，这是由其募捐对象所决定的。具有公开募捐资格的慈善组织面向社会公众开展募捐，不特定的社会公众均有可能为捐赠人，因此，相关信息必须向社会公众公开，社会公众有权对捐赠的情况和受赠财产的使用、管理情况进行监督。

另外，根据本法的规定，慈善组织应当在县级以上人民政府民政部门统一或指定的信息平台上发布慈善信息。因此，慈善组织公开公募活动的相关信息包括募捐信息及项目实施信息等，应当在该平台上予以发布。慈善组织还可以选择在自己的网站或者报刊、广播、电视及其他网站等媒体上发布相关信息，以供社会公众查阅。慈善组织所公开的信息应当真实、完整、及时，不得有虚假记载、误导性陈述或者重大遗漏。

慈善组织未按照本条规定履行信息公开义务的，民政部门可根据本法第九十九条的规定，依法追究其法律责任。

第七十四条　慈善组织开展定向募捐的，应当及时向捐赠人告知募捐情况、募得款物的管理使用情况。

【释义】　本条是关于定向募捐慈善组织应当及时向捐赠人告知有关情况的规定。

根据本法规定，慈善组织自登记之日起可以开展定向募捐。慈善组织开展定向募捐，应当在发起人、理事会成员和会员等特定对象的范围内进行，并向募捐对象说明募捐目的、募得款物用途等事项。定向募捐虽然是在特定对象的范围内进行的，但同样应当履行有关信息公开的义务，对其信息公开义务作出规定是必要的。通过规定慈善组织定向募捐时的信息公开义务，有利于保障定向募捐捐赠人的知情权以及对捐赠财产的使用和管理进行监督的权利。

根据本条规定，开展定向募捐的慈善组织，应当及时向捐赠人告知募捐情况、募得款物的管理使用情况。

一、告知捐赠人募捐情况和募得款物的管理使用情况

1. 募捐情况。慈善组织在定向募捐开始前，应当向捐赠人告知以下信息：募捐目的、募得款物用途、募捐的起止时间、接受捐赠方式、联系方式、募得款物的使用计划等。募捐结束后，慈善组织须将全部募捐情况向捐赠人公开，除了在募捐开始前所公开的信息外，还应公开募得款物的构成、受赠数额、捐赠人、是否向捐赠人开具票据以及募捐成本等。

2. 募得款物的管理使用情况。管理使用情况包括募得款物的管理费用、保值增值情况、项目实施成本包括物资采集和人力成本等、项目实施进度、是否按规定或捐赠协议约定的用途使用捐赠财产等信息。

二、信息公开的对象

慈善组织开展定向募捐时，信息告知的法律义务对象是捐赠人，而不是社会公众，这是由慈善组织的定向募捐范围决定的。慈善组织发起定向募捐，其募捐的对象是发起人、理事会成员和会员等特定对象，而不是社会公众。因此，慈善组织的募捐情况和募得款物的管理使用情况仅需要向这部分特定主体告知

即可。告知可以采取口头或者书面方式。

另外,本条没有规定信息告知的具体时间,这与公开募捐时信息公开的要求不同。本条没有对定向募捐信息告知的时间节点进行规定,而是规定了慈善组织应"及时"告知有关情况。这里的"及时",是要求慈善组织应在合理的时间告知有关情况。如捐赠协议中约定了信息告知的时间,或捐赠人提出了合理的信息告知要求,慈善组织应当按约定或按要求进行告知。一般情况下,定向募捐情况的告知包括募捐开始前的告知和募捐结束后的告知,慈善组织也还可以选择参考公开募捐的时间要求,在募捐过程中也进行信息披露。

慈善组织未按规定向捐赠人进行信息公开的,民政部门可根据本法第九十九条的规定,依法追究其法律责任。

第七十五条　慈善组织、慈善信托的受托人应当向受益人告知其资助标准、工作流程和工作规范等信息。

【释义】　本条是关于慈善组织、慈善信托的受托人应当向受益人告知有关信息的规定。

慈善组织和慈善信托的受托人向受益人告知有关信息,一方面,通过信息告知,受益人可以明确得知应得到多少数额的资助、资助的方式是一次性的还是持续性的、资助是否还需受益人进行配套支出或后续支出等信息,使受益人明确知晓自己的权益,可有效避免因信息不对称导致双方之间的法律纠纷。另一方面,慈善组织和慈善信托的受托人向受益人进行信息告知,也有利于受益人对其捐赠承诺和资助项目的实施进行监督,促进其建立健全管理机制,规范项目运作。

按照权利义务对等原则,慈善组织和慈善信托的受托人对受益人的信息告知义务仅限于与受益人利益相关的信息,主要包括资助标准、工作流程和工作规范等。

一、资助标准

慈善组织和慈善信托的受托人在项目开始前即应确定对受益人的资助标准，而且对每个受益人的具体获助标准应是确定的，慈善组织和慈善信托的受托人应严格依据资助标准对受益人进行资助，不能随意更改标准，更不能侵占、私分、截留或挪用捐赠款项。按照程序确定了项目受益人后，慈善组织和慈善信托的受托人应将资助标准准确、全面、及时告知受益人。

二、工作流程

工作流程一般包括项目运作步骤、实施进度安排等。受益人了解工作流程，有利于对何时获得资助形成合理的预期，同时也有利于监督慈善项目的进展情况，慈善组织和慈善信托的受托人不得借故推辞，更不能隐瞒不告知。

三、工作规范

慈善组织和慈善信托的受托人要建立相应的管理制度和内部控制机制，明确行为准则，规范项目运作。例如，要对捐赠财产的管理使用予以规范，防止侵占、私分、截留、挪用的情形；要对捐赠程序予以规范，不能未经慈善组织履行接收、审批和发放程序就由捐赠人直接转移给受益人或者其他第三方等。工作规范是慈善组织和慈善信托的受托人对相关法律法规的进一步细化，告知项目受益人相关工作规范，有利于督促慈善项目更规范地管理和运作。

另外，告知有关信息可以采取口头或者书面方式。本条未规定向受益人信息告知的方式，慈善组织和慈善信托的受托人可以口头告知受益人，也可以根据需要与受益人签订协议，通过书面形式明确双方权利义务，约定慈善财产的用途、数额和使用方式、项目实施进度、双方的权利义务等内容。但不论采用口头形式还是书面形式，慈善组织和慈善信托的受托人均应确保其资助标准、工作流程和工作规范等信息的公开范围可以涵盖所有受益人，对所有受益人尽到了信息公开的义务。

需要说明的是，本条虽然规定信息告知的对象是受益人，而不是社会公众，但在选择受益人时应遵循向社会公开的原则。本法第五十八条规定，慈善组织确定慈善受益人，应当坚持公开、公平、公正的原则，其中的“公开”便是要求向社会公开。慈善项目的受益人实际上是从社会公众中按照慈善组织设定的程序和标准筛选出来的特定群体，因此，选择受益人的相关标准和程序，首先要向社会公开，以便符合条件公众提出申请。此外，为保证受益人选择的公平和公正性，慈善组织和慈善信托的受托人在确定项目受益人时还应履行规范的流程，一般包括以下步骤：慈善组织在必要的范围内公告社会公众，慈善组织对收到的申请进行评审，公布评审结果并通知申请人。

慈善组织未按照规定向受益人进行信息公开的，民政部门可根据本法第九十九条的规定，依法追究其法律责任。

第七十六条　涉及国家秘密、商业秘密、个人隐私的信息以及捐赠人、慈善信托的委托人不同意公开的姓名、名称、住所、通讯方式等信息，不得公开。

【释义】　本条是关于信息公开例外情况的规定。

慈善信息应以公开为原则，以不公开为例外。本法第七十一条规定了慈善信息公开的真实、完整、及时三原则，但“完整”并不意味着“无一例外”。本条规定的“涉及国家秘密、商业秘密、个人隐私的信息以及捐赠人、慈善信托的委托人不同意公开的姓名、名称、住所通讯方式等信息”，便是慈善信息公开的例外。

慈善信息公开时要以审慎态度,准确判断信息是否属于禁止公开的内容。

一、涉及国家秘密、商业秘密、个人隐私的信息不得公开

这是信息公开除外的一般性原则,许多法律、行政法规均依此原则对信息公开进行了例外规定。

1. 国家秘密。保守国家秘密是法律赋予所有组织及个人的法律义务。依据保守国家秘密法,国家秘密是指“关系国家安全和利益,依照法定程序确定,在一定时间内只限一定范围的人员知悉的事项”。该法第三条规定:“一切国家机关、武装力量、政党、社会团体、企业事业单位和公民都有保守国家秘密的义务。”

2. 商业秘密。刑法第二百一十九条对“商业秘密”有明确界定,同时,该条还对侵犯商业秘密的行为规定了相应刑事责任。依据该条,商业秘密是指“不为公众所知悉,能为权利人带来经济利益,具有实用性并经权利人采取保密措施的技术信息和经营信息”;同时规定,有下列侵犯商业秘密行为之一,给商业秘密的权利人造成重大损失的,处三年以下有期徒刑或者拘役,并处或者单处罚金;造成特别严重后果的,处三年以上七年以下有期徒刑,并处罚金:(1)以盗窃、利诱、胁迫或者其他不正当手段获取权利人的商业秘密的;(2)披露、使用或者允许他人使用以前项手段获取的权利人的商业秘密的;(3)违反约定或者违反权利人有关保守商业秘密的要求,披露、使用或者允许他人使用其所掌握的商业秘密的。明知或者应知前述所列行为,获取、使用或者披露他人的商业秘密的,以侵犯商业秘密论。捐赠时涉及商业秘密的情形很多,例如,捐赠人在向慈善组织捐赠时,尤其是企业捐赠本企业所生产的物品时,可能会告知慈善组织所捐赠物品的成本价以及销售价格,这些信息便可能是捐赠

企业的商业秘密，慈善组织在信息公开时需进行判断和准确把握，无法自行判断时应征求捐赠人的意见。

3. 个人隐私。1988 年最高人民法院印发的《关于贯彻执行〈中华人民共和国民法通则〉若干问题的意见（试行）》规定："以书面、口头等形式宣扬他人的隐私，或者捏造事实公然丑化他人人格，以及用侮辱、诽谤等方式损害他人名誉，造成一定影响的，应当认定为侵害公民名誉权的行为。"刑法第二百五十三条之一规定："违反国家有关规定，向他人出售或者提供公民个人信息，情节严重的，处三年以下有期徒刑或者拘役，并处或者单处罚金；情节特别严重的，处三年以上七年以下有期徒刑，并处罚金。违反国家有关规定，将在履行职责或者提供服务过程中获得的公民个人信息，出售或者提供给他人的，依照前款的规定从重处罚。窃取或者以其他方法非法获取公民个人信息的，依照第一款的规定处罚。单位犯前三款罪的，对单位判处罚金，并对其直接负责的主管人员和其他直接责任人员，依照各该款的规定处罚。"任何组织和个人都不得侵害他人的个人隐私，不得借慈善活动需要为名任意公开。

因此，所有涉及国家秘密、商业秘密、个人隐私的信息均不得公开，否则便须依法承担相应法律责任。

二、捐赠人、慈善信托的委托人不同意公开自己的姓名、名称、住所、通讯方式等信息的，不得公开

此项规定实际上是信息公开除外一般性原则在慈善领域的具体表现。捐赠人、慈善信托的委托人的姓名、名称、住所、通讯方式等信息，在特定环境或语境下，可以认定为捐赠人、慈善信托的委托人的隐私或具有价值的商业信息，捐赠人、慈善信托的委托人明确表示不愿意公开上述信息的，慈善组织应尊重捐赠人、慈善信托的委托人的意愿，不得公开上述信息。因为这些信

息不是慈善组织自身的信息，也不会与社会公众发生直接关联，因此，不公开不会侵害公众的知情权，也不会影响到公众对慈善组织的监督。

三、受益人的信息保护范围

本条没有对受益人的信息进行单独规定，但受益人的相关隐私也是依法受保护的。例如，本法第六十二条即规定，开展慈善服务应当尊重受益人的人格尊严，不得侵害受益人的隐私。而且本条虽未对受益人的信息进行单独规定，但本条所规定的“个人隐私”也包含受益人的隐私。需要明确的是，受益人不得以“个人隐私”为由来对抗法律法规的强制性规定。例如，公开慈善项目实施情况是慈善组织的法律义务，其中必然涉及受益人的姓名等相关信息，此时受益人不得以保护自己个人隐私为由拒绝公开，但信息公开的程度，即公开多少受益人的个人信息，本法没有详细规定，行政法规和部门规章有规定的，慈善组织应遵守相关规定。

需要注意的是，本条规定的主体并不限于慈善组织，而是对所有信息公开义务人的要求。依据本法，政府部门、慈善组织以及慈善信托的受托人均是信息公开的义务人，这些主体既要依法履行信息公开义务，同时，在进行信息公开时还须遵守本条的规定，凡涉及国家秘密、商业秘密、个人隐私的信息以及捐赠人、慈善信托的委托人不同意公开的姓名、名称、住所等信息，一律不得公开。本条规定包含的前提是，捐赠人、慈善信托的委托人知晓自己有不同意公开相关信息的权利，且行使了此项权利。这就要求慈善组织对捐赠人履行告知义务；慈善信托的受托人也须对委托人履行告知义务；政府部门在履行信息公开义务时，涉及捐赠人或慈善信托的委托人的姓名、名称、住所、通讯方式等信息的，在公开前也应征求捐赠人或慈善信托的委托人的同意。

四、有关信息不对社会公开,并没有免除对有关部门报告的义务

有关部门在履行职能时依法可以要求提供必要的材料和信息,有关主体不得以国家秘密、商业秘密或个人隐私为由予以隐瞒。民政部门在受理慈善组织的登记、认定、公开募捐资格申请时,依法要求提供的有关材料信息,申请人应当全部提供。财政、税务等有关部门在审核有关税收优惠条件时需要的材料信息,有关主体也应当依法予以提供。慈善组织依法应当向民政部门报送的年度工作报告和财务会计报告,应当报告全部信息。民政部门依法对慈善组织进行调查,要求慈善组织作出说明,查阅、复制慈善组织有关资料,向有关单位和个人调查有关情况的,慈善组织、有关单位和个人不应瞒报、漏报有关信息。

民政、财政、税务以及其他有关部门获取了有关信息后,对其中涉及国家秘密、商业秘密、个人隐私的信息,以及捐赠人、慈善信托的委托人不同意公开的有关信息,只能用于履行职能的需要,应当予以保密,不得对社会进行公开。

第九章 促进措施

第七十七条　县级以上人民政府应当根据经济社会发展情况，制定促进慈善事业发展的政策和措施。

县级以上人民政府有关部门应当在各自职责范围内，向慈善组织、慈善信托受托人等提供慈善需求信息，为慈善活动提供指导和帮助。

【释义】　本条是关于县级以上人民政府促进慈善事业发展的主要职责的规定。

纵观国内外慈善事业的发展历程，慈善事业的健康发展，离不开政府的支持和帮助。特别是我国现代慈善事业仍处于起步发展阶段，更需要各级政府的重视和支持。

一、关于政府促进慈善事业健康发展的重要性

慈善是中华民族的传统美德，是社会文明进步的重要标志。慈善事业是中国特色社会主义事业的重要组成部分，是社会保障体系的重要补充，是脱贫攻坚不可或缺的重要力量，也是社会各界自愿参与、奉献爱心的崇高事业。发展慈善事业对于保障和改善民生、促进社会和谐、推动社会文明具有重要意义。

党和政府高度重视发展慈善事业。党的十八大、十八届三中全会作出了“支持发展慈善事业”、“支持慈善事业发挥扶贫济困积极作用”的战略部署，《中共中央关于制定国民经济和社会发展第十三个五年规划的建议》明确指出，要“支持慈善事业发展，广泛动员社会力量开展社会救济和社会互助、志愿服务活

动”。2016年政府工作报告提出了“支持专业社会工作、志愿服务和慈善事业发展”的明确要求。各级政府要将支持慈善事业发展作为重要职责，纳入重要议事日程，出台有力措施，促进慈善事业持续健康发展，为实现全面建成小康社会作出新的贡献。

二、关于政府促进慈善事业健康发展的措施

本条第一款是对政府促进慈善事业发展职责的原则性、总括性规定。第二款是对县级以上人民政府及其有关部门在各自职责范围内可以采取的具体措施的要求。

这既是对国务院和有关部门，也是对县级以上地方人民政府及其有关部门的要求。其中，有关部门又包括民政、财政、税务、教育、发展改革、卫生计生、住房城乡建设、人力资源和社会保障、人民银行、银监、证监、工业和信息化、海关、新闻出版广电、知识产权等与慈善事业发展有关的部门。

制定促进慈善事业健康发展的政策和措施的主体，是各县级以上人民政府。制定促进慈善事业健康发展的政策和措施的范围，既包括政府出台的综合性政策文件和措施，如国务院出台的《关于促进慈善事业健康发展的指导意见》（国发〔2014〕61号），也包括单项的政策和措施，如财政、税务等部门出台的税收优惠的规定。

制定促进慈善事业健康发展的政策和措施，具体包括四个方面的含义：

一是落实本法其他属于政府职能范围内的条款，例如，慈善信息共享（第七十八条）、税收优惠（第七十九条至第八十二条）、土地支持（第八十五条）、金融支持（第八十六条）、政府购买服务（第八十七条）、弘扬慈善文化（第八十八条）、慈善表彰制度（第九十一条）等。

二是落实有关政策文件的要求，如要贯彻落实《国务院关于促进慈善事业健康发展的指导意见》的要求。根据该指导意见，县级以上人民政府要将发展慈善事业作为社会建设的重要内容，纳入国民经济和社会发展总体规划和相关专项规划，加强慈善与社会救助、社会福利、社会保险等社会保障制度的衔接。各有关部门要建立健全慈善工作组织协调机制，及时解决慈善事业发展中遇到的突出困难和问题。

三是提供慈善需求信息。根据本条第二款，县级以上人民政府及其有关部门应当在各自职责范围内，以多种方式向慈善组织、慈善信托受托人等提供慈善需求信息，便于慈善资源供需对接，并为慈善活动提供政策、业务等方面的指导和帮助。例如，对于接受社会救助后仍需要帮扶的救助对象，民政部门要及时向慈善组织、慈善信托受托人等提供其慈善需求信息，帮助救助对象获得慈善帮扶，实现政府救助与社会帮扶有机结合，做到因情施救、各有侧重、互相补充。

四是县级以上人民政府要将发展慈善事业作为社会建设的重要内容，要根据经济社会发展情况，根据慈善事业发展的需要，与时俱进，制定本法未涉及的或者新的政策和措施，不断完善促进慈善事业健康发展的法规政策体系。

需要说明的是，政府对慈善事业的扶持和促进，不是由政府"包办"慈善。政府在促进慈善事业健康发展过程中，既不能"缺位"，更不能"越位"。如果政府对具体慈善活动介入过多，往往成为慈善事业健康发展的制约因素。

第七十八条　县级以上人民政府民政部门应当建立与其他部门之间的慈善信息共享机制。

【释义】　本条是关于慈善信息共享机制的规定。

慈善信息的共享有利于慈善资源的供需对接，也有利于各部门之间增强沟通、提高效率，推动我国慈善事业健康发展。

慈善信息是开展慈善活动、进行慈善事业监督管理过程中产生的信息。除民政部门之外，财政、税务、银监、海关、卫生计生、教育、住房城乡建设、人力资源和社会保障、文化、科技、环境保护、审计等部门，也会在各自职责范围内获取一定的慈善信息。建立民政部门与其他部门之间的慈善信息共享机制，有利于形成对慈善事业监督管理的合力，有利于提高政府服务效率、质量与决策水平，有利于提高慈善资源使用效益、促进我国慈善事业健康发展。

根据《国务院关于促进慈善事业健康发展的指导意见》（国发〔2014〕61号），民政部门要与其他社会救助管理部门进行信息共享，同时建立和完善民政部门与慈善组织、社会服务机构之间的衔接机制，形成社会救助和慈善资源的信息有效对接。

民政部门应当就如下事项加强与有关部门的信息共享：慈善组织登记管理；慈善信托备案管理；慈善组织公开募捐资格；慈善组织税收优惠；慈善组织公益性捐赠税前扣除资格；对慈善组织、慈善信托开展检查、评估的结果等。其他有关部门应在职责范围内，积极进行慈善信息共享。

第七十九条　慈善组织及其取得的收入依法享受税收优惠。

【释义】　本条是关于慈善组织税收优惠的规定

税收优惠是慈善事业健康发展的重要激励措施。对于慈善事业规定相应的税收优惠政策，是各国普遍做法。在慈善法出台之前，我国也存在涉及慈善组织、捐赠人、受益人等方面的税收优惠政策，但较为零散。在慈善法制定和审议过程中，社会各界都提出了关于完善税收优惠的相关规定的意见建议。在审议过程中，对于如何完善慈善事业的税收优惠规定，存在两种截然不同的观点。

一种意见认为，按照党的十八届三中全会关于“税收优惠政策由专门税收法律法规规定，清理规范税收优惠政策”的明确要求和立法法的规定，税收优惠政策应统一由专门税收法律法规规定。考虑到税收法律体系的完整性，慈善法等非税收类单行法律不宜对税收优惠作具体规定。慈善法应对慈善活动的税收优惠作出指引性的原则规定，或者再简化一些，将第七十九条、第八十条、第八十一条三条规定合并为一条，仅规定慈善活动依法享受税收优惠。如需进一步加大对慈善活动的税收优惠力度，可通过修改完善单行税收法律法规来实现，不宜在慈善法中作具体规定。

更多意见提出，慈善事业发展事关国家发展全局。国家给予慈善活动一定的税收优惠，是促进慈善事业发展的一项重要举措。国家通过税收优惠等政策扶持措施，将给慈善事业健康发展带来重大的积极影响和长期收益。慈善法作为慈善领域的一部基础性法律，有必要针对当前实践中存在的突出问题，以及各方面的迫切要求，对慈善活动享有税收优惠作进一步规定，体现国家促进慈善事业发展的战略要求。

立法部门就税收问题反复召开座谈会、进行专题调研，并与相关部门多次沟通协调，最终按照党的十八届三中全会作出的《关于全面深化改革若干重大问题的决定》中提出的“完善慈善捐助减免税制度，支持慈善事业发挥扶贫济困积极作用”的要求，在慈善法中对慈善活动享有的税收优惠作了集中规定：一是第七十九条至第八十二条明确慈善组织、捐赠人、受益人依法享受税收优惠。二是为落实中央扶贫开发工作会议精神，第八十四条规定国家对开展扶贫济困的慈善活动，实行特殊的优惠政策。三是针对大额捐赠税前扣除比例问题，慈善法第八十条专门规定，企业慈善捐赠支出超过法律规定的准予在计算企业所得税应纳税所得额时当年扣除的部分，允许结转以后三年内在计算应纳税所得额时扣除。

一、慈善组织的税收优惠

按照我国公益事业捐赠法、企业所得税法、个人所得税法及其实施条例等有关法律法规和政策文件的规定，慈善组织的税收优惠涉及所得税、增值税、营业税、房产税、关税等多个税种及多个环节，其中最核心的是所得税优惠。

1. 所得税优惠

具有免税资格的慈善组织，接受捐赠的收入和财政补助等不征税收入和免税收入，按照法律有关规定，免征企业所得税。目前我国对慈善组织的税收优惠政策主要体现在“收入”方面，包括“不征税收入”和“免税收入”。企业每一纳税年度的收入总额，减除不征税收入、免税收入、各项扣除以及允许弥补的以前年度亏损后的余额，为应纳税所得额。

关于不征税收入，企业所得税法第七条规定，收入总额中的下列收入为不征税收入：（1）财政拨款；（2）依法收取并纳入财政管理的行政事业性收费、政府性基金；（3）国务院规定的其他不征税收入。根据企业所得税法规定，慈善组织获得的财政拨款、行政事业性收费、政府性基金等合法收入在计算收入总额时直接作为不征税收入，不计算入企业应纳税所得额中。

关于免税收入，企业所得税法第二十六条规定，企业的下列收入为免税收入：（1）国债利息收入；（2）符合条件的居民企业之间的股息、红利等权益性投资收益；（3）在中国境内设立机构、场所的非居民企业从居民企业取得与该机构、场所有实际联系的股息、红利等权益性投资收益；（4）符合条件的非营利组织的收入。按照企业所得税法的规定，符合条件的非营利组织的收入为免税收入，免征企业所得税。财政部、国家税务总局《关于非营利组织企业所得税免税收入问题的通知》（财税〔2009〕122 号）规定，符合条件的非营利组织企业所得税免税收入范围包括：（1）接受其他单位或者个人捐赠的收入；（2）除企业所得税法第七条规定的财政拨款以外的其他政府补助收入，但不包括因政府购买服务取得的收入；（3）按照省级以上民政、财政部门规定收取的会费；（4）不征税收入和免税收入滋生的银行存款利息收入；（5）财政部、国家税务总局规定的其他收入。

2. 慈善组织的其他税收优惠

国家对慈善活动采取的各项税收优惠措施较为全面，尤其是 2008 年汶川地震以来，进一步加大了对捐赠活动的税收优惠力度，有力推动公益慈善事业发展。从优惠税种来看，除所得税优惠措施外，也涉及土地和房屋契税、房产税和城镇土地使用税、土地增值税等多个方面。如《契税暂行条例》规定，从事慈善事业的事业单位、社会团体承受土地、房屋用于办公、教学、医疗、科研和军事设施的，免征契税。《营业税暂行条例》第八条规定下列项目免征营业税：（1）托儿所、幼儿园、养老院、残疾人福利机构提供的育养服务，婚姻介绍，殡葬服务；（2）残疾人员个人提供的劳务；（3）医院、诊所和其他医疗机构提供的医疗服务；（4）学校和其他教育机构提供的教育劳务，学生勤工俭学提供的劳务；（5）农业机耕、排灌、病虫害防治、植物保护、农牧保险以及相关技术培训业务，家禽、牲畜、水生动物的配种和疾病防治；（6）纪念馆、博物馆、文化馆、文物保护单位管理机构、美术馆、展览馆、书画院、图书馆举办文化活动的门票收入，宗教场所举办文化、宗教活动的门票收入；（7）境内保险机构为出口货物提供的保险产品。《财政部、国家税务总局关于非营利性科研机构税收政策的通知》规定，非营利性科研机构从事技术开发、技术转让业务和与之相关的技术咨询、技术服务所得的收入，按有关规定免征营业税和企业所得税；非营利性科研机构自用的房产、土地，免征房产税、城镇土地使用税；社会力量对非关联的非营利性科研机构的新产品、新技术、新工艺所发生的研究开发经费资助，经主管税务机关审核确定，其资助支出可以全额在当年度应纳税所得额中扣除。当年度应纳税所得额不足抵扣的，不得结转抵扣。

二、慈善组织的免税资格

慈善组织作为非营利组织的一种，依法享受税收优惠。实践中如何区分享受税收优惠的社会组织与其他不享受税收优惠的社会组织的区别？《企业所得税法实施条例》以及《财政部、国家税务总局关于非营利组织免税资格认定管理有关问题的通知》（以下简称《通知》），对非营利组织应当符合的条件作了具体规定，明确财政、税务部门对非营利组织享受免税的资格联合进行审核确认，并定期予以公布。

《通知》规定，认定符合条件的非营利组织，必须同时满足以下条件：(1)依照国家有关法律法规设立或登记的事业单位、社会团体、基金会、民办非企业单位、宗教活动场所以及财政部、国家税务总局认定的其他组织；(2)从事公益性或者非营利性活动；(3)取得的收入除用于与该组织有关的、合理的支出外，全部用于登记核定或者章程规定的公益性或者非营利性事业；(4)财产及其孳息不用于分配，但不包括合理的工资薪金支出；(5)按照登记核定或者章程规定，该组织注销后的剩余财产用于公益性或者非营利性目的，或者由登记管理机关转赠给与该组织性质、宗旨相同的组织，并向社会公告；(6)投入人对投入该组织的财产不保留或者享有任何财产权利,本款所称投入人是指除各级人民政府及其部门外的法人、自然人和其他组织;(7)工作人员工资福利开支控制在规定的比例内,不变相分配该组织的财产,其中:工作人员平均工资薪金水平不得超过上年度税务登记所在地人均工资水平的两倍,工作人员福利按照国家有关规定执行;(8)除当年新设立或登记的事业单位、社会团体、基金会及民办非企业单位外,事业单位、社会团体、基金会及民办非企业单位申请前年度的检查结论为“合格”;(9)对取得的应纳税收入及其有关的成本、费用、损失应与免税收入及其有关的成本、费用、损失分别核算。

非营利组织免税优惠资格的有效期为五年。非营利组织应在期满前三个月内提出复审申请,不提出复审申请或复审不合格的,其享受免税优惠的资格到期自动失效。需要说明的是,2014 年国务院行政改革取消了此项审核,目前国家税务总局正在研究相应的替代措施。

第八十条　自然人、法人和其他组织捐赠财产用于慈善活动的,依法享受税收优惠。企业慈善捐赠支出超过法律规定的准予在计算企业所得税应纳税所得额时当年扣除的部分,允许结转以后三年内在计算应纳税所得额时扣除。

境外捐赠用于慈善活动的物资,依法减征或者免征进口关税和进口环节增值税。

【释义】　本条是关于自然人、法人和其他组织捐赠活动享受税收优惠的规定。

企业和个人的公益性捐赠支出,允许按照一定比例准予在计算应纳税所得额时扣除,可以激励企业和个人进行公益捐赠。慈善法出台之前,相关的法律法规也有所规定。如公益事业捐赠法第二十四条规定,公司和其他企业依照本法的规定捐赠财产用于公益事业,依照法律、行政法规的规定享受企业所得税方面的优惠。第二十五条规定,自然人和个体工商户依照本法的规定捐赠财产用于公益事业,依照法律、行政法规的规定享受个人所得税方面的优惠。《国务院关于促进慈善事业健康发展的指导意见》(国发〔2014〕61 号)规定,落实企业和个人公益性捐赠所得税税前扣除政策,企业发生的公益性捐赠支出,在年度利润总额百分之十二以内的部分,准予在计算应纳税所得额时扣除;个人公益性捐赠额未超过纳税义务人申报的应纳税所得额百分之三十的部分,可以从其应纳税所得额中扣除。对境外向我国境内依法设立的慈善组织无偿捐赠的直接用于慈善事业的物资,在有关法律及政策规定的范围内享受进口税收优惠。

慈善法一审稿仅对捐赠的税收优惠作了原则性规定。一审稿第八十四条规定,"自然人、法人或者其他组织捐赠财产用于慈善活动的,依法享受税收优惠。境外捐赠用于慈善活动的物资,依法减征或者免征进口关税和进口环节增值税"。在审议过程中,社会各界对该条意见较为集中。有的意见提出,国务院 2013 年批转发展改革委等部门《关于深化收入分配制度改革若干意见的通知》明确对企业公益性捐赠支出超过年度利润总额百分之十二的部分,允许结转以后年度扣除。考虑到近年来大额捐赠逐渐增多,为促进慈善事业发展,建议对此问题在慈善法中作出进一步规定。

立法部门经审慎研究,并向中央请示后,在该条增加相关规定,"企业慈善捐赠支出超过法律规定的准予在计算企业所得税应纳税所得额时当年扣除的部分,允许结转以后三年内在计算应纳税所得额时扣除"。

一、自然人、法人和其他组织捐赠财产用于慈善活动的，依法享受税收优惠

1. 对企业的扣除比例

企业所得税法第九条规定，企业发生的公益性捐赠支出，在年度利润总额百分之十二以内的部分，准予在计算应纳税所得额时扣除。《财政部、国家税务总局、民政部关于公益性捐赠税前扣除有关问题的通知》（财税〔2008〕160 号）规定，企业通过公益性社会团体或者县级以上人民政府及其部门，用于公益事业的捐赠支出，在年度利润总额百分之十二以内的部分，准予在计算应纳税所得额时扣除。年度利润总额，是指企业依照国家统一会计制度的规定计算的大于零的数额。

2. 对个人的扣除比例

个人所得税法第六条规定，应纳税所得额的计算：个人将其所得对教育事业和其他公益事业捐赠的部分，按照国务院有关规定从应纳税所得中扣除。《个人所得税法实施条例》第二十四条规定，税法第六条第二款所说的个人将其所得对教育事业和其他公益事业的捐赠，是指个人将其所得通过中国境内的社会团体、国家机关向教育和其他社会公益事业以及遭受严重自然灾害地区、贫困地区的捐赠。捐赠额未超过纳税义务人申报的应纳税所得额百分之三十的部分，可以从其应纳税所得额中扣除。

根据企业所得税法和个人所得税法及其实施条例等法律法规规定，企业发生的公益性捐赠支出，在不超过年度利润总额百分之十二的捐赠，可以在计算年度应纳税所得额时扣除；个人捐赠的捐赠额未超过纳税义务人申报的应纳税所得额百分之三十的部分，可以从其应纳税所得额中扣除。除所得税优惠外，也有其他方面的税收优惠，如《印花税暂行条例》第四条规定，下列

凭证免纳印花税：(1)已缴纳印花税的凭证的副本或者抄本；(2)财产所有人将财产赠给政府、社会福利单位、学校所立的书据；(3)经财政部批准免税的其他凭证。

3. 须向具有出具公益性捐赠税前扣除票据资格的慈善组织捐赠

在慈善捐赠活动中，捐赠人必须向具有出具公益性捐赠税前扣除票据资格的非营利组织进行捐赠，才能享有国家规定的税收优惠。实践中，需民政部门、财政部门和税务部门三家审核确认非营利组织的出具公益性捐赠税前扣除票据的资格。对于捐赠人不通过慈善组织等具备公益性捐赠税前扣除资格的组织进行捐赠，而是直接将财物赠与个人，这是国家法律所允许的行为，同样应予以鼓励和表彰。但上述行为，不属于本法的调整范围，捐赠人不能享受本法规定的有关税收等方面的优惠待遇。法律之所以这样规定，主要基于以下两方面的考虑：首先，捐赠人直接将财物捐赠给个人，在日常生活中经常发生，国家一般无须也很难一一掌握捐赠的具体情况。其次，法律的这一规定，实际上具有一定的引导作用，通过税收优惠的调节作用，引导有捐赠意愿的人将财产捐赠给专业的受赠人如慈善组织，从而更好地实现公益目的，有助于实现合理配置慈善资源，充分发挥捐赠财产的作用，有利于实现捐赠人的慈善目的，更有利于慈善事业的健康发展，这也是世界上多数国家普遍采取的做法。

2008 年，财政部、国家税务总局、民政部联合出台《关于公益性捐赠税前扣除有关问题的通知》。该通知第一条所称的公益性社会团体和第二条所称的社会团体均指依据国务院发布的《基金会管理条例》和《社会团体登记管理条例》的规定，经民政部门依法登记、符合以下条件的基金会、慈善组织等公益性社会团体：(1)符合《企业所得税法实施条例》第五十二条第(一)项到第(八)项规定的条件;(2)申请前三年内未受到行政处罚;(3)基金会在民政部门依法登记三年以上(含三年)的,应当在申请前连续二年年度检查合格,或最近一年年度检查合格且社会组织评估等级在3A以上(含3A),登记三年以下一年以上(含一年)的,应当在申请前一年年度检查合格或社会组织评估等级在3A以上(含3A),登记一年以下的基金会具备本款第(一)项、第(二)项规定的条件;(4)公益性社会团体(不含基金会)在民政部门依法登记三年以上,净资产不低于登记的活动资金数额,申请前连续二年年度检查合格,或最近一年年度检查合格且社会组织评估等级在3A以上(含3A),申请前连续三年每年用于公益活动的支出不低于上年总收入的百分之七十(含百分之七十),同时需达到当年总支出的百分之五十以上(含百分之五十)。前款所称年度检查合格是指民政部门对基金会、公益性社会团体(不含基金会)进行年度检查,作出年度检查合格的结论;社会组织评估等级在3A以上(含3A)是指社会组织在民政部门主导的社会组织评估中被评为3A、4A、5A级别,且评估结果在有效期内。企业或个人通过获得公益性捐赠税前扣除资格的公益性社会团体或县级以上人民政府及其组成部门和直属机构,用于公益事业的捐赠支出,可以按规定进行所得税税前扣除。

2010年,财政部、国家税务总局、民政部发布《关于公益性捐赠税前扣除有关问题的补充通知》,规定企业或个人通过获得公益性捐赠税前扣除资格的公益性社会团体或县级以上人民政府及其组成部门和直属机构,用于公益事业的捐赠支出,可以按规定进行所得税税前扣除。县级以上人民政府及其组成部门和直属机构的公益性捐赠税前扣除资格不需要认定。2009年,民政部印发《社会团体公益性捐赠税前扣除资格认定工作指引》。

2015 年 5 月 10 日，国务院发布《关于取消非行政许可审批事项的决定》，取消四十九项非行政许可审批事项，包括由民政部主导、财政部、税务总局参与审核确认的“公益性捐赠税前扣除资格确认”，进一步鼓励公益性捐赠活动。取消之后在实践中如何操作，还需要相关部门抓紧制定相关实施办法。

二、企业捐赠支出超过当年法定税前扣除限额时，可向后结转三年

根据企业所得税法和《企业所得税法实施条例》的规定，企业捐赠当年的税前扣除额需要在比较捐赠额与年度会计利润的百分之十二的大小之后才能确定，从而在计算企业当年应纳税所得额时进行税前扣除。如果捐赠额大于企业捐赠当年年度会计利润的百分之十二，则依据年度会计利润的百分之十二扣除；如果捐赠额小于企业当年年度会计利润的百分之十二，则依据实际捐赠额扣除。如此，便可能造成如果企业捐赠当年年度会计利润相对较小、捐赠额相对较大而无法充分享受扣除的情形。本法规定，如果捐赠额大小捐赠当年年度会计利润的百分之十二，因而无法将捐赠额全部从当年应纳税所得额中扣除时，企业可以在接下来的三年时间里，将之前未享受税前扣除的捐赠额在计算应纳税所得额时进行税前扣除，这有利于保障企业充分享受税前扣除的优惠待遇，达到鼓励捐赠的目的。

需要注意的是，慈善捐赠除了享受所得税税收优惠外，还可能享受其他税种方面的优惠，如捐赠房产的可以免缴土地增值税，享受优惠的具体条件需要参考相应的法条。

三、关于境外向国内慈善活动捐赠物资，减免进口关税和进口环节增值税

境外，是指中华人民共和国海关关境以外的国家和地区，包

括其他国家、地区和我国的香港、澳门、台湾地区。香港、澳门和台湾都是我国领土的一部分,但它们又都是独立的关税区,因此,从关税区角度讲也属境外。捐赠的主体,包括境外个人或组织。组织包括政府、企业、非营利组织等。捐赠的物资是指衣服、鞋帽等生活必需品,教学仪器、教材,医疗药品、器械,用于环保的专业仪器等。

境外捐赠主要有两个来源:一是广大华侨、华人和港澳同胞出于爱国爱乡之情,捐款捐物,尤其在祖国遭受严重自然灾害时,更是纷纷慷慨解囊;二是来自外国政府和国际组织提供的用于发展经济、促进教育、环境保护、救助灾害等方面的资金和物资。境外捐赠对促进科教文卫等社会公共福利事业的发展,起到了良好的促进作用。

为了鼓励境外向国内慈善事业捐赠,我国有关法律、行政法规、部门规章,对境外捐赠用于慈善活动的物资,给予减免税的优惠。

归侨侨眷权益保护法规定,归侨、侨眷境外亲友捐赠的物资用于国内公益事业的,依照法律、行政法规的规定减征或者免征关税和进口环节的增值税。公益事业捐赠法规定,境外向公益性社会团体和公益性非营利的事业单位捐赠的用于公益事业的物资,依照法律、行政法规的规定减征或者免征进口关税和进口环节的增值税。

财政部、国家税务总局、海关总署联合制定并发布或由海关总署单独制定并发布的部门规章规定,进口科学研究和教学用品,残疾人专用品,外国政府、国际组织无偿赠送的物资,境外捐赠人无偿向受赠人捐赠的直接用于慈善事业的物资,享受减免关税和进口环节税的待遇。

属于对境外捐赠人无偿向受赠人捐赠的直接用于慈善事业

的物资，由受赠人向海关申请办理减免税手续，海关按规定进行审核确认。经审核同意免征进口的捐赠物资，由海关按规定进行监管。

需要说明的是，境外捐赠必须符合本法、公益事业捐赠法和其他有关法律的规定，才能依法享受税收优惠。例如，捐赠的物资必须是捐赠人合法取得并有处分权的物资且具有使用价值，受赠主体必须要符合相关法律的要求，捐赠必须是无偿、不求回报，捐赠不能附加不符合我国法律、行政法规规定的条件，不能损害我国的国家利益等。

第八十一条　受益人接受慈善捐赠，依法享受税收优惠。

【释义】　本条是关于受益人享受税收优惠的规定。

关于受益人在接受慈善捐赠过程中依法享受税收优惠，我国个人所得税法及其实施条例、《基金会管理条例》等法律法规中有所规定。《基金会管理条例》第二十六条规定，基金会及其捐赠人、受益人依照法律、行政法规的规定享受税收优惠。目前，对于受益人的优惠措施更多体现在个人所得税方面，对于企业作为受益人的税收优惠，则主要体现在汶川地震、玉树地震等灾后重建的税收优惠政策方面。

个人作为慈善活动的受益人，尤其是作为慈善捐赠的受捐赠人，所获得的捐赠收入不计入个人所得税法中规定的个人应纳税所得，无须缴纳个人所得税。个人所得税法第四条规定，个人所得的福利费、抚恤金、救济金，免纳个人所得税；第五条规定，有下列情形之一的，经批准可以减征个人所得税：(1)残疾、孤老人员和烈属的所得；(2)因严重自然灾害造成重大损失的；(3)其他经国务院财政部门批准减税的。

对于企业作为受益人，按照有关规定，在一定情况下也可以享受税收优惠。《关于支持汶川地震灾后恢复重建有关税收政策问题的通知》规定，对受灾严重地区损失严重的企业，免征2008年度企业所得税；自2008年5月12日起，受灾地区企业通过公益性社会团体、县级以上人民政府及其部门取得的抗震救灾和灾后恢复重建款项和物资，以及税收法律、法规和该通知规定的减免税金及附加收入，免征企业所得税。财政和税务部门后续发布了《关于支持玉树地震灾后恢复重建有关税收政策问题的通知》《关于支持舟曲灾后恢复重建有关税收政策问题的通知》《关于支持芦山地震灾后恢复重建有关税收政策问题的通知》，其中也有对企业相关税收优惠的规定。

第八十二条　慈善组织、捐赠人、受益人依法享受税收优惠的，有关部门应当及时办理相关手续。

【释义】　本条是关于有关部门及时办理税收优惠相关手续的规定。

一般来说，慈善组织、捐赠人以及受益人办理税收优惠的相关手续，涉及民政、财政以及税务等多部门联合工作。也有部分基金会、社团提出，在具体实践操作过程中，程序较为烦琐，各部门之间缺乏及时沟通和高效率工作，容易使许多手续停滞，无法实现真正的税收优惠。为了解决这个问题，本条专门作出规定，要求有关部门应当及时办理慈善组织、捐赠人以及受益人的税收优惠。

一、关于及时办理税收优惠手续的适用对象

在适用对象上，本条最大限度包含了各种相关主体，对于上述主体的税收优惠手续，均应当便捷、常规化办理。

1. 慈善组织税收优惠的办理。慈善组织办理税收优惠，包括以下情形：资格层面的慈善组织自身的免税资格办理，慈善组织的公益性捐赠税前扣除资格办理；以及实体层面的慈善组织自身的税收减免，涉及企业所得税、增值税、营业税、契税、房产税、进口关税、进口环节增值税等税种。

2. 捐赠人税收优惠的办理。捐赠人的税收优惠，包括计算应纳税所得额时的税前扣除，以及印花税、增值税、营业税、城市维护建设税、教育费附加、进口关税和进口环节增值税等方面的税收减免。

3. 受益人税收优惠的办理。受益人的税收优惠，主要体现在所得税的减免征收上。

二、关于税收优惠办理的常规化

通过本条的规定和实施，首先应实现税收优惠办理的常规化。在慈善税收减免、退税的办理上，税务部门需摒弃特事特办的观念，将其作为自身工作的重要组成部分，将其日常化、流程化。根据《国务院关于取消非行政许可审批事项的决定》（国发〔2015〕27 号）和财政部《关于公益性捐赠税前扣除资格确认审批有关调整事项的通知》（财税〔2015〕141 号），“公益性捐赠税前扣除资格确认”作为非行政许可审批事项予以取消，为做好公益性捐赠税前扣除资格的管理，对社会组织报送捐赠税前扣除资格申请报告和相关材料的环节予以取消，即《财政部、国家税务总局、民政部关于公益性捐赠税前扣除有关问题的通知》（财税〔2008〕160 号）第六条、第七条停止执行，改由财政、税务、民政等部门结合社会组织登记注册、公益活动情况联合确认公益性捐赠税前扣除资格，并以公告形式发布名单。这就体现了税收优惠办理的常规化和程序简化。

对于捐赠人的税前抵扣，应制定简便、快捷、易操作的所得税抵扣操作办法，以简化手续，提高效率。例如，对于单位组织的集体捐赠，可由受赠方开具总发票和明细，再由组织单位统一批量为员工办理所得税抵扣手续，在工资发放时予以直接抵扣。

三、关于税收优惠办理的及时便捷

税收优惠的办理，作为国家的法定职责，有关部门应当本着建设服务型政府的理念，为慈善活动各方提供及时、快捷的服务。慈善税收减免、退税应当设定法定时限，税务机关等部门应当遵守法定时限积极履行法定职责，不得无故拖延。在遵守法定时限基础上，本条的“及时”办理，还要求税务机关等部门在法律制度范围内，尽可能为相对人提供便利，尽可能提高效率。慈善税收优惠能够当场决定、当场办结的，有关机关应当场办结；不能当场办结的，应当尽快办结。

捐赠人的税前抵扣办理，程序较为简单。只要捐赠人取得慈善组织开具的捐赠票据，即可向税收部门申请办理税前扣除。但在实施中也存在一些问题。一是我国捐赠票据的使用缺乏明确统一的政策规定，各地方自定政策，有些省市政策变动频繁。导致一方面一些公益性社会组织接受捐赠无票据可用，地区间票据无法通用，跨省捐赠受限；另一方面一些社会组织无所适从，也给政府监管带来困难。二是慈善组织取得税前扣除资格存在巨大困难。根据《财政部、国家税务总局、民政部关于公益性捐赠税前扣除资格确认审批有关调整事项的通知》规定，公益性社会团体捐赠税前扣除资格确认程序按以下规定执行：对在民政部登记设立的社会组织，由民政部在登记注册环节会同财政部、国家税务总局对其公益性进行联合确认，对符合公益性社会团体条件的社会组织，财政部、国家税务总局、民政部联合发布公告，明确其公益性捐赠税前扣除资格；对在民政部登记注册且已经运行的社会组织，由财政部、国家税务总局和民政部结合社会组织公益活动情况和年度检查、评估等情况，对符合公益性社会团体条件的社会组织联合发布公告，明确其公益性捐赠税前扣除资格;在省级和省级以下民政部门登记注册的社会组织,由省级相关部门参照上述规定执行。但是,能够取得税前扣除资格的慈善组织数量较少,有待通过办理程序的流程简化来加以扩大。三是税收优惠的知晓度不高。不少企业经常做慈善捐赠,能够捐赠的税收减免并享受到税前扣除;但是很多普通民众不了解税前扣除,也未享受到该政策,有关部门应当加大宣传力度,不仅保障社会各界税收优惠的权利,还可以监督促进有关部门及时办理相关手续。

第八十三条 捐赠人向慈善组织捐赠实物、有价证券、股权和知识产权的,依法免征权利转让的相关行政事业性费用。

【释义】 本条是关于免征权利转让的相关行政事业性费用的规定。

本条规定是降低捐赠成本、鼓励捐赠人捐赠实物、有价证券、股权和知识产权的有效措施。免征的对象是,捐赠实物、有价证券、股权和知识产权时转让权利的行政事业性费用。

行政事业性费用是指国家机关、事业单位、代行政府职能的社会团体及其他组织根据法律、行政法规、地方性法规等有关规定,依照国务院规定程序批准,在向公民、法人提供特定服务的过程中,按照成本补偿和非盈利原则向特定服务对象收取的费用。按照收费性质可分为六类:一是行政管理类,即根据法律法规规定,在行使国家管理职能时,向被管理对象收取的费用,包括各种登记费、注册费、证照费等。二是资源补偿类,即根据法律法规规定向开采、利用自然和社会公共资源者收取的费用,如排污费、水土保持补偿费等。三是鉴定类,即根据法律法规规定,行使或代行政府职能强制实施检验、检测、检定、认证、检疫等收取的费用。四是考试类,即根据法律法规、国务院或省级政府文件规定组织考试收取的费用，以及组织经人力资源和社会保障部批准的专业技术资格、执业资格或职业资格考试收取的费用。五是培训类，即根据法律法规或国务院规定开展强制性培训收取的费用。六是其他类，如教育收费等。捐赠实物、有价证券、股权和知识产权的行政事业性费用，主要是行政管理类费用。

第八十四条　国家对开展扶贫济困的慈善活动，实行特殊的优惠政策。

【释义】 本条是关于扶贫济困慈善活动特殊优惠政策的的规定。

消除贫困、改善民生、逐步实现共同富裕，是社会主义的本质要求。党和国家提出了"到2020年农村贫困人口实现脱贫"的宏伟目标，也出台了一系列针对困难群体的惠民举措。慈善事业是扶贫济困的重要力量，以上情况决定了扶贫济困仍然是当前我国慈善事业的主要领域，要鼓励社会各界以扶贫济困为重点开展慈善活动。在政府保障困难群众基本生活的同时，鼓励和支持社会各界以扶贫济困为重点开展慈善活动，有利于广泛汇聚社会帮扶资源，有利于更好地满足困难群众多样化、多层次的需求，帮助他们摆脱困境、改善生活，为实现全面建成小康社会作出贡献。党的十八届三中全会也提出了"支持慈善事业发挥扶贫济困积极作用"的明确要求，《国务院关于促进慈善事业健康发展的指导意见》(国发〔2014〕61号)将"突出扶贫济困"作为首要原则，《中共中央、国务院关于打赢脱贫攻坚战的决定》(中发〔2015〕34号)鼓励社会力量参与扶贫开发。

国家对开展扶贫济困的慈善活动，实行特殊的优惠政策，是一条原则性规定和要求。《国务院关于促进慈善事业健康发展的指导意见》明确要求,"优先发展具有扶贫济困功能的各类慈善组织"。其他关于扶贫济困慈善活动的优惠政策,还有待于各有关部门根据本条的规定和要求,进一步细化和完善。

第八十五条　慈善组织开展本法第三条第一项、第二项规定的慈善活动需要慈善服务设施用地的,可以依法申请使用国有划拨土地或者农村集体建设用地。慈善服务设施用地非经法定程序不得改变用途。

【释义】 本条是关于特定领域的慈善组织在土地使用方面促进措施的规定。

慈善组织在一些领域所进行的慈善活动需要相应的设施和场地支持。例如,提供养老服务的慈善组织在提供生活照料、康复护理、托管服务的过程中都需要必要的设施和场地。用地保障是一种物化的有形保障,是养老服务设施建设不可缺少的最基本的条件保障,而用地问题是制约养老服务发展的最突出的难题之一。慈善服务设施和场地的使用成本对于一些慈善组织而言是很高的甚至是无力承担的,从而可能导致因缺乏必要设施用地而难以持续地运作其所从事的慈善活动和项目。在总结地方实践的基础上,本法对慈善服务设施用地的取得方式和用途管制作出了规定。本法的规定符合根据土地管理法关于城市基础设施用地和公益事业用地、乡(镇)村公共设施、公益事业用地政策的规定。本条的规定为从事扶贫、济困、扶老、救孤、恤病、助残和优抚活动的慈善组织在用地方面获得一定的优惠性待遇提供了法律基础,在用地方面的优惠待遇也是慈善组织可以享受的促进措施之一。

一、关于可以享受用地促进措施的慈善活动范围

本条所指称的慈善法第三条第一项、第二项规定的慈善活

动,包括扶贫、济困、扶老、救孤、恤病、助残、优抚七个领域。法律允许在这七个领域给予慈善组织用地方面的优惠,说明根据我国目前的国情,对扶贫、济困、扶老、救孤、恤病、助残和优抚等方面的慈善事业的发展需求比较迫切,有必要优先扶持和促进慈善组织开展这些领域的慈善活动。尤其是我国扶贫事业进入攻坚阶段,慈善力量参与扶贫工作的作用不容小觑。本条的规定,也与国家对开展扶贫济困的慈善活动实行特殊的优惠政策的规定相一致。

在上述慈善活动领域中,已有一些法规规章涉及慈善组织的用地问题。例如,国土资源部于 2014 年印发的《养老服务设施用地指导意见》(国土资厅发〔2014〕11 号)确定经养老主管部门认定的非营利性养老服务机构,其养老服务设施用地可采取划拨方式供地。慈善法出台后,对于相关组织的认定有了明确的法定标准,主管部门的责权也更加明晰。部分类似的法规政策的制度障碍在执行中将被逐步扫清,新的政策也有望在慈善法确立的制度框架下陆续出台。

二、关于国有划拨土地的使用

通过划拨方式取得国有土地使用权需要依照土地管理法和《划拨土地使用权管理暂行办法》等相关法律法规执行。国有土地包括:(1)城市市区的土地;(2)农村和城市郊区中已经依法没收、征收、征购为国有的土地;(3)国家依法征收的土地;(4)依法不属于集体所有的林地、草地、荒地、滩涂及其他土地;(5)农村集体经济组织全部成员转为城镇居民的,原属于其成员集体所有的土地;(6)因国家组织移民、自然灾害等原因,农民成建制地集体迁移后不再使用的原属于迁移农民集体所有的土地。

划拨方式取得国有土地使用权,是指经县级以上人民政府依法批准后，在土地使用权者依法缴纳了土地补偿费、安置补偿费及其他费用后，国家将土地交付给土地使用者使用，或者国家将土地使用权无偿交付给土地使用者使用的行为。通过划拨方式取得土地使用权，只需缴纳取得土地的成本和税费，无须缴纳土地有偿使用费，因此是一项国家给予的特殊待遇。土地管理法第五十四条对可以通过划拨的方式取得土地使用权的范围作了规定，其中专门规定了城市基础设施用地和公益事业用地是可以进行划拨的用地类型之一。由于划拨土地的非有偿性，为防止划拨土地使用权被滥用，2001 年国土资源部第 9 号令发布的《划拨用地目录》明确规定了可以划拨方式提供土地使用权的用地项目清单。在"城市基础设施用地和公益事业用地"类别下，"非营利性社会福利设施用地"与本条规定的慈善活动领域相契合。

《划拨土地使用权管理暂行办法》规定划拨土地使用权的转让、出租、抵押必须经过市、县人民政府土地管理部门批准并办理土地使用权出让手续，交付土地使用权出让金。因此，慈善组织如果获得国家划拨的土地使用权，并不能随意进行流转。如果土地使用者不需要使用时，应由政府无偿收回土地使用权。

三、关于农村集体建设用地的使用

农村集体建设用地是农村进行各项非农业建设所使用的农民集体所有土地。根据土地管理法第四十三条的规定，有三种情况可以使用农民集体所有的建设用地：（1）兴办乡镇企业使用本集体经济组织农民集体所有的土地；（2）农村村民建住宅使用本集体所有的土地；（3）乡（镇）村公共设施和公益事业建设使用农民集体所有的土地。而慈善组织开展本条涉及的慈善活动用地则属于第三种情况。在农村从事扶贫、济困、扶老、救孤、恤病、助残和优抚活动的慈善组织可以公益事业建设用地的类别申请慈善服务设施所需用地。

慈善组织需要申请使用农村集体公益事业建设用地的，应当符合乡（镇）土地利用总体规划，依法办理建设用地审批手续。土地管理法第六十一条规定，乡（镇）村公共设施、公益事业建设需要使用土地的，应当经乡（镇）人民政府审核，向县级以上地方人民政府土地行政主管部门提出申请，按照省、自治区、直辖市规定的批准权限，由县级以上地方人民政府批准。涉及占用农用地的，还应当按照关于农用地转用的审批办法和批准权限办理农用地转用审批。

四、关于慈善服务设施用地非经法定程序不得改变用途

为了保证慈善服务设施用地的公益性质，防止变相用于商品住房等房地产开发，确保慈善服务供给的数量，本条明确规定慈善服务设施用地非经法定程序不得改变用途。根据上述规定，原则上不得改变慈善服务设施用地的公益事业用地的性质。慈善服务设施用地需要改变用途的，必须由用地单位按法律规定的程序报经有权机关审批。我国相关法律对改变土地使用用途的情况作出相应的程序要求。土地管理法第五十六条规定，建设单位使用国有土地的，应当按照土地使用权出让等有偿使用合同的约定或者土地使用权划拨批准文件的规定使用土地；确需改变该幅土地建设用途的，应当经有关人民政府土地行政主管部门同意，报原批准用地的人民政府批准。其中，在城市规划区内改变土地用途的，在报批前，应当先经有关城市规划行政主管部门同意。对于农村集体建设用地，土地管理法第六十五条规定，为乡（镇）村公共设施和公益事业建设需要使用土地的，不按照批准的用途使用土地的，因撤销、迁移等原因而停止使用土地的，农村集体经济组织报经原批准用地的人民政府批准，可以收回土地使用权。擅自改变土地用途的，依照相关法律

规定处理。依照土地管理法第八十条的规定,不按照批准的用途使用国有土地的,由县级以上人民政府土地行政主管部门责令交还土地,处以罚款。

第八十六条　国家为慈善事业提供金融政策支持,鼓励金融机构为慈善组织、慈善信托提供融资和结算等金融服务。

【释义】　本条是关于慈善事业的金融政策支持的规定。

金融机构是慈善事业的重要推动力量,通过发挥其资金融通、资产管理等专业能力,能为慈善事业提供有力支持。我国慈善事业尚处于初级阶段,慈善组织和慈善信托对资金和有针对性的金融服务均具有很大需求。而受市场支配的传统金融,尚未有效覆盖慈善事业。为了调节市场失灵,提升较为薄弱的慈善事业的金融支持度,体现金融行业的社会责任,必须加强政府引导,提供政策支持,鼓励市场主体将金融资源向慈善事业倾斜。

一、关于金融机构及相关服务

金融机构一般是指专门从事金融服务业的组织。根据中国人民银行发布的《金融机构编码规范》,我国的金融机构主要包括银行和信用合作社等银行业存款类金融机构、信托公司等银行业非存款类金融机构、证券公司等证券业金融机构、保险公司等保险业金融机构和小额贷款公司等新兴金融企业。金融机构提供的融资服务一般包括银行借款等为客户筹集资金的服务。金融机构提供的结算服务一般指为客户采用票据、汇款等结算方式进行货币支付及资金清算提供的服务。

二、关于鼓励提供金融服务

我国慈善事业的自身特点决定了传统的金融服务难以满足其发展需求。慈善组织具有小型化、分散化、非营利性等特点,融资能力薄弱,缺乏融资渠道;慈善资产具有显著的公共性,对资产管理和善款分配的安全性和透明度要求较高,金融机构在这一方面的专业支持尚未充分体现;慈善事业的受益人一般是贫困人群等弱势群体,而传统金融还难以提供价格合理和便捷安全的产品和服务。在国际上,金融行业与慈善事业的创新合作已经蔚然成风,不仅包括金融机构为慈善组织和受益人群提供有针对性的服务,还包括金融机构通过社会投资等方式,引导更多的商业主体解决社会问题,实现慈善目标。

针对我国慈善事业的具体情况,金融机构可以通过业务模式创新、产品创新,将金融服务尽可能覆盖到慈善组织、慈善信托和受益人群体,甚至为这类慈善主体提供定制化的服务。通过合理降低融资和结算成本,拓宽融资和结算渠道,加强金融机构对慈善活动资金往来的监督,从而可以进一步推动慈善事业的发展。例如,金融机构可以拓展针对高净值客户的慈善咨询服务,以引导更多的财富资源向慈善领域转移;为慈善组织和慈善信托提供低息或无息贷款,创新风险控制,丰富慈善组织和慈善信托的融资渠道;为慈善组织和慈善信托提供安全性较高的资金托管和保值增值服务,提升资产管理的专业性和透明度;为慈善捐赠与慈善服务等活动提供快速支付通道,多种支付工具,优惠便捷的结算方式等。

目前,地方已经出现了不少慈善金融创新案例,慈善与金融已经显现出互相融合,互相支持的发展趋势。如某大型基金会在公募活动中,将其从多个渠道汇聚的善款统一集中到托管银行开设的专户保管,并且该银行专门通过开发信息反馈系统来对善款的使用管理进行有效监督。捐赠人在捐款后即会收到捐赠反馈信息,对资金是否到账、将来用于什么项目、具体项目执行情况和成果等信息都了如指掌。同时,银行对每一笔资金的流动,都会进行严格审查,包括支出的项目,是否符合章程和预算规定,是否满足支出的程序要求等。通过这样的金融服务创新,加强了慈善资金管理的专业性和透明化。再如,某银行参照小微企业贷款思路和模式研发出针对慈善组织的低息信贷产品,通过创新银行风险控制手段,为缺乏稳定资金但有一定社会公信力的慈善组织提供优惠利息的贷款,为慈善组织的可持续运作提供保障。不少银行、信托公司和小额贷款公司也在积极开发针对基金会资产保值增值的创新理财产品或者资产配置服务,力求在保障资产安全性的前提下,尽可能地激活闲置资产。

三、关于国家提供金融政策支持

为了鼓励金融机构更好地为慈善主体提供服务,国家的政策支持至关重要。2014 年国务院出台的《关于促进慈善事业健康发展的指导意见》(国发〔2014〕61 号)中指出,要加大社会支持力度,倡导金融机构根据慈善事业的特点和需求创新金融产品和服务方式,积极探索金融资本支持慈善事业发展的政策渠道。支持慈善组织为慈善对象购买保险产品,鼓励商业保险公司捐助慈善事业。随后各地方也出台了实施意见,进一步细化和丰富了金融创新的要求。如湖南省在其实施意见中指出,鼓励金融机构积极进行公益慈善类金融产品创新,为公益慈善资产提供保值增值服务,倡导金融机构为慈善捐助提供金融绿色通道等。

国家为慈善事业提供金融政策支持是一条原则性的规定,具体的金融政策还有待于日后的不断完善。将来的金融政策,可以通过定向降低为慈善事业提供支持的银行业金融机构存款准备金率、制定相应的财税激励政策、完善金融机构在慈善服务方面的业务考核指标、制定合理的服务价格管理制度或是成立国家级的慈善金融发展专项资金等多种方式,引导金融机构和慈善组织和慈善信托开展合作,鼓励金融机构进行服务模式和产品的创新。金融政策的出台和落实,有赖于民政部门、金融监管部门和财税部门等相关部门间的有效协调与合作。

加强政策引导和激励,既是贯彻落实发展慈善事业目标的有力保障,也和国家普惠金融政策的方向相一致。不断提高金融服务的覆盖率、可得性和满意度,有利于慈善主体更便捷地获得金融资源,从而有力地推动慈善事业的发展。

第八十七条　各级人民政府及其有关部门可以依法通过购买服务等方式,支持符合条件的慈善组织向社会提供服务,并依照有关政府采购的法律法规向社会公开相关情况。

【释义】 本条是关于政府以购买服务等方式支持慈善组织提供服务的规定。

当前,越来越多的慈善组织向他人和社会提供大量的非营利服务,并兴办了公益性医院、养老机构、残障康复设施、教育培训等社会服务机构。随着我国慈善事业的发展,慈善组织将成为社会服务的重要提供主体。各级人民政府及其有关部门通过向慈善组织购买公共服务事项,发挥社会组织在社会治理体系中的重要作用,体现了今后社会组织改革的方向。

一、关于政府购买慈善组织服务的意义

政府购买服务,根据《国务院办公厅关于政府向社会力量购买服务的指导意见》(国办发〔2013〕96 号)的规定,是指通过发挥市场机制作用,把政府直接向社会公众提供的一部分公共服务事项,按照一定的方式和程序,交由具备条件的社会力量承担,并由政府根据服务数量和质量向其支付费用。

各级人民政府及其有关部门依法通过政府购买服务等方

式，支持符合条件的慈善组织向社会提供服务，符合政府改革方向、慈善事业发展趋势和慈善组织使命，是创新公共服务提供方式、加快服务业发展、引导有效需求的重要途径，对于深化社会领域改革，推动政府职能转变，整合利用社会资源，增强公众参与意识，激发经济社会活力，增加公共服务供给，提高公共服务水平和效率，促进慈善事业发展都具有重要意义。对于慈善组织而言，通过良性竞争，承接政府购买服务，可以增加其收入来源，实现组织发展，提高服务水平。

二、关于政府购买慈善组织服务的方式和要求

1. 购买主体。政府向慈善组织购买服务的主体是各级行政机关和参照公务员法管理、具有行政管理职能的事业单位。纳入行政编制管理且经费由财政负担的群团组织，也可根据实际需要，向慈善组织购买服务。

2. 承接主体。承接政府购买服务的慈善组织，是指在民政部门登记成立或经国务院批准免予登记的慈善组织。承接政府购买服务的慈善组织应具有独立承担民事责任的能力，具备提供服务所必需的设施、人员和专业技术的能力，具有健全的内部治理结构、财务会计和资产管理制度，具有良好的社会信誉，具有依法缴纳税收和社会保险的良好记录，并符合登记管理部门依法认定的其他条件。承接慈善组织的具体条件由购买主体会同财政部门根据购买服务项目的性质和质量要求确定。各级人民政府及其有关部门，要按照公开、公平、公正原则，坚持费随事转，通过竞争择优的方式选择承接政府购买服务的慈善组织，确保具备条件的慈善组织平等参与竞争。

3. 购买内容。政府向慈善组织购买服务的内容为适合采取市场化方式提供、慈善组织能够承担的公共服务，突出公共性和公益性。养老、教育、就业、社保、医疗卫生、文化体育及儿童、残

疾人服务等基本公共服务领域,要逐步加大政府向慈善组织购买服务的力度。非基本公共服务领域,要更多更好地发挥慈善组织的作用,凡适合慈善组织承担的,都可以通过委托、承包、采购等方式交给慈善组织承担。对应当由政府直接提供、不适合慈善组织承担的公共服务,以及不属于政府职责范围的服务项目,政府不得向慈善组织购买。各级人民政府及其有关部门,要按照有利于转变政府职能,有利于降低服务成本,有利于提升服务质量水平和资金效益的原则,在充分听取社会各界意见的基础上,研究制定政府向包括慈善组织在内的社会力量购买服务的指导性目录,明确政府购买的服务种类、性质和内容,并在总结试点经验的基础上,及时进行动态调整。

4. 购买机制。购买工作应按照政府采购法的有关规定,采用公开招标、邀请招标、竞争性谈判、单一来源、询价等方式确定承接主体,严禁转包行为。购买主体要按照合同管理要求,与承接主体签订合同,明确所购买服务的范围、标的、数量、质量要求,以及服务期限、资金支付方式、权利义务和违约责任等,按照合同要求支付资金,并加强对服务提供全过程的跟踪监管和对服务成果的检查验收。承接主体要严格履行合同义务,按时完成服务项目任务,保证服务数量、质量和效果。

5. 资金管理。政府向社会力量购买服务所需资金在既有财政预算安排中统筹考虑。随着政府提供公共服务的发展所需增加的资金,应按照预算管理要求列入财政预算。要严格资金管理,确保公开、透明、规范、有效。

6. 绩效管理。在各级人民政府及其有关部门向慈善组织购买服务时,要建立健全由购买主体、服务对象及第三方组成的综合性评审机制,对购买服务项目数量、质量和资金使用绩效等进行考核评价。

三、关于政府购买慈善组织服务的信息公开

1.根据政府采购法的信息公开。政府购买慈善组织服务，政府采购法中有关信息公开的规定如下：(1)政府采购的信息应当在政府采购监督管理部门指定的媒体上及时向社会公开发布，但涉及商业秘密的除外。(第十一条)(2)政府采购项目的采购标准应当公开。采用本法规定的采购方式的，采购人在采购活动完成后，应当将采购结果予以公布。(第六十三条)

2.根据《政府采购法实施条例》的信息公开。该法规中有关信息公开的规定如下：(1)政府采购项目信息应当在省级以上人民政府财政部门指定的媒体上发布。采购项目预算金额达到国务院财政部门规定标准的，政府采购项目信息应当在国务院财政部门指定的媒体上发布。(第八条)(2)采购人或者采购代理机构对供应商进行资格预审的，资格预审公告应当在省级以上人民政府财政部门指定的媒体上发布。已进行资格预审的，评审阶段可以不再对供应商资格进行审查。资格预审合格的供应商在评审阶段资格发生变化的，应当通知采购人和采购代理机构。资格预审公告应当包括采购人和采购项目名称、采购需求、对供应商的资格要求以及供应商提交资格预审申请文件的时间和地点。提交资格预审申请文件的时间自公告发布之日起不得少于五个工作日。(第二十一条)(3)采购代理机构应当自评审结束之日起两个工作日内将评审报告送交采购人。采购人应当自收到评审报告之日起五个工作日内在评审报告推荐的中标或者成交候选人中按顺序确定中标或者成交供应商。采购人或者采购代理机构应当自中标、成交供应商确定之日起两个工作日内，发出中标、成交通知书，并在省级以上人民政府财政部门指定的媒体上公告中标、成交结果，招标文件、竞争性谈判文件、询价通知书随中标、成交结果同时公告。中标、成交结果公告内容应当包括采购人和采购代理机构的名称、地址、联系方式,项目名称和项目编号,中标或者成交供应商名称、地址和中标或者成交金额,主要中标或者成交标的的名称、规格型号、数量、单价、服务要求以及评审专家名单。(第四十三条)(4)采购人或者采购代理机构应当按照政府采购合同规定的技术、服务、安全标准组织对供应商履约情况进行验收,并出具验收书。验收书应当包括每一项技术、服务、安全标准的履约情况。政府向社会公众提供的公共服务项目,验收时应当邀请服务对象参与并出具意见,验收结果应当向社会公告。(第四十五条)(5)采购人应当自政府采购合同签订之日起两个工作日内,将政府采购合同在省级以上人民政府财政部门指定的媒体上公告,但政府采购合同中涉及国家秘密、商业秘密的内容除外。(第五十条)(6)财政部门处理投诉事项,需要检验、检测、鉴定、专家评审以及需要投诉人补正材料的,所需时间不计算在投诉处理期限内。财政部门对投诉事项作出的处理决定,应当在省级以上人民政府财政部门指定的媒体上公告。(第五十八条)

3. 根据《国务院办公厅关于政府向社会力量购买服务的指导意见》的信息公开。各级人民政府及其有关部门要向社会公布购买的服务项目、内容以及对承接主体的要求和绩效评价标准等信息,并将购买服务的评价结果向社会公布。

需要说明的是,除了采取政府购买服务的方式外,各级人民政府及其有关部门还应该采取其他方式,支持符合条件的慈善组织向社会提供服务。

第八十八条　国家采取措施弘扬慈善文化,培育公民慈善意识。

学校等教育机构应当将慈善文化纳入教育教学内容。国家

鼓励高等学校培养慈善专业人才，支持高等学校和科研机构开展慈善理论研究。

广播、电视、报刊、互联网等媒体应当积极开展慈善公益宣传活动，普及慈善知识，传播慈善文化。

【释义】 本条是关于弘扬慈善文化的规定。

在我国传统文化中，历来尊崇持节诚信、厚仁贵和、敦亲重义，也将乐善好施、扶贫济困、尊老爱幼奉为美德。而随着时代的变迁，慈善又被赋予新的更丰富的内涵，成为一种具有广泛基础的群众性和社会性的互爱、互敬、互帮、互助的社会活动。随着我国慈善事业的蓬勃发展，人们的慈善意识不断提高，驱动更多的单位和个人投身慈善、奉献爱心。但是，从整体上看，全社会的慈善氛围还不够浓厚，有的人对慈善的认识还不够科学，成为我国慈善事业进一步快速发展的制约因素。

大力弘扬慈善文化，是弘扬中华民族传统美德、培育和践行社会主义核心价值观的内在要求，也是增强公民慈善意识、培育慈善氛围的重要举措，有利于引导全社会认识慈善、支持慈善、参与慈善，有助于社会成员在义行善举中不断积累道德力量，将社会主义核心价值观内化于心、外化于行，为实现中华民族伟大复兴的中国梦提供持久的精神力量。

本条规定，表明了国家对弘扬慈善文化的重视和弘扬慈善文化的重要地位。第一款明确了国家采取措施弘扬慈善文化、培育公民慈善意识的总体要求；第二、三款是弘扬慈善文化的具体措施，包括慈善文化教育、慈善专业人才培养、慈善理论研究、慈善宣传等重要举措。弘扬慈善文化的具体措施有：

1. 加强慈善文化教育。教育是培育公民慈善意识最重要的途径。学校等教育机构应当将慈善文化纳入教育教学内容，传授慈善传统、慈善理念和慈善知识，鼓励学生参与慈善实践，并纳入综合评价体系。慈善文化教育要从“娃娃”抓起，常抓不懈；要贯穿幼儿、小学、中学、大学全过程，并列入成人教育的内容，真正让慈善理念入脑入心，让慈善成为学生和公民的自觉行为。

2. 加强慈善专业人才培养。目前，我国还没有专门的慈善专业，只有一些高校和机构在尝试开展慈善专业人才培养，专业人才不足已经成为制约我国慈善事业快速发展的重要瓶颈。有关部门要出台有效措施，进一步完善专业设置，鼓励高等学校培养慈善专业人才，为我国慈善事业健康发展提供人力资源支撑。

3. 加强慈善理论研究。慈善理论是慈善行为的先导，也是慈善实践的总结和升华。善于根据实践的新鲜经验推进理论创新，并用理论创新成果指导新的实践，是推动中国特色慈善事业发展的重要保证。现代世界通行的慈善理论是基于西方的理论体系而形成的。由于慈善的起源和发展历程不同，国情和体制不同，文化传统和财富观念不同，我国的慈善理论必然要适应中国国情，体现民族特色和时代特征。有关部门要支持设立慈善研究机构，要支持高等学校和科研机构开展慈善理论研究，同时，要充分利用专家学者、行业协会、慈善工作者等各种力量，从我国实际出发，结合传统文化，吸收借鉴西方现代慈善理论，逐步形成具有中国特色的慈善理论体系，凝聚社会共识、指导慈善事业发展。

4. 加强慈善文化宣传。现代社会，任何理念、文化的普及，都离不开广播、电视、报刊、互联网等媒体的支持。这些媒体是弘扬慈善文化的重要力量，应当履行社会责任，以群众喜闻乐见的方式，大力宣传各类慈行善举和正面典型，以及慈善事业在服务困难群众、促进社会文明进步等方面的积极贡献，普及慈善知识，引导社会公众关心慈善、支持慈善、参与慈善。广播类媒体应当在主要频率、电视类媒体应当安排一定的时段、报刊类媒体应当安排一定的版面、互联网类媒体应当在显著位置长期宣传慈善活动、普及慈善知识。同时，还应当充分利用微博、微信、短信、炫铃等方式传播慈善文化。

第八十九条　国家鼓励企业事业单位和其他组织为开展慈善活动提供场所和其他便利条件。

【释义】　本条是关于社会支持慈善活动的规定。

具有公开募捐资格的慈善组织为了募集慈善资源，经常在公共场所设置募捐箱，有时还要举办义演、义赛、义卖、义展、义拍、慈善晚会等活动，这些活动都需要一定的场所和支持。社会各界的爱心人士、爱心企业捐款捐物，慈善组织和爱心人士、爱心企业开展扶贫济困、扶老、救孤、恤病、助残、优抚以及救助自然灾害、事故灾难和公共卫生事件等突发事件造成的损害等，慈善组织开展慈善服务，也都需要一定的场所和支持。因此，国家鼓励企业事业单位和其他组织扬长避短，积极参与慈善活动，为开展慈善活动提供场所和其他便利条件。这也是企业事业单位和其他组织积极承担社会责任的一种体现。

国家鼓励企业事业单位和其他组织为开展慈善活动提供场所和其他便利条件，有利于慈善活动更好地开展，有利于提高社会公众参与度，汇聚慈善资源、实现慈善帮扶，也有利于传播慈善理念。公民、法人和其他组织从事慈善活动需要临时使用场所或者设施的，各级工会、共产主义青年团、妇女联合会、残疾人联合会、工商联，居民委员会、村民委员会，各企业事业单位和其他组织，应当在各自权限和能力范围内，为开展慈善活动提供场所和其他便利条件。各企业事业单位，不仅应为慈善组织的活动提供场所和便利，还为其职工开展慈善活动、志愿服务提供支持和便利。会展场所、体育场馆、车站、码头、机场、公园、商场、广场等公共场所应当为慈善活动提供场所和用水、用电等方面的便利。

第九十条　经受益人同意，捐赠人对其捐赠的慈善项目可以冠名纪念，法律法规规定需要批准的，从其规定。

【释义】　本条是关于捐赠人冠名纪念的有关规定。

所谓“冠名”，顾名思义，就是给慈善项目戴上某顶“帽子”。通过慈善捐赠获得的冠名权，主要体现了对冠主人格的纪念和崇敬之情。这种“荣誉”可以为持有者带来满足感和成就感，也可以通过广告效应转化为经济利益。因此，对慈善项目冠名纪念，有利于提高捐赠人的社会责任意识，有利于树立捐赠人良好的社会形象，有利于规范捐赠活动，也有利于集中慈善资源。

我国一些法律法规、规范性文件对于冠名纪念作了规定。公益事业捐赠法第十四条规定，捐赠人对于捐赠的公益事业工程项目可以留名纪念；捐赠人单独捐赠的工程项目或者主要由捐赠人出资兴建的工程项目，可以由捐赠人提出工程项目的名称，报县级以上人民政府批准。

有的地方性法规对捐赠人冠名纪念也作出规定，如《浙江省社会救助条例》规定，鼓励单位和个人通过设立、主办、承办、协办、冠名帮扶项目，或者捐赠、创办服务机构、提供志愿服务等方式，参与社会救助。鼓励报刊、广播、电视、互联网等媒体开展公益性宣传，参与社会救助。此外，2014 年《国务院办公厅关于进一步动员社会各方面力量参与扶贫开发的意见》指出，让积极参与社会扶贫的各类主体政治上有荣誉、事业上有发展、社会上受尊重。对贡献突出的企业、社会组织和各界人士，在尊重其意愿前提下可给予项目冠名等激励措施。《民政部、国资委关于支持中央企业积极投身公益慈善事业的意见》指出，鼓励中央企业采取冠名、资助等协作方式，支持学术研究机构、慈善组织等开展慈善理论研究和慈善文化宣传。

准确理解该条规定，有以下问题需要注意：

一是捐赠人对其捐赠的慈善项目冠名纪念，前提是“受益人同意”。换句话讲，如果受益人不同意，捐赠人就不能对其捐赠的慈善项目冠名纪念。尽管从实践中来看，大多数受益人对于冠名纪念是不排斥的，在这种情况下，捐赠人是可以冠名纪念的；但也不排除个别情况下，受益人出于一些顾虑，不同意冠名纪念。这时，捐赠人应当尊重受益人的意愿，不能对捐赠项目冠名纪念。

二是法律法规规定需要批准的，从其规定。如果法律法规对于冠名有特别规定的，应当按照规定报有关部门批准。如公益事业捐赠法第十四条规定，捐赠人单独捐赠的工程项目或者主要由捐赠人出资兴建的工程项目，可以由捐赠人提出工程项目的名称，报县级以上人民政府批准。

第九十一条　国家建立慈善表彰制度，对在慈善事业发展中做出突出贡献的自然人、法人和其他组织，由县级以上人民政府或者有关部门予以表彰。

【释义】　本条是关于慈善表彰制度的规定。

慈善是中华文化的优良传统，是所有海内外中华儿女为之自豪的精神财富。弘扬慈善文化已经成为我国大力发展慈善事业的重点之一。自 2005 年起，民政部每年均举办“中华慈善奖”作为中国政府在慈善领域的最高奖项，表彰在慈善领域做出突出贡献的个人、机构和项目等。同时，全国还有十六个省份以及多个地市设立了当地别具特色的慈善表彰项目。

国家对为慈善事业发展作出突出贡献、社会影响较大的个人、法人或者组织予以表彰奖励是推动慈善事业健康发展的重要举措。建立和完善慈善表彰奖励制度，是适应我国慈善事业蓬勃发展态势的必然要求，是吸引鼓励社会各界参与慈善事业的重要手段，是引导慈善行为、提升慈善效果的重要途径，是培育和践行社会主义核心价值观的重要方式。近年来，部分省（区、市）以省级政府或民政部门等名义，开展了针对慈善事业的评选表彰活动，表彰奖励了一大批为慈善事业作出突出贡献的个人、企业、机构和项目，显著提升了慈善氛围，有效推动了社会建设，深化了社会主义核心价值观，带动了更多公众投身慈善、友爱互助。但与此同时，有些地区尚未建立慈善表彰奖励制度，个别政府性慈善评选表彰工作不够规范、宣传报道不够充分，社会参与度和影响力有待提升。

2014 年《国务院关于促进慈善事业健康发展的指导意见》指出，国家对为慈善事业作出突出贡献、社会影响较大的个人法人或者组织予以表彰。民政部要根据慈善事业发展的实际情况，及时修订完善“中华慈善奖”评选表彰办法，组织实施好评选表彰工作，在全社会营造良好的慈善氛围。各省（区、市）人民政府可按国家有关规定建立慈善表彰奖励制度。

为贯彻落实《国务院关于促进慈善事业健康发展的指导意见》中关于“完善慈善表彰奖励制度”的明确要求，民政部、人力资源和社会保障部联合发布了《关于建立和完善慈善表彰奖励制度的指导意见》，对各级政府开展的慈善表彰奖励工作进行规范和指导。

根据《国务院关于促进慈善事业健康发展的指导意见》的要求，民政部、人力资源社会保障部共同起草、制定了这份文件，从做好五个方面对各地的政府慈善评选表彰工作提出了要求。

一是要做好立项工作。各省(区、市)要按国家有关规定建立慈善表彰奖励制度,作为支持慈善事业发展的政策措施。在立项过程中,要妥善处理好名称、奖项、表彰范围等问题。并且,在当前和今后一个时期,要突出对扶贫济困类慈善行为的表彰,引导和鼓励社会力量以帮扶困难群体为重点开展慈善活动。二是要确保表彰质量。各省(区、市)要根据本地慈善事业发展状况,设置合理的表彰周期和适当的表彰规模,既保持表彰工作的激励性,又保证权威性,并制定科学合理、客观明确、便于评价的评选标准。三是要规范工作程序。在实施慈善评选表彰活动的过程中,应坚持公正评审、严格把关,特别要坚持过程公开、社会参与,要设立公众参与渠道,自觉接受群众监督,切实提高活动的参与度、透明度和公信力。四是要创新工作方式。在慈善评选表彰活动实施过程中,举办单位可以选择与公信力强、工作水平突出的社会组织以及富有广泛影响力的新闻媒体开展合作,通过政府购买服务的形式,交由相关社会组织承担具体事务性工作。五是要严肃评选纪律。文件特别强调,各省(区、市)开展慈善评选表彰活动,要严格遵守财经纪律和财务规定,举办单位不得以任何形式向参评单位和个人收取费用或者变相收费。对违反评选纪律的参评单位和个人实行"黑名单"制度,一经核实,六年内不得再行申报。获奖单位和个人出现严重违法违纪行为或造成不良社会影响的,要对其已获奖项予以撤销。

一些地方性法规对慈善事业表彰也作出了规定,如《江苏省慈善事业促进条例》规定,地方各级人民政府应当建立表彰激励制度,对慈善事业发展有突出贡献、社会影响较大的公民、法人和其他组织予以表彰。省人民政府设立"江苏慈善奖",每两年表彰一次。

第十章 监督管理

第九十二条 县级以上人民政府民政部门应当依法履行职责,对慈善活动进行监督检查,对慈善行业组织进行指导。

【释义】 本条是关于民政部门对慈善活动进行监督检查,对慈善行业组织进行指导的规定。

促进慈善事业发展,既要赋予慈善组织及其他主体自主性,激发慈善活力,也要通过监督管理进一步规范慈善行为,引导其健康有序发展。

一、关于对慈善活动进行监督检查

根据我国的历史传统和具体国情,不能采取像英国那样由议会设立慈善委员会来监管慈善事业的体制,也很难照搬美国等国家由慈善行业组织或者第三方来承担主要监管责任的做法,而是采取了由政府承担主要监管职责的做法。这主要是考虑到:一是政府拥有公共权力,能够维护慈善领域的秩序,并有效地制裁慈善领域中的违法违规现象;二是慈善事业涉及税收减免和公共资源投入,要想获得此类待遇必须要有相应的监管措施,这种监管措施应当由政府部门采取。

根据本法第六条的规定,国务院民政部门主管全国慈善工作,县级以上地方各级人民政府民政部门主管本行政区域内的慈善工作。民政部门是慈善组织的登记管理机关和慈善活动的监管部门,由于慈善组织是慈善活动的载体,所以民政部门以慈善组织为主要监督对象,按照“谁审批,谁监管”的原则承担监管责任。

根据本法规定，民政部门是慈善组织的登记部门，同时也是慈善工作的主管部门，应当担负起有关监管职责。民政部门既对慈善组织进行登记，又对慈善活动进行监督检查。由于慈善组织按照行政层级由县级以上各级人民政府民政部门分级登记认定，因此从民政部到地方各级人民政府民政部门都要对各自登记认定的慈善组织进行监管。慈善组织在登记的区域以外活动的，当地民政部门可以配合给组织的登记管理机关进行监督。

需要注意以下两点：一是县级以上人民政府民政部门对慈善活动进行监督检查，并不意味着其他部门不能在职责范围内做好相关工作。本法第六条规定，县级以上人民政府有关部门依照本法和其他有关法律法规，在各自的职责范围内做好相关工作。税务、审计、教育、科学、文化、卫生、体育、环保等领域的主管部门同样可以根据自己的职责，做好相关工作。二是政府部门不能对慈善活动的监管进行大包大揽，应当积极引导和鼓励行业组织自律机制发挥作用。

二、关于对慈善行业组织进行指导

根据发达国家的经验，慈善领域中的行业自律是慈善组织发展的根基和保证。慈善行业组织既可以是综合性的行业组织，如中华慈善联合会；也可以是某一慈善领域的行业组织，如劝募组织、扶贫行业组织等。其中，2003 年年初，民政部推动成立了全国慈善领域的联合性、行业性组织中国慈善联合会。该联合会是致力于我国慈善事业的社会组织、企事业单位等有关机构和个人自愿结成的联合性、枢纽型社会组织，其宗旨是联合慈善力量、沟通社会各方、促进行业自律、推动行业发展。

民政部门对慈善行业组织进行指导，有利于慈善行业组织更好地开展活动,从而规范慈善行为,引导其健康有序发展。

第九十三条　县级以上人民政府民政部门对涉嫌违反本法规定的慈善组织,有权采取下列措施:

(一)对慈善组织的住所和慈善活动发生地进行现场检查;

(二)要求慈善组织作出说明,查阅、复制有关资料;

(三)向与慈善活动有关的单位和个人调查与监督管理有关的情况;

(四)经本级人民政府批准,可以查询慈善组织的金融账户;

(五)法律、行政法规规定的其他措施。

【释义】　本条是关于县级以上民政部门对涉嫌违反本法规定的慈善组织有权采取的有关调查措施的规定。

对涉嫌违反本法规定的慈善组织,有必要实施一定的行政行为和措施,以达到对慈善组织进行有效的监督管理、防止有关危害结果的发生以及为进一步实施行政处罚作准备的目的。因此,本条设定了县级以上人民政府民政部门对涉嫌违反本法规定的慈善组织享有采取有关措施的职权。

民政部门采取本法规定的措施的前提,是慈善组织“涉嫌违反本法规定”,也就是说,只有慈善组织在涉嫌违反本法规定的情形下,民政部门才可以采取这些措施。换句话讲,这些措施不能成为民政部门执法的日常措施,否则将影响、干扰慈善组织正常开展活动。需要注意的是,一审稿的有关表述是“可能有违法行为的慈善组织”,有的意见提出,该表述容易导致民政部门滥用权力,建议再研究。立法机关经研究,修改为“涉嫌违反本法规定的慈善组织”,更加严谨和准确,更符合立法本意。

1. 对慈善组织的住所和慈善活动发生地进行现场检查。现场检查是指行政机关收集证据、查明事实的活动，现场检查权是实现行政目的的一项基础性权力。这里的慈善组织的住所是指相关慈善组织在民政部门正式登记的住所，慈善活动发生地是指相关慈善组织开展慈善活动，特别是实施涉嫌违反本法规定的行为发生所涉及的相关地点。这项权力具有强制性，无须被检查的慈善组织同意；同时，县级以上人民政府民政部门只能对自己管辖区域内的相关慈善组织进行检查，无权对管辖范围外的慈善组织进行现场检查。现场检查的范围和内容应当于法有据，不能任意检查，不能构成对相关慈善组织正常慈善活动的干扰。此外，根据行政诉讼法的规定，现场笔录属于证据的一种，因此，在现场检查后应当制定现场笔录。

2. 要求慈善组织作出说明，查阅、复制有关资料。民政部门作为慈善活动的监督检查机关，有权要求涉嫌违法的慈善组织就相关事项作出说明，并查阅、复制有关资料。对相关慈善组织进行监督检查，离不开必要的信息和资料。民政部门对这些资料可以查阅、复制，可以要求慈善组织作出说明，但是需要注意的是，不能任意扩大查阅、复制资料的范围。

3. 向与相关慈善活动有关的单位和个人调查与监督管理有关的情况。行政调查是指行政主体为达成特定行政目的依职权对相关信息进行收集和对事实进行调查的活动。本项规定的调查对象是指与相关慈善活动有关的单位和个人，既包括涉嫌违反本法规定的相关慈善组织开展有关慈善活动所涉及的捐赠人、志愿者、受益人、其他慈善组织等慈善活动参与者，也包括该慈善活动所涉及的其他有关单位和个人。

4. 经本级人民政府批准，可以查询慈善组织的金融账户。有两点需要注意。一是，根据商业银行法第三十条规定，对单位存款，商业银行有权拒绝任何单位或者个人查询，但法律、行政法规另有规定的除外。本法在此对民政部门查询涉嫌违法的慈善组织金融账户作了特别规定，即属于商业银行法中的“法律、行政法规另有规定的除外”的情形。二是，一审稿中查询金融账户的批准主体是“县级以上民政部门主要负责人”，有的意见提出，这样规定可能不够慎重，建议对是否经过民政局长批准就可以查询银行等金融账户再斟酌。立法机关经研究，修改为“本级人民政府批准”，程序上更加严谨、慎重。

5. 法律、行政法规规定的其他措施。本项是兜底条款，如果法律、行政法规规定了其他措施的，县级以上人民政府民政部门也可以采取，也就是说，除了上述四项监督检查措施之外，民政部门还可以依据其他法律、行政法规规定，对涉嫌违法的慈善组织实施其他监督检查措施。并且民政部门对涉嫌违法的慈善组织采取有关措施，只能来自于法律、行政法规的授权。例如，依据行政处罚法的有关规定，行政机关在证据可能灭失或以后难以取得的情况下，经行政机关负责人批准，可以先行登记保存。再如，依据《社会团体登记管理条例》《基金会管理条例》和《民办非企业单位登记管理暂行条例》等行政法规，作为登记管理机关的民政部门，享有对所登记的三类组织的监督管理职权，可采取相应的监督管理措施。

第九十四条　县级以上人民政府民政部门对慈善组织、有关单位和个人进行检查或者调查时，检查人员或者调查人员不得少于二人，并应当出示合法证件和检查、调查通知书。

【释义】　本条是关于县级以上人民政府民政部门在进行检查或者调查时的程序要求的规定。

本法第九十三条、第九十七条规定，县级以上人民政府民政部门有权对涉嫌违法本法规定慈善组织采取相关监督检查措施，对任何单位和个人投诉、举报慈善组织、慈善信托有违法行为的，民政部门应当及时调查处理。为了保证上述权力的规范、有效行使，同时也为了保障被检查或者调查的慈善组织、有关单位和个人的合法权益不受侵犯，必须对民政部门检查或者调查的权力行使作出相应的程序要求。

1. 检查人员或者调查人员不得少于二人。这样规定与利于约束行政执法人员依法实施检查或者调查行为，便于执法人员之间互相监督，防止出现非法实施、侵犯当事人合法权益的行为，同时也可以防止当事人诬告、陷害、贿赂执法人员。

2. 出示合法证件。了解执法人员的执法身份，是当事人应有的权利。民政部门执法人员实施检查、调查时，必须向当事人出示其合法的执法证件，表明其执法身份。这是民政部门对慈善组织或者有关单位和个人依法开展有关调查和检查活动的前提，也是民政部门作为行政机关在行使权力时须对行政相对人所应尽到的说明或告知义务。这里的检查、调查通知书，必须是该民政部门出具的，并经过正式程序制作的真实、合法、有效的行政法律文书。

第九十五条　县级以上人民政府民政部门应当建立慈善组织及其负责人信用记录制度，并向社会公布。

民政部门应当建立慈善组织评估制度，鼓励和支持第三方机构对慈善组织进行评估，并向社会公布评估结果。

【释义】　本条是关于民政部门建立慈善组织及其负责人信用记录制度和慈善组织评估制度的规定。

一、关于建立慈善组织及其负责人信用记录制度

慈善组织及其负责人信用记录主要是指县级以上人民政府民政部门在依法履职过程中生成和获取的与慈善组织及其负责

人信用状况有关的记录。建立慈善组织及其负责人信用记录制度，对于转变政府部门管理方式、完善慈善组织监管制度、规范慈善组织健康有序发展都具有十分重要的意义。

根据本条规定，建立慈善组织及其负责人信用记录制度的主体是县级以上人民政府民政部门，这是本法赋予民政部门的重要职责。国务院民政部门应当依照本条规定和其他有关法律法规，建立健全全国的以及全国性的慈善组织及其负责人信用记录制度。县级以上地方各级人民政府民政部门应当依照本条规定和其他有关法律法规，在各自的职责范围内，建立健全本行政区域内的慈善组织及其负责人信用记录制度。

建立慈善组织及其负责人信用记录制度，一是应对慈善组织及其负责人信用记录的内容进行明确。就慈善组织的信用记录内容而言，一般包括其在民政部门的基本登记信息、年检信息、评估信息、奖惩信息，享有或失去有关政府部门或行业组织认可的资质（如非营利组织免税资格、公益性捐赠税前扣除资格等）信息，承接政府转移职能或购买服务信息，失信信息，以及其他与开展慈善活动相关的信息等。二是应对慈善组织及其负责人信用记录的相关主体责任进行明确。慈善组织及其负责人信用记录制度的建立主体是民政部门，而慈善组织及其负责人信用记录制度的实施主体则不仅限于民政部门，有关部门以及公民、法人和其他组织也应按照相关的制度规定，在各自的职责和所应尽的义务范围内做好相关工作，以保障慈善组织及其负责人信用记录制度的有效实施。三是应对慈善组织及其负责人信用记录的行为进行规范，保障记录过程公平、公开、公正，记录结果及时、真实、合法、有效。四是应将慈善组织及其负责人信用记录与发布、使用、管理等活动结合起来规范，以利于形成慈善组织及其负责人的信用制度体系。

需要指出的是，慈善组织及其负责人的信用建设是社会信用体系建设的重要组成部分。将慈善组织及其负责人信用记录制度纳入整体社会信用体系建设之中，将其在慈善活动和相关活动中的信用记录纳入整体的社会信用记录，能够有效地约束慈善组织及其从业人员的行为，实现全社会对慈善活动的有效监督。因此，民政部门建立慈善组织及其负责人信用记录制度，应当在国家关于社会信用体系建设的总体思路下进行，与《社会信用体系建设规划纲要(2014—2020 年)》所规定的社会组织诚信建设和自然人信用建设相统一。

二、关于建立慈善组织评估制度

慈善组织评估就是根据慈善组织的特征，以特定统一的指标体系为评议标准，遵循规范的科学方法和操作程序，通过定性和定量的对比分析，对慈善组织在一定时间段的组织管理情况、业务活动情况和通过活动所产生的社会效益及影响等作出客观、公证和准确的判断。建立慈善组织评估制度，开展慈善组织评估工作，有利于加强慈善组织自身建设，完善慈善组织的法人治理结构，促进慈善组织运行和管理水平的提升，实现慈善组织自我管理、自我完善和自我监督；有利于政府管理部门全面了解慈善组织的运作状况，进而有针对性地进行监管，促进政府监管方式的科学化和规范化；有利于开拓社会公众与慈善组织的制度化沟通渠道，强化社会对慈善组织的检查和监督，更好地动员、利用社会力量对慈善组织进行多方位监督；有利于为政府向慈善组织转移职能和购买服务提供依据，充分发挥慈善组织在社会治理和公共服务中的积极作用。

根据本条规定，民政部门应当建立慈善组织评估制度，鼓励和支持第三方机构对慈善组织进行评估，并向社会公布评估结果。自 2007 年以来，民政部先后出台了《关于推进民间组织评估工作的指导意见》《全国性民间组织评估实施办法》《社会组织评估管理办法》等政府部门规章和政策文件，初步建立了包括慈善组织在内的社会组织评估制度框架。2015 年 5 月，民政部还出台了《关于探索建立社会组织第三方评估机制的指导意见》，阐述了第三方机构对社会组织进行评估的总体思路和基本原则，明确了第三方评估机构资格条件、组织形式、选择方式、活动准则和民政部门的监管职责，以及相应的资金保障机制，规范了第三方评估的信息公开和结果运用，明确了第三方评估工作组织领导等。根据上述制度规定，民政部本级及各省、自治区、直辖市和计划单列市都已开始了社会组织评估工作。这些规章、政策和评估实践为民政部下一步建立健全慈善组织评估制度，鼓励和支持第三方机构对慈善组织评估奠定了制度和工作基础。

第九十六条　慈善行业组织应当建立健全行业规范，加强行业自律。

【释义】　本条是关于慈善行业自律的规定。

一、什么是慈善行业组织

慈善行业组织是指由慈善领域的组织或个人组成，通过沟通慈善组织、慈善从业者与政府的关系，协调慈善行业的利益，规范慈善行为，提供慈善行业服务，反映慈善行业诉求，保护和增进全体成员合法权益的非营利性社会组织，如中国慈善联合会、首都慈善公益组织联合会等。

二、慈善行业组织的主要特征

1. 非营利性。与其他行业协会一样，慈善行业组织成立的宗旨是为从事慈善事业的会员提供服务，以维护会员的利益为基本出发点。但是，由于慈善行业组织的会员一般是慈善组织和其他慈善活动参与主体,因此慈善行业组织维护会员利益带有较强的非营利性和公益性。

2. 自治性。即慈善行业组织应当是经过正式登记注册的社会团体,是由会员组成的独立的法人主体,不从属或隶属于任何组织和个人。

3. 中介性。即慈善行业组织可以作为政府与慈善组织、慈善事业参与者之间的重要桥梁和纽带,在促进慈善事业发展中具有“传送带”和“上挂下联”的重要功能。

4. 民间性。即慈善行业组织由慈善领域的组织或个人自发、自愿组成,是在慈善事业一定范围内的自律性组织,除非经过法律或政府授权、委托,否则不具有公共权力。

三、慈善行业组织的功能

《社会团体登记管理条例》《基金会管理条例》《民办非企业单位登记管理暂行条例》三部行政法规没有涉及行业组织。慈善法明确规定,慈善行业组织应当建立健全行业规范,加强行业自律。据此,慈善行业组织的法定职责,应当是规范行为,即慈善行业组织应当建立健全行业规范,通过完善组织章程和行规行约,在会员和行业中开展行风建设和监督,从而加强慈善行业自律,引导会员规范行为,遵纪守法。

此外,实践中,慈善行业组织还发挥以下作用和功能:(1)反映诉求,即慈善行业组织应当代表会员组织和个人,代表慈善事业发展力量,向政府和社会表达会员和慈善行业的诉求,维护慈善组织与其他慈善活动参与主体的合法权益,对公共政策产生影响。(2)提供服务,即慈善行业组织应当积极为会员提供信息交流、教育培训、调查统计、政策咨询等服务,促进行业交流和健康发展,同时也可以接受委托或者购买服务,向政府和社会提供相应的服务。例如,2014 年 4 月 26 日首都慈善公益组织联合会发布了《慈善公益组织管理流程指引》，这是中国公益慈善业首个行业标准，对慈善公益组织的募捐、资金管理、实施、信息披露等多方面工作进行了流程化的规范管理。

四、加强慈善行业自律的必要性

慈善组织的健康发展需要完善内部制衡、行业自律、社会监督、政府监管构成的监管体系。其中，行业自律是重要的组成部分。李建国副委员长在十二届全国人大四次会议上作慈善法草案审议说明时讲到，慈善领域出现了一些新情况、新问题，其中包括慈善组织内部治理尚不健全、运作不尽规范，行业自律机制尚未形成等。建立健全行业自律机制，加强慈善行业自律，主要由行业组织来实现。行业组织法律地位的明确，必将促进行业自律的发展。

第九十七条　任何单位和个人发现慈善组织、慈善信托有违法行为的，可以向民政部门、其他有关部门或者慈善行业组织投诉、举报。民政部门、其他有关部门或者慈善行业组织接到投诉、举报后，应当及时调查处理。

国家鼓励公众、媒体对慈善活动进行监督，对假借慈善名义或者假冒慈善组织骗取财产以及慈善组织、慈善信托的违法违规行为予以曝光，发挥舆论和社会监督作用。

【释义】　本条是关于慈善社会监督的规定。

慈善活动是通过慈善组织、捐赠人、志愿者、受益人等慈善活动参与者，将社会上的人力、物力、财力等资源聚集起来，以捐赠财产和提供服务等方式，重新组织分配到扶贫济困等社会最需要的地方，实际上就是一次社会公益资源再分配的过程，公众关注度高，涉及社会责任大。慈善活动是否规范、是否公开透明关系到慈善资源的保护，关系到慈善事业的发展，必须建立起法律监督、政府监督、社会监督与自我监督相结合的慈善事业监督体系。慈善社会监督主要是指公民、法人和其他组织等社会力量，通过咨询、投诉、举报、曝光等途径对慈善组织及其负责人和其他相关人员进行的监督。自觉接受社会监督，是慈善组织及慈善活动其他参与者的义务和责任。

一、任何单位或者个人都有对慈善组织、慈善信托有违法行为进行投诉、举报的权利

社会监督主要是指公众监督，监督的方式是投诉、举报。监督的主体是任何单位或个人，被监督的主体是慈善组织和慈善信托委托人、受托人、监察人，包括依法成立的组织主体和相关责任人员。监督的基础是慈善组织、慈善信托的信息公开。监督的内容是慈善组织、慈善信托的违法行为。监督受理的主体是民政部门和其他有关部门或者慈善行业组织。民政和其他有关部门对依法成立的慈善组织负有法定的监督管理职责，慈善行业组织对慈善组织负有行业规范、行业自律的职责，因此在接到投诉、举报后，无论是民政和其他有关部门还是慈善行业组织都应当及时进行调查处理。这样就把慈善社会监督与政府监督和行业自律连接了起来。

二、民政部门、其他有关部门或者慈善行业组织有及时调查处理投诉举报的义务

投诉举报是对违反法律，法规或者相关规定的行为进行控诉和向上级报告。目前，国家尚无统一立法规范投诉举报行为，也没有对有关部门、单位或组织如何处理接到的投诉举报进行统一规定。慈善法以法律形式明确了单位和个人投诉举报权利，并明确受理投诉举报的主体，以及受理主体的调查义务，这在目前的立法中是比较少见的，这是基于慈善关乎公益的特殊属性而作出的特别规定。下一步，民政部门和其他有关部门还

要以部门规章或规范性文件的形式细化受理、调查和处理投诉举报的具体程序等。按照本法第九十二条的规定，民政部门对慈善行业组织进行指导，因此也要对慈善行业组织受理、调查和处理投诉举报进行指导。未来国家出台关于投诉举报的法律法规后，民政部门、其他有关部门和慈善行业组织也要遵循。

三、对假借慈善名义或者假冒慈善组织骗取财产以及慈善组织、慈善信托的违法违规行为，国家鼓励公众、媒体予以曝光

这里主要规定了发挥舆论监督的作用，通过曝光的方式增强社会监督的效力。监督的主体强调了公众和媒体，监督的方式主要指曝光，既可以通过广播、报刊、电视等传统媒体曝光，也可以通过互联网等新兴媒体曝光。监督的内容既包括前述所规定的慈善组织、慈善信托的违法违规行为，也包括假借慈善名义或者假冒慈善组织骗取财产的行为。被监督的主体既包括依法成立的慈善组织及其相关责任人，也包括未经登记或认定的非法慈善组织，以及假借慈善名义骗取钱财的公民、法人和其他组织。

第十一章　法律责任

第九十八条　慈善组织有下列情形之一的，由民政部门责令限期改正；逾期不改正的，吊销登记证书并予以公告：

（一）未按照慈善宗旨开展活动的；

（二）私分、挪用、截留或者侵占慈善财产的；

（三）接受附加违反法律法规或者违背社会公德条件的捐赠，或者对受益人附加违反法律法规或者违背社会公德的条件的。

【释义】　本条是关于慈善组织未按照慈善宗旨开展慈善活动等行为的法律责任的规定。

一、本条规定了三类违法行为的法律责任

1. 未按照慈善宗旨开展活动

慈善宗旨是慈善组织存在的根基，也是其最根本的行为标准。慈善组织的活动领域、慈善募捐的实施、慈善财产的使用等都要符合慈善宗旨。例如，慈善领域包括扶贫、济困、扶老、救孤、恤病、助残、优抚，救助自然灾害、事故灾难和公共卫生事件等突发事件造成的损害，促进教育、科学、文化、卫生、体育等事业的发展，防治污染和其他公害，保护和改善生态环境等公益活动。如果慈善组织脱离慈善宗旨开展活动，如从事、资助危害国家安全和社会公共利益的活动，即有违慈善宗旨。

2. 私分、挪用、截留或者侵占慈善财产

按照本法规定，慈善组织的财产应当根据章程和捐赠协议的规定全部用于慈善目的,不得在发起人、捐赠人以及慈善组织成员中分配。明确规定任何组织和个人不得私分、挪用、截留或者侵占慈善财产。慈善组织对募集的财产,应当登记造册,严格管理,专款专用。捐赠人捐赠的实物不易储存、运输或者难以直接用于慈善目的的,慈善组织可以依法拍卖或者变卖,所得收入扣除必要费用后,应当全部用于慈善目的。

这里讲的慈善财产,包括发起人捐赠、资助的创始财产,募集的财产,投资所获收益等。私分慈善财产,主要是将慈善财产在成员、管理人员或者其他人员之间分配,而非依法或章程规定用于慈善目的。挪用,既包括将本慈善项目的财产用到其他慈善项目,也包括将慈善财产用于非慈善目的。截留,就是没有及时将慈善财产用于慈善项目。侵占,是指慈善组织将慈善财产据为己有,不向受益人提供慈善服务或提供慈善财产。

3. 接受附加违反法律法规或者违背社会公德条件的捐赠,或者对受益人附加违反法律法规或者违背社会公德的条件。

这一违法情形对应本法第十五条的规定,根据该规定,慈善组织不得接受附加违反法律法规和违背社会公德条件的捐赠,不得对受益人附加违反法律法规和违背社会公德的条件。违反该规定应当承担相应的法律责任。

二、对违法行为的处罚

有以上情形之一的,由民政部门责令限期改正,即在规定的期限内纠正违法行为。如未按照慈善宗旨开展慈善活动的,停止活动。私分、挪用、截留或者侵占慈善财产的,应将私分、挪用、截留、侵占的慈善财产予以收回,归入慈善财产,依法进行管理等。逾期不改正的,民政部门应当吊销登记证书,吊销登记证书是行政处罚的一种形式,慈善组织被吊销登记证书的,丧失主体资格并须依法办理注销手续。吊销登记证书的,民政部门应当予以公告。

第九十九条　慈善组织有下列情形之一的，由民政部门予以警告、责令限期改正；逾期不改正的，责令限期停止活动并进行整改：

（一）违反本法第十四条规定造成慈善财产损失的；

（二）将不得用于投资的财产用于投资的；

（三）擅自改变捐赠财产用途的；

（四）开展慈善活动的年度支出或者管理费用的标准违反本法第六十条规定的；

（五）未依法履行信息公开义务的；

（六）未依法报送年度工作报告、财务会计报告或者报备募捐方案的；

（七）泄露捐赠人、志愿者、受益人个人隐私以及捐赠人、慈善信托的委托人不同意公开的姓名、名称、住所、通讯方式等信息的。

慈善组织违反本法规定泄露国家秘密、商业秘密的，依照有关法律的规定予以处罚。

慈善组织有前两款规定的情形，经依法处理后一年内再出现前款规定的情形，或者有其他情节严重情形的，由民政部门吊销登记证书并予以公告。

【释义】　本条是关于慈善组织违反本法相关规定的法律责任的规定。

一、本条第一款针对以下违法行为规定了法律责任

1. 违反本法第十四条规定造成慈善财产损失

本法第十四条规定，慈善组织的发起人、主要捐赠人以及管理人员，不得利用其关联关系损害慈善组织、受益人的利益和社

会公共利益。慈善组织的发起人、主要捐赠人以及管理人员与慈善组织发生交易行为的,不得参与慈善组织有关该交易行为的决策,有关交易情况应当向社会公开。

关联交易、自我交易有时难以避免,如果是严格履行法律规定的相关程序,并未损害慈善组织等相关方面的利益。如果是违反相关规定并造成慈善财产损失的,需要根据本条规定承担法律责任。

2. 将不得用于投资的财产用于投资

根据本法第五十四条的规定,政府资助的财产和捐赠协议约定不得投资的财产,不得用于投资。违反该规定应当承担相应的法律责任。

3. 擅自改变捐赠财产用途

本法第二十四条规定,开展公开募捐,应当制定募捐方案。募捐方案包括募捐目的、起止时间和地域、活动负责人姓名和办公地址、接受捐赠方式、银行账户、受益人、募得款物用途、募捐成本、剩余财产的处理等。第二十八条规定,慈善组织开展定向募捐,应当在发起人、理事会成员和会员等特定对象的范围内进行,并向募捐对象说明募捐目的、募得款物用途等事项。第三十九条规定,慈善组织接受捐赠,捐赠人要求签订书面捐赠协议的,慈善组织应当与捐赠人签订书面捐赠协议。书面捐赠协议包括捐赠人和慈善组织名称,捐赠财产的种类、数量、质量、用途、交付时间等内容。慈善组织违反法律法规、慈善组织章程、募捐方案、募捐协议等规定或约定的捐赠财产用途的,应当承担相应的法律责任。

4. 开展慈善活动的年度支出或者管理费用的标准违反本法第六十条规定

本法第六十条规定,慈善组织中具有公开募捐资格的基金会开展慈善活动的年度支出,不得低于上一年总收入的百分之七十或者前三年收入平均数额的百分之七十;年度管理费用不得超过当年总支出的百分之十,特殊情况下,年度管理费用难以符合前述规定的,应当报告其登记的民政部门并向社会公开说明情况。违反该规定的,应当承担相应的法律责任。

5. 未依法履行信息公开义务

本法第七十一条规定,慈善组织应当依法履行信息公开义务。信息公开应当真实、完整、及时。第七十二条规定,慈善组织应当向社会公开组织章程和决策、执行、监督机构成员信息以及国务院民政部门要求公开的其他信息。上述信息有重大变更的,慈善组织应当及时向社会公开。慈善组织应当每年向社会公开其年度工作报告和财务会计报告。具有公开募捐资格的慈善组织的财务会计报告须经审计。第七十三条规定,具有公开募捐资格的慈善组织应当定期向社会公开其募捐情况和慈善项目实施情况。公开募捐周期超过六个月的,至少每三个月公开一次募捐情况,公开募捐活动结束后三个月内应当全面公开募捐情况。慈善项目实施周期超过六个月的,至少每三个月公开一次项目实施情况,项目结束后三个月内应当全面公开项目实施情况和募得款物使用情况。

6. 未依法报送年度工作报告、财务会计报告或者报备募捐方案

按照本法规定,慈善组织应当每年向其登记的民政部门报送年度工作报告。开展公开募捐,应当制定募捐方案,募捐方案应当在募捐活动开展前报慈善组织登记的民政部门备案。否则,应当承担相应的法律责任。

7. 泄露捐赠人、志愿者、受益人个人隐私以及捐赠人、慈善信托的委托人不同意公开的姓名、名称、住所、通讯方式等信息

本法第六十二条规定，开展慈善服务，应当尊重受益人、志愿者的人格尊严，不得侵害受益人、志愿者的隐私。第七十六条规定，涉及国家秘密、商业秘密、个人隐私的信息以及捐赠人、慈善信托的委托人不同意公开的姓名、名称、住所、通讯方式等信息，不得公开。违反上述规定，应当承担相应的法律责任。

二、对第一款违法行为的处罚

1. 警告。警告属于一种申诫罚，是对违法行为人的谴责和告诫，属于对违法行为的正式否定评价。警告是行政机关的正式意思表示，主要是对违法行为人形成心理压力和不利的社会舆论环境。适用警告处罚的重要目的，是使违法行为人认识其行为的违法性和对社会的危害，纠正违法行为并不再继续违法。

2. 责令限期改正。责令限期改正是指要求违法行为人在一定期限内改正相关违法行为。本条中责令改正包括：停止相关自我交易和关联交易行为；将不得用于投资的财产用于投资或擅自改变捐赠财产用途的，恢复慈善财产的正常使用状态；改正违法的年度支出或者管理费用的标准；依法履行信息公开义务，报送年度工作报告、财务会计报告或者报备募捐方案；采取适当措施停止泄露捐赠人、志愿者、受益人个人隐私以及捐赠人、慈善信托的委托人不同意公开的姓名、名称、住所、通讯方式等信息等。

3. 逾期不改正的，责令限期停止活动并进行整改。慈善组织在指定期限内仍不改正相关违法行为的，民政部门有权责令其停止活动，包括募捐和开展相关项目的活动，并进行整改。

三、慈善组织违反本法规定泄露国家秘密、商业秘密的，依照有关法律的规定予以处罚

例如，反恐怖主义法规定，反恐怖主义工作领导机构、有关部门和单位、个人应当对履行反恐怖主义工作职责、义务过程中

知悉的国家秘密、商业秘密和个人隐私予以保密。违反规定泄露国家秘密、商业秘密和个人隐私的,依法追究法律责任。反间谍法规定,泄露有关反间谍工作的国家秘密的,由国家安全机关处十五日以下行政拘留;构成犯罪的,依法追究刑事责任。刑法规定,为境外的机构、组织、人员窃取、刺探、收买、非法提供国家秘密或者情报的,处五年以上十年以下有期徒刑;情节特别严重的,处十年以上有期徒刑或者无期徒刑;情节较轻的,处五年以下有期徒刑、拘役、管制或者剥夺政治权利。以盗窃、利诱、胁迫或者其他不正当手段获取权利人的商业秘密,或者披露、使用或者允许他人使用以前述手段获取的权利人的商业秘密,或者违反约定或者违反权利人有关保守商业秘密的要求,披露、使用或者允许他人使用其所掌握的商业秘密,如果构成侵犯商业秘密罪,依法追究刑事责任。

四、吊销登记证书

慈善组织违反本条第一款和第二款规定,可能只是受到其他处罚,并未被吊销登记证书。本条第三款规定,慈善组织有前两款规定的情形,经依法处理后一年内再出现前款规定的情形,或者有其他情节严重情形的,由民政部门吊销登记证书并予以公告。

第一百条　慈善组织有本法第九十八条、第九十九条规定的情形,有违法所得的,由民政部门予以没收;对直接负责的主管人员和其他直接责任人员处二万元以上二十万元以下罚款。

【释义】　本条是关于没收慈善组织违法所得的规定。

本法第九十八条和第九十九条分别规定了慈善组织的法律责任。其中,第九十八条规定,慈善组织未按照慈善宗旨开展活动,私分、挪用、截留或者侵占慈善财产,接受附加违反法律法规或者违背社会公德条件的捐赠，或者对受益人附加违反法律法规或者违背社会公德的条件的，由民政部门责令限期改正；逾期不改正的，吊销登记证书并予以公告。

第九十九条第一款规定，慈善组织违反本法第十四条规定造成慈善财产损失；将不得用于投资的财产用于投资；擅自改变捐赠财产用途；开展慈善活动的年度支出或者管理费用的标准违反本法第六十条规定；未依法履行信息公开义务；未依法报送年度工作报告、财务会计报告或者报备募捐方案；泄露捐赠人、志愿者、受益人个人隐私以及捐赠人、慈善信托的受托人不同意公开的姓名、名称、住所、通讯方式等信息的，由民政部门予以警告、责令限期改正；逾期不改正的，责令限期停止活动并进行整改。

任何人都不应从自己的违法行为中获益。我国行政处罚法第八条规定了没收违法所得的行政处罚。违法所得是指违法行为人从事违法行为而获得的利益。违法所得应当具有财产价值，并且一般是在违法行为开始后才取得的。本条规定，慈善组织有上述情形，有违法所得的，由民政部门予以没收，这属于“没收违法所得”的行政处罚。

除对慈善组织处罚外，民政部门还对有上述情形的慈善组织中直接负责的主管人员和其他直接责任人员处二万元以上二十万元以下罚款。这是一种“双罚制”，即如果慈善组织有上述情形，并且由违法所得的，在处罚慈善组织之外，还应当处罚慈善组织中的主管人员和其他直接责任人员。有几点需要注意：(1)必须在有违法所得时，才能适用这一规定，对直接负责的主管人员和其他直接责任人员予以罚款；如果没有违法所得，就不应适用这一规定。(2)这里的罚款，没有选择适用的空间，即只要慈善组织在上述情形下有违法所得的，就应当对直接负责的主管人员和其他直接责任人员予以处罚。(3)罚款的数额在二万元以上二十万元以下,民政部门可以根据违法情节的严重程度予以自由裁量。

第一百零一条　开展募捐活动有下列情形之一的,由民政部门予以警告、责令停止募捐活动;对违法募集的财产,责令退还捐赠人;难以退还的,由民政部门予以收缴,转给其他慈善组织用于慈善目的;对有关组织或者个人处二万元以上二十万元以下罚款:

(一)不具有公开募捐资格的组织或者个人开展公开募捐的;

(二)通过虚构事实等方式欺骗、诱导募捐对象实施捐赠的;

(三)向单位或者个人摊派或者变相摊派的;

(四)妨碍公共秩序、企业生产经营或者居民生活的。

广播、电视、报刊以及网络服务提供者、电信运营商未履行本法第二十七条规定的验证义务的,由其主管部门予以警告,责令限期改正;逾期不改正的,予以通报批评。

【释义】　本条是关于违法开展募捐活动以及未履行验证义务所应当承担的法律责任的规定。

慈善募捐是本法重点规范的一项重要内容,本法第三章对开展慈善募捐活动的主体资格、募捐方式,以及广播、电视、报刊和网络服务提供者、电信运营商对慈善募捐活动的验证义务等作了明确规范。违反这些规定,应当按照本条规定承担相应的法律责任。

一、违法开展募捐活动的情形

1. 不具有公开募捐资格的组织或者个人开展公开募捐。这一违法情形对应本法第二十二条的规定,即开展公开募捐应当取得公开募捐资格。根据这一规定,取得公开募捐资格的慈善组织方可开展公开募捐，其他组织或者个人不得开展公开募捐。违反这一规定按照本条规定应承担相应的法律责任。

2. 通过虚构事实等方式欺骗、诱导募捐对象实施捐赠。这一情形对应本法第三十一条的规定，即开展募捐活动，应当尊重和维护募捐对象的合法权益，保障募捐对象的知情权，不得通过虚构事实等方式欺骗、诱导募捐对象实施捐赠。违反这一规定应按照本条规定承担相应的法律责任。

3. 向单位或者个人摊派或者变相摊派。这一违法情形对应本法第三十二条的规定，即开展募捐活动不得摊派或者变相摊派。违反这一规定应按照本条规定承担相应的法律责任。

4. 妨碍公共秩序、企业生产经营或者居民生活。这一违法情形对应本法第三十二条的有关规定，即开展募捐活动不得妨碍公共秩序、企业生产经营和居民生活。违反这一规定应按照本条规定承担相应的法律责任。

二、违反验证义务的情形

本法第二十七条规定，广播、电视、报刊以及网络服务提供者、电信运营商，应当对利用其平台开展公开募捐的慈善组织的登记证书、公开募捐资格证书进行验证。根据这一规定，广播、电视、报刊以及网络服务提供者、电信运营商对利用其平台开展公开募捐的慈善组织负有相应的验证义务，违反上述规定应当承担相应的法律责任。

三、本条规定的法律责任

本条对违法开展募捐活动和未依法履行验证义务分别规定了法律责任。根据本条第一款的规定，违法开展募捐活动的，由民政部门按照以下方式追究法律责任：

1. 警告。警告属于一种申诫罚，是对违法行为人的谴责和告诫，是对违法行为所作的正式否定评价。警告是行政机关的正式意思表示，会对相对一方产生不利影响，应当纳入法律约束的范围；对违法行为人来说，警告的制裁作用，主要是对违法行为人形成心理压力、不利的社会舆论环境。适用警告处罚的重要目的，是使违法行为人认识其行为的违法性和对社会的危害，纠正违法行为并不再继续违法。

2. 责令停止募捐活动。即民政部门责令暂时停止开展一定的募捐活动。责令停止募捐活动在实践中也可以与警告处罚一起使用，民政部门在给予违法行为人警告的同时，责令停止违法的募捐活动。

3. 退还或者收缴违法募集的财产。针对慈善组织或者其他组织和个人违法募集的财产，民政部门可以要求其退还给捐赠人；在某些情况下，难以退还捐赠人的，如无法识别特定实物的捐赠人，或者可以识别但是无法与捐赠人取得联系，在这种情况下，对违法募集的款物由民政部门予以收缴并转给其他组织用于慈善目的。

4. 罚款。罚款是一种较为常见的行政处罚类型，它是指行政机关对违法行为人强制收取一定数量金钱，剥夺一定财产权利的制裁方法。罚款处罚适用于对多种行政违法行为的制裁。在本条规定中，民政部门对违法开展募捐的有关组织或者个人应当处二万元以上二十万元以下罚款。具体罚款数额由民政部门根据违法行为的性质和情节轻重进行裁量。

根据本条第二款的规定，广播、电视、报刊以及网络服务提供者、电信运营商未履行本法第二十七条规定的验证义务的，由其主管部门予以警告，责令限期改正；逾期不改正的，予以通报批评。这里规定的主管部门主要是指工业和信息化主管部门，以及网络信息安全主管部门等。

第一百零二条　慈善组织不依法向捐赠人开具捐赠票据、不依法向志愿者出具志愿服务记录证明或者不及时主动向捐赠人反馈有关情况的，由民政部门予以警告，责令限期改正；逾期不改正的，责令限期停止活动。

【释义】　本条是关于慈善组织不依法向捐赠人开具捐赠票据、不依法向志愿者出具志愿服务记录证明或者不及时主动向捐赠人反馈有关情况的法律责任的规定。

按照本法第三十八条的规定，慈善组织接受捐赠，应当向捐赠人开具由财政部门统一监（印）制的捐赠票据。捐赠票据应当载明捐赠人、捐赠财产的种类及数量、慈善组织名称和经办人姓名、票据日期等。本法第四十二条第一款规定，捐赠人有权查询、复制其捐赠财产管理使用的有关资料，慈善组织应当及时主动向捐赠人反馈有关情况。本法第六十五条规定，慈善组织应当对志愿者实名登记，记录志愿者的服务时间、内容、评价等信息。根据志愿者的要求，慈善组织应当无偿、如实出具志愿服务记录证明。慈善组织应当严格遵守本法的上述规定，违反上述规定，不给捐赠人开具捐赠票据的，开具的收据不是由财政部门统一监（印）制的捐赠票据的，开具的捐赠票据不符合本法规定的规范形式的，不向捐赠人反馈捐赠财产管理使用的有关情况或者反馈情况不及时不主动的，不应志愿者的要求出具志愿服务记录证明的，不如实出具志愿服务记录证明的，有偿出具志愿服务记录证明的，都应当由慈善组织所在地的民政部门根据本条的规定予以处罚。

根据慈善组织违法行为的情节轻重，民政部门可以采取以下三种处罚方式：

1. 警告。警告是国家对行政违法行为人的谴责和告诫，是国家对行为人违法行为所作的正式否定评价，也是最轻微的一种制裁方式。从国家方面说,警告是国家行政机关的正式意思表示,会对相对一方产生不利影响,应当纳入法律约束的范围;对被处罚人来说,警告的制裁作用,主要是对行为人形成心理压力和不利的社会舆论环境。适用警告处罚的重要目的,是使被处罚人认识其行为的违法性和对社会的危害,纠正违法行为并不再继续违法。

2. 责令限期改正。责令限期改正是指行政主管部门责令违法行为人停止和纠正违法行为,以恢复原状,维持法定的秩序或者状态,具有事后救济性。处罚,只是保证法律实施的一种手段,不是目的。对违法行为给予处罚,目的在于维护社会秩序。因此,在对违法行为人给予行政处罚的时候,要同时责令行为人改正违法行为,不能以罚了事。责令限期改正,既可以单独适用,亦可以和其他行政处罚合并适用。我国很多法律都有责令改正的规定。

3. 责令限期停止活动。责令限期停止活动是对较为严重的违法行为的处罚,是一种行为罚。行为罚亦称能力罚,是行政主管部门对违反行政法律规范的行政相对方所采取的限制或剥夺其特定行为能力或资格的一种处罚措施。行为罚包括责令停产停业,责令停止活动或者限期停止活动,暂扣或吊销许可证、执照等。慈善组织被责令限期停止活动,即在一定的期限内不得以自己的名义开展任何对外活动,如发展会员、接受捐赠、开展项目活动或者其他经营性活动。按照《基金会管理条例》和《社会团体登记管理条例》的规定,基金会、境外基金会代表机构、社会团体被责令停止活动或责令限期停止活动的,由登记管理机关封存其登记证书、印章和财务凭证。如此在停止活动期间,慈善组织根本不可能实施有效的外部行为。责令限期停止活动的目的是为了纠正错误,改进工作。被处罚慈善组织在停止活动期间应当进行整顿，纠正违法，改进工作。处罚期限届满后，民政部门认为其达到恢复运营条件的，慈善组织才可以重新以自己的名义开展慈善活动。

第一百零三条　慈善组织弄虚作假骗取税收优惠的，由税务机关依法查处；情节严重的，由民政部门吊销登记证书并予以公告。

【释义】　本条是关于慈善组织弄虚作假骗取税收优惠的法律责任的规定。

在税收上给予慈善组织、捐赠人、受益人优惠以鼓励和促进慈善事业发展，是国际上通行的经验和做法，往往也是慈善组织最关心的促进措施。本法在“促进措施”一章中对慈善事业的税收优惠问题进行了规定，如规定慈善组织及其取得的收入依法享受税收优惠，自然人、法人和其他组织捐赠财产用于慈善活动的依法享受税收优惠，受益人接受慈善捐赠依法享受税收优惠等。

税收优惠减轻了慈善组织经济上的负担，有利于慈善组织的生存和发展，使慈善组织能够将慈善财产尽可能多地用于慈善活动，同时也鼓励了社会捐赠，从而最大限度增进社会公共利益。但是，如果慈善组织在不符合享受税收优惠条件的情况下通过弄虚作假的方式骗取了税收优惠，那么不仅客观上造成了逃避缴纳税款的结果，侵占了国家税收，给国家税收造成了损失，更加破坏了正常的慈善秩序和慈善环境，损害了慈善组织的公信力，对整个慈善事业的发展带来十分不利的影响。据此，本条对慈善组织弄虚作假骗取税收优惠规定了相应的法律责任。

一、承担法律责任的主体

本条规定的承担法律责任的主体是慈善组织，即根据本法登记或者认定为慈善组织的非营利性组织。

二、承担法律责任的违法行为

构成本条规定违法行为的是慈善组织弄虚作假骗取税收优惠的行为,即不符合享受税收优惠的条件而通过虚构事实、隐瞒真相等手段取得税收优惠的行为。

三、法律责任的形式

1. 由税务机关依法查处。国家税务总局2015年制定的《税收减免管理办法》第七条规定,纳税人实际经营情况不符合减免税规定条件的或者采用欺骗手段获取减免税的、享受减免税条件发生变化未及时向税务机关报告的,以及未按照本办法规定履行相关程序自行减免税的,税务机关依照税收征管法有关规定予以处理。骗取税收优惠客观上导致了不缴或者少缴税款,逃避了缴纳税款,属于偷税行为。我国税收征收管理法第六十三条第一款规定:"纳税人伪造、变造、隐匿、擅自销毁帐簿、记帐凭证,或者在帐簿上多列支出或者不列、少列收入,或者经税务机关通知申报而拒不申报或者进行虚假的纳税申报,不缴或者少缴应纳税款的,是偷税。对纳税人偷税的,由税务机关追缴其不缴或者少缴的税款、滞纳金,并处不缴或者少缴的税款百分之五十以上五倍以下的罚款。"此外,税收征收管理法第五十二条第一款、第二款规定:"因税务机关的责任,致使纳税人、扣缴义务人未缴或者少缴税款的,税务机关在三年内可以要求纳税人、扣缴义务人补缴税款,但是不得加收滞纳金。因纳税人、扣缴义务人计算错误等失误,未缴或者少缴税款的,税务机关在三年内可以追征税款、滞纳金;有特殊情况的,追征期可以延长到五年。"该条第三款规定:"对偷税、抗税、骗税的,税务机关追征其未缴或者少缴的税款、滞纳金或者所骗取的税款,不受前款规定期限的限制。"明确了对于行为人偷税的,税务机关追征其未缴或者少缴的税款、滞纳金，不受有关追征期规定的限制。

2. 情节严重的，由民政部门吊销登记证书并予以公告。吊销登记证书属于一种行政处罚，行政处罚是指具有行政处罚权的行政机关或者组织依照法律、法规以及规章的规定对公民、法人或者其他组织违反行政管理秩序的行为给予的制裁。吊销登记证书是一种比较严厉的行政处罚，是指有关行政执法机关取消已经登记的组织的合法凭证，被吊销登记证书的组织在法律上不再存在。在这里，实施吊销慈善组织登记证书的行政执法机关是民政部门。慈善组织骗取税收优惠达到"情节严重"的程度才给予吊销登记证书的处罚。"情节严重"一般是指骗取税收优惠的次数多、数额大、造成的社会影响恶劣等。慈善组织被依法吊销登记证书后，还应当将吊销登记证书的情况进行公告，向全社会进行公示，以避免被吊销登记证书的慈善组织欺骗群众继续开展活动。

第一百零四条　慈善组织从事、资助危害国家安全或者社会公共利益活动的，由有关机关依法查处，由民政部门吊销登记证书并予以公告。

【释义】　本条是关于慈善组织从事、资助危害国家安全或者社会公共利益活动的法律责任的规定。

本法第十五条规定，慈善组织不得从事、资助危害国家安全和社会公共利益的活动，不得接受附加违反法律法规和违背社会公德条件的捐赠，不得对受益人附加违反法律法规和违背社会公德的条件。本条规定了相应的法律处罚。

一、由有关机关依法查处

除了本法第十五条规定外，本法总则中也明确要求，开展慈善活动，应当遵循合法、自愿、诚信、非营利的原则，不得违背社会公德,不得危害国家安全、损害社会公共利益和他人合法权益。此外,国家安全法也明确规定,中华人民共和国公民、一切国家机关和武装力量、各政党和各人民团体、企业事业组织和其他社会组织,都有维护国家安全的责任和义务;任何个人和组织不得有危害国家安全的行为,不得向危害国家安全的个人或者组织提供任何资助或者协助;任何个人和组织违反国家安全法和有关法律,不履行维护国家安全义务或者从事危害国家安全活动的,依法追究法律责任。民法通则规定,民事活动应当尊重社会公德,不得损害社会公共利益;违反社会公共利益的民事行为无效。这些规定都明确提出,慈善组织除了自身不得从事危害国家安全或者社会公共利益的活动,也不得资助他人危害国家安全或者社会公共利益的活动。

根据本条规定,慈善组织从事、资助危害国家安全或者社会公共利益活动的,由有关机关依法查处。这里的有关机关,根据慈善组织从事、资助危害国家安全的行为性质的不同,可以是公安机关、国家安全机关等。2015 年通过的国家安全法规定,国家安全机关、公安机关在国家安全工作中,依法行使侦查、拘留、预审和执行逮捕以及法律规定的其他职权。根据慈善组织从事、资助危害社会公共利益活动行为性质的不同,可以是公安机关、民政部门。

根据本法第一百零九条的规定,慈善组织从事、资助危害国家安全或者社会公共利益活动,构成违反治安管理行为的,应当由公安机关依法给予治安管理处罚;构成犯罪的,依法追究刑事责任。

二、由民政部门依法吊销登记证书并予以公告

慈善组织从事、资助危害国家安全或者社会公共利益活动的,由民政部门依法吊销登记证书并予以公告。行政处罚法规

定了吊销许可证、吊销执照等行政处罚的种类。吊销登记证书属于行政处罚中的吊销许可证。

行政许可法规定，企业或者其他组织的设立等，需要确定主体资格的事项可以设定行政许可。准予登记设立慈善组织，是民政部门的一项行政许可，根据本法规定，慈善组织是指依法成立、符合本法规定条件，以面向社会开展慈善活动为宗旨的非营利性组织。慈善组织可以采取基金会、社会团体、社会服务机构等组织形式。设立慈善组织，应当向县级以上人民政府民政部门申请登记，民政部门应当自受理申请之日起三十日内作出决定。符合本法规定条件的，准予登记并向社会公告。当慈善组织违反规定，需要吊销登记证书的，应当由准予登记的民政部门作出，并向社会公布。

第一百零五条　慈善信托的受托人有下列情形之一的，由民政部门予以警告，责令限期改正；有违法所得的，由民政部门予以没收；对直接负责的主管人员和其他直接责任人员处二万元以上二十万元以下罚款：

（一）将信托财产及其收益用于非慈善目的的；

（二）未按照规定将信托事务处理情况及财务状况向民政部门报告或者向社会公开的。

【释义】　本条是关于慈善信托受托人违法行为的法律责任的规定。

本法第四十四条规定，慈善信托是指委托人基于慈善目的，依法将其财产委托给受托人，由受托人按照委托人意愿以受托人名义进行管理和处分，开展慈善活动的行为。第四十八条规定，慈善信托的受托人管理和处分信托财产，应当按照信托目的，恪尽职守，履行诚信、谨慎管理的义务。慈善信托的受托人应当每年至少一次将信托事务处理情况及财务状况向其备案的民政部门报告,并向社会公开。慈善信托的受托人违反上述规定的,应当依照本条规定承担相应的法律责任。

一、承担法律责任的主体

本条规定的承担法律责任的主体是慈善信托的受托人及其直接负责的主管人员和其他直接责任人员。其中慈善信托的受托人承担法律责任的形式有警告、责令限期改正和没收违法所得,直接负责的主管人员和其他直接责任人员承担法律责任的形式是罚款。根据本法第四十六条规定,慈善信托的受托人可以由委托人确定其信赖的慈善组织或者信托公司担任。因此,这里的受托人可以是受托的慈善组织,也可以是受托的信托公司。“直接负责的主管人员”,是指在单位违法行为中负有直接领导责任的人员,包括违法行为的决策人,事后对单位违法行为予以认可和支持的领导人员,以及由于疏于管理或放任而对单位违法行为负有不可推卸责任的领导人员。“其他直接责任人员”,是指直接实施违法行为的人员。

二、承担法律责任的违法行为

本条规定的违法行为有两种:

1. 将信托财产及其收益用于非慈善目的。慈善信托成立之后,受托人可以通过合法的投资运营使信托财产保值、增值,但是信托财产及其投资收益不得用于慈善以外的目的,如不得私自分配收益,否则即构成这里规定的违法行为。

2. 未按照规定将信托事务处理情况及财务状况向民政部门报告或者向社会公开。根据本法规定,慈善信托的受托人有义务每年至少一次将信托事务处理情况及财务状况向其备案的民政部门报告并向社会公开。慈善信托的受托人不报告、不公开或者不按照以上规定报告、公开信托事务处理情况及财务状况的，均构成这里规定的违法行为。

三、法律责任的形式

1. 警告。警告是指行政主体对违法者实施的一种谴责和告诫。它既具有教育性质又具有制裁性质，目的是向违法者发出警戒，声明行为人的行为已经违法，避免其再犯。警告一般适用于情节轻微或未构成实际危害后果的违法行为。另外，它既可以单处，又可以并处。从理论上讲，警告属于申诫罚，其特点在于：申诫罚是对个人、组织的精神上的惩戒，并不像其他处罚种类那样涉及个人、组织的实体权利；申诫罚一般在给予其他处罚之前给予，目的在于引起违法者思想上的警惕，使其以后不再违法。具体到本条规定的法律责任而言，警告是指民政部门对具有本条规定违法行为的慈善信托的受托人实施的谴责和告诫。

2. 责令限期改正。“责令改正或者限期改正”不属于行政处罚，而是行政机关在实施行政处罚时必须采取的行政措施。作为一种具体行政行为，责令限期改正带有一定的强制性和权威性，对违法行为人具有约束力。根据行政处罚法规定，行政机关实施行政处罚时，应当责令当事人改正或者限期改正违法行为。对于行政管理相对人实施的违法行为，行政机关应当追究其相应的法律责任，给予行政处罚，但首先应要求当事人改正其违法行为，不允许违法状态继续存在。“责令限期改正”是指除要求违法行为人立即停止违法行为外，还必须在规定的期限内采取改正措施，恢复合法状态。责令限期改正的“期限”，应当根据具体违法行为的性质和实际情况合理设定。设定的期限过短或过长都是不合适的，既不能让违法行为人因时间过短无法改正，也不能过于宽松致使违法行为长时间存在。

3. 没收违法所得。没收违法所得是指国家行政机关根据行政管理法规，将行为人的违法所获得的财物强制无偿收归国有的一项行政处罚措施，是一种财产罚。给予“没收违法所得”处罚的前提是行为人通过违法行为获得了收益，否则不能也无法给予该处罚。

4. 罚款。罚款是指行政机关依法强制违反行政管理法规的行为人（包括自然人、法人及其他组织）在一定期限内缴纳一定数量货币的行政处罚。罚款是一种适用范围比较广泛的财产罚。为了避免罚款的随意性，行政处罚法对罚款进行了一些限定性的规定。对已经制定的法律、行政法规规定的行政处罚的种类中没有罚款的，地方性法规和规章不能增加规定罚款的处罚。为了避免罚款执行人营私舞弊，法律规定作出罚款决定的机关与收缴罚款的机构分离，罚款必须全部上缴国库，任何行政机关或者个人不得以任何形式截留、私分。罚款的设定要适当，罚与过要相当。关于罚款的数额，本条没有规定一个具体数额，而是规定了一个幅度，即二万元以上二十万元以下。实践当中，罚款的具体数额属于行政执法机关的自由裁量权，由作出罚款处罚决定的机关综合考虑行为人违法行为的目的、主观过错的性质（故意或过失）、造成的后果等因素，在二万元以上二十万元以下的范围内确定，不得低于二万元，也不得高于二十万元。

第一百零六条　慈善服务过程中，因慈善组织或者志愿者过错造成受益人、第三人损害的，慈善组织依法承担赔偿责任；损害是由志愿者故意或者重大过失造成的，慈善组织可以向其追偿。

志愿者在参与慈善服务过程中，因慈善组织过错受到损害的，慈善组织依法承担赔偿责任；损害是由不可抗力造成的，慈善组织应当给予适当补偿。

【释义】　本条是关于慈善活动中侵权责任的规定。

侵权责任是民事责任的重要内容，主要规范侵权人侵犯他人民事权益所应当承担的民事责任。侵权法律制度的主要目的是保护被侵权人和减少侵权行为的发生。在慈善活动中，由于慈善组织或者志愿者的行为造成第三人损害，慈善组织的过错造成志愿者损害的，都涉及侵权责任的承担，因此，在慈善法对慈善组织和志愿者的侵权责任作出规定十分必要。

一、慈善组织和志愿者造成受益人、第三人损害的责任

慈善服务造成他人损害的，主要有以下两种情况：

一是由慈善组织通过自己的工作人员提供慈善服务，对受益人、第三人造成损害的，应当由慈善组织来承担。慈善组织和工作人员是通过劳动合同确定双方的权利和义务关系，慈善组织的工作人员是为了慈善组织的利益开展相关的活动，因此，对于慈善组织工作人员因慈善活动所产生的风险，需要慈善组织来承担，这种责任即为用人单位的责任。我国侵权责任法和司法解释对此都作出过规定。侵权责任法第三十四条规定，用人单位的工作人员因执行工作任务造成他人损害的，由用人单位承担侵权责任。《最高人民法院关于审理人身损害赔偿案件适用法律若干问题的解释》分别对法人侵权、雇主责任作出了规定：法人或者其他组织的法定代表人、负责人以及工作人员，在执行职务中致人损害的，由法人或者其他组织承担民事责任。雇员在从事雇佣活动中致人损害的，雇主应当承担赔偿责任；雇员因故意或者重大过失致人损害的，应当与雇主承担连带责任。雇主承担连带责任后，可以向雇员追偿。从以上现行法律和司法解释的规定看，我国对于用人单位的责任采取的是无过错责任，也就是说用人单位不能通过证明自己在选任或者监督方面尽到了相应的义务，就可以免除自己的责任。对慈善组织来说，慈善组织比其工作人员个人具有更强的经济能力，让慈善组织

承担责任,有利于更好地保护被侵权人的合法权益,也有利于慈善组织在选任工作人员时能尽到相当的谨慎和注意义务,加强对其工作人员的监督和管理。因此,慈善组织的工作人员实施侵权行为造成他人的损害,慈善组织就要承担赔偿责任。

二是慈善组织招募的志愿者提供服务造成的侵权责任。慈善组织和志愿者之间虽然没有订立劳动合同,但是慈善组织招募志愿者时可以与志愿者签订协议,明确双方权利义务、约定服务的内容、方式和时间等。对于慈善服务需要专门技能的,慈善组织应当对志愿者开展相关培训。志愿者实质是按照慈善组织的要求,代表慈善组织对外开展相关的活动。志愿者和慈善组织的工作人员主要的区别就在于志愿者提供的服务是无偿的,不需要慈善组织给其支付一定的报酬。因此,对于因志愿者过错造成受益人、第三人损害的,应当由慈善组织依法承担赔偿责任。

需要说明的是,用慈善组织对工作人员、志愿者行为承担侵权责任的前提是工作人员、志愿者的行为与慈善活动有关。工作人员、志愿者应当按照慈善组织的授权或者指示来开展工作。对于工作人员、志愿者与工作无关的行为,即使发生在工作时间内,慈善组织也不承担侵权责任,其责任应当由工作人员、志愿者个人承担。例如,工作人员、志愿者在工作时发生因殴打造成损害的,就不能让所在志愿组织承担赔偿责任。

根据本条的规定,慈善组织向受益人、第三人承担赔偿责任后,如果损害是由志愿者故意或者重大过失行为造成的,慈善组织可以向其追偿。志愿者在提供志愿服务中的"故意"行为是指行为人预见到自己的行为会导致某一损害后果而希望或者放任该结果发生的行为;过失是指行为人因疏忽或者轻信而使自己未履行应有注意义务的行为。例如,在地震后慈善组织派志愿者开车去灾区为灾民送食品，志愿者出发前明知汽车刹车有故障，但没有及时修理，结果在奔赴灾区途中发生车祸，将一名小孩撞伤，那么慈善组织要对被撞伤的小孩承担赔偿责任。但是，鉴于志愿者的行为属于重大过失，慈善组织在承担赔偿责任后，可以向该志愿者追偿。需要说明的是，根据本条规定，慈善组织是可以向志愿者追偿，而不是必须向其追偿，慈善组织需要根据志愿者的赔偿能力等方面因素综合考虑决定是否追偿以及追偿的数额。

二、志愿者在慈善服务中受到损害的责任

根据本法的规定，慈善组织安排志愿者参与慈善服务，应当与志愿者的年龄、文化程度、技能和身体状况相适应。慈善组织应当为志愿者参与慈善服务提供必要条件，保障志愿者的合法权益。慈善组织安排志愿者参与可能发生人身危险的慈善服务前，应当为志愿者购买相应的人身意外伤害保险。如果慈善组织没有履行法律规定的职责，因过错使志愿者在参与慈善服务过程中受到损害的，慈善组织应当依法承担赔偿责任。例如，某县春节前开展为孤寡老人送温暖的活动，慈善组织对志愿者未作任何培训，就指派一名未成年志愿者去山区为老人送粮籼等食品，由于山路险峻，该志愿者在途中摔伤，对此，慈善组织要对该志愿者承担相应的赔偿责任。

志愿者在提供服务的过程中，如果发生的损害是由于不可抗力造成的，慈善组织应当给予志愿者适当补偿。根据民法通则第一百五十三条的规定，“不可抗力”是指不能预见、不能避免并不能克服的客观情况。具体说来就是独立于人的行为之外，不受当事人意志所支配的现象，是人力所不可抗的力量，主要是指地震、洪水、台风、海啸等自然现象。如果对志愿者造成的损害是由于不可抗力造成的，那么，慈善组织不必承担赔偿责任。但是,考虑到志愿者提供的服务本身是无偿的,不同于其他有偿的服务,根据本条规定,慈善组织应当根据具体情况给予志愿者适当的补偿。需要说明的是,这里的补偿不同于赔偿,赔偿的原则一般是损失多少赔偿多少,是对志愿者受到损失的全部弥补;补偿则是根据志愿者受到伤害的具体情况,结合慈善组织自身的经济能力,慈善组织适当弥补志愿者的损失。

由于慈善组织的非营利性,其捐赠财产的使用和管理费用有着严格的限制,对于志愿者受到的损害,不论是让慈善组织承担赔偿责任,还是让慈善组织给予适当的补偿,对于慈善组织来说都有一定的难度,所以,慈善组织还是应当未雨绸缪,通过为志愿者购买人身意外伤害保险的方式来解决赔偿费用的问题。对此,本法明确规定,慈善组织安排志愿者参与可能发生人身危险的慈善服务前,应当为志愿者购买相应的人身意外伤害保险。这样既减轻了慈善组织费用的支出,又能切实保障志愿者的合法权益。

第一百零七条 自然人、法人或者其他组织假借慈善名义或者假冒慈善组织骗取财产的,由公安机关依法查处。

【释义】 本条是关于自然人、法人或者其他组织假借慈善名义或者假冒慈善组织骗取财产的,由公安机关依法查处的规定。

本法第三十三条规定,禁止任何组织或者个人假借慈善名义或者假冒慈善组织开展募捐活动,骗取财产。第九十七条第二款规定,国家鼓励公众、媒体对慈善活动进行监督,对假借慈善名义或者假冒慈善组织骗取财产以及慈善组织、慈善信托的违法违规行为予以曝光,发挥舆论和社会监督作用。本条规定了假借慈善名义或者假冒慈善组织骗取财产的相应的法律处罚,即由公安机关依法查处。这里的规定有三层含义:一是对假借慈善名义骗取财产行为的查处。由于这类行为并不是为了扶贫、济困、扶老、救孤、恤病、助残、优抚等慈善目的,实际是为了骗取财物,属于严重损害捐赠人利益、破坏慈善事业公信力的行为,是法律所禁止的。一旦发现,由公安机关依法查处。二是对假冒慈善组织骗取财产行为的查处。本法对慈善组织的慈善募捐作了专门规定,明确规定慈善组织募集财产应当基于慈善宗旨;慈善组织可以开展定向募捐;取得公开募捐资格的慈善组织可以开展公开募捐。不具有公开募捐资格的组织或者个人基于慈善目的,可以与具有公开募捐资格的慈善组织合作,由该慈善组织开展公开募捐并管理募得款物等。由于法律赋予了慈善组织开展慈善募捐的一些权利,因而慈善组织也应当符合法律规定的条件,并不是任何非营利性组织都可以成为慈善组织。现实中,由于一些慈善类社会组织特别是一些较为有名的慈善类社会组织,具有较好的社会公信力和募集财产能力,社会上有的组织或者个人就假冒这些慈善类社会组织,开展募捐活动骗取财物,这实质上是诈骗、诈捐行为,极大地损害了慈善形象和社会公信力,法律有必要规定对这类现象依法进行查处。三是明确了由公安机关依法进行查处。本法规定民政部门是我国慈善工作的主管部门,但对于上述这些假借慈善名义或者假冒慈善组织骗取财产的行为,由公安机关查处更为合适,也符合公安机关的职责要求。这里规定的“依法”主要是治安管理处罚法和刑法。

治安管理处罚法第四十九条中规定,诈骗公私财物的,处五日以上十日以下拘留,可以并处五百元以下罚款;情节较重的,处十日以上十五日以下拘留,可以并处一千元以下罚款。第五十一条中规定,以其他虚假身份招摇撞骗的,处五日以上十日以下拘留,可以并处五百元以下罚款;情节较轻的,处五日以下拘留或者五百元以下罚款。“诈骗”是指以非法占有为目的,用虚构事实或者隐瞒真相的方法,骗得公私财物的行为。诈骗行为的主要特征是:行为人实施了以虚构事实或隐瞒真相的欺骗方法,使财物所有人、管理人产生错觉,信以为真,从而似乎“自愿地”交出财物。虚构事实就是捏造不存在的事实,骗取被侵害人的信任,虚构的事实可以是部分虚构,也可以是全部虚构。隐瞒真相就是对财物所有人、管理人掩盖客观存在的某种事实,以此哄骗其交出财物。在上述情况下,财物所有人、管理人由于受骗,不了解事实真相,表面上看是“自愿地”交出财物,实质上是违反其本意的。诈骗财物的形式、手段,多种多样。假借慈善名义或者假冒慈善组织骗取财产的形式、手段,也多种多样。

刑法第二百六十六条规定了诈骗罪,诈骗公私财物,数额较大的,处三年以下有期徒刑、拘役或者管制,并处或者单处罚金;数额巨大或者有其他严重情节的,处三年以上十年以下有期徒刑,并处罚金;数额特别巨大或者有其他特别严重情节的,处十年以上有期徒刑或者无期徒刑,并处罚金或者没收财产。刑法中规定的“诈骗”,主要是指以非法占有为目的,用虚构事实或者隐瞒真相的方法,骗取公私财物的行为。诈骗罪具有以下特征:一是行为人主观上是出于故意,并且具有非法占有公私财物的目的。二是行为人实施了诈骗行为。至于诈骗财物是归自己挥霍享用,还是转归第三人,都不影响本罪的成立。三是诈骗公私财物数额较大才能构成犯罪,如果诈骗数额较小,则不构成犯罪。“数额较大”、“情节严重”以及“情节特别严重”由司法机关依据各地具体情况作出具体规定。

本条的责任主体是自然人、法人或者其他组织。我国刑法规定了单位犯罪,公司、企业、事业单位、机关、团体实施的危害社会的行为,法律规定为单位犯罪的,应当负刑事责任。单位犯罪的,对单位判处罚金,并对其直接负责的主管人员和其他直接责任人员判处刑罚。单位既包括法人,也包括非法人组织。

第一百零八条　县级以上人民政府民政部门和其他有关部门及其工作人员有下列情形之一的,由上级机关或者监察机关责令改正;依法应当给予处分的,由任免机关或者监察机关对直接负责的主管人员和其他直接责任人员给予处分:

(一)未依法履行信息公开义务的;

(二)摊派或者变相摊派捐赠任务,强行指定志愿者、慈善组织提供服务的;

(三)未依法履行监督管理职责的;

(四)违法实施行政强制措施和行政处罚的;

(五)私分、挪用、截留或者侵占慈善财产的;

(六)其他滥用职权、玩忽职守、徇私舞弊的行为。

【释义】　本条是关于民政部门和其他有关部门及其工作人员的法律责任的规定。

一、关于违法行为

1.未依法履行信息公开义务。本法规定,县级以上人民政府民政部门应当在统一的信息平台,及时向社会公开慈善信息。县级以上人民政府民政部门和其他有关部门应当及时向社会公开以下慈善信息:(1)慈善组织登记事项;(2)慈善信托备案事项;(3)具有公开募捐资格的慈善组织名单;(4)具有出具公益性捐赠税前扣除票据资格的慈善组织名单;(5)对慈善活动的税收优惠、资助补贴等促进措施;(6)向慈善组织购买服务的信息;(7)对慈善组织、慈善信托开展检查、评估的结果;(8)对慈善组织和其他组织以及个人的表彰、处罚结果;(9)法律法规规定应当公开的其他信息。如果未遵守上述规定,即属于违法行为。

2. 摊派或者变相摊派捐赠任务,强行指定志愿者、慈善组织提供服务。捐赠应当是自愿和无偿的,如果摊派和变相摊派就违反了捐赠的意义,将造成不良后果。志愿者和慈善组织提供慈善服务也是自愿的,不应由政府强行指定。违反该规定,将承担相应的法律责任。

3. 未依法履行监督管理职责。本法规定了民政部门的监督管理职责,如本法第九十二条规定,县级以上人民政府民政部门应当依法履行职责,对慈善活动进行监督检查;第九十三条规定,民政部门对涉嫌违反本法规定的慈善组织,有权采取对慈善组织的住所和慈善活动发生地进行现场检查等措施;第九十四条规定,民政部门对慈善组织、有关单位和个人进行检查或者调查时,检察人员或者调查人员不得少于二人,并应当出示合法证件和检查、调查通知书。如果违反上述规定,就属于违法行为。

4. 违法实施行政强制措施和行政处罚。行政强制措施,是指行政机关在行政管理过程中,为制止违法行为、防止证据损毁、避免危害发生、控制危险扩大等情形,依法对公民的人身自由实施暂时性限制,或者对公民、法人或者其他组织的财物实施暂时性控制的行为。本法规定了民政部门和有关部门的行政强制措施,违反规定的,即属于违法。例如,没有行政强制措施权的行政机关,对行政相对人采取了行政强制措施。行政处罚,是指行政主体依照法定权限和程序对违反行政法律规范但尚未构成犯罪的行政相对人予以制裁的具体行政行为。违法实施行政处罚,主要是指没有依照法律规定实施行政处罚,如对不应该罚款的行政相对人给予罚款的行政处罚,又如罚款超过了法律规定的上限,或者对应当吊销登记证书的不予吊销等。

5. 私分、挪用、截留或者侵占慈善财产。本法规定，任何组织和个人不得私分、挪用、截留或者侵占慈善财产，县级以上人民政府民政部门和其他有关部门及其工作人员有上述行为的，构成违法。

6. 其他滥用职权、玩忽职守、徇私舞弊的行为。本项是兜底条款。滥用职权在客观方面表现为违反或者超越法律规定的权限和程序使用职权。玩忽职守在客观方面表现为不履行、不正确履行或者放弃履行职责，如工作上马虎草率或者对工作撒手不管等。如接到单位和个人对慈善组织、慈善信托违法行为的举报后，不及时调查处理，就构成了玩忽职守。徇私舞弊是指不秉公执法，用权力为自己谋取私利。这些行为的后果都会使国家利益、人民利益遭受损失。

二、相关处罚

为体现过罚相当的原则，本条规定，对一般违法行为，由上级机关或者监察机关责令改正；对于依法应当给予处分的，由任免机关或者监察机关对直接负责的主管人员和其他直接责任人员给予处分。根据公务员法的规定，处分包括警告、记过、记大过、降级、撤职和开除六种。

第一百零九条　违反本法规定，构成违反治安管理行为的，由公安机关依法给予治安管理处罚；构成犯罪的，依法追究刑事责任。

【释义】　本条是关于违反本法规定应当给予治安管理处罚、依法追究刑事责任的规定。

本法“法律责任”一章专门对慈善活动中的违法行为规定了法律处罚，特别是对行政处罚的法律责任作了明确的规定。同时，对构成违反治安管理行为和构成犯罪的，则集中在本条作了规定,通过适用本条,对依法给予治安管理处罚或者依法追究刑事责任作出规定。

一、违反本法规定的治安管理处罚

治安管理处罚,是指对扰乱社会秩序,妨害公共安全,侵犯人身权利、财产权利,妨害社会管理,尚不构成犯罪的行为,由公安机关依照治安管理处罚法的规定,给予治安管理处罚,目的是维护社会治安秩序,保障公共安全,保护公民、法人和其他组织的合法权益。治安管理处罚包括警告、罚款、行政拘留以及吊销公安机关发放的许可证等种类。

对于违反本法规定的一些行为,构成违反治安管理处罚行为的,应当按照治安管理处罚法的规定承担相应的法律责任。主要有以下一些方面:

1. 私分、挪用、截留或者侵占慈善财产的治安管理处罚

本法第五十二条中明确规定,任何组织和个人不得私分、挪用、截留或者侵占慈善财产。根据我国治安管理处罚法第二十六条的规定,有强拿硬要或者任意占用公私财物等行为的,处五日以上十日以下拘留,可以并处五百元以下罚款;情节较重的,处十日以上十五日以下拘留,可以并处一千元以下罚款。

2. 开展募捐活动,妨碍公共秩序、企业生产经营和居民生活的治安管理处罚

本法第三十二条规定,开展募捐活动,不得妨碍公共秩序、企业生产经营和居民生活。治安管理处罚法专门规定了"扰乱公共秩序的行为和处罚"一节,根据第二十三条的规定,对扰乱机关等秩序的,致使工作、生产等不能正常进行,尚未造成严重损失的,扰乱车站、港口、码头、机场、商场、公园、展览馆或者其他公共场所秩序等,处警告或者二百元以下罚款;情节较重的,处五日以上十日以下拘留,可以并处五百元以下罚款;聚众实施

前述行为的，对首要分子处十日以上十五日以下拘留，可以并处一千元以下罚款。根据第二十五条规定，对故意扰乱公共秩序等，处五日以上十日以下拘留，可以并处五百元以下罚款；情节较轻的，处五日以下拘留或者五百元以下罚款。第五十八条规定，违反关于社会生活噪声污染防治的法律规定，制造噪声干扰他人正常生活的，处警告；警告后不改正的，处二百元以上五百元以下罚款。

3. 弄虚作假骗取税收优惠、假借慈善名义骗取财产的治安管理处罚

本法第七十九条规定，慈善组织及其取得的收入依法享受税收优惠。第八十条规定，自然人、法人和其他组织捐赠财产用于慈善活动的，依法享受税收优惠。税收优惠是国家利用税收制度，按预定目的，在税收方面采取的激励和照顾措施，以减轻某些纳税人应履行的纳税义务来补贴纳税人的某些活动或相应的纳税人。税收是国家财政收入的主要来源，也是国家从事国民经济建设的重要经济支柱。骗取税收优惠，实质上会导致税收的流失，势必造成国家整体利益的受损。第一百零三条中规定，慈善组织弄虚作假骗取税收优惠的，由税务机关依法查处。同时，第三十三条规定，禁止任何组织或者个人假借慈善名义或者假冒慈善组织开展募捐活动，骗取财产。第一百零七条规定，自然人、法人或者其他组织假借慈善名义或者假冒慈善组织骗取财产的，由公安机关依法查处。根据治安管理处罚法第四十九条的规定，诈骗公私财物的，处五日以上十日以下拘留，可以并处五百元以下罚款；情节较重的，处十日以上十五日以下拘留，可以并处一千元以下罚款。

二、违反本法规定的刑事责任

刑事责任是指犯罪行为人实施刑事法律禁止的行为所必须

承担的法律后果。故意犯罪，应当负刑事责任。过失犯罪，法律有规定的才负刑事责任。通过刑罚依法追究刑事责任，目的是为了保卫国家安全，保卫人民民主专政的政权和社会主义制度，保护国有财产和劳动群众集体所有的财产，保护公民私人所有的财产，保护公民的人身权利、民主权利和其他权利，维护社会秩序、经济秩序，保障社会主义建设事业的顺利进行。公司、企业、事业单位、机关、团体实施的危害社会的行为，法律规定为单位犯罪的，应当负刑事责任。单位犯罪的，对单位判处罚金，并对其直接负责的主管人员和其他直接责任人员判处刑罚。刑法分则和其他法律另有规定的，依照规定。刑罚主刑的种类有管制、拘役、有期徒刑、无期徒刑、死刑。附加刑的种类有罚金、剥夺政治权利、没收财产。附加刑也可以独立适用。违反本法规定，构成犯罪，依法应当追究刑事责任的，主要有以下方面：

1. 私分、挪用、截留或者侵占慈善财产的刑事责任

本法第五十二条中规定，任何组织和个人不得私分、挪用、截留或者侵占慈善财产。刑法第二百七十条规定了侵占罪及其刑事处罚，将代为保管的他人财物非法占为己有，数额较大，拒不退还的，处二年以下有期徒刑、拘役或者罚金；数额巨大或者有其他严重情节的，处二年以上五年以下有期徒刑，并处罚金。本条罪，告诉的才处理。第二百七十一条规定了职务侵占罪及其刑事处罚，公司、企业或者其他单位的人员，利用职务上的便利，将本单位财物非法占为已有，数额较大的，处五年以下有期徒刑或者拘役；数额巨大的，处五年以上有期徒刑，可以并处没收财产。第二百七十二条规定了挪用资金罪及其刑事处罚，公司、企业或者其他单位的工作人员，利用职务上的便利，挪用本单位资金归个人使用或者借贷给他人，数额较大、超过三个月未还的，或者虽未超过三个月，但数额较大、进行营利活动的，或者

进行非法活动的，处三年以下有期徒刑或者拘役；挪用本单位资金数额巨大的，或者数额较大不退还的，处三年以上十年以下有期徒刑。第二百七十三条规定，挪用用于救灾、抢险、防汛、优抚、扶贫、移民、救济款物，情节严重，致使国家和人民群众利益遭受重大损害的，对直接责任人员，处三年以下有期徒刑或者拘役；情节特别严重的，处三年以上七年以下有期徒刑。另外，根据刑法规定，刑法所称公共财产包括用于扶贫和其他公益事业的社会捐助或者专项基金的财产。

2. 违反本法规定泄露国家秘密、商业秘密的刑事责任

本法第七十六条规定，涉及国家秘密、商业秘密、个人隐私的信息以及捐赠人、慈善信托的委托人不同意公开的姓名、名称、住所、通讯方式等信息，不得公开。慈善组织违反本法规定泄露国家秘密、商业秘密的，依照有关法律的规定予以处罚。刑法第三百九十八条规定了泄露国家秘密罪及其处罚，国家机关工作人员违反保守国家秘密法的规定，故意或者过失泄露国家秘密，情节严重的，处三年以下有期徒刑或者拘役；情节特别严重的，处三年以上七年以下有期徒刑。非国家机关工作人员犯前款罪的，依照前款的规定酌情处罚。第二百一十九条规定了侵犯商业秘密罪及其刑罚，披露、使用或者允许他人使用以盗窃、利诱、胁迫或者其他不正当手段获取的权利人的商业秘密，违反约定或者违反权利人有关保守商业秘密的要求，披露、使用或者允许他人使用其所掌握的商业秘密，给商业秘密的权利人造成重大损失的，处三年以下有期徒刑或者拘役，并处或者单处罚金；造成特别严重后果的，处三年以上七年以下有期徒刑，并处罚金。明知或者应知所列行为，披露他人的商业秘密的，以侵犯商业秘密论。本条所称商业秘密，是指不为公众所知悉，能为权利人带来经济利益，具有实用性并经权利人采取保密措施的

技术信息和经营信息。

3. 以慈善为名骗取财产的刑事责任

本法第三十一条规定，开展募捐活动，应当尊重和维护募捐对象的合法权益，保障募捐对象的知情权，不得通过虚构事实等方式欺骗、诱导募捐对象实施捐赠。第三十三条规定，禁止任何组织或者个人假借慈善名义或者假冒慈善组织开展募捐活动，骗取财产。第一百零七条规定，自然人、法人或者其他组织假借慈善名义或者假冒慈善组织骗取财产的，由公安机关依法查处。刑法第二百六十六条规定了诈骗罪及其刑事处罚。诈骗公私财物，数额较大的，处三年以下有期徒刑、拘役或者管制，并处或者单处罚金；数额巨大或者有其他严重情节的，处三年以上十年以下有期徒刑，并处罚金；数额特别巨大或者有其他特别严重情节的，处十年以上有期徒刑或者无期徒刑，并处罚金或者没收财产。刑法另有规定的，依照规定。刑法规定的"诈骗"，主要是指以非法占有为目的，用虚构事实或者隐瞒真相的方法，骗取公私财物的行为。

4. 开展募捐活动，妨碍公共秩序、企业生产经营或者居民生活的刑事责任

本法第三十二条规定，开展募捐活动，不得摊派或者变相摊派，不得妨碍公共秩序、企业生产经营和居民生活。刑法第二百九十条第一款规定，聚众扰乱社会秩序，情节严重，致使工作、生产、营业和教学、科研医疗无法进行，造成严重损失的，对首要分子，处三年以上七年以下有期徒刑；对其他积极参加的，处三年以下有期徒刑、拘役、管制或者剥夺政治权利。第二百九十一条规定，聚众扰乱车站、码头、民用航空站、商场、公园、影剧院、展览会、运动场或者其他公共场所秩序，聚众堵塞交通或者破坏交通秩序，抗拒、阻碍国家治安管理工作人员依法执行职务，情节

严重的,对首要分子,处五年以下有期徒刑、拘役或者管制。

5.慈善组织弄虚作假骗取税收优惠的刑事责任

本法第一百零三条规定,慈善组织弄虚作假骗取税收优惠的,由税务机关依法查处;情节严重的,由民政部门吊销登记证书并予以公告。刑法第二百零一条中规定,纳税人采取欺骗、隐瞒手段进行虚假纳税申报或者不申报,逃避缴纳税款数额较大并且占应纳税额百分之十以上的,处三年以下有期徒刑或者拘役,并处罚金;数额巨大并且占应纳税额百分之三十以上的,处三年以上七年以下有期徒刑,并处罚金。经税务机关依法下达追缴通知后,补缴应纳税款,缴纳滞纳金,已受行政处罚的,不予追究刑事责任;但是,五年内因逃避缴纳税款受过刑事处罚或者被税务机关给予二次以上行政处罚的除外。

6.慈善组织从事、资助危害国家安全或者社会公共利益活动的刑事责任

本法第四条中明确规定,开展慈善活动,不得违背社会公德,不得危害国家安全、损害社会公共利益和他人合法权益。第十五条中规定,慈善组织不得从事、资助危害国家安全和社会公共利益的活动。第一百零四条规定,慈善组织从事、资助危害国家安全或者社会公共利益活动的,由有关机关依法查处,由民政部门吊销登记证书并予以公告。刑法设专章规定危害国家安全罪、危害公共安全罪。第一百零二条规定,勾结外国,危害中华人民共和国的主权、领土完整和安全的,处无期徒刑或者十年以上有期徒刑。与境外机构、组织、个人相勾结,犯前款罪的,依照前款的规定处罚。第一百零七条规定,境内外机构、组织或者个人资助实施本章第一百零二条、第一百零三条、第一百零四条、第一百零五条规定之罪的,对直接责任人员,处五年以下有期徒刑、拘役、管制或者剥夺政治权利;情节严重的,处五年以上有期

徒刑。

7. 慈善工作中国家机关工作人员的刑事责任

本法规定，国务院民政部门主管全国慈善工作，县级以上地方各级人民政府民政部门主管本行政区域内的慈善工作；县级以上人民政府有关部门依照本法和其他有关法律法规，在各自的职责范围内做好相关工作。县级以上人民政府民政部门应当依法履行职责，对慈善活动进行监督检查，对慈善行业组织进行指导。刑法第三百九十七条中规定，国家机关工作人员滥用职权或者玩忽职守，致使公共财产、国家和人民利益遭受重大损失的，处三年以下有期徒刑或者拘役；情节特别严重的，处三年以上七年以下有期徒刑。刑法另有规定的，依照规定。国家机关工作人员徇私舞弊，犯前款罪的，处五年以下有期徒刑或者拘役；情节特别严重的，处五年以上十年以下有期徒刑。

第十二章　附　　则

第一百一十条　城乡社区组织、单位可以在本社区、单位内部开展群众性互助互济活动。

【释义】　本条是关于单位和社区内部互助互济的规定。

《国务院关于促进慈善事业健康发展的指导意见》提出,鼓励社会各界以各类社会救助对象为重点,广泛开展扶贫济困、赈灾救孤、扶老助残、助学助医等慈善活动。党政机关、事业单位要广泛动员干部职工积极参与各类慈善活动,发挥带头示范作用。工会、共青团、妇联等人民团体要充分发挥密切联系群众的优势,动员社会公众为慈善事业捐赠资金、物资和提供志愿服务等。提倡在单位内部、城乡社区开展群众性互助互济活动。充分发挥家庭、个人、志愿者在慈善活动中的积极作用。

城乡社区组织,是指由城乡社区及其居民组建并吸纳社区成员参与的以满足居民社会性需要和社区公共利益为目标的各种社会组织。城乡社区组织的概念的要义在于:一是强调建立这些组织的主体是社区及其居民;二是强调其组织目标是满足本社区居民的社会性需要和社区公共利益;三是为了保证上述目标的实现,强调这些组织要吸纳社区居民或驻社区的企事业单位以及其他组织以社区成员的身份参与;四是强调其组织的性质为社会组织,而非政府组织或企业组织。

常见的城乡社区组织主要包括:(1)自治性的社区居民(村民)组织。在我国有居民委员会、村民委员会、商品房住宅小区业主组织等，在国外有如美国的邻里委员会、日本的町自治会、加拿大的社区董事会等。（2）由社区或居民组建的社区服务机构、社区志愿者组织和其他社区民间组织。如近年来我国城乡社区设置的社区服务站、社区志愿者组织、社区老年协会等正式组织，各类兴趣团队、健身团队、邻里互助网络等，在西方和我国港台地区有如社区义工组织、“社区小组”、“居民组织”、“邻舍组织”等。在上述的城乡社区组织中开展互相帮助、互相援助的活动，与慈善法提倡、支持和鼓励助人为乐、团结友爱、无私奉献的友善精神的宗旨是相符合的。

在单位内部开展的职工互助互济活动，是我国社会特有的一种社会保障方式。它是由工会组织和倡导，通过宣传发动和组织动员广大职工自愿参加、自筹资金和自我完善的组织形式；是职工为防范风险，提高自身抵御风险和保障能力的自觉行动；是对我国目前社会保障体系的补充和完善。它具有广泛的参与性、会员的互助性和管理的民主性，体现自愿、民主、平等、互助、互济等特征。

慈善法在附则中对城乡社区组织、单位互助互济活动作了规定，是因为慈善事业的发展需要广泛动员社会各方面的力量，形成全社会支持慈善、参与慈善的浓厚氛围。慈善和抱团取暖等社会互助活动都是建立在爱心、自愿、奉献等基础之上，捐出款物或劳务帮扶他人的行为。区别在于，社会互助活动的受益群体仅限于社区、单位及相关群体内部，是一种面向特定对象的成员之间的互益行为；而慈善的受益群体则超越了社区、单位或特定群体的界限，以不特定社会公众为最终受益对象。

第一百一十一条　慈善组织以外的其他组织可以开展力所能及的慈善活动。

【释义】 本条是关于慈善组织以外的其他组织开展慈善活动的规定。

慈善不是慈善组织的特权。本法对于慈善组织以外的其他组织从事慈善活动的途径予以了肯定。慈善事业的发展需要广泛动员社会各方面的力量,形成全社会支持慈善、参与慈善的浓厚氛围。

一、关于慈善组织以外的“其他组织”

我国法律中常见“公民、法人和其他组织”的概念,最早见于1989年的行政诉讼法第一条的规定,“为保证人民法院正确、及时审理行政案件,保护公民、法人和其他组织的合法权益,维护和监督行政机关依法行使行政职权,根据宪法制定本法”。2015年《最高人民法院关于适用〈中华人民共和国民事诉讼法〉的解释》第五十二条对民事诉讼法中的“其他组织”作了解释,规定其他组织是指合法成立、有一定的组织机构和财产,但又不具备法人资格的组织,包括:(1)依法登记领取营业执照的个人独资企业;(2)依法登记领取营业执照的合伙企业;(3)依法登记领取我国营业执照的中外合作经营企业、外资企业;(4)依法成立的社会团体的分支机构、代表机构;(5)依法设立并领取营业执照的法人的分支机构;(6)依法设立并领取营业执照的商业银行、政策性银行和非银行金融机构的分支机构;(7)经依法登记领取营业执照的乡镇企业、街道企业;(8)其他符合该条规定条件的组织。

由此可见,“公民、法人和其他组织”中的“其他组织”是指介于自然人和法人之间的组织。而本条中的“其他组织”指的是慈善组织以外的其他所有组织:(1)法人组织。包括企业法人、机关法人、事业单位法人等依法成立并能独立承担民事责任、享有民事权利和义务的营利性或者非营利性组织;(2)非法人组织。包括个人独资企业、合伙企业、法人的分支机构或者代表机构等组织;(3)其他未登记的组织。包括社区老年人协会、各类兴趣团队、健身团队、社区小组等未登记的组织。

二、关于"力所能及"的慈善活动

本法第三条对慈善活动作了定义,既包括传统的扶贫、济困、救灾活动,也包括促进教育、科学、文化、卫生、体育事业的发展以及环境保护等,属于"大慈善"的概念,只要有利于社会公共利益的活动都可以属于慈善活动。同时,慈善法第三章对慈善募捐专门作了规定,只有依法登记的慈善组织才可以开展慈善募捐,开展公开募捐还需要取得公开募捐资格。因此,慈善组织以外的其他组织开展慈善活动可以通过捐赠财产或者提供服务的方式进行;如果要开展公开慈善募捐,可以与有公开募捐资格的慈善组织合作进行,由慈善组织组织开展募捐并管理募得款物。

慈善组织以外的其他组织开展力所能及的慈善活动时,也应当遵循合法、自愿、诚信、非营利的原则,不得违背社会公德,不得危害国家安全、损害社会公共利益和他人合法权益。"其他组织"进行捐赠和提供服务时,也必须符合慈善法有关慈善捐赠和慈善服务的规定。例如,本法第三十六条关于捐赠财产规定:"捐赠人捐赠的实物应当具有使用价值,符合安全、卫生、环保等标准。捐赠人捐赠本企业产品的,应当依法承担产品质量责任和义务。"第四十条关于禁止违法宣传规定:"任何组织和个人不得利用慈善捐赠违反法律规定宣传烟草制品,不得利益慈善捐赠以任何方式宣传法律禁止宣传的产品和事项。"第四十一条关履行捐赠义务的规定以及第六十二条、第六十三条等对慈善捐赠和慈善服务普遍适用的规定。

第一百一十二条　本法自2016年9月1日起施行。

【释义】 本条是关于本法施行日期的规定。

一、关于法律的施行日期

法律的施行日期,也就是法律的生效日期,是指法律开始施行并发生法律效力的日期,是任何一部法律都要涉及的问题。2015年修改的立法法第五十七条规定"法律应当明确规定施行日期",这是任何一部法律不可缺少的基本要素,一般都在法律的最后一条加以规定。法律施行的起始日期,通常根据该部法律在施行前是否需要做必要的准备工作而确定。

一部法律通过以后,就必然产生了从什么时候起开始生效、在什么地域范围内生效、对什么人有效的问题,这就是法律的效力范围,它包括时间效力、空间效力、对人的效力三个方面。法律的时间效力又包括法律从何时开始起生效、到何时终止生效和法律生效后有无溯及力三个问题。本条是慈善法生效日期的规定,是解决法律的时间效力问题,它关系到公民、法人和社会组织从何时起开始依法享有权利,并履行法律规定的义务。

从我国已制定的法律来看,关于生效日期的规定,大体上可以分为三种情况:一是在法律条文中直接规定该法的生效日期,如2015年修改的促进科技成果转化法第五十二条规定"本法自1996年10月1日起施行"。二是在法律条文中没有直接规定具体的生效日期,而是规定"本法自公布之日起施行",但法律何时公布,根据我国宪法第八十条关于法律由国家主席公布的规定,由国家主席发布主席令来确定。目前,国家主席一般都是于全国人大或者全国人大常委会通过法律的当天发布命令公布法律,如反间谍法第四十条规定"本法自公布之日起施行"。同日,国家主席习近平发布第十六号主席令,公布了该法。三是规定一个法律的生效日期取决于另一个法律的制定和实施时间,如1986年12月2日第六届全国人民代表大会常务委员会第十八次会议通过的企业破产法(试行)(已废止)第四十三条规定:“本法自全民所有制工业企业法实施满三个月之日起试行。”当时,全民所有制工业企业法尚未制定出来,所以企业破产法(试行)最终生效的时间是全民所有制工业企业法1988年8月1日生效后三个月的1988年11月1日。目前法律的生效日期中,第三种情况已经比较少见。

二、关于慈善法的施行日期

慈善法采用的是上述第一种方式,即在法律中明确规定本法的施行日期。本法于2016年3月16日经第十二届全国人民代表大会第四次会议通过,同日由国家主席签署主席令予以公布,并于2016年9月1日起施行。慈善法的颁布日期与施行日期之间留有一定的时间间隔,主要考虑是:慈善法是社会领域的重要法律,是慈善制度建设的基础性、综合性法律。各方面要利用这段时间做好法律实施的准备工作,比对现行的法规、规章以及一些规范性文件进行清理,与法律不一致的,及时加以修改或者废止;制定一些实施法律的具体规定;对法律进行必要的学习、宣传、培训等,以促进社会各界广泛知晓,确保法律的贯彻实施。

此外,有关慈善组织的组织形式和登记管理的具体办法、具有公开募捐资格的基金会以外的慈善组织开展慈善活动的年度支出和管理费用的标准、慈善组织为实现财产保值增值进行投资的具体办法和慈善组织公开募捐资格认定的具体办法等内容,也需要国务院及国务院民政部门和其他有关部门利用这段时间抓紧制定或者修改相应的条例。

第二部分 附 录

附录一

中华人民共和国慈善法

（2016 年 3 月 16 日第十二届全国人民代表大会
第四次会议通过）

目 录

第一章　总　　则

第一条　为了发展慈善事业，弘扬慈善文化，规范慈善活动，保护慈善组织、捐赠人、志愿者、受益人等慈善活动参与者的合法权益，促进社会进步，共享发展成果，制定本法。

第二条　自然人、法人和其他组织开展慈善活动以及与慈善有关的活动，适用本法。其他法律有特别规定的，依照其规定。

第三条　本法所称慈善活动，是指自然人、法人和其他组织以捐赠财产或者提供服务等方式，自愿开展的下列公益活动：

（一）扶贫、济困；

（二）扶老、救孤、恤病、助残、优抚；

（三）救助自然灾害、事故灾难和公共卫生事件等突发事件造成的损害；

（四）促进教育、科学、文化、卫生、体育等事业的发展；

（五）防治污染和其他公害，保护和改善生态环境；

（六）符合本法规定的其他公益活动。

第四条　开展慈善活动，应当遵循合法、自愿、诚信、非营利的原则，不得违背社会公德，不得危害国家安全、损害社会公共利益和他人合法权益。

第五条　国家鼓励和支持自然人、法人和其他组织践行社会主义核心价值观，弘扬中华民族传统美德，依法开展慈善活动。

第六条　国务院民政部门主管全国慈善工作，县级以上地方各级人民政府民政部门主管本行政区域内的慈善工作；县级以上人民政府有关部门依照本法和其他有关法律法规，在各自的职责范围内做好相关工作。

第七条 每年9月5日为“中华慈善日”。

第二章 慈善组织

第八条 本法所称慈善组织，是指依法成立、符合本法规定，以面向社会开展慈善活动为宗旨的非营利性组织。

慈善组织可以采取基金会、社会团体、社会服务机构等组织形式。

第九条 慈善组织应当符合下列条件：

（一）以开展慈善活动为宗旨；

（二）不以营利为目的；

（三）有自己的名称和住所；

（四）有组织章程；

（五）有必要的财产；

（六）有符合条件的组织机构和负责人；

（七）法律、行政法规规定的其他条件。

第十条 设立慈善组织，应当向县级以上人民政府民政部门申请登记，民政部门应当自受理申请之日起三十日内作出决定。符合本法规定条件的，准予登记并向社会公告；不符合本法规定条件的，不予登记并书面说明理由。

本法公布前已经设立的基金会、社会团体、社会服务机构等非营利性组织，可以向其登记的民政部门申请认定为慈善组织，民政部门应当自受理申请之日起二十日内作出决定。符合慈善组织条件的，予以认定并向社会公告；不符合慈善组织条件的，不予认定并书面说明理由。

有特殊情况需要延长登记或者认定期限的，报经国务院民政部门批准，可以适当延长，但延长的期限不得超过六十日。

第十一条 慈善组织的章程，应当符合法律法规的规定，并载明下列事项：

（一）名称和住所；
（二）组织形式；
（三）宗旨和活动范围；
（四）财产来源及构成；
（五）决策、执行机构的组成及职责；
（六）内部监督机制；
（七）财产管理使用制度；
（八）项目管理制度；
（九）终止情形及终止后的清算办法；
（十）其他重要事项。

第十二条 慈善组织应当根据法律法规以及章程的规定，建立健全内部治理结构，明确决策、执行、监督等方面的职责权限，开展慈善活动。

慈善组织应当执行国家统一的会计制度，依法进行会计核算，建立健全会计监督制度，并接受政府有关部门的监督管理。

第十三条 慈善组织应当每年向其登记的民政部门报送年度工作报告和财务会计报告。报告应当包括年度开展募捐和接受捐赠情况、慈善财产的管理使用情况、慈善项目实施情况以及慈善组织工作人员的工资福利情况。

第十四条 慈善组织的发起人、主要捐赠人以及管理人员，不得利用其关联关系损害慈善组织、受益人的利益和社会公共利益。

慈善组织的发起人、主要捐赠人以及管理人员与慈善组织发生交易行为的，不得参与慈善组织有关该交易行为的决策，有关交易情况应当向社会公开。

第十五条 慈善组织不得从事、资助危害国家安全和社会公共利益的活动，不得接受附加违反法律法规和违背社会公德条件的捐赠，不得对受益人附加违反法律法规和违背社会公德的条件。

第十六条 有下列情形之一的，不得担任慈善组织的负责人：

（一）无民事行为能力或者限制民事行为能力的；

（二）因故意犯罪被判处刑罚，自刑罚执行完毕之日起未逾五年的；

（三）在被吊销登记证书或者被取缔的组织担任负责人，自该组织被吊销登记证书或者被取缔之日起未逾五年的；

（四）法律、行政法规规定的其他情形。

第十七条 慈善组织有下列情形之一的，应当终止：

（一）出现章程规定的终止情形的；

（二）因分立、合并需要终止的；

（三）连续二年未从事慈善活动的；

（四）依法被撤销登记或者吊销登记证书的；

（五）法律、行政法规规定应当终止的其他情形。

第十八条 慈善组织终止，应当进行清算。

慈善组织的决策机构应当在本法第十七条规定的终止情形出现之日起三十日内成立清算组进行清算，并向社会公告。不成立清算组或者清算组不履行职责的，民政部门可以申请人民法院指定有关人员组成清算组进行清算。

慈善组织清算后的剩余财产，应当按照慈善组织章程的规定转给宗旨相同或者相近的慈善组织；章程未规定的，由民政部门主持转给宗旨相同或者相近的慈善组织，并向社会公告。

慈善组织清算结束后，应当向其登记的民政部门办理注销登记，并由民政部门向社会公告。

第十九条 慈善组织依法成立行业组织。

慈善行业组织应当反映行业诉求，推动行业交流，提高慈善行业公信力，促进慈善事业发展。

第二十条 慈善组织的组织形式、登记管理的具体办法由国务院制定。

第三章　慈善募捐

第二十一条　本法所称慈善募捐，是指慈善组织基于慈善宗旨募集财产的活动。

慈善募捐，包括面向社会公众的公开募捐和面向特定对象的定向募捐。

第二十二条　慈善组织开展公开募捐，应当取得公开募捐资格。依法登记满二年的慈善组织，可以向其登记的民政部门申请公开募捐资格。民政部门应当自受理申请之日起二十日内作出决定。慈善组织符合内部治理结构健全、运作规范的条件的，发给公开募捐资格证书；不符合条件的，不发给公开募捐资格证书并书面说明理由。

法律、行政法规规定自登记之日起可以公开募捐的基金会和社会团体，由民政部门直接发给公开募捐资格证书。

第二十三条　开展公开募捐，可以采取下列方式：

（一）在公共场所设置募捐箱；

（二）举办面向社会公众的义演、义赛、义卖、义展、义拍、慈善晚会等；

（三）通过广播、电视、报刊、互联网等媒体发布募捐信息；

（四）其他公开募捐方式。

慈善组织采取前款第一项、第二项规定的方式开展公开募捐的，应当在其登记的民政部门管辖区域内进行，确有必要在其登记的民政部门管辖区域外进行的，应当报其开展募捐活动所在地的县级以上人民政府民政部门备案。捐赠人的捐赠行为不受地域限制。

慈善组织通过互联网开展公开募捐的，应当在国务院民政部门统一或者指定的慈善信息平台发布募捐信息，并可以同时在其网站发布募捐信息。

第二十四条 开展公开募捐,应当制定募捐方案。募捐方案包括募捐目的、起止时间和地域、活动负责人姓名和办公地址、接受捐赠方式、银行账户、受益人、募得款物用途、募捐成本、剩余财产的处理等。

募捐方案应当在开展募捐活动前报慈善组织登记的民政部门备案。

第二十五条 开展公开募捐,应当在募捐活动现场或者募捐活动载体的显著位置,公布募捐组织名称、公开募捐资格证书、募捐方案、联系方式、募捐信息查询方法等。

第二十六条 不具有公开募捐资格的组织或者个人基于慈善目的,可以与具有公开募捐资格的慈善组织合作,由该慈善组织开展公开募捐并管理募得款物。

第二十七条 广播、电视、报刊以及网络服务提供者、电信运营商,应当对利用其平台开展公开募捐的慈善组织的登记证书、公开募捐资格证书进行验证。

第二十八条 慈善组织自登记之日起可以开展定向募捐。

慈善组织开展定向募捐,应当在发起人、理事会成员和会员等特定对象的范围内进行,并向募捐对象说明募捐目的、募得款物用途等事项。

第二十九条 开展定向募捐,不得采取或者变相采取本法第二十三条规定的方式。

第三十条 发生重大自然灾害、事故灾难和公共卫生事件等突发事件,需要迅速开展救助时,有关人民政府应当建立协调机制,提供需求信息,及时有序引导开展募捐和救助活动。

第三十一条 开展募捐活动,应当尊重和维护募捐对象的合法权益,保障募捐对象的知情权,不得通过虚构事实等方式欺骗、诱导募捐对象实施捐赠。

第三十二条 开展募捐活动,不得摊派或者变相摊派,不得妨碍公共秩序、企业生产经营和居民生活。

第三十三条 禁止任何组织或者个人假借慈善名义或者假冒慈善组织开展募捐活动,骗取财产。

第四章 慈善捐赠

第三十四条 本法所称慈善捐赠,是指自然人、法人和其他组织基于慈善目的,自愿、无偿赠与财产的活动。

第三十五条 捐赠人可以通过慈善组织捐赠,也可以直接向受益人捐赠。

第三十六条 捐赠人捐赠的财产应当是其有权处分的合法财产。捐赠财产包括货币、实物、房屋、有价证券、股权、知识产权等有形和无形财产。

捐赠人捐赠的实物应当具有使用价值,符合安全、卫生、环保等标准。

捐赠人捐赠本企业产品的,应当依法承担产品质量责任和义务。

第三十七条 自然人、法人和其他组织开展演出、比赛、销售、拍卖等经营性活动,承诺将全部或者部分所得用于慈善目的的,应当在举办活动前与慈善组织或者其他接受捐赠的人签订捐赠协议,活动结束后按照捐赠协议履行捐赠义务,并将捐赠情况向社会公开。

第三十八条 慈善组织接受捐赠,应当向捐赠人开具由财政部门统一监(印)制的捐赠票据。捐赠票据应当载明捐赠人、捐赠财产的种类及数量、慈善组织名称和经办人姓名、票据日期等。捐赠人匿名或者放弃接受捐赠票据的,慈善组织应当做好相关记录。

第三十九条 慈善组织接受捐赠,捐赠人要求签订书面捐赠协议的,慈善组织应当与捐赠人签订书面捐赠协议。

书面捐赠协议包括捐赠人和慈善组织名称,捐赠财产的种类、数量、质量、用途、交付时间等内容。

第四十条 捐赠人与慈善组织约定捐赠财产的用途和受益人时，不得指定捐赠人的利害关系人作为受益人。

任何组织和个人不得利用慈善捐赠违反法律规定宣传烟草制品，不得利用慈善捐赠以任何方式宣传法律禁止宣传的产品和事项。

第四十一条 捐赠人应当按照捐赠协议履行捐赠义务。捐赠人违反捐赠协议逾期未交付捐赠财产，有下列情形之一的，慈善组织或者其他接受捐赠的人可以要求交付；捐赠人拒不交付的，慈善组织和其他接受捐赠的人可以依法向人民法院申请支付令或者提起诉讼：

（一）捐赠人通过广播、电视、报刊、互联网等媒体公开承诺捐赠的；

（二）捐赠财产用于本法第三条第一项至第三项规定的慈善活动，并签订书面捐赠协议的。

捐赠人公开承诺捐赠或者签订书面捐赠协议后经济状况显著恶化，严重影响其生产经营或者家庭生活的，经向公开承诺捐赠地或者书面捐赠协议签订地的民政部门报告并向社会公开说明情况后，可以不再履行捐赠义务。

第四十二条 捐赠人有权查询、复制其捐赠财产管理使用的有关资料，慈善组织应当及时主动向捐赠人反馈有关情况。

慈善组织违反捐赠协议约定的用途，滥用捐赠财产的，捐赠人有权要求其改正；拒不改正的，捐赠人可以向民政部门投诉、举报或者向人民法院提起诉讼。

第四十三条 国有企业实施慈善捐赠应当遵守有关国有资产管理的规定，履行批准和备案程序。

第五章 慈善信托

第四十四条 本法所称慈善信托属于公益信托，是指委托人基于慈善目的，依法将其财产委托给受托人，由受托人按照委托人意愿以受托人名义进行管理和处分，开展慈善活动的行为。

第四十五条　设立慈善信托、确定受托人和监察人，应当采取书面形式。受托人应当在慈善信托文件签订之日起七日内，将相关文件向受托人所在地县级以上人民政府民政部门备案。

未按照前款规定将相关文件报民政部门备案的，不享受税收优惠。

第四十六条　慈善信托的受托人，可以由委托人确定其信赖的慈善组织或者信托公司担任。

第四十七条　慈善信托的受托人违反信托义务或者难以履行职责的，委托人可以变更受托人。变更后的受托人应当自变更之日起七日内，将变更情况报原备案的民政部门重新备案。

第四十八条　慈善信托的受托人管理和处分信托财产，应当按照信托目的，恪尽职守，履行诚信、谨慎管理的义务。

慈善信托的受托人应当根据信托文件和委托人的要求，及时向委托人报告信托事务处理情况、信托财产管理使用情况。慈善信托的受托人应当每年至少一次将信托事务处理情况及财务状况向其备案的民政部门报告，并向社会公开。

第四十九条　慈善信托的委托人根据需要，可以确定信托监察人。

信托监察人对受托人的行为进行监督，依法维护委托人和受益人的权益。信托监察人发现受托人违反信托义务或者难以履行职责的，应当向委托人报告，并有权以自己的名义向人民法院提起诉讼。

第五十条　慈善信托的设立、信托财产的管理、信托当事人、信托的终止和清算等事项，本章未规定的，适用本法其他有关规定；本法未规定的，适用《中华人民共和国信托法》的有关规定。

第六章　慈善财产

第五十一条　慈善组织的财产包括：

（一）发起人捐赠、资助的创始财产；

（二）募集的财产；

（三）其他合法财产。

第五十二条　慈善组织的财产应当根据章程和捐赠协议的规定全部用于慈善目的，不得在发起人、捐赠人以及慈善组织成员中分配。

任何组织和个人不得私分、挪用、截留或者侵占慈善财产。

第五十三条　慈善组织对募集的财产，应当登记造册，严格管理，专款专用。

捐赠人捐赠的实物不易储存、运输或者难以直接用于慈善目的的，慈善组织可以依法拍卖或者变卖，所得收入扣除必要费用后，应当全部用于慈善目的。

第五十四条　慈善组织为实现财产保值、增值进行投资的，应当遵循合法、安全、有效的原则，投资取得的收益应当全部用于慈善目的。慈善组织的重大投资方案应当经决策机构组成人员三分之二以上同意。政府资助的财产和捐赠协议约定不得投资的财产，不得用于投资。慈善组织的负责人和工作人员不得在慈善组织投资的企业兼职或者领取报酬。

前款规定事项的具体办法，由国务院民政部门制定。

第五十五条　慈善组织开展慈善活动，应当依照法律法规和章程的规定，按照募捐方案或者捐赠协议使用捐赠财产。慈善组织确需变更募捐方案规定的捐赠财产用途的，应当报民政部门备案；确需变更捐赠协议约定的捐赠财产用途的，应当征得捐赠人同意。

第五十六条　慈善组织应当合理设计慈善项目，优化实施流程，降低运行成本，提高慈善财产使用效益。

慈善组织应当建立项目管理制度，对项目实施情况进行跟踪监督。

第五十七条 慈善项目终止后捐赠财产有剩余的，按照募捐方案或者捐赠协议处理；募捐方案未规定或者捐赠协议未约定的，慈善组织应当将剩余财产用于目的相同或者相近的其他慈善项目，并向社会公开。

第五十八条 慈善组织确定慈善受益人，应当坚持公开、公平、公正的原则，不得指定慈善组织管理人员的利害关系人作为受益人。

第五十九条 慈善组织根据需要可以与受益人签订协议，明确双方权利义务，约定慈善财产的用途、数额和使用方式等内容。

受益人应当珍惜慈善资助，按照协议使用慈善财产。受益人未按照协议使用慈善财产或者有其他严重违反协议情形的，慈善组织有权要求其改正；受益人拒不改正的，慈善组织有权解除协议并要求受益人返还财产。

第六十条 慈善组织应当积极开展慈善活动，充分、高效运用慈善财产，并遵循管理费用最必要原则，厉行节约，减少不必要的开支。慈善组织中具有公开募捐资格的基金会开展慈善活动的年度支出，不得低于上一年总收入的百分之七十或者前三年收入平均数额的百分之七十；年度管理费用不得超过当年总支出的百分之十，特殊情况下，年度管理费用难以符合前述规定的，应当报告其登记的民政部门并向社会公开说明情况。

具有公开募捐资格的基金会以外的慈善组织开展慈善活动的年度支出和管理费用的标准，由国务院民政部门会同国务院财政、税务等部门依照前款规定的原则制定。

捐赠协议对单项捐赠财产的慈善活动支出和管理费用有约定的，按照其约定。

第七章　慈 善 服 务

第六十一条　本法所称慈善服务，是指慈善组织和其他组织以及个人基于慈善目的，向社会或者他人提供的志愿无偿服务以及其他非营利服务。

慈善组织开展慈善服务，可以自己提供或者招募志愿者提供，也可以委托有服务专长的其他组织提供。

第六十二条　开展慈善服务，应当尊重受益人、志愿者的人格尊严，不得侵害受益人、志愿者的隐私。

第六十三条　开展医疗康复、教育培训等慈善服务，需要专门技能的，应当执行国家或者行业组织制定的标准和规程。

慈善组织招募志愿者参与慈善服务，需要专门技能的，应当对志愿者开展相关培训。

第六十四条　慈善组织招募志愿者参与慈善服务，应当公示与慈善服务有关的全部信息，告知服务过程中可能发生的风险。

慈善组织根据需要可以与志愿者签订协议，明确双方权利义务，约定服务的内容、方式和时间等。

第六十五条　慈善组织应当对志愿者实名登记，记录志愿者的服务时间、内容、评价等信息。根据志愿者的要求，慈善组织应当无偿、如实出具志愿服务记录证明。

第六十六条　慈善组织安排志愿者参与慈善服务，应当与志愿者的年龄、文化程度、技能和身体状况相适应。

第六十七条　志愿者接受慈善组织安排参与慈善服务的，应当服从管理，接受必要的培训。

第六十八条　慈善组织应当为志愿者参与慈善服务提供必要条件，保障志愿者的合法权益。

慈善组织安排志愿者参与可能发生人身危险的慈善服务前，应当为志愿者购买相应的人身意外伤害保险。

第八章 信息公开

第六十九条 县级以上人民政府建立健全慈善信息统计和发布制度。

县级以上人民政府民政部门应当在统一的信息平台,及时向社会公开慈善信息,并免费提供慈善信息发布服务。

慈善组织和慈善信托的受托人应当在前款规定的平台发布慈善信息,并对信息的真实性负责。

第七十条 县级以上人民政府民政部门和其他有关部门应当及时向社会公开下列慈善信息:

(一)慈善组织登记事项;

(二)慈善信托备案事项;

(三)具有公开募捐资格的慈善组织名单;

(四)具有出具公益性捐赠税前扣除票据资格的慈善组织名单;

(五)对慈善活动的税收优惠、资助补贴等促进措施;

(六)向慈善组织购买服务的信息;

(七)对慈善组织、慈善信托开展检查、评估的结果;

(八)对慈善组织和其他组织以及个人的表彰、处罚结果;

(九)法律法规规定应当公开的其他信息。

第七十一条 慈善组织、慈善信托的受托人应当依法履行信息公开义务。信息公开应当真实、完整、及时。

第七十二条 慈善组织应当向社会公开组织章程和决策、执行、监督机构成员信息以及国务院民政部门要求公开的其他信息。上述信息有重大变更的,慈善组织应当及时向社会公开。

慈善组织应当每年向社会公开其年度工作报告和财务会计报告。具有公开募捐资格的慈善组织的财务会计报告须经审计。

第七十三条 具有公开募捐资格的慈善组织应当定期向社会

公开其募捐情况和慈善项目实施情况。

公开募捐周期超过六个月的，至少每三个月公开一次募捐情况，公开募捐活动结束后三个月内应当全面公开募捐情况。

慈善项目实施周期超过六个月的，至少每三个月公开一次项目实施情况，项目结束后三个月内应当全面公开项目实施情况和募得款物使用情况。

第七十四条 慈善组织开展定向募捐的，应当及时向捐赠人告知募捐情况、募得款物的管理使用情况。

第七十五条 慈善组织、慈善信托的受托人应当向受益人告知其资助标准、工作流程和工作规范等信息。

第七十六条 涉及国家秘密、商业秘密、个人隐私的信息以及捐赠人、慈善信托的委托人不同意公开的姓名、名称、住所、通讯方式等信息，不得公开。

第九章 促进措施

第七十七条 县级以上人民政府应当根据经济社会发展情况，制定促进慈善事业发展的政策和措施。

县级以上人民政府有关部门应当在各自职责范围内，向慈善组织、慈善信托受托人等提供慈善需求信息，为慈善活动提供指导和帮助。

第七十八条 县级以上人民政府民政部门应当建立与其他部门之间的慈善信息共享机制。

第七十九条 慈善组织及其取得的收入依法享受税收优惠。

第八十条 自然人、法人和其他组织捐赠财产用于慈善活动的，依法享受税收优惠。企业慈善捐赠支出超过法律规定的准予在计算企业所得税应纳税所得额时当年扣除的部分，允许结转以后三年内在计算应纳税所得额时扣除。

境外捐赠用于慈善活动的物资，依法减征或者免征进口关税和进口环节增值税。

第八十一条　受益人接受慈善捐赠,依法享受税收优惠。

第八十二条　慈善组织、捐赠人、受益人依法享受税收优惠的,有关部门应当及时办理相关手续。

第八十三条　捐赠人向慈善组织捐赠实物、有价证券、股权和知识产权的,依法免征权利转让的相关行政事业性费用。

第八十四条　国家对开展扶贫济困的慈善活动,实行特殊的优惠政策。

第八十五条　慈善组织开展本法第三条第一项、第二项规定的慈善活动需要慈善服务设施用地的,可以依法申请使用国有划拨土地或者农村集体建设用地。慈善服务设施用地非经法定程序不得改变用途。

第八十六条　国家为慈善事业提供金融政策支持,鼓励金融机构为慈善组织、慈善信托提供融资和结算等金融服务。

第八十七条　各级人民政府及其有关部门可以依法通过购买服务等方式,支持符合条件的慈善组织向社会提供服务,并依照有关政府采购的法律法规向社会公开相关情况。

第八十八条　国家采取措施弘扬慈善文化,培育公民慈善意识。

学校等教育机构应当将慈善文化纳入教育教学内容。国家鼓励高等学校培养慈善专业人才,支持高等学校和科研机构开展慈善理论研究。

广播、电视、报刊、互联网等媒体应当积极开展慈善公益宣传活动,普及慈善知识,传播慈善文化。

第八十九条　国家鼓励企业事业单位和其他组织为开展慈善活动提供场所和其他便利条件。

第九十条　经受益人同意,捐赠人对其捐赠的慈善项目可以冠名纪念,法律法规规定需要批准的,从其规定。

第九十一条　国家建立慈善表彰制度，对在慈善事业发展中做出突出贡献的自然人、法人和其他组织，由县级以上人民政府或者有关部门予以表彰。

第十章　监督管理

第九十二条　县级以上人民政府民政部门应当依法履行职责，对慈善活动进行监督检查，对慈善行业组织进行指导。

第九十三条　县级以上人民政府民政部门对涉嫌违反本法规定的慈善组织，有权采取下列措施：

（一）对慈善组织的住所和慈善活动发生地进行现场检查；

（二）要求慈善组织作出说明，查阅、复制有关资料；

（三）向与慈善活动有关的单位和个人调查与监督管理有关的情况；

（四）经本级人民政府批准，可以查询慈善组织的金融账户；

（五）法律、行政法规规定的其他措施。

第九十四条　县级以上人民政府民政部门对慈善组织、有关单位和个人进行检查或者调查时，检查人员或者调查人员不得少于二人，并应当出示合法证件和检查、调查通知书。

第九十五条　县级以上人民政府民政部门应当建立慈善组织及其负责人信用记录制度，并向社会公布。

民政部门应当建立慈善组织评估制度，鼓励和支持第三方机构对慈善组织进行评估，并向社会公布评估结果。

第九十六条　慈善行业组织应当建立健全行业规范，加强行业自律。

第九十七条　任何单位和个人发现慈善组织、慈善信托有违法行为的，可以向民政部门、其他有关部门或者慈善行业组织投诉、举报。民政部门、其他有关部门或者慈善行业组织接到投诉、举报后，应当及时调查处理。

国家鼓励公众、媒体对慈善活动进行监督，对假借慈善名义或者假冒慈善组织骗取财产以及慈善组织、慈善信托的违法违规行为予以曝光，发挥舆论和社会监督作用。

第十一章 法律责任

第九十八条 慈善组织有下列情形之一的，由民政部门责令限期改正；逾期不改正的，吊销登记证书并予以公告：

（一）未按照慈善宗旨开展活动的；

（二）私分、挪用、截留或者侵占慈善财产的；

（三）接受附加违反法律法规或者违背社会公德条件的捐赠，或者对受益人附加违反法律法规或者违背社会公德的条件的。

第九十九条 慈善组织有下列情形之一的，由民政部门予以警告、责令限期改正；逾期不改正的，责令限期停止活动并进行整改：

（一）违反本法第十四条规定造成慈善财产损失的；

（二）将不得用于投资的财产用于投资的；

（三）擅自改变捐赠财产用途的；

（四）开展慈善活动的年度支出或者管理费用的标准违反本法第六十条规定的；

（五）未依法履行信息公开义务的；

（六）未依法报送年度工作报告、财务会计报告或者报备募捐方案的；

（七）泄露捐赠人、志愿者、受益人个人隐私以及捐赠人、慈善信托的委托人不同意公开的姓名、名称、住所、通讯方式等信息的。

慈善组织违反本法规定泄露国家秘密、商业秘密的，依照有关法律的规定予以处罚。

慈善组织有前两款规定的情形，经依法处理后一年内再出现前款规定的情形，或者有其他情节严重情形的，由民政部门吊销登记证书并予以公告。

第一百条 慈善组织有本法第九十八条、第九十九条规定的情形,有违法所得的,由民政部门予以没收;对直接负责的主管人员和其他直接责任人员处二万元以上二十万元以下罚款。

第一百零一条 开展募捐活动有下列情形之一的,由民政部门予以警告、责令停止募捐活动;对违法募集的财产,责令退还捐赠人;难以退还的,由民政部门予以收缴,转给其他慈善组织用于慈善目的;对有关组织或者个人处二万元以上二十万元以下罚款:

(一)不具有公开募捐资格的组织或者个人开展公开募捐的;

(二)通过虚构事实等方式欺骗、诱导募捐对象实施捐赠的;

(三)向单位或者个人摊派或者变相摊派的;

(四)妨碍公共秩序、企业生产经营或者居民生活的。

广播、电视、报刊以及网络服务提供者、电信运营商未履行本法第二十七条规定的验证义务的,由其主管部门予以警告,责令限期改正;逾期不改正的,予以通报批评。

第一百零二条 慈善组织不依法向捐赠人开具捐赠票据、不依法向志愿者出具志愿服务记录证明或者不及时主动向捐赠人反馈有关情况的,由民政部门予以警告,责令限期改正;逾期不改正的,责令限期停止活动。

第一百零三条 慈善组织弄虚作假骗取税收优惠的,由税务机关依法查处;情节严重的,由民政部门吊销登记证书并予以公告。

第一百零四条 慈善组织从事、资助危害国家安全或者社会公共利益活动的,由有关机关依法查处,由民政部门吊销登记证书并予以公告。

第一百零五条 慈善信托的受托人有下列情形之一的,由民政部门予以警告,责令限期改正;有违法所得的,由民政部门予以没收;对直接负责的主管人员和其他直接责任人员处二万元以上二十万元以下罚款：

（一）将信托财产及其收益用于非慈善目的的；

（二）未按照规定将信托事务处理情况及财务状况向民政部门报告或者向社会公开的。

第一百零六条　慈善服务过程中，因慈善组织或者志愿者过错造成受益人、第三人损害的，慈善组织依法承担赔偿责任；损害是由志愿者故意或者重大过失造成的，慈善组织可以向其追偿。

志愿者在参与慈善服务过程中，因慈善组织过错受到损害的，慈善组织依法承担赔偿责任；损害是由不可抗力造成的，慈善组织应当给予适当补偿。

第一百零七条　自然人、法人或者其他组织假借慈善名义或者假冒慈善组织骗取财产的，由公安机关依法查处。

第一百零八条　县级以上人民政府民政部门和其他有关部门及其工作人员有下列情形之一的，由上级机关或者监察机关责令改正；依法应当给予处分的，由任免机关或者监察机关对直接负责的主管人员和其他直接责任人员给予处分：

（一）未依法履行信息公开义务的；

（二）摊派或者变相摊派捐赠任务，强行指定志愿者、慈善组织提供服务的；

（三）未依法履行监督管理职责的；

（四）违法实施行政强制措施和行政处罚的；

（五）私分、挪用、截留或者侵占慈善财产的；

（六）其他滥用职权、玩忽职守、徇私舞弊的行为。

第一百零九条　违反本法规定，构成违反治安管理行为的，由公安机关依法给予治安管理处罚；构成犯罪的，依法追究刑事责任。

第十二章　附　　则

第一百一十条　城乡社区组织、单位可以在本社区、单位内部开展群众性互助互济活动。

第一百一十一条 慈善组织以外的其他组织可以开展力所能及的慈善活动。

第一百一十二条 本法自2016年9月1日起施行。

附录二

全国人民代表大会内务司法委员会关于《中华人民共和国慈善法（草案）》的说明

——2015 年 10 月 30 日在第十二届全国人民代表大会常务委员会第十七次会议上

全国人大内务司法委员会副主任委员 王胜明

委员长、各位副委员长、秘书长、各位委员：

我受全国人大内务司法委员会的委托，作关于《中华人民共和国慈善法（草案）》的说明。

慈善是社会建设的重要内容，对于鼓励公民企业乐善好施，扶贫济困，守望相助，支持公益事业发展，促进社会和谐稳定，具有重要作用。我国的合同法、公益事业捐赠法、信托法等法律都对慈善问题作过规定，发挥了积极作用。随着慈善事业的发展，在慈善领域出现许多新情况新问题，为了激发慈善组织活力，增强全社会慈善意识，规范慈善行为，促进慈善事业健康发展，有必要制定一部专门的慈善法，完善慈善法律制度。

2008 年以来，共有 800 多人次全国人大代表提出制定慈善法的议案 27 件，社会各方面多年期盼制定慈善法。内务司法委员会根据全国人大常委会立法规划和立法工作计划，于 2014 年 2 月成立以马馼主任委员为组长的慈善立法领导小组，着手慈善法的研究起草工作。起草工作中着重把握以下要求：一是立足我国实际。根据我国经济社会发展的实际状况和创新社会治理体制的要求，对慈善法律制度作出规定，适当借鉴国外的有益经验，但不照搬照抄。二是坚持问题导向。努力解决慈善领域存在的突出问题，推动我国慈善事业健康发展，增强慈善法的及时性、系统性、针对性和可操作性。三是确立基本规则。为了使慈善组织和有关主体的活动有法可依，慈善法应当对慈善组织、慈善募捐、慈善服务、信息公开、促进措施和监督管理等基本内容都作出规定。四是坚持科学立法、民主立法。经广泛征求全国人大代表、慈善组织、专家学者等社会各方面意见，并多次与全国人大常委会法制工作委员会、国务院法制办公室、民政部、国家税务总局等有关部门沟通协商，在取得基本共识的基础上，内务司法委员会于 2015 年 9 月 6 日召开全体会议，审议通过了《中华人民共和国慈善法（草案）》。草案共 11 章 115 条，现就草案主要内容说明如下：

一、发展慈善事业

近十年来，我国慈善事业取得长足发展，捐赠总额从 2005 年不足 100 亿元发展到目前 1000 亿元左右，但发展潜力仍然巨大。发展慈善事业，是制定慈善法的首要目标。如何促进慈善事业健康发展，草案作了以下规定：

1. 明确立法目的。草案第一条将“发展慈善事业”作为本法的立法目的。

2. 准确界定慈善含义。慈善有广狭两义，“小慈善”指的是扶贫济困救灾，“大慈善”的含义还包括促进教育、科学、文化、卫生、体育事业的发展，环境保护等等，只要有利于社会公共利益的活动都属于慈善。随着经济社会的发展，特别是社会保障水平的提高，“小慈善”逐步发展为“大慈善”。草案第三条对本法所称的慈善活动作出界定。这一规定,根据我国慈善活动的实践做法,把扶贫济困救灾作为慈善活动的重点,同时又为慈善事业的进一步发展拓展空间,与国际慈善活动的发展趋势基本一致。

3. 充分发挥社会各方面力量积极开展慈善活动。(1)草案第五条规定:“国家鼓励和支持自然人、法人或者其他组织依法开展慈善活动。”(2)慈善组织是开展慈善活动的重要抓手,草案对慈善组织的设立、内部管理、行为规范等作了较为全面的规定。(3)志愿者提供服务是开展慈善活动的重要内容,草案对志愿者提供慈善服务的方式及其权利义务作了规定(草案第五十七条、第五十八条、第六十五条至第六十九条)。(4)草案第三十三条规定:“城乡社区组织、单位可以在本社区、单位内部开展募捐活动。”(5)草案第一百一十四条规定:“以开展慈善活动为宗旨的非营利组织即使没有登记,也可以开展力所能及的慈善活动,但应当遵守本法相关规定,并依法享受相关权益。”

4. 专章规定发展慈善事业的促进措施。(1)县级以上人民政府应当根据本法和当地经济社会发展情况,制定促进慈善事业发展规划、政策和措施。(2)经与国家税务总局协商一致,草案对慈善组织、捐赠人、受益人依法享受税收优惠问题尽可能作出规定,同时根据党的十八届三中全会精神和立法法的规定,税收优惠的条件、税种、税率等具体规定宜由专门税收法律作出。(3)慈善组织开展扶贫、济困、助残、养老、救孤需要慈善服务设施用地的,可以依法使用国有划拨土地或者农村集体建设用地,同时规定,慈善服务设施用地非经法定程序不得改变用途。(4)国家采取措施弘扬慈善文化,培育公民慈善意识。(5)国家建立慈善表彰制度,对慈善事业发展中做出突出贡献的自然人、法人或者其他组织予以表彰。

二、规范慈善行为

规范慈善行为和发展慈善事业是相辅相成的,只有提高慈善组织公信力，增强慈善活动透明度，才能保障慈善事业健康发展。如何规范慈善行为，草案作了以下规定：

1. 强化信息公开。信息公开是规范慈善行为的重要举措，草案区分不同主体、不同环节对信息公开作了专章规定，并规定了相应的法律责任。(1)草案第七十二条规定，慈善信息公开应当真实、完整、及时，不得有虚假记载和误导性陈述。(2)草案第七十三条规定，国务院民政部门应当建立统一的慈善信息系统，县级以上人民政府民政部门应当建立或者指定慈善信息平台。(3)草案分别规定了主管部门以及慈善组织向社会公开信息的具体内容(草案第七十四条、第七十五条)。(4)草案区分募捐的不同情况，明确规定信息公开的对象、内容及其程序。比如，草案第七十六条规定："慈善组织应当及时公开向社会公众募捐情况和慈善项目运作情况。公开募捐周期大于六个月的，至少每三个月公开一次募捐的具体情况，公开募捐活动结束后三个月内应当全面公开募捐情况。慈善项目运作周期大于六个月的，至少每三个月公开一次项目运作的具体情况，项目结束后三个月内应当全面公开项目运作情况和募得款物使用情况。"

2. 加强慈善组织内部治理。草案规定，慈善组织应当根据法律、行政法规以及章程的规定，建立健全内部治理结构，明确决策、执行、监督等方面的职责权限；应当执行国家统一的会计制度。草案还对不得担任慈善组织高级管理人员的具体情形作了规定。(草案第十三条、第二十一条)

3. 规范慈善财产管理使用。(1)草案第十六条规定，慈善组织对募集的财产，应当登记造册，妥善管理，专款专用。(2)草案第十五条根据慈善财产的性质明确要求："慈善组织的财产只能根据章程或者捐赠协议的规定用于慈善目的，不得在发起人、捐赠人以及慈善组织成员中分配。任何组织和个人不得私分、挪用或者侵占慈善财产。"(3)针对慈善组织财产管理使用中存在的关联关系问题,草案第十九条规定:“慈善组织的发起人、主要捐赠人以及管理人员,不得利用其关联关系,损害慈善组织利益和社会公共利益。慈善组织的发起人、主要捐赠人以及管理人员与慈善组织发生交易行为的,不得参与该交易行为的决策,有关交易情况必须向社会公开。”

4. 慈善募捐是慈善财产来源的主要方式,是开展慈善活动的重要内容。草案区分不同主体募捐以及不同种类募捐,对募捐资格、方式及其程序分别作出规定,特别对开展公开募捐作了较为具体的规定。比如网络募捐,根据开展网络募捐的必要性和可行性,同时尽量避免重复募捐甚至网络欺诈等现象,草案第二十八条作出规定:“具有公开募捐资格的慈善组织,可以通过互联网开展募捐。在省级以上民政部门登记的慈善组织,可以通过其网站或者其他网站开展募捐。在设区的市和县级民政部门登记的慈善组织,可以在其登记的民政部门建立或者指定的慈善信息平台开展互联网募捐。”这样规定的考虑是,在省级以上民政部门登记的慈善组织规模较大,初步估算已有数千家,基本能够满足我国开展互联网募捐的需要;省级以下民政部门登记的慈善组织数量众多,大多数从事的是慈善服务业务,要求其在民政部门建立或者指定的慈善信息平台开展互联网募捐,有利于互联网募捐的规范化。草案还对开展公开募捐的其他方式以及公开募捐的程序作出规定(草案第二十七条、第二十九条、第三十条)。

三、加强慈善监管

促进慈善行为规范化,一靠自律,二靠严管。严管的基本要义是严格执法。草案对加强监督管理作出专章规定:

1. 监管主体。草案第六条规定:“国务院民政部门主管全国慈善工作,县级以上地方各级人民政府民政部门主管本行政区域慈善工作。县级以上人民政府有关部门依法按照各自职责做好相关慈善工作。”草案第九十七条至第九十九条规定了民政部门的监管职责、监管措施以及监管程序。

2. 年度报告。目前,民政部门对社会组织的管理采取的是年检制度,根据简政放权、放管结合的要求,经和民政部协商一致,草案规定了年度报告制度,未规定年检制度。草案第一百条规定:“慈善组织应当每年向民政部门报送年度工作报告,包括经审计的财务会计报告、年度开展募捐活动以及接受捐赠情况、开展慈善项目情况。”

3. 行业监督。草案第一百零二条规定:“慈善行业组织应当建立健全行业规范和惩戒规则,对慈善组织、慈善信托进行监督。”

4. 社会监督。草案第一百零三条规定:“任何单位或者个人发现慈善组织、慈善信托有违法行为的,可以向民政等有关部门或者慈善行业组织投诉、举报。民政等有关部门或者慈善行业组织接受投诉、举报后,应当及时调查处理。国家鼓励公众、媒体对慈善活动进行监督,对假冒慈善名义骗取财产或者慈善组织、慈善信托违法违规行为予以曝光,发挥舆论和社会监督作用。”

四、法律责任

法律责任是法律约束力的保障。草案对违反法律规定的慈善活动,区分不同情形,分别规定法律责任:

1. 慈善组织的法律责任。比如,慈善组织有违反信息公开义务、未按照规定进行年度报告、擅自公开募捐、擅自改变捐赠财产用途以及私分、挪用或者侵占慈善财产等情形,草案规定有违法所得的,由民政部门予以收缴,转赠给宗旨相同或者相近的慈善组织,并可以对直接负责的主管人员和其他直接责任人员处以罚款;情节严重的,吊销登记证书;构成犯罪的,依法追究刑事责任。(草案第一百零四条至第一百零六条)

2. 针对社会上存在的假冒慈善名义骗取财产现象,草案第一百一十二条规定:“自然人、法人或者其他组织假冒慈善名义骗取财产的,由公安机关依法查处;构成犯罪的,依法追究刑事责任。”

3. 监管部门及其工作人员的法律责任。草案第一百一十三条规定,对慈善活动负有监督管理职责的县级以上人民政府有关部门及其工作人员有不履行监督管理职责,违反信息公开义务,摊派或者变相摊派捐赠任务,私分、挪用或者侵占慈善财产以及其他滥用职权、玩忽职守、徇私舞弊行为的,由上级机关或者监察机关责令改正;应当给予处分的,由任免机关或者监察机关对直接负责的主管人员和其他直接责任人员依法给予处分;构成犯罪的,依法追究刑事责任。

《中华人民共和国慈善法(草案)》和以上说明是否妥当,请审议。

全国人民代表大会法律委员会关于《中华人民共和国慈善法(草案)》修改情况的汇报

全国人民代表大会常务委员会:

常委会第十七次会议对慈善法(草案)进行了初次审议。会后,法制工作委员会将草案印发各省(区、市)和中央有关部门、单位、有关人民团体和社会组织、部分高等院校和研究机构、基层立法联系点等征求意见。在中国人大网全文公布草案,征求社会公众意见。法律委员会、内务司法委员会和法制工作委员会联合召开座谈会,听取中央有关部门、单位和部分全国人大代表,以及一些专家学者和慈善组织的意见。法律委员会、法制工作委员会先后到广东、云南等地进行调研,并与内务司法委员会、民政部等部门多次沟通协调,反复研究,对草案进行修改完善。法律委员会于11月26日召开会议,根据常委会组成人员的审议意见和各方面意见,对草案进行了逐条审议。内务司法委员会、民政部有关负责同志列席会议。12月15日,法律委员会召开会议,再次进行了审议。法律委员会认为,改革开放以来,我国慈善事业发展取得重大成就,在扶贫济困等方面发挥了积极作用,与此同时,在慈善领域也出现了许多新情况、新问题,慈善活动亟需依法规范。进一步修改完善草案,要认真贯彻党的十八届五中全会和中央扶贫开发工作会议精神，做好顶层设计，相关制度既要有利于规范慈善活动，又要有利于促进慈善事业发展；既要弘扬中华民族乐善好施、守望相助的优秀文化传统，也要借鉴国外成功做法，努力创新我国慈善事业制度。现就慈善法（草案）主要问题的修改情况汇报如下：

一、有些常委会组成人员、专家学者、社会公众和慈善组织提出，慈善财产的管理运用是社会各方面关注的问题，草案对此应当集中作出规定。草案慈善服务一章的内容有一部分是慈善财产的管理运用，有一部分是志愿服务，不宜放在一起规定。法律委员会经研究，建议对草案相关章节的内容作相应调整：一是将草案第二章慈善组织和第六章慈善服务中有关慈善财产管理运用的内容，单独作为“慈善财产的管理运用”一章，并充实有关内容。二是对慈善服务一章作相应修改，主要对通过慈善组织开展志愿服务作出规定，使有关慈善服务的概念更加清晰，调整范围更加明确。（草案二次审议稿第二章、第五章、第六章）

二、草案第十七条第二款对慈善组织开展慈善活动支出的比例以及管理成本的标准作了原则规定。一些常委会组成人员提出，慈善活动支出比例和管理成本标准是规范慈善组织的重要内容，建议在草案中进一步明确具体标准。法律委员会经研究，考虑到各类慈善组织的组织形式、规模和运作方式差异较大，目前还难以规定统一的标准，建议在草案中规定：慈善组织开展慈善活动的年度支出以及管理成本的标准，由国务院民政部门会同国务院财政、税务等部门规定。捐赠协议对单项捐赠财产的慈善活动支出和管理成本有约定的，按照其约定。（草案二次审议稿第十三条第二款）

三、草案第二十七条、第二十八条对慈善组织开展公开募捐的方式及其地域限制作了规定。一些常委会组成人员和有关社会组织提出，慈善组织通过广播、电视、报刊、互联网等媒体发布募捐信息开展公开募捐，难以限制也没必要限制其地域范围。法律委员会经研究,建议在草案中规定:慈善组织在公共场所设置募捐箱,以及举办义演、义赛、义卖、义展、义拍、慈善晚会等开展募捐的,应当在其登记的民政部门管辖区域内进行。对通过广播、电视、报刊、互联网等媒体发布募捐信息开展募捐不作地域限制。(草案二次审议稿第二十二条)

四、草案第五章对慈善信托专章作了规定。有的常委委员提出,慈善信托主要涉及慈善财产的管理运用,可在有关慈善财产的章节中规定。有的常委委员和一些专家学者提出,草案规定慈善信托的受托人可以是慈善组织、金融机构或者自然人,过于宽泛,不利于依法规范受托人的行为。法律委员会经研究,建议对草案有关慈善信托的内容作以下修改:一是将慈善信托一章的有关内容适当精简后,放在慈善财产的管理运用一章中加以规定。二是考虑到慈善信托在我国刚刚起步,实践经验还不够,受托人的范围尚不宜过宽,建议删去自然人可以作为慈善信托受托人的规定(草案二次审议稿第四十九条第二款)。三是为处理好与信托法的关系,建议在草案中增加一条规定:慈善信托的设立、信托财产的管理、信托当事人、信托的终止和清算等事项,本法未规定的,适用《中华人民共和国信托法》的有关规定(草案二次审议稿第五十条)。

五、草案第八十三条至第八十六条对慈善活动享有的税收优惠作了原则规定。一些常委委员提出,税收优惠是促进慈善事业发展的关键措施,目前对慈善活动税收优惠力度不大、效果不明显,草案的规定还是过于原则,建议进一步作具体的规定。法律委员会经研究认为,按照党中央"十三五"规划建议提出的支持慈善事业发展,完善扶贫济困的税收政策的要求,有必要进一步加大对慈善活动的税收优惠力度,特别是通过税收优惠政策加大对贫困人口的慈善帮扶力度。因此,建议在草案中增加规定:国家对扶贫济困的慈善活动,实行特殊的税收优惠(草案二次审议稿第七十四条）。同时，针对当前各方面反应较为突出的企业大额捐赠享受税收优惠不够的问题，建议增加规定：企业慈善捐赠支出超过法律规定的准予在计算企业所得税应纳税所得额时扣除的部分，允许结转以后年度在计算应纳税所得额时扣除（草案二次审议稿第七十条第一款）。

还有一个问题需要汇报。草案第七条规定，每年3月5日为中华慈善日。对这一规定，有的常委委员赞成，有些常委委员不赞成，有的常委会组成人员建议对具体日期作进一步研究。法律委员会经研究，考虑到各方面对此有分歧，暂未作修改，建议作进一步研究。

此外，还对草案作了一些文字修改。

草案二次审议稿已按以上意见作了修改。法律委员会认为，慈善法是社会领域的一部重要法律，是慈善制度建设的一部基础性、综合性法律。制定慈善法，为弘扬社会主义核心价值观和中华民族优秀文化传统，倡导社会力量开展社会救济和社会互助活动，促进我国慈善事业发展，提供法制保障，具有十分重要的意义。制定慈善法要从我国国情和实际出发，发挥立法的引领和推动作用，广泛听取各方面意见，进一步凝聚共识，法律委员会建议，将草案二次审议稿提请常委会第十八次会议审议并作出提请第十二届全国人民代表大会第四次会议审议的决定。

草案二次审议稿和以上汇报是否妥当，请审议。

全国人民代表大会法律委员会
2015年12月21日

全国人民代表大会常务委员会关于《中华人民共和国慈善法(草案)》的说明

——2016年3月9日在第十二届全国人民代表大会第四次会议上

全国人民代表大会常务委员会副委员长　李建国

各位代表:

我受全国人大常委会委托,现对《中华人民共和国慈善法(草案)》作说明。

一、制定慈善法的必要性

慈善法是社会领域的重要法律,是慈善制度建设的基础性、综合性法律。制定慈善法具有重要的现实意义。

第一,制定慈善法,是发展慈善事业、规范慈善活动的客观需要。改革开放以来特别是近20年来,我国慈善事业发展较快,社会捐赠额从2006年的不足100亿元发展到目前的1000亿元左右。随着慈善事业快速发展,慈善领域也出现了一些新情况、新问题:慈善组织内部治理尚不健全、运作不尽规范,行业自律机制尚未形成,全社会慈善氛围还不够浓厚,有关方面还需要加大支持、促进的力度,等等。这些问题都需要通过制定慈善法加以引导和规范,从而促进慈善事业健康发展。

第二,制定慈善法,是加强社会领域立法、全面推进依法治国的重要举措。党的十八届四中、五中全会明确提出,要全面推进依法治国,加快重点领域立法,形成完备的法律规范体系。经过各方面多年不懈努力,我国相继制定了公益事业捐赠法、红十字会法等一些涉及慈善活动的法律,国务院制定了相应的行政法规,一些地方出台了有关的地方性法规。但总的来讲,现行慈善法律制度建设还相对滞后,缺乏整体性和系统性,与慈善事业蓬勃发展的新形势不相适应。2008 年以来,共有全国人大代表 800 多人次提出制定慈善法的议案 27 件、建议 29 件,反映了社会各方面的热切期盼。制定慈善法,加快补齐社会领域立法这块短板,是完善中国特色社会主义法律体系的重要内容,是全面依法治国、促进国家治理体系和治理能力现代化的必然要求。

第三,制定慈善法,是打赢脱贫攻坚战、全面建成小康社会的实际措施。党的十八届五中全会和中央扶贫开发工作会议把农村贫困人口脱贫作为全面建成小康社会的基本标志,强调要广泛动员全社会力量,努力形成大扶贫格局。慈善事业是脱贫攻坚不可或缺的重要力量。制定慈善法,鼓励支持自然人、法人和其他组织开展以扶贫济困为重点的慈善活动,有利于广泛汇聚社会帮扶资源,与精准扶贫、精准脱贫有效对接,为打赢脱贫攻坚战、实现全面建成小康社会的宏伟目标作出贡献。

第四,制定慈善法,是弘扬中华民族传统美德、培育和践行社会主义核心价值观的内在要求。在中国特色社会主义建设中,发展慈善事业,全社会支持慈善、参与慈善,是对中华民族优秀美德的传承,是对社会主义核心价值观的弘扬。制定慈善法,在全社会提倡、支持和鼓励助人为乐、团结友爱、无私奉献的友善精神,有助于社会成员在义行善举中不断累积道德力量,将社会主义核心价值观内化于心、外化于行,为实现中华民族伟大复兴的中国梦提供持久精神力量。

全国人民代表大会及其常务委员会行使国家立法权。全国人大代表是最高国家权力机关的组成人员，来自人民，最直接地了解人民群众的呼声和意愿。由全国人民代表大会审议慈善法草案，有利于推进科学立法、民主立法，广泛集中民智、凝聚共识，将中国共产党关于发展慈善事业的重要主张和人民的意愿上升为国家意志，在全社会形成有利于慈善事业发展的良好氛围，为慈善法的贯彻实施奠定更加坚实的基础。

二、制定慈善法的指导思想和工作过程

制定慈善法的指导思想是，高举中国特色社会主义伟大旗帜，全面贯彻党的十八大和十八届三中、四中、五中全会精神，以马克思列宁主义、毛泽东思想、邓小平理论、"三个代表"重要思想、科学发展观为指导，深入贯彻习近平总书记系列重要讲话精神，坚持发展成果共享，立足中国国情和实际，创新慈善事业制度，发挥慈善立法的引领和推动作用，广泛动员社会力量开展社会救济和社会互助、志愿服务活动，激发全社会崇德向善力量，为推动中国特色慈善事业健康发展提供有力法治保障。

在制定慈善法中，注意把握以下几点：

一是认真落实党中央部署要求，突出慈善扶贫济困作用。党的十八大以来，党中央对鼓励和支持慈善事业发展，发挥慈善事业在扶贫济困中的积极作用提出了明确要求。按照党中央的要求，慈善法草案突出鼓励和支持扶贫济困的慈善活动，目的是要通过立法将更多的慈善资源引导、汇聚到扶贫济困这一重点领域，与社会救助工作紧密衔接，合力助推脱贫攻坚，同时也向社会昭示党和国家缩小收入差距的不懈努力。

二是着力加强制度顶层设计，创新慈善事业体制机制。制定慈善法，要认真贯彻习近平总书记在中央扶贫开发工作会议上提

出的创新我国慈善事业制度的重要精神，在现有慈善事业有关规定的基础上，着力构建慈善领域基本制度，健全慈善事业体制机制，为慈善事业的发展创造良好的法治环境。

三是立足我国国情和实际，坚持在发展中规范、在规范中发展。制定慈善法，必须立足我国基本国情，从实际出发，同时注意借鉴国外慈善立法有益经验，坚持发展中国特色慈善事业。坚持在发展中规范，规范的目的是为了净化慈善环境，更好地发展慈善事业。

经党中央批准，制定慈善法先后列入十一届、十二届全国人大常委会立法规划，并列入全国人大常委会 2015 年立法工作计划。2015 年 10 月，全国人大内务司法委员会将慈善法草案提请十二届全国人大常委会第十七次会议审议。经全国人大法律委员会审议修改后，2015 年 12 月全国人大常委会第十八次会议对慈善法草案进行了再次审议，并决定将草案提请第十二届全国人民代表大会第四次会议审议。依照立法法和全国人民代表大会议事规则的规定，全国人大常委会办公厅于 2016 年 1 月 11 日将修改后的慈善法草案印送各位全国人大代表征求意见，同时通过中国人大网再次向社会公开征求意见。在此期间，全国人大法律委员会、常委会法制工作委员会根据人大代表反馈的意见和政协委员、社会各界的意见，继续对草案进行修改完善。

党中央高度重视慈善法的制定。2016 年 2 月 18 日，习近平总书记主持召开中央政治局常委会会议，听取了全国人大常委会党组的汇报，原则同意《关于〈中华人民共和国慈善法（草案）〉几个主要问题的请示》，并就进一步修改完善作出重要指示。根据党中央指示精神，对草案作了进一步修改完善。在上述工作基础上，形成了提请大会审议的《中华人民共和国慈善法（草案）》。

三、慈善法草案的主要内容

慈善法草案分总则、慈善组织、慈善募捐、慈善捐赠、慈善信托、慈善财产、慈善服务、信息公开、促进措施、监督管理、法律责任和附则12章、112条。

(一)关于慈善法的调整范围

慈善活动,主要是指扶贫、济困、救灾方面的义行善举,这是我国慈善事业的重点,同时也包括其他有利于社会公共利益的活动。草案立足我国国情,结合慈善活动发展的趋势,规定慈善活动是指自然人、法人和其他组织以捐赠财产或者提供服务等方式,在扶贫、济困、扶老、救孤、恤病、助残、优抚,救助自然灾害等突发事件造成的损害,以及促进教科文卫体事业发展、保护环境等领域自愿开展的公益活动。这一界定为慈善事业的进一步发展提供了广阔的空间(草案第三条)。

(二)关于慈善组织的规范

按照党的十八届三中全会决定提出的“重点培育和优先发展行业协会商会类、科技类、公益慈善类、城乡社区服务类社会组织,成立时直接依法申请登记”的要求,草案对慈善组织作了以下规定:

1. 明确慈善组织的定义及其设立程序。一是明确慈善组织的定义,即慈善组织是指依法成立,符合本法规定,以开展慈善活动为宗旨的非营利组织;慈善组织可以采取基金会、社会团体、社会服务机构等组织形式(草案第八条)。二是明确慈善组织的设立条件,其中包括以开展慈善活动为宗旨、不以营利为目的、有必要的财产等(草案第九条)。三是规定设立慈善组织,应当向县级以上人民政府民政部门申请登记;已经设立的基金会、社会团体、社会服务机构等非营利组织,可以向原登记的民政部门申请认定为慈善组织(草案第十条)。

2. 规范慈善组织的行为准则和内部治理。一是规定慈善组织应当根据法律法规以及章程的规定,建立健全内部治理结构,明确决策、执行、监督等方面的职责权限,开展慈善活动;慈善组织应当执行国家统一的会计制度,依法进行会计核算,建立健全会计监督制度,并接受政府有关部门的监督管理(草案第十二条)。二是规定慈善组织的发起人、主要捐赠人以及管理人员,不得利用其关联关系损害慈善组织、受益人的利益和社会公共利益(草案第十四条)。三是规定慈善组织不得从事、资助危害国家安全和社会公共利益的活动,不得接受附加违反法律法规和社会公德条件的捐赠(草案第十五条)。四是规定慈善组织清算后的剩余财产,按照慈善组织章程的规定转给宗旨相同或者相近的慈善组织;章程未规定的,由民政部门主持转给宗旨相同或者相近的慈善组织,并向社会公告(草案第十八条)。

3. 强化慈善组织的信息公开义务。一是规定慈善组织应当向社会公开组织章程和决策、执行、监督机构成员信息以及国务院民政部门要求公开的其他信息;慈善组织应当每年向社会公开其年度工作报告,包括财务会计报告、年度开展募捐和接受捐赠情况、慈善财产的管理使用情况、开展慈善项目情况以及慈善组织工作人员的工资福利情况;慈善信息公开应当真实、完整、及时(草案第七十一条、第七十二条)。二是针对慈善组织开展公开募捐和定向募捐的不同情况,明确规定了信息公开的对象、内容及程序(草案第七十三条、第七十四条)。三是规定涉及国家秘密、商业秘密、个人隐私的信息以及捐赠人、慈善信托的委托人不同意公开的姓名、名称、住所等信息,不得公开(草案第七十六条)。

(三)关于慈善募捐和慈善捐赠

慈善募捐,涉及慈善财产的筹集和运用,需要加以规范。草案明确,慈善募捐包括面向社会公众的公开募捐和面向特定对象的定向募捐,并重点对公开募捐作了规范。一是在现行有关规定基础上适当扩大公开募捐的主体范围,并明确慈善组织开展公开募捐应当取得公开募捐资格;依法登记或者认定满二年的慈善组织可以申请公开募捐资格,其内部治理结构健全、运作规范的,民政部门应当发给公开募捐资格证书；法律、行政法规规定自登记之日起可以公开募捐的基金会和社会团体，由民政部门直接发给公开募捐资格证书（草案第二十三条）。二是明确公开募捐的方式及要求。慈善组织采取在公共场所设置募捐箱，以及举办义演、义赛、慈善晚会等方式开展公开募捐的，应当在其登记的民政部门管辖区域内进行，但捐赠人的捐赠行为不受地域限制；慈善组织通过互联网开展公开募捐的，应当在民政部门统一或者指定的慈善信息平台发布募捐信息，也可以同时在其网站发布募捐信息（草案第二十四条）。三是明确定向募捐应当在发起人、理事会成员和会员等特定对象的范围内进行，不得采取或者变相采取公开募捐方式（草案第二十二条、第二十五条）。此外，草案规定，捐赠人应当按照捐赠协议履行捐赠义务。捐赠人公开承诺捐赠，或者捐赠财产用于扶贫、济困、救灾等慈善活动并签订书面捐赠协议，逾期未交付财产的，慈善组织和其他接受捐赠的人可以要求交付（草案第四十一条）。

（四）关于慈善信托

慈善信托属于公益信托，是指委托人基于慈善目的，依法将其财产委托给受托人，由受托人按照委托人意愿以受托人名义进行管理和处分所开展慈善活动的行为。草案慈善信托一章主要作了以下规定：一是明确慈善信托的备案制度。设立慈善信托、确定受托人和监察人，应当采取书面形式；受托人应当在慈善信托文件签订之日起七日内将相关文件向受托人所在地县级以上人民政府民政部门备案（草案第四十五条）。二是确定受托人的范围。慈善信托的受托人，可以由委托人确定其信赖的慈善组织或者信托公司担任；慈善信托的受托人违反信托义务或者难以履行职责的，委托人可以变更受托人（草案第四十六条、第四十七条）。三是明确受托人、监察人的义务。慈善信托的受托人管理和处分信托财产，应当按照信托目的，恪尽职守，履行诚信、谨慎管理的义务；慈善信托的委托人根据需要,可以确定信托监察人;信托监察人对受托人的行为进行监督,依法维护委托人和受益人的权益(草案第四十八条、第四十九条)。

(五)关于慈善财产

慈善财产的使用直接关系到慈善活动能否实现其慈善目的。草案对此作了以下规定:一是慈善组织的财产应当根据章程和捐赠协议的规定全部用于慈善目的,不得在发起人、捐赠人以及慈善组织成员中分配;任何组织和个人不得私分、挪用、截留或者侵占慈善财产(草案第五十二条)。二是慈善组织为实现财产保值、增值进行投资的,应当遵循合法、安全、有效的原则,投资取得的收益应当全部用于慈善目的;重大投资方案应当经决策机构组成人员三分之二以上同意。慈善组织的负责人和工作人员不得在其投资的企业兼职或者领取报酬(草案第五十四条)。三是慈善组织应当积极开展慈善活动,充分、高效运用慈善财产,并遵循管理成本最必要原则,厉行节约,减少不必要的开支。慈善组织中具有公开募捐资格的基金会开展慈善活动的年度支出,不得低于前三年收入平均数额的百分之七十,年度管理成本不得超过当年总支出的百分之十五;其他慈善组织开展慈善活动的年度支出以及管理成本的标准,由国务院民政部门会同国务院财政、税务等部门依照上述原则制定。捐赠协议对单项捐赠财产的慈善活动支出和管理成本有约定的,按照其约定(草案第六十条)。

(六)关于慈善服务

慈善服务是慈善事业的重要组成部分。草案对慈善服务作了以下规定:一是慈善组织招募志愿者参与慈善服务,应当公示与慈善服务有关的全部信息,告知服务过程中可能发生的风险(草案第六十四条)。二是慈善组织应当对志愿者实名登记,记录志愿者的服务时间、内容、评价等信息;根据志愿者的要求,慈善组织应当无偿、如实出具志愿服务记录证明(草案第六十五条)。三是慈善组织安排志愿者参与慈善服务,应当与志愿者的年龄、文化程度、技能和身体状况相适应;慈善组织应当为志愿者参与慈善服务提供必要条件,保障志愿者的合法权益;慈善组织安排志愿者参与可能发生人身危险的慈善服务前,应当为志愿者购买相应的人身意外伤害保险(草案第六十六条、第六十八条)。

(七)关于慈善事业发展的促进措施

草案专章规定了支持慈善事业发展的促进措施,尤其对慈善活动享有的税收优惠作了规定:一是明确慈善组织、捐赠人、受益人依法享受税收优惠(草案第七十九条至第八十二条)。二是为落实中央扶贫开发工作会议精神,草案规定国家对开展扶贫济困的慈善活动,实行特殊的优惠政策(草案第八十四条)。三是针对大额捐赠税前扣除比例问题,草案专门规定,企业慈善捐赠支出超过法律规定的准予在计算企业所得税应纳税所得额时当年扣除的部分,允许结转以后三年内在计算应纳税所得额时扣除(草案第八十条)。

此外,草案还对慈善活动的监督管理、服务引导以及慈善领域违法行为的法律责任等作了相应规定。

《中华人民共和国慈善法(草案)》和以上说明,请审议。

第十二届全国人民代表大会法律委员会关于《中华人民共和国慈善法(草案)》审议结果的报告

(2016 年 3 月 13 日第十二届全国人民代表大会第四次会议主席团第二次会议通过)

十二届全国人大四次会议主席团:

3 月 11 日,各代表团全体会议、小组会议审议了慈善法草案。代表们普遍认为,慈善法草案全面贯彻落实党的十八大和十八届三中、四中、五中全会和中央扶贫开发工作会议精神,立足我国国情和实际,坚持问题导向,努力实现与精准扶贫措施的有效对接,着力构建我国慈善事业基本制度,内容全面、结构合理、重点突出、规范可行,已经比较成熟,建议提请本次会议审议通过。同时,代表们也对草案提出了一些修改意见。法律委员会于3 月 12 日召开会议,对草案进行了认真审议,对代表们提出的修改意见逐条研究,内务司法委员会、国务院法制办公室、民政部负责同志列席了会议。根据各代表团的审议意见以及政协委员和有关方面的意见,对草案共作了 92 处修改,其中实质性修改 34 处。主要修改是:

一、草案第八条对慈善组织的定义作了规定。有的代表建议进一步明确慈善组织应当面向社会公众开展慈善活动。法律委员会经研究,建议将草案这一条规定修改为:本法所称慈善组织,是指依法成立,符合本法规定,以面向社会公众开展慈善活动为宗旨的非营利性组织。(草案修改稿第八条)

二、草案第十条第二款中规定,已经设立的基金会、社会团体、社会服务机构等非营利组织,可以向原登记的民政部门申请认定为慈善组织。有的代表提出,可以申请认定为慈善组织的,应当限于慈善法公布前已经设立的非营利组织。法律委员会经研究,建议将草案的上述规定修改为:本法公布前已经设立的基金会、社会团体、社会服务机构等非营利性组织,可以向其登记的民政部门申请认定为慈善组织。同时,删去草案第二十三条中关于经认定的慈善组织申请公开募捐资格也须满二年的规定。(草案修改稿第十条第二款、第二十二条第一款)

三、草案第十三条规定,慈善组织应当每年向其登记的民政部门报送年度工作报告。有的代表提出,慈善组织的财务会计报告是慈善组织开展慈善活动的基础材料,是对慈善组织实施监督的重要依据,建议在草案中突出规定。法律委员会经研究,建议将草案这一条修改为:慈善组织应当每年向其登记的民政部门报送年度工作报告和财务会计报告。报告应当包括年度开展募捐和接受捐赠情况、慈善财产的管理使用情况、开展慈善项目情况以及慈善组织工作人员的工资福利情况。同时在草案第七十二条第二款中增加规定:具有公开募捐资格的慈善组织的财务会计报告须经审计。(草案修改稿第十三条、第七十二条第二款)

四、草案第十五条规定,慈善组织不得从事、资助危害国家安全和社会公共利益的活动,不得接受附加违反法律法规和社会公德条件的捐赠。有的代表提出,慈善组织在开展慈善活动时,也不得对受益人附加违反法律法规和社会公德的条件。法律委员会经研究,建议在草案这一条中增加相应规定。(草案修改稿第十五条)

五、草案第二十四条第二款对慈善组织采取在公共场所设置募捐箱以及举办义演、义赛等方式开展公开募捐规定了地域限制。有些代表提出，设置地域限制不利于经济欠发达地区的慈善组织跨地域开展公开募捐活动，建议适当放宽限制。法律委员会经研究，建议将草案的上述规定修改为：慈善组织采取在公共场所设置募捐箱以及举办义演、义赛等方式开展公开募捐的，应当在其登记的民政部门管辖区域内进行，确有必要在其登记的民政部门管辖区域外进行的，应当报其开展募捐活动所在地的县级以上人民政府民政部门备案。（草案修改稿第二十三条第二款）

六、草案第二十四条第三款规定，慈善组织通过互联网开展公开募捐的，应当在民政部门统一或者指定的慈善信息平台发布募捐信息。有的代表提出，慈善信息平台不宜由各级民政部门分别指定。法律委员会经研究，建议将草案上述规定中的"民政部门统一或者指定的慈善信息平台"修改为"国务院民政部门统一或者指定的慈善信息平台"。（草案修改稿第二十三条第三款）

七、草案第三十六条第一款对捐赠人捐赠的财产的范围作了规定。有的代表提出，实践中捐赠房屋的情况较为常见，建议增加相应规定。法律委员会经研究，建议在草案这一条规定的捐赠财产的范围中增加列举"房屋"。（草案修改稿第三十六条第一款）

八、草案第四十条第二款规定，任何组织和个人不得利用慈善捐赠，以任何方式宣传烟草制品及其生产者、销售者以及法律法规禁止宣传的其他产品和事项。一些代表提出，在上述禁止性规定中单独列举烟草不合适，建议删除有关烟草的规定；有些代表建议进一步强化对烟草捐赠的限制。考虑到2015年修订的广告法对禁止的烟草广告行为作了明确规定，慈善法的规定应当与广告法做好衔接，法律委员会经研究，建议将草案这一款修改为：任何组织和个人不得利用慈善捐赠，违反法律规定宣传烟草制品，不得利用慈善捐赠以任何方式宣传法律禁止宣传的产品和事项。（草案

修改稿第四十条第二款）

九、草案第四十一条对捐赠人诺而不捐等情形的处理作了规定。有的代表提出，捐赠人承诺捐赠后经济状况严重恶化影响生产经营或者家庭生活的，应当允许其不再履行捐赠义务。法律委员会赞成这一意见，建议在草案这一条中增加一款规定：捐赠人公开承诺捐赠或者签订书面捐赠协议后经济状况显著恶化，严重影响其生产经营或者家庭生活的，经向社会公开说明情况后，可以不再履行捐赠义务。（草案修改稿第四十一条第二款）

十、草案第六十条对慈善组织开展慈善活动的年度支出和管理成本的标准作了规定。有的代表提出，慈善组织"管理成本"的表述不准确，建议修改为"管理费用"。有的代表提出，这一规定中要求具有公开募捐资格的基金会开展慈善活动的年度支出不得低于前三年收入平均数额的百分之七十，有些情况下难以做到，建议规定得更灵活一些；有的代表提出，这一规定中要求年度管理成本不得超过当年总支出的百分之十五，标准过宽。法律委员会经研究，赞成将"管理成本"修改为"管理费用"，同时认为，确定慈善组织开展慈善活动的支出和管理费用的标准，既要有利于促进慈善组织规范运作，又要符合实际。为此，建议将草案的上述规定修改为：慈善组织中具有公开募捐资格的基金会开展慈善活动的年度支出，不得低于上一年总收入的百分之七十或者前三年收入平均数额的百分之七十；年度管理费用不得超过当年总支出的百分之十，特殊情况下年度管理费用难以符合前述规定的，应当报告其登记的民政部门并向社会公开说明情况。（草案修改稿第六十条第一款）

十一、草案第九十三条中规定，县级以上人民政府民政部门经本部门主要负责人批准，可以查询慈善组织的金融账户。有的代表提出，查询金融账户关系到慈善组织的财产权益，需要慎重。法律委员会经研究，建议将上述规定中的"经本部门主要负责人批

准”修改为“经本级人民政府批准”。（草案修改稿第九十三条）

十二、有的代表提出，草案法律责任一章有些条文的罚款数额过低，不足以有效遏制违法行为。法律委员会经研究，对有关条文作了修改完善，提高对违法行为的处罚幅度，加大制裁力度。（草案修改稿第一百条、第一百零一条、第一百零四条、第一百零五条）

需要说明的是，有些代表建议，在草案中应充分考虑个人在困难时向社会求助的权利，适度赋予慈善组织以外的其他组织和个人开展公开募捐的权利；有些代表提出，个人求助不属于慈善活动，慈善法中可不作规范，不宜赋予慈善组织以外的其他组织和个人开展公开募捐的权利。法律委员会经研究认为，个人在自身面临困难时向社会求助，是一项正当的权利，个人求助不属于慈善活动，不受慈善法调整。公开募捐涉及慈善财产的筹集和管理，是用别人的钱办善事，需要加以规范和管理。因此，草案明确规定慈善组织开展公开募捐应当取得公开募捐资格；同时规定，不具有公开募捐资格的组织和个人基于慈善目的，可以与具有公开募捐资格的慈善组织合作，由该慈善组织开展公开募捐，募得款物由具有公开募捐资格的慈善组织管理。这一规定既有利于加强对公开募捐行为的规范，又有利于鼓励更多的组织和个人参与慈善活动，符合我国实际情况，是可行的。

同时，一些代表提出，草案就慈善组织的组织形式和登记管理、慈善组织的投资，以及具有公开募捐资格的基金会以外的慈善组织开展慈善活动的年度支出、管理成本的标准等，授权国务院或者国务院有关部门制定具体办法。为确保慈善法的规定落到实处，国务院及其有关部门应当尽快出台相应的配套规定。法律委员会建议，慈善法出台后，国务院抓紧研究修改基金会管理条例、社会团体登记管理条例和民办非企业单位登记管理暂行条例等有关行政法规，国务院有关部门抓紧制定相应的配套规定。

此外，根据代表们的审议意见，还对草案作了一些文字修改。

草案修改稿已按上述意见作了修改,法律委员会建议经主席团审议通过后,印发各代表团审议。

慈善法草案修改稿和以上报告,请审议。

第十二届全国人民代表大会法律委员会
2016年3月13日

第十二届全国人民代表大会法律委员会关于《中华人民共和国慈善法（草案修改稿）》修改意见的报告

（2016 年 3 月 15 日第十二届全国人民代表大会第四次会议主席团第三次会议通过）

十二届全国人大四次会议主席团：

3 月 13 日，各代表团对慈善法草案修改稿进行了审议。代表们普遍认为，草案修改稿对代表们提出的意见作了认真研究并予以充分吸收，作了相应的修改完善；对未采纳的主要意见也向代表们作了解释和说明，在审议结果报告中作了积极回应，充分体现了对代表主体地位的尊重。代表们表示，草案修改完善后更加符合实际，进一步成熟，有些代表还提出了一些修改意见。法律委员会于3 月 14 日召开会议，对草案修改稿进行了认真审议，对代表们提出的修改意见逐条作了研究，内务司法委员会、国务院法制办公室、民政部有关负责同志列席了会议。法律委员会认为，草案修改稿是可行的。同时，根据各代表团的审议意见，提出以下修改意见：

一、草案修改稿第三十六条第三款规定，捐赠人捐赠本企业产品的，应当提供产品合格证书或者质量检验证书。有的代表提出，在一些情况下，产品合格证书或者质量检验证书难以起到保证产品质量的作用，建议明确责任。法律委员会赞成这一意见，建议将草案修改稿这一款中规定的“应当提供产品合格证书或者质量检验证书”修改为“应当依法承担产品质量责任和义务”。（草案建议表决稿第三十六条第三款）

二、草案修改稿第四十一条第二款对捐赠人公开承诺捐赠或者签订书面捐赠协议后可不履行捐赠义务的特殊情况作了规定。有的代表建议对捐赠人可不履行捐赠义务的情形作进一步限定。法律委员会经研究，建议将草案修改稿这一款修改为：捐赠人公开承诺捐赠或者签订书面捐赠协议后经济状况显著恶化，严重影响其生产经营或者家庭生活的，经向公开承诺捐赠地或者书面捐赠协议签订地的民政部门报告并向社会公开说明情况后，可以不再履行捐赠义务。（草案建议表决稿第四十一条第二款）

三、草案修改稿第五十九条第二款对受益人使用慈善财产作了规定。有的代表提出，对受益人接受、使用慈善财产应当有规范要求。法律委员会经研究，建议在草案修改稿这一款中增加规定：受益人应当珍惜慈善资助，按照协议使用慈善财产。（草案建议表决稿第五十九条第二款）

四、有的代表建议在草案修改稿中对通过虚构事实等方式欺骗、诱导募捐对象实施捐赠的行为规定法律责任。法律委员会经研究，建议在草案修改稿法律责任一章中增加相应规定。（草案建议表决稿第一百零一条第一款）

此外，根据代表们的审议意见，还对草案修改稿作了一些文字修改。

有两个问题需要说明：一是，有的代表建议将草案修改稿第七条规定的中华慈善日由每年的“9 月 5 日”修改为“3 月 5 日”。法律委员会经研究认为，这个问题在草案起草修改过程中作了反复研究，将 9 月 5 日确定为中华慈善日，与联合国确定的国际慈善日相衔接，是合适的。建议维持“9 月 5 日”的规定不作修改。

二是，有的代表建议，对草案修改稿第六十条中规定的具有公开募捐资格的基金会年度开展慈善活动和管理费用的标准再作研究。法律委员会对此作了进一步研究，认为草案修改稿的上述规定，是在国务院基金会管理条例有关内容的基础上规定的，并充分听取了一些基金会、社会团体的意见建议，国务院民政部门根据基金会管理的实践作了认真研究和测算，这样规定比较符合实际情况。而且上述规定与草案规定的慈善组织应当积极开展慈善活动，充分、高效运用慈善财产并遵循管理费用最必要原则的精神是相衔接的。因此，法律委员会建议维持草案修改稿的规定不再作修改。

此外，有些代表建议慈善法通过后，有关方面和地方应尽快修改完善和出台相应的配套规定；有的代表建议法律出台后加强法律宣传，营造法律实施的良好氛围。为此，法律委员会建议慈善法出台后，国务院及有关部门抓紧修改相关行政法规，并出台相应的配套规定。国务院民政部门和各有关方面要积极做好法律培训和宣传舆论引导工作，确保慈善法得到有效贯彻实施。

草案建议表决稿已按上述意见作了修改，建议经主席团审议通过后，提请本次会议表决。

慈善法草案建议表决稿和以上报告，请审议。

第十二届全国人民代表大会法律委员会

2016 年 3 月 15 日

附录三

中华人民共和国公益事业捐赠法

（1999 年 6 月 28 日第九届全国人民代表大会常务委员会第十次会议通过　1999 年 6 月 28 日中华人民共和国主席令第 19 号公布　自 1999 年 9 月 1 日起施行）

目　　录

第一章　总　　则

第一条　为了鼓励捐赠，规范捐赠和受赠行为，保护捐赠人、受赠人和受益人的合法权益，促进公益事业的发展，制定本法。

第二条　自然人、法人或者其他组织自愿无偿向依法成立的公益性社会团体和公益性非营利的事业单位捐赠财产，用于公益事业的，适用本法。

第三条　本法所称公益事业是指非营利的下列事项：

（一）救助灾害、救济贫困、扶助残疾人等困难的社会群体和个人的活动；

（二）教育、科学、文化、卫生、体育事业；

（三）环境保护、社会公共设施建设；

（四）促进社会发展和进步的其他社会公共和福利事业。

第四条 捐赠应当是自愿和无偿的，禁止强行摊派或者变相摊派，不得以捐赠为名从事营利活动。

第五条 捐赠财产的使用应当尊重捐赠人的意愿，符合公益目的，不得将捐赠财产挪作他用。

第六条 捐赠应当遵守法律、法规，不得违背社会公德，不得损害公共利益和其他公民的合法权益。

第七条 公益性社会团体受赠的财产及其增值为社会公共财产，受国家法律保护，任何单位和个人不得侵占、挪用和损毁。

第八条 国家鼓励公益事业的发展，对公益性社会团体和公益性非营利的事业单位给予扶持和优待。

国家鼓励自然人、法人或者其他组织对公益事业进行捐赠。

对公益事业捐赠有突出贡献的自然人、法人或者其他组织，由人民政府或者有关部门予以表彰。对捐赠人进行公开表彰，应当事先征求捐赠人的意见。

第二章 捐赠和受赠

第九条 自然人、法人或者其他组织可以选择符合其捐赠意愿的公益性社会团体和公益性非营利的事业单位进行捐赠。捐赠的财产应当是其有权处分的合法财产。

第十条 公益性社会团体和公益性非营利的事业单位可以依照本法接受捐赠。

本法所称公益性社会团体是指依法成立的，以发展公益事业为宗旨的基金会、慈善组织等社会团体。

本法所称公益性非营利的事业单位是指依法成立的，从事公益事业的不以营利为目的的教育机构、科学研究机构、医疗卫生机构、社会公共文化机构、社会公共体育机构和社会福利机构等。

第十一条 在发生自然灾害时或者境外捐赠人要求县级以上人民政府及其部门作为受赠人时，县级以上人民政府及其部门可以接受捐赠，并依照本法的有关规定对捐赠财产进行管理。

县级以上人民政府及其部门可以将受赠财产转交公益性社会团体或者公益性非营利的事业单位；也可以按照捐赠人的意愿分发或者兴办公益事业，但是不得以本机关为受益对象。

第十二条 捐赠人可以与受赠人就捐赠财产的种类、质量、数量和用途等内容订立捐赠协议。捐赠人有权决定捐赠的数量、用途和方式。

捐赠人应当依法履行捐赠协议，按照捐赠协议约定的期限和方式将捐赠财产转移给受赠人。

第十三条 捐赠人捐赠财产兴建公益事业工程项目，应当与受赠人订立捐赠协议，对工程项目的资金、建设、管理和使用作出约定。

捐赠的公益事业工程项目由受赠单位按照国家有关规定办理项目审批手续，并组织施工或者由受赠人和捐赠人共同组织施工。工程质量应当符合国家质量标准。

捐赠的公益事业工程项目竣工后，受赠单位应当将工程建设、建设资金的使用和工程质量验收情况向捐赠人通报。

第十四条 捐赠人对于捐赠的公益事业工程项目可以留名纪念；捐赠人单独捐赠的工程项目或者主要由捐赠人出资兴建的工程项目，可以由捐赠人提出工程项目的名称，报县级以上人民政府批准。

第十五条 境外捐赠人捐赠的财产，由受赠人按照国家有关规定办理入境手续；捐赠实行许可证管理的物品，由受赠人按照国家有关规定办理许可证申领手续，海关凭许可证验放、监管。

华侨向境内捐赠的,县级以上人民政府侨务部门可以协助办理有关入境手续,为捐赠人实施捐赠项目提供帮助。

第三章 捐赠财产的使用和管理

第十六条 受赠人接受捐赠后,应当向捐赠人出具合法、有效的收据,将受赠财产登记造册,妥善保管。

第十七条 公益性社会团体应当将受赠财产用于资助符合其宗旨的活动和事业。对于接受的救助灾害的捐赠财产,应当及时用于救助活动。基金会每年用于资助公益事业的资金数额,不得低于国家规定的比例。

公益性社会团体应当严格遵守国家的有关规定,按照合法、安全、有效的原则,积极实现捐赠财产的保值增值。

公益性非营利的事业单位应当将受赠财产用于发展本单位的公益事业,不得挪作他用。

对于不易储存、运输和超过实际需要的受赠财产,受赠人可以变卖,所取得的全部收入,应当用于捐赠目的。

第十八条 受赠人与捐赠人订立了捐赠协议的,应当按照协议约定的用途使用捐赠财产,不得擅自改变捐赠财产的用途。如果确需改变用途的,应当征得捐赠人的同意。

第十九条 受赠人应当依照国家有关规定,建立健全财务会计制度和受赠财产的使用制度,加强对受赠财产的管理。

第二十条 受赠人每年度应当向政府有关部门报告受赠财产的使用、管理情况,接受监督。必要时,政府有关部门可以对其财务进行审计。

海关对减免关税的捐赠物品依法实施监督和管理。

县级以上人民政府侨务部门可以参与对华侨向境内捐赠财产使用与管理的监督。

第二十一条 捐赠人有权向受赠人查询捐赠财产的使用、管理情况，并提出意见和建议。对于捐赠人的查询，受赠人应当如实答复。

第二十二条 受赠人应当公开接受捐赠的情况和受赠财产的使用、管理情况，接受社会监督。

第二十三条 公益性社会团体应当厉行节约，降低管理成本，工作人员的工资和办公费用从利息等收入中按照国家规定的标准开支。

第四章 优惠措施

第二十四条 公司和其他企业依照本法的规定捐赠财产用于公益事业，依照法律、行政法规的规定享受企业所得税方面的优惠。

第二十五条 自然人和个体工商户依照本法的规定捐赠财产用于公益事业，依照法律、行政法规的规定享受个人所得税方面的优惠。

第二十六条 境外向公益性社会团体和公益性非营利的事业单位捐赠的用于公益事业的物资，依照法律、行政法规的规定减征或者免征进口关税和进口环节的增值税。

第二十七条 对于捐赠的工程项目，当地人民政府应当给予支持和优惠。

第五章 法律责任

第二十八条 受赠人未征得捐赠人的许可，擅自改变捐赠财产的性质、用途的，由县级以上人民政府有关部门责令改正，给予警告。拒不改正的，经征求捐赠人的意见，由县级以上人民政府将捐赠财产交由与其宗旨相同或者相似的公益性社会团体或者公益性非营利的事业单位管理。

第二十九条 挪用、侵占或者贪污捐赠款物的，由县级以上人民政府有关部门责令退还所用、所得款物，并处以罚款；对直接责任人员，由所在单位依照有关规定予以处理；构成犯罪的，依法追究刑事责任。

依照前款追回、追缴的捐赠款物，应当用于原捐赠目的和用途。

第三十条 在捐赠活动中，有下列行为之一的，依照法律、法规的有关规定予以处罚；构成犯罪的，依法追究刑事责任：

（一）逃汇、骗购外汇的；

（二）偷税、逃税的；

（三）进行走私活动的；

（四）未经海关许可并且未补缴应缴税额，擅自将减税、免税进口的捐赠物资在境内销售、转让或者移作他用的。

第三十一条 受赠单位的工作人员，滥用职权，玩忽职守，徇私舞弊，致使捐赠财产造成重大损失的，由所在单位依照有关规定予以处理；构成犯罪的，依法追究刑事责任。

第六章 附 则

第三十二条 本法自1999年9月1日起施行。

中华人民共和国红十字会法

（1993年10月31日第八届全国人民代表大会常务委员会第四次会议通过　根据2009年8月27日第十一届全国人民代表大会常务委员会第十次会议《关于修改部分法律的决定》修正）

目　　录

第一章　总　　则

第一条　为了保护人的生命和健康，发扬人道主义精神，促进和平进步事业，保障红十字会依法履行职责，制定本法。

第二条　中国红十字会是中华人民共和国统一的红十字组织，是从事人道主义工作的社会救助团体。

第三条　中华人民共和国公民，不分民族、种族、性别、职业、宗教信仰、教育程度,承认中国红十字会章程并缴纳会费的,可以自愿参加红十字会。

第四条　中国红十字会遵守宪法和法律,遵循国际红十字和红新月运动确立的基本原则,依照中国参加的日内瓦公约及其附加议定书和中国红十字会章程,独立自主地开展工作。

第五条　人民政府对红十字会给予支持和资助,保障红十字会依法履行职责,并对其活动进行监督;红十字会协助人民政府开展与其职责有关的活动。

第六条　中国红十字会根据独立、平等、互相尊重的原则,发展同各国红十字会和红新月会的友好合作关系。

第七条　中国红十字会使用白底红十字标志。

第二章　组　　织

第八条　县级以上按行政区域建立地方各级红十字会,根据实际工作需要配备专职工作人员。

全国性行业根据需要可以建立行业红十字会。

全国建立中国红十字会总会。

第九条　各级红十字会理事会由会员代表大会民主选举产生。理事会民主选举产生会长和副会长。

各级红十字会会员代表大会闭会期间,由理事会执行会员代表大会的决议。

理事会向会员代表大会负责并报告工作,接受其监督。

上级红十字会指导下级红十字会工作。

第十条　中国红十字会总会设名誉会长和名誉副会长。名誉会长和名誉副会长由中国红十字会总会理事会聘请。

第十一条　中国红十字会总会具有社会团体法人资格;地方各级红十字会、行业红十字会依法取得社会团体法人资格。

第三章 职　　责

第十二条 红十字会履行下列职责:

(一)开展救灾的准备工作;在自然灾害和突发事件中,对伤病人员和其他受害者进行救助;

(二)普及卫生救护和防病知识,进行初级卫生救护培训,组织群众参加现场救护;参与输血献血工作,推动无偿献血;开展其他人道主义服务活动;

(三)开展红十字青少年活动;

(四)参加国际人道主义救援工作;

(五)宣传国际红十字和红新月运动的基本原则和日内瓦公约及其附加议定书;

(六)依照国际红十字和红新月运动的基本原则,完成人民政府委托事宜;

(七)依照日内瓦公约及其附加议定书的有关规定开展工作。

第十三条 红十字会有权处分其接受的救助物资;在处分捐赠款物时,应当尊重捐赠者的意愿。

第十四条 在自然灾害和突发事件中,执行救助任务并标有红十字标志的人员、物资和交通工具有优先通行的权利。

第十五条 任何组织和个人不得拒绝、阻碍红十字会工作人员依法履行职责。

在自然灾害和突发事件中,以暴力、威胁方法阻碍红十字会工作人员依法履行职责的,依照刑法有关规定追究刑事责任;阻碍红十字会工作人员依法履行职责未使用暴力、威胁方法的,适用《中华人民共和国治安管理处罚法》第五十条的处罚规定。

第四章 标　　志

第十六条 红十字标志具有保护作用和标明作用。

红十字标志的保护使用，是标示在武装冲突中必须受到尊重和保护的人员和设备。其使用办法，依照日内瓦公约及其附加议定书的有关规定执行。

红十字标志的标明使用，是标示与红十字活动有关的人或者物。其使用办法，由国务院规定。

第十七条　因宗教信仰使用红新月标志的，其使用办法适用红十字标志的使用规定。

第十八条　军队使用红十字标志，依照日内瓦公约及其附加议定书的有关规定执行。

第十九条　禁止滥用红十字标志。

对于滥用红十字标志的，红十字会有权要求其停止使用；拒绝停止使用的，红十字会可以提请人民政府按照有关法律、法规的规定予以处理。

第五章　经费与财产

第二十条　红十字会经费的主要来源：

（一）红十字会会员缴纳的会费；

（二）接受国内外组织和个人捐赠的款物；

（三）动产和不动产的收入；

（四）人民政府的拨款。

第二十一条　国家对红十字会兴办的与其宗旨相符的社会福利事业给予扶持。

第二十二条　红十字会为开展救助工作，可以进行募捐活动。

第二十三条　红十字会接受用于救助和公益事业的捐赠物资，按照国家有关规定享受减税、免税的优惠待遇。

第二十四条　红十字会建立经费审查监督制度。

红十字会的经费使用应当与其宗旨相一致。

红十字会对接受的境外捐赠款物，应当建立专项审查监督制度。

红十字会经费的来源和使用情况每年向红十字会理事会报告。

第二十五条 红十字会的经费使用情况依照国家有关法律、法规的规定,接受人民政府的检查监督。

第二十六条 任何组织和个人不得侵占和挪用红十字会的经费和财产。

第六章 附 则

第二十七条 本法所称"国际红十字和红新月运动确立的基本原则",是指1986年10月日内瓦国际红十字大会第二十五次会议通过的"国际红十字和红新月运动章程"中确立的人道性、公正性、中立性、独立性、志愿服务、统一性和普遍性七项基本原则。

本法所称"日内瓦公约",是指中国加入的于1949年8月12日缔结的日内瓦四公约,即:《改善战地武装部队伤者病者境遇之日内瓦公约》、《改善海上武装部队伤者病者及遇船难者境遇之日内瓦公约》、《关于战俘待遇之日内瓦公约》和《关于战时保护平民之日内瓦公约》。

本法所称日内瓦公约"附加议定书",是指中国加入的于1977年6月8日缔结的《1949年8月12日日内瓦四公约关于保护国际性武装冲突受难者的附加议定书》和《1949年8月12日日内瓦四公约关于保护非国际性武装冲突受难者的附加议定书》。

第二十八条 本法自公布之日起施行。

中华人民共和国合同法(节录)

(1999年3月15日第九届全国人民代表大会
第二次会议通过 1999年3月15日中华人民共和国
主席令第十五号公布 自1999年10月1日起施行)

第十一章 赠与合同

第一百八十五条 赠与合同是赠与人将自己的财产无偿给予受赠人,受赠人表示接受赠与的合同。

第一百八十六条 赠与人在赠与财产的权利转移之前可以撤销赠与。具有救灾、扶贫等社会公益、道德义务性质的赠与合同或者经过公证的赠与合同,不适用前款规定。

第一百八十七条 赠与的财产依法需要办理登记等手续的,应当办理有关手续。

第一百八十八条 具有救灾、扶贫等社会公益、道德义务性质的赠与合同或者经过公证的赠与合同,赠与人不交付赠与的财产的,受赠人可以要求交付。

第一百八十九条 因赠与人故意或者重大过失致使赠与的财产毁损、灭失的,赠与人应当承担损害赔偿责任。

第一百九十条 赠与可以附义务。赠与附义务的,受赠人应当按照约定履行义务。

第一百九十一条 赠与的财产有瑕疵的,赠与人不承担责任。附义务的赠与,赠与的财产有瑕疵的,赠与人在附义务的限度内承担与出卖人相同的责任。赠与人故意不告知瑕疵或者保证无瑕疵,造成受赠人损失的,应当承担损害赔偿责任。

第一百九十二条 受赠人有下列情形之一的,赠与人可以撤销赠与:

(一)严重侵害赠与人或者赠与人的近亲属;

(二)对赠与人有扶养义务而不履行;

(三)不履行赠与合同约定的义务。

赠与人的撤销权,自知道或者应当知道撤销原因之日起一年内行使。

第一百九十三条 因受赠人的违法行为致使赠与人死亡或者丧失民事行为能力的,赠与人的继承人或者法定代理人可以撤销赠与。赠与人的继承人或者法定代理人的撤销权,自知道或者应当知道撤销原因之日起六个月内行使。

第一百九十四条 撤销权人撤销赠与的,可以向受赠人要求返还赠与的财产。

第一百九十五条 赠与人的经济状况显著恶化,严重影响其生产经营或者家庭生活的,可以不再履行赠与义务。

中华人民共和国信托法

（2001 年 4 月 28 日第九届全国人民代表大会常务委员会第二十一次会议通过　2001 年 4 月 28 日中华人民共和国主席令第 50 号公布　自 2001 年 10 月 1 日起施行）

目　录

第一章　总　　则

第一条　为了调整信托关系，规范信托行为，保护信托当事人的合法权益，促进信托事业的健康发展，制定本法。

第二条　本法所称信托，是指委托人基于对受托人的信任，将其财产权委托给受托人，由受托人按委托人的意愿以自己的名义，为受益人的利益或者特定目的，进行管理或者处分的行为。

第三条　委托人、受托人、受益人（以下统称信托当事人）在中华人民共和国境内进行民事、营业、公益信托活动，适用本法。

第四条　受托人采取信托机构形式从事信托活动，其组织和管理由国务院制定具体办法。

第五条　信托当事人进行信托活动，必须遵守法律、行政法规，遵循自愿、公平和诚实信用原则，不得损害国家利益和社会公共利益。

第二章　信托的设立

第六条　设立信托，必须有合法的信托目的。

第七条　设立信托，必须有确定的信托财产，并且该信托财产必须是委托人合法所有的财产。

本法所称财产包括合法的财产权利。

第八条　设立信托，应当采取书面形式。

书面形式包括信托合同、遗嘱或者法律、行政法规规定的其他书面文件等。

采取信托合同形式设立信托的，信托合同签订时，信托成立。采取其他书面形式设立信托的，受托人承诺信托时，信托成立。

第九条　设立信托，其书面文件应当载明下列事项：

（一）信托目的；

（二）委托人、受托人的姓名或者名称、住所；

（三）受益人或者受益人范围；

（四）信托财产的范围、种类及状况；

（五）受益人取得信托利益的形式、方法。

除前款所列事项外，可以载明信托期限、信托财产的管理方法、受托人的报酬、新受托人的选任方式、信托终止事由等事项。

第十条 设立信托,对于信托财产,有关法律、行政法规规定应当办理登记手续的,应当依法办理信托登记。

未依照前款规定办理信托登记的,应当补办登记手续;不补办的,该信托不产生效力。

第十一条 有下列情形之一的,信托无效:

(一)信托目的违反法律、行政法规或者损害社会公共利益;

(二)信托财产不能确定;

(三)委托人以非法财产或者本法规定不得设立信托的财产设立信托;

(四)专以诉讼或者讨债为目的设立信托;

(五)受益人或者受益人范围不能确定;

(六)法律、行政法规规定的其他情形。

第十二条 委托人设立信托损害其债权人利益的,债权人有权申请人民法院撤销该信托。

人民法院依照前款规定撤销信托的,不影响善意受益人已经取得的信托利益。

本条第一款规定的申请权,自债权人知道或者应当知道撤销原因之日起一年内不行使的,归于消灭。

第十三条 设立遗嘱信托,应当遵守继承法关于遗嘱的规定。

遗嘱指定的人拒绝或者无能力担任受托人的,由受益人另行选任受托人;受益人为无民事行为能力人或者限制民事行为能力人的,依法由其监护人代行选任。遗嘱对选任受托人另有规定的,从其规定。

第三章 信 托 财 产

第十四条 受托人因承诺信托而取得的财产是信托财产。

受托人因信托财产的管理运用、处分或者其他情形而取得的财产,也归入信托财产。

法律、行政法规禁止流通的财产,不得作为信托财产。

法律、行政法规限制流通的财产,依法经有关主管部门批准后,可以作为信托财产。

第十五条 信托财产与委托人未设立信托的其他财产相区别。设立信托后,委托人死亡或者依法解散、被依法撤销、被宣告破产时,委托人是唯一受益人的,信托终止,信托财产作为其遗产或者清算财产;委托人不是唯一受益人的,信托存续,信托财产不作为其遗产或者清算财产;但作为共同受益人的委托人死亡或者依法解散、被依法撤销、被宣告破产时,其信托受益权作为其遗产或者清算财产。

第十六条 信托财产与属于受托人所有的财产(以下简称固有财产)相区别,不得归入受托人的固有财产或者成为固有财产的一部分。

受托人死亡或者依法解散、被依法撤销、被宣告破产而终止,信托财产不属于其遗产或者清算财产。

第十七条 除因下列情形之一外,对信托财产不得强制执行:

(一)设立信托前债权人已对该信托财产享有优先受偿的权利,并依法行使该权利的;

(二)受托人处理信托事务所产生债务,债权人要求清偿该债务的;

(三)信托财产本身应担负的税款;

(四)法律规定的其他情形。

对于违反前款规定而强制执行信托财产,委托人、受托人或者受益人有权向人民法院提出异议。

第十八条 受托人管理运用、处分信托财产所产生的债权,不得与其固有财产产生的债务相抵销。

受托人管理运用、处分不同委托人的信托财产所产生的债权债务,不得相互抵销。

第四章 信托当事人

第一节 委 托 人

第十九条 委托人应当是具有完全民事行为能力的自然人、法人或者依法成立的其他组织。

第二十条 委托人有权了解其信托财产的管理运用、处分及收支情况,并有权要求受托人作出说明。

委托人有权查阅、抄录或者复制与其信托财产有关的信托帐目以及处理信托事务的其他文件。

第二十一条 因设立信托时未能预见的特别事由,致使信托财产的管理方法不利于实现信托目的或者不符合受益人的利益时,委托人有权要求受托人调整该信托财产的管理方法。

第二十二条 受托人违反信托目的处分信托财产或者因违背管理职责、处理信托事务不当致使信托财产受到损失的,委托人有权申请人民法院撤销该处分行为,并有权要求受托人恢复信托财产的原状或者予以赔偿;该信托财产的受让人明知是违反信托目的而接受该财产的,应当予以返还或者予以赔偿。

前款规定的申请权,自委托人知道或者应当知道撤销原因之日起一年内不行使的,归于消灭。

第二十三条 受托人违反信托目的处分信托财产或者管理运用、处分信托财产有重大过失的,委托人有权依照信托文件的规定解任受托人,或者申请人民法院解任受托人。

第二节 受 托 人

第二十四条 受托人应当是具有完全民事行为能力的自然人、法人。

法律、行政法规对受托人的条件另有规定的，从其规定。

第二十五条 受托人应当遵守信托文件的规定，为受益人的最大利益处理信托事务。

受托人管理信托财产，必须恪尽职守，履行诚实、信用、谨慎、有效管理的义务。

第二十六条 受托人除依照本法规定取得报酬外，不得利用信托财产为自己谋取利益。

受托人违反前款规定，利用信托财产为自己谋取利益的，所得利益归入信托财产。

第二十七条 受托人不得将信托财产转为其固有财产。受托人将信托财产转为其固有财产的，必须恢复该信托财产的原状；造成信托财产损失的，应当承担赔偿责任。

第二十八条 受托人不得将其固有财产与信托财产进行交易或者将不同委托人的信托财产进行相互交易，但信托文件另有规定或者经委托人或者受益人同意，并以公平的市场价格进行交易的除外。

受托人违反前款规定，造成信托财产损失的，应当承担赔偿责任。

第二十九条 受托人必须将信托财产与其固有财产分别管理、分别记帐，并将不同委托人的信托财产分别管理、分别记帐。

第三十条 受托人应当自己处理信托事务，但信托文件另有规定或者有不得已事由的，可以委托他人代为处理。

受托人依法将信托事务委托他人代理的，应当对他人处理信托事务的行为承担责任。

第三十一条 同一信托的受托人有两个以上的，为共同受托人。

共同受托人应当共同处理信托事务，但信托文件规定对某些具体事务由受托人分别处理的，从其规定。

共同受托人共同处理信托事务,意见不一致时,按信托文件规定处理;信托文件未规定的,由委托人、受益人或者其利害关系人决定。

第三十二条 共同受托人处理信托事务对第三人所负债务,应当承担连带清偿责任。第三人对共同受托人之一所作的意思表示,对其他受托人同样有效。

共同受托人之一违反信托目的处分信托财产或者因违背管理职责、处理信托事务不当致使信托财产受到损失的,其他受托人应当承担连带赔偿责任。

第三十三条 受托人必须保存处理信托事务的完整记录。

受托人应当每年定期将信托财产的管理运用、处分及收支情况,报告委托人和受益人。

受托人对委托人、受益人以及处理信托事务的情况和资料负有依法保密的义务。

第三十四条 受托人以信托财产为限向受益人承担支付信托利益的义务。

第三十五条 受托人有权依照信托文件的约定取得报酬。信托文件未作事先约定的,经信托当事人协商同意,可以作出补充约定;未作事先约定和补充约定的,不得收取报酬。

约定的报酬经信托当事人协商同意,可以增减其数额。

第三十六条 受托人违反信托目的处分信托财产或者因违背管理职责、处理信托事务不当致使信托财产受到损失的,在未恢复信托财产的原状或者未予赔偿前,不得请求给付报酬。

第三十七条 受托人因处理信托事务所支出的费用、对第三人所负债务,以信托财产承担。受托人以其固有财产先行支付的,对信托财产享有优先受偿的权利。

受托人违背管理职责或者处理信托事务不当对第三人所负债务或者自己所受到的损失,以其固有财产承担。

第三十八条 设立信托后,经委托人和受益人同意,受托人可以辞任。本法对公益信托的受托人辞任另有规定的,从其规定。

受托人辞任的,在新受托人选出前仍应履行管理信托事务的职责。

第三十九条 受托人有下列情形之一的,其职责终止:

(一)死亡或者被依法宣告死亡;

(二)被依法宣告为无民事行为能力人或者限制民事行为能力人;

(三)被依法撤销或者被宣告破产;

(四)依法解散或者法定资格丧失;

(五)辞任或者被解任;

(六)法律、行政法规规定的其他情形。

受托人职责终止时,其继承人或者遗产管理人、监护人、清算人应当妥善保管信托财产,协助新受托人接管信托事务。

第四十条 受托人职责终止的,依照信托文件规定选任新受托人;信托文件未规定的,由委托人选任;委托人不指定或者无能力指定的,由受益人选任;受益人为无民事行为能力人或者限制民事行为能力人的,依法由其监护人代行选任。

原受托人处理信托事务的权利和义务,由新受托人承继。

第四十一条 受托人有本法第三十九条第一款第(三)项至第(六)项所列情形之一,职责终止的,应当作出处理信托事务的报告,并向新受托人办理信托财产和信托事务的移交手续。

前款报告经委托人或者受益人认可,原受托人就报告中所列事项解除责任。但原受托人有不正当行为的除外。

第四十二条 共同受托人之一职责终止的,信托财产由其他受托人管理和处分。

第三节 受 益 人

第四十三条 受益人是在信托中享有信托受益权的人。受益人可以是自然人、法人或者依法成立的其他组织。

委托人可以是受益人，也可以是同一信托的唯一受益人。

受托人可以是受益人，但不得是同一信托的唯一受益人。

第四十四条　受益人自信托生效之日起享有信托受益权。信托文件另有规定的，从其规定。

第四十五条　共同受益人按照信托文件的规定享受信托利益。信托文件对信托利益的分配比例或者分配方法未作规定的，各受益人按照均等的比例享受信托利益。

第四十六条　受益人可以放弃信托受益权。

全体受益人放弃信托受益权的，信托终止。

部分受益人放弃信托受益权的，被放弃的信托受益权按下列顺序确定归属：

（一）信托文件规定的人；

（二）其他受益人；

（三）委托人或者其继承人。

第四十七条　受益人不能清偿到期债务的，其信托受益权可以用于清偿债务，但法律、行政法规以及信托文件有限制性规定的除外。

第四十八条　受益人的信托受益权可以依法转让和继承，但信托文件有限制性规定的除外。

第四十九条　受益人可以行使本法第二十条至第二十三条规定的委托人享有的权利。受益人行使上述权利，与委托人意见不一致时，可以申请人民法院作出裁定。

受托人有本法第二十二条第一款所列行为，共同受益人之一申请人民法院撤销该处分行为的，人民法院所作出的撤销裁定，对全体共同受益人有效。

第五章　信托的变更与终止

第五十条　委托人是唯一受益人的，委托人或者其继承人可以解除信托。信托文件另有规定的,从其规定。

第五十一条 设立信托后,有下列情形之一的,委托人可以变更受益人或者处分受益人的信托受益权:

(一)受益人对委托人有重大侵权行为;

(二)受益人对其他共同受益人有重大侵权行为;

(三)经受益人同意;

(四)信托文件规定的其他情形。

有前款第(一)项、第(三)项、第(四)项所列情形之一的,委托人可以解除信托。

第五十二条 信托不因委托人或者受托人的死亡、丧失民事行为能力、依法解散、被依法撤销或者被宣告破产而终止,也不因受托人的辞任而终止。但本法或者信托文件另有规定的除外。

第五十三条 有下列情形之一的,信托终止:

(一)信托文件规定的终止事由发生;

(二)信托的存续违反信托目的;

(三)信托目的已经实现或者不能实现;

(四)信托当事人协商同意;

(五)信托被撤销;

(六)信托被解除。

第五十四条 信托终止的,信托财产归属于信托文件规定的人;信托文件未规定的,按下列顺序确定归属:

(一)受益人或者其继承人;

(二)委托人或者其继承人。

第五十五条 依照前条规定,信托财产的归属确定后,在该信托财产转移给权利归属人的过程中,信托视为存续,权利归属人视为受益人。

第五十六条 信托终止后,人民法院依据本法第十七条的规定对原信托财产进行强制执行的,以权利归属人为被执行人。

第五十七条 信托终止后，受托人依照本法规定行使请求给付报酬、从信托财产中获得补偿的权利时，可以留置信托财产或者对信托财产的权利归属人提出请求。

第五十八条 信托终止的，受托人应当作出处理信托事务的清算报告。受益人或者信托财产的权利归属人对清算报告无异议的，受托人就清算报告所列事项解除责任。但受托人有不正当行为的除外。

第六章 公益信托

第五十九条 公益信托适用本章规定。本章未规定的，适用本法及其他相关法律的规定。

第六十条 为了下列公共利益目的之一而设立的信托，属于公益信托：

（一）救济贫困；

（二）救助灾民；

（三）扶助残疾人；

（四）发展教育、科技、文化、艺术、体育事业；

（五）发展医疗卫生事业；

（六）发展环境保护事业，维护生态环境；

（七）发展其他社会公益事业。

第六十一条 国家鼓励发展公益信托。

第六十二条 公益信托的设立和确定其受托人，应当经有关公益事业的管理机构（以下简称公益事业管理机构）批准。

未经公益事业管理机构的批准，不得以公益信托的名义进行活动。

公益事业管理机构对于公益信托活动应当给予支持。

第六十三条 公益信托的信托财产及其收益，不得用于非公益目的。

第六十四条 公益信托应当设置信托监察人。

信托监察人由信托文件规定。信托文件未规定的,由公益事业管理机构指定。

第六十五条 信托监察人有权以自己的名义,为维护受益人的利益,提起诉讼或者实施其他法律行为。

第六十六条 公益信托的受托人未经公益事业管理机构批准,不得辞任。

第六十七条 公益事业管理机构应当检查受托人处理公益信托事务的情况及财产状况。

受托人应当至少每年一次作出信托事务处理情况及财产状况报告,经信托监察人认可后,报公益事业管理机构核准,并由受托人予以公告。

第六十八条 公益信托的受托人违反信托义务或者无能力履行其职责的,由公益事业管理机构变更受托人。

第六十九条 公益信托成立后,发生设立信托时不能预见的情形,公益事业管理机构可以根据信托目的,变更信托文件中的有关条款。

第七十条 公益信托终止的,受托人应当于终止事由发生之日起十五日内,将终止事由和终止日期报告公益事业管理机构。

第七十一条 公益信托终止的,受托人作出的处理信托事务的清算报告,应当经信托监察人认可后,报公益事业管理机构核准,并由受托人予以公告。

第七十二条 公益信托终止,没有信托财产权利归属人或者信托财产权利归属人是不特定的社会公众的,经公益事业管理机构批准,受托人应当将信托财产用于与原公益目的相近似的目的,或者将信托财产转移给具有近似目的的公益组织或者其他公益信托。

第七十三条 公益事业管理机构违反本法规定的,委托人、受托人或者受益人有权向人民法院起诉。

第七章 附 则

第七十四条 本法自2001年10月1日起施行。

中华人民共和国
境外非政府组织境内活动管理法

（2016年4月28日第十二届全国人民代表大会常务委员会第二十次会议通过　2016年4月28日中华人民共和国主席令第四十四号公布　自2017年1月1日起施行）

目　　录

第一章　总　　则

第一条　为了规范、引导境外非政府组织在中国境内的活动，保障其合法权益，促进交流与合作，制定本法。

第二条　境外非政府组织在中国境内开展活动适用本法。

本法所称境外非政府组织，是指在境外合法成立的基金会、社会团体、智库机构等非营利、非政府的社会组织。

第三条　境外非政府组织依照本法可以在经济、教育、科技、文化、卫生、体育、环保等领域和济困、救灾等方面开展有利于公益事业发展的活动。

第四条　境外非政府组织在中国境内依法开展活动，受法律保护。

第五条　境外非政府组织在中国境内开展活动应当遵守中国法律，不得危害中国的国家统一、安全和民族团结，不得损害中国国家利益、社会公共利益和公民、法人以及其他组织的合法权益。

境外非政府组织在中国境内不得从事或者资助营利性活动、政治活动，不得非法从事或者资助宗教活动。

第六条　国务院公安部门和省级人民政府公安机关，是境外非政府组织在中国境内开展活动的登记管理机关。

国务院有关部门和单位、省级人民政府有关部门和单位，是境外非政府组织在中国境内开展活动的相应业务主管单位。

第七条　县级以上人民政府公安机关和有关部门在各自职责范围内对境外非政府组织在中国境内开展活动依法实施监督管理、提供服务。

国家建立境外非政府组织监督管理工作协调机制，负责研究、协调、解决境外非政府组织在中国境内开展活动监督管理和服务便利中的重大问题。

第八条　国家对为中国公益事业发展做出突出贡献的境外非政府组织给予表彰。

第二章　登记和备案

第九条　境外非政府组织在中国境内开展活动，应当依法登记设立代表机构；未登记设立代表机构需要在中国境内开展临时活动的，应当依法备案。

境外非政府组织未登记设立代表机构、开展临时活动未经备案的,不得在中国境内开展或者变相开展活动,不得委托、资助或者变相委托、资助中国境内任何单位和个人在中国境内开展活动。

第十条 境外非政府组织符合下列条件,根据业务范围、活动地域和开展活动的需要,可以申请在中国境内登记设立代表机构:

(一)在境外合法成立;

(二)能够独立承担民事责任;

(三)章程规定的宗旨和业务范围有利于公益事业发展;

(四)在境外存续二年以上并实质性开展活动;

(五)法律、行政法规规定的其他条件。

第十一条 境外非政府组织申请登记设立代表机构,应当经业务主管单位同意。

业务主管单位的名录由国务院公安部门和省级人民政府公安机关会同有关部门公布。

第十二条 境外非政府组织应当自业务主管单位同意之日起三十日内,向登记管理机关申请设立代表机构登记。申请设立代表机构登记,应当向登记管理机关提交下列文件、材料:

(一)申请书;

(二)符合本法第十条规定的证明文件、材料;

(三)拟设代表机构首席代表的身份证明、简历及其无犯罪记录证明材料或者声明;

(四)拟设代表机构的住所证明材料;

(五)资金来源证明材料;

(六)业务主管单位的同意文件;

(七)法律、行政法规规定的其他文件、材料。

登记管理机关审查境外非政府组织代表机构设立申请,根据需要可以组织专家进行评估。

登记管理机关应当自受理申请之日起六十日内作出准予登记

或者不予登记的决定。

第十三条 对准予登记的境外非政府组织代表机构,登记管理机关发给登记证书,并向社会公告。登记事项包括:

(一)名称;

(二)住所;

(三)业务范围;

(四)活动地域;

(五)首席代表;

(六)业务主管单位。

境外非政府组织代表机构凭登记证书依法办理税务登记,刻制印章,在中国境内的银行开立银行账户,并将税务登记证件复印件、印章式样以及银行账户报登记管理机关备案。

第十四条 境外非政府组织代表机构需要变更登记事项的,应当自业务主管单位同意之日起三十日内,向登记管理机关申请变更登记。

第十五条 有下列情形之一的,境外非政府组织代表机构由登记管理机关注销登记,并向社会公告:

(一)境外非政府组织撤销代表机构的;

(二)境外非政府组织终止的;

(三)境外非政府组织代表机构依法被撤销登记或者吊销登记证书的;

(四)由于其他原因终止的。

境外非政府组织代表机构注销登记后,设立该代表机构的境外非政府组织应当妥善办理善后事宜。境外非政府组织代表机构不具有法人资格,涉及相关法律责任的,由该境外非政府组织承担。

第十六条 境外非政府组织未在中国境内设立代表机构,在中国境内开展临时活动的,应当与中国的国家机关、人民团体、事业单位、社会组织（以下称中方合作单位）合作进行。

第十七条　境外非政府组织开展临时活动，中方合作单位应当按照国家规定办理审批手续，并在开展临时活动十五日前向其所在地的登记管理机关备案。备案应当提交下列文件、材料：

（一）境外非政府组织合法成立的证明文件、材料；

（二）境外非政府组织与中方合作单位的书面协议；

（三）临时活动的名称、宗旨、地域和期限等相关材料；

（四）项目经费、资金来源证明材料及中方合作单位的银行账户；

（五）中方合作单位获得批准的文件；

（六）法律、行政法规规定的其他文件、材料。

在赈灾、救援等紧急情况下，需要开展临时活动的，备案时间不受前款规定的限制。

临时活动期限不超过一年，确实需要延长期限的，应当重新备案。

登记管理机关认为备案的临时活动不符合本法第五条规定的，应当及时通知中方合作单位停止临时活动。

第三章　活动规范

第十八条　境外非政府组织代表机构应当以登记的名称，在登记的业务范围和活动地域内开展活动。

境外非政府组织不得在中国境内设立分支机构，国务院另有规定的除外。

第十九条　境外非政府组织代表机构应当于每年12月31日前将包含项目实施、资金使用等内容的下一年度活动计划报业务主管单位，业务主管单位同意后十日内报登记管理机关备案。特殊情况下需要调整活动计划的，应当及时向登记管理机关备案。

第二十条　境外非政府组织在中国境内开展活动不得对中方

合作单位、受益人附加违反中国法律法规的条件。

第二十一条　境外非政府组织在中国境内活动资金包括：

（一）境外合法来源的资金；

（二）中国境内的银行存款利息；

（三）中国境内合法取得的其他资金。

境外非政府组织在中国境内活动不得取得或者使用前款规定以外的资金。

境外非政府组织及其代表机构不得在中国境内进行募捐。

第二十二条　设立代表机构的境外非政府组织应当通过代表机构在登记管理机关备案的银行账户管理用于中国境内的资金。

开展临时活动的境外非政府组织应当通过中方合作单位的银行账户管理用于中国境内的资金，实行单独记账，专款专用。

未经前两款规定的银行账户，境外非政府组织、中方合作单位和个人不得以其他任何形式在中国境内进行项目活动资金的收付。

第二十三条　境外非政府组织应当按照代表机构登记的业务范围、活动地域或者与中方合作单位协议的约定使用资金。

第二十四条　境外非政府组织代表机构应当执行中国统一的会计制度，聘请具有中国会计从业资格的会计人员依法进行会计核算。财务会计报告应当经中国境内会计师事务所审计。

第二十五条　境外非政府组织在中国境内开展活动，应当按照中国有关外汇管理的规定办理外汇收支。

第二十六条　境外非政府组织代表机构应当依法办理税务登记、纳税申报和税款缴纳等事项。

第二十七条　境外非政府组织代表机构在中国境内聘用工作人员应当遵守法律、行政法规，并将聘用的工作人员信息报业务主管单位和登记管理机关备案。

第二十八条　境外非政府组织代表机构、开展临时活动的境外非政府组织不得在中国境内发展会员，国务院另有规定的除外。

第二十九条 境外非政府组织代表机构应当设一名首席代表，可以根据业务需要设一至三名代表。

有下列情形之一的，不得担任首席代表、代表：

（一）无民事行为能力或者限制民事行为能力的；

（二）有犯罪记录的；

（三）依法被撤销登记、吊销登记证书的代表机构的首席代表、代表，自被撤销、吊销之日起未逾五年的；

（四）法律、行政法规规定的其他情形。

第三十条 开展临时活动的境外非政府组织，应当以经备案的名称开展活动。

境外非政府组织、中方合作单位应当于临时活动结束后三十日内将活动情况、资金使用情况等书面报送登记管理机关。

第三十一条 境外非政府组织代表机构应当于每年1月31日前向业务主管单位报送上一年度工作报告，经业务主管单位出具意见后，于3月31日前报送登记管理机关，接受年度检查。

年度工作报告应当包括经审计的财务会计报告、开展活动的情况以及人员和机构变动的情况等内容。

境外非政府组织代表机构应当将年度工作报告在登记管理机关统一的网站上向社会公开。

第三十二条 中国境内任何单位和个人不得接受未登记代表机构、开展临时活动未经备案的境外非政府组织的委托、资助，代理或者变相代理境外非政府组织在中国境内开展活动。

第四章 便利措施

第三十三条 国家保障和支持境外非政府组织在中国境内依法开展活动。各级人民政府有关部门应当为境外非政府组织在中国境内依法开展活动提供必要的便利和服务。

第三十四条 国务院公安部门和省级人民政府公安机关会同有关部门制定境外非政府组织活动领域和项目目录,公布业务主管单位名录,为境外非政府组织开展活动提供指引。

第三十五条 县级以上人民政府有关部门应当依法为境外非政府组织提供政策咨询、活动指导服务。

登记管理机关应当通过统一的网站,公布境外非政府组织申请设立代表机构以及开展临时活动备案的程序,供境外非政府组织查询。

第三十六条 境外非政府组织代表机构依法享受税收优惠等政策。

第三十七条 对境外非政府组织代表机构进行年度检查不得收取费用。

第三十八条 境外非政府组织代表机构首席代表和代表中的境外人员,可以凭登记证书、代表证明文件等依法办理就业等工作手续。

第五章 监督管理

第三十九条 境外非政府组织在中国境内开展活动,应当接受公安机关、有关部门和业务主管单位的监督管理。

第四十条 业务主管单位负责对境外非政府组织设立代表机构、变更登记事项、年度工作报告提出意见,指导、监督境外非政府组织及其代表机构依法开展活动,协助公安机关等部门查处境外非政府组织及其代表机构的违法行为。

第四十一条 公安机关负责境外非政府组织代表机构的登记、年度检查,境外非政府组织临时活动的备案,对境外非政府组织及其代表机构的违法行为进行查处。

公安机关履行监督管理职责,发现涉嫌违反本法规定行为的,可以依法采取下列措施:

（一）约谈境外非政府组织代表机构的首席代表以及其他负责人；

（二）进入境外非政府组织在中国境内的住所、活动场所进行现场检查；

（三）询问与被调查事件有关的单位和个人，要求其对与被调查事件有关的事项作出说明；

（四）查阅、复制与被调查事件有关的文件、资料，对可能被转移、销毁、隐匿或者篡改的文件、资料予以封存；

（五）查封或者扣押涉嫌违法活动的场所、设施或者财物。

第四十二条 公安机关可以查询与被调查事件有关的单位和个人的银行账户，有关金融机构、金融监督管理机构应当予以配合。对涉嫌违法活动的银行账户资金，经设区的市级以上人民政府公安机关负责人批准，可以提请人民法院依法冻结；对涉嫌犯罪的银行账户资金，依照《中华人民共和国刑事诉讼法》的规定采取冻结措施。

第四十三条 国家安全、外交外事、财政、金融监督管理、海关、税务、外国专家等部门按照各自职责对境外非政府组织及其代表机构依法实施监督管理。

第四十四条 国务院反洗钱行政主管部门依法对境外非政府组织代表机构、中方合作单位以及接受境外非政府组织资金的中国境内单位和个人开立、使用银行账户过程中遵守反洗钱和反恐怖主义融资法律规定的情况进行监督管理。

第六章 法律责任

第四十五条 境外非政府组织代表机构、开展临时活动的境外非政府组织或者中方合作单位有下列情形之一的，由设区的市级以上人民政府公安机关给予警告或者责令限期停止活动；没收非法财物和违法所得；情节严重的，由登记管理机关吊销登记证

书、取缔临时活动:

(一)未按照规定办理变更登记、备案相关事项的;

(二)未按照登记或者备案的名称、业务范围、活动地域开展活动的;

(三)从事、资助营利性活动,进行募捐或者违反规定发展会员的;

(四)违反规定取得、使用资金,未按照规定开立、使用银行账户或者进行会计核算的;

(五)未按照规定报送年度活动计划、报送或者公开年度工作报告的;

(六)拒不接受或者不按照规定接受监督检查的。

境外非政府组织代表机构、开展临时活动的境外非政府组织或者中方合作单位以提供虚假材料等非法手段,取得代表机构登记证书或者进行临时活动备案的,或者有伪造、变造、买卖、出租、出借登记证书、印章行为的,依照前款规定处罚。

第四十六条 有下列情形之一的,由设区的市级以上人民政府公安机关予以取缔或者责令停止违法行为;没收非法财物和违法所得;对直接责任人员给予警告,情节严重的,处十日以下拘留:

(一)未经登记、备案,以境外非政府组织代表机构、境外非政府组织名义开展活动的;

(二)被撤销登记、吊销登记证书或者注销登记后以境外非政府组织代表机构名义开展活动的;

(三)境外非政府组织临时活动期限届满或者临时活动被取缔后在中国境内开展活动的;

(四)境外非政府组织未登记代表机构、临时活动未备案,委托、资助中国境内单位和个人在中国境内开展活动的。

中国境内单位和个人明知境外非政府组织未登记代表机构、临时活动未备案,与其合作的,或者接受其委托、资助,代理或者变相代理其开展活动、进行项目活动资金收付的，依照前款规定处罚。

第四十七条 境外非政府组织、境外非政府组织代表机构有下列情形之一的，由登记管理机关吊销登记证书或者取缔临时活动；尚不构成犯罪的，由设区的市级以上人民政府公安机关对直接责任人员处十五日以下拘留：

（一）煽动抗拒法律、法规实施的；

（二）非法获取国家秘密的；

（三）造谣、诽谤或者发表、传播其他有害信息，危害国家安全或者损害国家利益的；

（四）从事或者资助政治活动，非法从事或者资助宗教活动的；

（五）有其他危害国家安全、损害国家利益或者社会公共利益情形的。

境外非政府组织、境外非政府组织代表机构有分裂国家、破坏国家统一、颠覆国家政权等犯罪行为的，由登记管理机关依照前款规定处罚，对直接责任人员依法追究刑事责任。

第四十八条 境外非政府组织、境外非政府组织代表机构违反本法规定被撤销登记、吊销登记证书或者临时活动被取缔的，自被撤销、吊销、取缔之日起五年内，不得在中国境内再设立代表机构或者开展临时活动。

未登记代表机构或者临时活动未备案开展活动的境外非政府组织，自活动被取缔之日起五年内，不得在中国境内再设立代表机构或者开展临时活动。

有本法第四十七条规定情形之一的境外非政府组织，国务院公安部门可以将其列入不受欢迎的名单，不得在中国境内再设立代表机构或者开展临时活动。

第四十九条 境外非政府组织代表机构被责令限期停止活动的，由登记管理机关封存其登记证书、印章和财务凭证。对被撤销登记、吊销登记证书的，由登记管理机关收缴其登记证书、印章并公告作废。

第五十条　境外人员违反本法规定的，有关机关可以依法限期出境、遣送出境或者驱逐出境。

第五十一条　公安机关、有关部门和业务主管单位及其工作人员在境外非政府组织监督管理工作中，不履行职责或者滥用职权、玩忽职守、徇私舞弊的，依法追究法律责任。

第五十二条　违反本法规定，构成违反治安管理行为的，由公安机关依法给予治安管理处罚；构成犯罪的，依法追究刑事责任。

第七章　附　　则

第五十三条　境外学校、医院、自然科学和工程技术的研究机构或者学术组织与境内学校、医院、自然科学和工程技术的研究机构或者学术组织开展交流合作，按照国家有关规定办理。

前款规定的境外学校、医院、机构和组织在中国境内的活动违反本法第五条规定的，依法追究法律责任。

第五十四条　本法自 2017 年 1 月 1 日起施行。

基金会管理条例

（2004年2月4日国务院第38次常务会议通过
2004年3月8日国务院令第400号公布
自2004年6月1日起施行）

第一章 总 则

第一条 为了规范基金会的组织和活动，维护基金会、捐赠人和受益人的合法权益，促进社会力量参与公益事业，制定本条例。

第二条 本条例所称基金会，是指利用自然人、法人或者其他组织捐赠的财产，以从事公益事业为目的，按照本条例的规定成立的非营利性法人。

第三条 基金会分为面向公众募捐的基金会（以下简称公募基金会）和不得面向公众募捐的基金会（以下简称非公募基金会）。公募基金会按照募捐的地域范围，分为全国性公募基金会和地方性公募基金会。

第四条 基金会必须遵守宪法、法律、法规、规章和国家政策，不得危害国家安全、统一和民族团结，不得违背社会公德。

第五条 基金会依照章程从事公益活动，应当遵循公开、透明的原则。

第六条 国务院民政部门和省、自治区、直辖市人民政府民政部门是基金会的登记管理机关。

国务院民政部门负责下列基金会、基金会代表机构的登记管理工作：

（一）全国性公募基金会；

（二）拟由非内地居民担任法定代表人的基金会；

（三）原始基金超过2000万元，发起人向国务院民政部门提出设立申请的非公募基金会；

（四）境外基金会在中国内地设立的代表机构。

省、自治区、直辖市人民政府民政部门负责本行政区域内地方性公募基金会和不属于前款规定情况的非公募基金会的登记管理工作。

第七条　国务院有关部门或者国务院授权的组织，是国务院民政部门登记的基金会、境外基金会代表机构的业务主管单位。

省、自治区、直辖市人民政府有关部门或者省、自治区、直辖市人民政府授权的组织，是省、自治区、直辖市人民政府民政部门登记的基金会的业务主管单位。

第二章　设立、变更和注销

第八条　设立基金会，应当具备下列条件：

（一）为特定的公益目的而设立；

（二）全国性公募基金会的原始基金不低于800万元人民币，地方性公募基金会的原始基金不低于400万元人民币，非公募基金会的原始基金不低于200万元人民币；原始基金必须为到账货币资金；

（三）有规范的名称、章程、组织机构以及与其开展活动相适应的专职工作人员；

（四）有固定的住所；

（五）能够独立承担民事责任。

第九条 申请设立基金会，申请人应当向登记管理机关提交下列文件：

（一）申请书；

（二）章程草案；

（三）验资证明和住所证明；

（四）理事名单、身份证明以及拟任理事长、副理事长、秘书长简历；

（五）业务主管单位同意设立的文件。

第十条 基金会章程必须明确基金会的公益性质，不得规定使特定自然人、法人或者其他组织受益的内容。

基金会章程应当载明下列事项：

（一）名称及住所；

（二）设立宗旨和公益活动的业务范围；

（三）原始基金数额；

（四）理事会的组成、职权和议事规则，理事的资格、产生程序和任期；

（五）法定代表人的职责；

（六）监事的职责、资格、产生程序和任期；

（七）财务会计报告的编制、审定制度；

（八）财产的管理、使用制度；

（九）基金会的终止条件、程序和终止后财产的处理。

第十一条 登记管理机关应当自收到本条例第九条所列全部有效文件之日起60日内，作出准予或者不予登记的决定。准予登记的，发给《基金会法人登记证书》；不予登记的，应当书面说明理由。

基金会设立登记的事项包括：名称、住所、类型、宗旨、公益活动的业务范围、原始基金数额和法定代表人。

第十二条 基金会拟设立分支机构、代表机构的，应当向原登记管理机关提出登记申请,并提交拟设机构的名称、住所和负责人等情况的文件。

登记管理机关应当自收到前款所列全部有效文件之日起60日内作出准予或者不予登记的决定。准予登记的,发给《基金会分支(代表)机构登记证书》;不予登记的,应当书面说明理由。

基金会分支机构、基金会代表机构设立登记的事项包括:名称、住所、公益活动的业务范围和负责人。

基金会分支机构、基金会代表机构依据基金会的授权开展活动,不具有法人资格。

第十三条 境外基金会在中国内地设立代表机构,应当经有关业务主管单位同意后,向登记管理机关提交下列文件:

(一)申请书;

(二)基金会在境外依法登记成立的证明和基金会章程;

(三)拟设代表机构负责人身份证明及简历;

(四)住所证明;

(五)业务主管单位同意在中国内地设立代表机构的文件。

登记管理机关应当自收到前款所列全部有效文件之日起60日内,作出准予或者不予登记的决定。准予登记的,发给《境外基金会代表机构登记证书》;不予登记的,应当书面说明理由。

境外基金会代表机构设立登记的事项包括:名称、住所、公益活动的业务范围和负责人。

境外基金会代表机构应当从事符合中国公益事业性质的公益活动。境外基金会对其在中国内地代表机构的民事行为,依照中国法律承担民事责任。

第十四条 基金会、境外基金会代表机构依照本条例登记后,应当依法办理税务登记。

基金会、境外基金会代表机构,凭登记证书依法申请组织机构代码、刻制印章、开立银行账户。

基金会、境外基金会代表机构应当将组织机构代码、印章式样、银行账号以及税务登记证件复印件报登记管理机关备案。

第十五条 基金会、基金会分支机构、基金会代表机构和境外基金会代表机构的登记事项需要变更的,应当向登记管理机关申请变更登记。

基金会修改章程,应当征得其业务主管单位的同意,并报登记管理机关核准。

第十六条 基金会、境外基金会代表机构有下列情形之一的,应当向登记管理机关申请注销登记:

(一)按照章程规定终止的;

(二)无法按照章程规定的宗旨继续从事公益活动的;

(三)由于其他原因终止的。

第十七条 基金会撤销其分支机构、代表机构的,应当向登记管理机关办理分支机构、代表机构的注销登记。

基金会注销的,其分支机构、代表机构同时注销。

第十八条 基金会在办理注销登记前,应当在登记管理机关、业务主管单位的指导下成立清算组织,完成清算工作。

基金会应当自清算结束之日起 15 日内向登记管理机关办理注销登记;在清算期间不得开展清算以外的活动。

第十九条 基金会、基金会分支机构、基金会代表机构以及境外基金会代表机构的设立、变更、注销登记,由登记管理机关向社会公告。

第三章 组 织 机 构

第二十条 基金会设理事会,理事为 5 人至 25 人,理事任期由章程规定,但每届任期不得超过 5 年。理事任期届满,连选可以连任。

用私人财产设立的非公募基金会,相互间有近亲属关系的基金会理事,总数不得超过理事总人数的1/3;其他基金会,具有近亲属关系的不得同时在理事会任职。

在基金会领取报酬的理事不得超过理事总人数的1/3。

理事会设理事长、副理事长和秘书长,从理事中选举产生,理事长是基金会的法定代表人。

第二十一条 理事会是基金会的决策机构,依法行使章程规定的职权。

理事会每年至少召开2次会议。理事会会议须有2/3以上理事出席方能召开;理事会决议须经出席理事过半数通过方为有效。

下列重要事项的决议,须经出席理事表决,2/3以上通过方为有效:

(一)章程的修改;

(二)选举或者罢免理事长、副理事长、秘书长;

(三)章程规定的重大募捐、投资活动;

(四)基金会的分立、合并。

理事会会议应当制作会议记录,并由出席理事审阅、签名。

第二十二条 基金会设监事。监事任期与理事任期相同。理事、理事的近亲属和基金会财会人员不得兼任监事。

监事依照章程规定的程序检查基金会财务和会计资料,监督理事会遵守法律和章程的情况。

监事列席理事会会议,有权向理事会提出质询和建议,并应当向登记管理机关、业务主管单位以及税务、会计主管部门反映情况。

第二十三条 基金会理事长、副理事长和秘书长不得由现职国家工作人员兼任。基金会的法定代表人,不得同时担任其他组织的法定代表人。公募基金会和原始基金来自中国内地的非公募基金会的法定代表人,应当由内地居民担任。

因犯罪被判处管制、拘役或者有期徒刑,刑期执行完毕之日起未逾5年的，因犯罪被判处剥夺政治权利正在执行期间或者曾经被判处剥夺政治权利的，以及曾在因违法被撤销登记的基金会担任理事长、副理事长或者秘书长，且对该基金会的违法行为负有个人责任，自该基金会被撤销之日起未逾5年的，不得担任基金会的理事长、副理事长或者秘书长。

基金会理事遇有个人利益与基金会利益关联时，不得参与相关事宜的决策；基金会理事、监事及其近亲属不得与其所在的基金会有任何交易行为。

监事和未在基金会担任专职工作的理事不得从基金会获取报酬。

第二十四条 担任基金会理事长、副理事长或者秘书长的香港居民、澳门居民、台湾居民、外国人以及境外基金会代表机构的负责人，每年在中国内地居留时间不得少于3个月。

第四章 财产的管理和使用

第二十五条 基金会组织募捐、接受捐赠，应当符合章程规定的宗旨和公益活动的业务范围。境外基金会代表机构不得在中国境内组织募捐、接受捐赠。

公募基金会组织募捐，应当向社会公布募得资金后拟开展的公益活动和资金的详细使用计划。

第二十六条 基金会及其捐赠人、受益人依照法律、行政法规的规定享受税收优惠。

第二十七条 基金会的财产及其他收入受法律保护，任何单位和个人不得私分、侵占、挪用。

基金会应当根据章程规定的宗旨和公益活动的业务范围使用其财产；捐赠协议明确了具体使用方式的捐赠，根据捐赠协议的约定使用。

接受捐赠的物资无法用于符合其宗旨的用途时，基金会可以依法拍卖或者变卖,所得收入用于捐赠目的。

第二十八条 基金会应当按照合法、安全、有效的原则实现基金的保值、增值。

第二十九条 公募基金会每年用于从事章程规定的公益事业支出,不得低于上一年总收入的70%;非公募基金会每年用于从事章程规定的公益事业支出,不得低于上一年基金余额的8%。

基金会工作人员工资福利和行政办公支出不得超过当年总支出的10%。

第三十条 基金会开展公益资助项目,应当向社会公布所开展的公益资助项目种类以及申请、评审程序。

第三十一条 基金会可以与受助人签订协议,约定资助方式、资助数额以及资金用途和使用方式。

基金会有权对资助的使用情况进行监督。受助人未按协议约定使用资助或者有其他违反协议情形的,基金会有权解除资助协议。

第三十二条 基金会应当执行国家统一的会计制度,依法进行会计核算、建立健全内部会计监督制度。

第三十三条 基金会注销后的剩余财产应当按照章程的规定用于公益目的;无法按照章程规定处理的,由登记管理机关组织捐赠给与该基金会性质、宗旨相同的社会公益组织,并向社会公告。

第五章 监督管理

第三十四条 基金会登记管理机关履行下列监督管理职责:

(一)对基金会、境外基金会代表机构实施年度检查;

(二)对基金会、境外基金会代表机构依照本条例及其章程开展活动的情况进行日常监督管理;

(三)对基金会、境外基金会代表机构违反本条例的行为依法进行处罚。

第三十五条 基金会业务主管单位履行下列监督管理职责:

(一)指导、监督基金会、境外基金会代表机构依据法律和章程开展公益活动;

(二)负责基金会、境外基金会代表机构年度检查的初审;

(三)配合登记管理机关、其他执法部门查处基金会、境外基金会代表机构的违法行为。

第三十六条 基金会、境外基金会代表机构应当于每年3月31日前向登记管理机关报送上一年度工作报告,接受年度检查。年度工作报告在报送登记管理机关前应当经业务主管单位审查同意。

年度工作报告应当包括:财务会计报告、注册会计师审计报告,开展募捐、接受捐赠、提供资助等活动的情况以及人员和机构的变动情况等。

第三十七条 基金会应当接受税务、会计主管部门依法实施的税务监督和会计监督。

基金会在换届和更换法定代表人之前,应当进行财务审计。

第三十八条 基金会、境外基金会代表机构应当在通过登记管理机关的年度检查后,将年度工作报告在登记管理机关指定的媒体上公布,接受社会公众的查询、监督。

第三十九条 捐赠人有权向基金会查询捐赠财产的使用、管理情况,并提出意见和建议。对于捐赠人的查询,基金会应当及时如实答复。

基金会违反捐赠协议使用捐赠财产的,捐赠人有权要求基金会遵守捐赠协议或者向人民法院申请撤销捐赠行为、解除捐赠协议。

第六章 法律责任

第四十条 未经登记或者被撤销登记后以基金会、基金会分支机构、基金会代表机构或者境外基金会代表机构名义开展活动的，由登记管理机关予以取缔，没收非法财产并向社会公告。

第四十一条 基金会、基金会分支机构、基金会代表机构或者境外基金会代表机构有下列情形之一的，登记管理机关应当撤销登记：

（一）在申请登记时弄虚作假骗取登记的，或者自取得登记证书之日起12个月内未按章程规定开展活动的；

（二）符合注销条件，不按照本条例的规定办理注销登记仍继续开展活动的。

第四十二条 基金会、基金会分支机构、基金会代表机构或者境外基金会代表机构有下列情形之一的，由登记管理机关给予警告、责令停止活动；情节严重的，可以撤销登记：

（一）未按照章程规定的宗旨和公益活动的业务范围进行活动的；

（二）在填制会计凭证、登记会计账簿、编制财务会计报告中弄虚作假的；

（三）不按照规定办理变更登记的；

（四）未按照本条例的规定完成公益事业支出额度的；

（五）未按照本条例的规定接受年度检查，或者年度检查不合格的；

（六）不履行信息公布义务或者公布虚假信息的。

基金会、境外基金会代表机构有前款所列行为的，登记管理机关应当提请税务机关责令补交违法行为存续期间所享受的税收减免。

第四十三条 基金会理事会违反本条例和章程规定决策不当，致使基金会遭受财产损失的，参与决策的理事应当承担相应的赔偿责任。

基金会理事、监事以及专职工作人员私分、侵占、挪用基金会财产的，应当退还非法占用的财产；构成犯罪的，依法追究刑事责任。

第四十四条 基金会、境外基金会代表机构被责令停止活动的，由登记管理机关封存其登记证书、印章和财务凭证。

第四十五条 登记管理机关、业务主管单位工作人员滥用职权、玩忽职守、徇私舞弊，构成犯罪的，依法追究刑事责任；尚不构成犯罪的，依法给予行政处分或者纪律处分。

第七章 附 则

第四十六条 本条例所称境外基金会，是指在外国以及中华人民共和国香港特别行政区、澳门特别行政区和台湾地区合法成立的基金会。

第四十七条 基金会设立申请书、基金会年度工作报告的格式以及基金会章程范本，由国务院民政部门制订。

第四十八条 本条例自 2004 年 6 月 1 日起施行，1988 年 9 月 27 日国务院发布的《基金会管理办法》同时废止。

本条例施行前已经设立的基金会、境外基金会代表机构，应当自本条例施行之日起 6 个月内，按照本条例的规定申请换发登记证书。

社会团体登记管理条例

(1998年9月25日国务院第8次常务会议通过
1998年10月25日国务院令第250号发布
根据2016年2月6日《国务院关于
修改部分行政法规的决定》修订)

第一章 总 则

第一条 为了保障公民的结社自由,维护社会团体的合法权益,加强对社会团体的登记管理,促进社会主义物质文明、精神文明建设,制定本条例。

第二条 本条例所称社会团体,是指中国公民自愿组成,为实现会员共同意愿,按照其章程开展活动的非营利性社会组织。

国家机关以外的组织可以作为单位会员加入社会团体。

第三条 成立社会团体,应当经其业务主管单位审查同意,并依照本条例的规定进行登记。

社会团体应当具备法人条件。

下列团体不属于本条例规定登记的范围:

(一)参加中国人民政治协商会议的人民团体;

(二)由国务院机构编制管理机关核定,并经国务院批准免于登记的团体;

（三）机关、团体、企业事业单位内部经本单位批准成立、在本单位内部活动的团体。

第四条 社会团体必须遵守宪法、法律、法规和国家政策，不得反对宪法确定的基本原则，不得危害国家的统一、安全和民族的团结，不得损害国家利益、社会公共利益以及其他组织和公民的合法权益，不得违背社会道德风尚。

社会团体不得从事营利性经营活动。

第五条 国家保护社会团体依照法律、法规及其章程开展活动，任何组织和个人不得非法干涉。

第六条 国务院民政部门和县级以上地方各级人民政府民政部门是本级人民政府的社会团体登记管理机关（以下简称登记管理机关）。

国务院有关部门和县级以上地方各级人民政府有关部门、国务院或者县级以上地方各级人民政府授权的组织，是有关行业、学科或者业务范围内社会团体的业务主管单位（以下简称业务主管单位）。

法律、行政法规对社会团体的监督管理另有规定的，依照有关法律、行政法规的规定执行。

第二章 管 辖

第七条 全国性的社会团体，由国务院的登记管理机关负责登记管理；地方性的社会团体，由所在地人民政府的登记管理机关负责登记管理；跨行政区域的社会团体，由所跨行政区域的共同上一级人民政府的登记管理机关负责登记管理。

第八条 登记管理机关、业务主管单位与其管辖的社会团体的住所不在一地的，可以委托社会团体住所地的登记管理机关、业务主管单位负责委托范围内的监督管理工作。

第三章　成立登记

第九条　申请成立社会团体,应当经其业务主管单位审查同意,由发起人向登记管理机关申请登记。

筹备期间不得开展筹备以外的活动。

第十条　成立社会团体,应当具备下列条件:

(一)有50个以上的个人会员或者30个以上的单位会员;个人会员、单位会员混合组成的,会员总数不得少于50个;

(二)有规范的名称和相应的组织机构;

(三)有固定的住所;

(四)有与其业务活动相适应的专职工作人员;

(五)有合法的资产和经费来源,全国性的社会团体有10万元以上活动资金,地方性的社会团体和跨行政区域的社会团体有3万元以上活动资金;

(六)有独立承担民事责任的能力。

社会团体的名称应当符合法律、法规的规定,不得违背社会道德风尚。社会团体的名称应当与其业务范围、成员分布、活动地域相一致,准确反映其特征。全国性的社会团体的名称冠以"中国"、"全国"、"中华"等字样的,应当按照国家有关规定经过批准,地方性的社会团体的名称不得冠以"中国"、"全国"、"中华"等字样。

第十一条　申请登记社会团体,发起人应当向登记管理机关提交下列文件:

(一)登记申请书;

(二)业务主管单位的批准文件;

(三)验资报告、场所使用权证明;

(四)发起人和拟任负责人的基本情况、身份证明;

(五)章程草案。

第十二条　登记管理机关应当自收到本条例第十一条所列全

部有效文件之日起60日内，作出准予或者不予登记的决定。准予登记的，发给《社会团体法人登记证书》；不予登记的，应当向发起人说明理由。

社会团体登记事项包括：名称、住所、宗旨、业务范围、活动地域、法定代表人、活动资金和业务主管单位。

社会团体的法定代表人，不得同时担任其他社会团体的法定代表人。

第十三条 有下列情形之一的，登记管理机关不予登记：

（一）有根据证明申请登记的社会团体的宗旨、业务范围不符合本条例第四条的规定的；

（二）在同一行政区域内已有业务范围相同或者相似的社会团体，没有必要成立的；

（三）发起人、拟任负责人正在或者曾经受到剥夺政治权利的刑事处罚，或者不具有完全民事行为能力的；

（四）在申请筹备时弄虚作假的；

（五）有法律、行政法规禁止的其他情形的。

第十四条 社会团体的章程应当包括下列事项：

（一）名称、住所；

（二）宗旨、业务范围和活动地域；

（三）会员资格及其权利、义务；

（四）民主的组织管理制度，执行机构的产生程序；

（五）负责人的条件和产生、罢免的程序；

（六）资产管理和使用的原则；

（七）章程的修改程序；

（八）终止程序和终止后资产的处理；

（九）应当由章程规定的其他事项。

第十五条 依照法律规定，自批准成立之日起即具有法人资格的社会团体，应当自批准成立之日起60日内向登记管理机关提交批准文件,申领《社会团体法人登记证书》。登记管理机关自收到文件之日起30日内发给《社会团体法人登记证书》。

第十六条 社会团体凭《社会团体法人登记证书》申请刻制印章,开立银行账户。社会团体应当将印章式样和银行账号报登记管理机关备案。

第十七条 社会团体的分支机构、代表机构是社会团体的组成部分,不具有法人资格,应当按照其所属于的社会团体的章程所规定的宗旨和业务范围,在该社会团体授权的范围内开展活动、发展会员。社会团体的分支机构不得再设立分支机构。

社会团体不得设立地域性的分支机构。

第四章 变更注销

第十八条 社会团体的登记事项需要变更的,应当自业务主管单位审查同意之日起30日内,向登记管理机关申请变更登记。

社会团体修改章程,应当自业务主管单位审查同意之日起30日内,报登记管理机关核准。

第十九条 社会团体有下列情形之一的,应当在业务主管单位审查同意后,向登记管理机关申请注销登记:

(一)完成社会团体章程规定的宗旨的;

(二)自行解散的;

(三)分立、合并的;

(四)由于其他原因终止的。

第二十条 社会团体在办理注销登记前,应当在业务主管单位及其他有关机关的指导下,成立清算组织,完成清算工作。清算期间,社会团体不得开展清算以外的活动。

第二十一条 社会团体应当自清算结束之日起15日内向登记管理机关办理注销登记。办理注销登记,应当提交法定代表人签署的注销登记申请书、业务主管单位的审查文件和清算报告书。

登记管理机关准予注销登记的，发给注销证明文件，收缴该社会团体的登记证书、印章和财务凭证。

第二十二条 社会团体处分注销后的剩余财产，按照国家有关规定办理。

第二十三条 社会团体成立、注销或者变更名称、住所、法定代表人，由登记管理机关予以公告。

第五章 监督管理

第二十四条 登记管理机关履行下列监督管理职责：

（一）负责社会团体的成立、变更、注销的登记；

（二）对社会团体实施年度检查；

（三）对社会团体违反本条例的问题进行监督检查，对社会团体违反本条例的行为给予行政处罚。

第二十五条 业务主管单位履行下列监督管理职责：

（一）负责社会团体成立登记、变更登记、注销登记前的审查；

（二）监督、指导社会团体遵守宪法、法律、法规和国家政策，依据其章程开展活动；

（三）负责社会团体年度检查的初审；

（四）协助登记管理机关和其他有关部门查处社会团体的违法行为；

（五）会同有关机关指导社会团体的清算事宜。

业务主管单位履行前款规定的职责，不得向社会团体收取费用。

第二十六条 社会团体的资产来源必须合法，任何单位和个人不得侵占、私分或者挪用社会团体的资产。

社会团体的经费，以及开展章程规定的活动按照国家有关规定所取得的合法收入，必须用于章程规定的业务活动，不得在会员中分配。

社会团体接受捐赠、资助，必须符合章程规定的宗旨和业务范围，必须根据与捐赠人、资助人约定的期限、方式和合法用途使用。社会团体应当向业务主管单位报告接受、使用捐赠、资助的有关情况，并应当将有关情况以适当方式向社会公布。

社会团体专职工作人员的工资和保险福利待遇，参照国家对事业单位的有关规定执行。

第二十七条　社会团体必须执行国家规定的财务管理制度，接受财政部门的监督；资产来源属于国家拨款或者社会捐赠、资助的，还应当接受审计机关的监督。

社会团体在换届或者更换法定代表人之前，登记管理机关、业务主管单位应当组织对其进行财务审计。

第二十八条　社会团体应当于每年3月31日前向业务主管单位报送上一年度的工作报告，经业务主管单位初审同意后，于5月31日前报送登记管理机关，接受年度检查。工作报告的内容包括：本社会团体遵守法律法规和国家政策的情况、依照本条例履行登记手续的情况、按照章程开展活动的情况、人员和机构变动的情况以及财务管理的情况。

对于依照本条例第十七条的规定发给《社会团体法人登记证书》的社会团体，登记管理机关对其应当简化年度检查的内容。

第六章　罚　　则

第二十九条　社会团体在申请登记时弄虚作假，骗取登记的，或者自取得《社会团体法人登记证书》之日起1年未开展活动的，由登记管理机关予以撤销登记。

第三十条　社会团体有下列情形之一的，由登记管理机关给予警告，责令改正，可以限期停止活动，并可以责令撤换直接负责的主管人员；情节严重的，予以撤销登记；构成犯罪的，依法追究刑事责任：

（一）涂改、出租、出借《社会团体法人登记证书》，或者出租、出借社会团体印章的；

（二）超出章程规定的宗旨和业务范围进行活动的；

（三）拒不接受或者不按照规定接受监督检查的；

（四）不按照规定办理变更登记的；

（五）违反规定设立分支机构、代表机构，或者对分支机构、代表机构疏于管理，造成严重后果的；

（六）从事营利性的经营活动的；

（七）侵占、私分、挪用社会团体资产或者所接受的捐赠、资助的；

（八）违反国家有关规定收取费用、筹集资金或者接受、使用捐赠、资助的。

前款规定的行为有违法经营额或者违法所得的，予以没收，可以并处违法经营额1倍以上3倍以下或者违法所得3倍以上5倍以下的罚款。

第三十一条 社会团体的活动违反其他法律、法规的，由有关国家机关依法处理；有关国家机关认为应当撤销登记的，由登记管理机关撤销登记。

第三十二条 筹备期间开展筹备以外的活动，或者未经登记，擅自以社会团体名义进行活动，以及被撤销登记的社会团体继续以社会团体名义进行活动的，由登记管理机关予以取缔，没收非法财产；构成犯罪的，依法追究刑事责任；尚不构成犯罪的，依法给予治安管理处罚。

第三十三条 社会团体被责令限期停止活动的，由登记管理机关封存《社会团体法人登记证书》、印章和财务凭证。

社会团体被撤销登记的，由登记管理机关收缴《社会团体法人登记证书》和印章。

第三十四条 登记管理机关、业务主管单位的工作人员滥用职权、徇私舞弊、玩忽职守构成犯罪的,依法追究刑事责任;尚不构成犯罪的,依法给予行政处分。

第七章　附　　则

第三十五条　《社会团体法人登记证书》的式样由国务院民政部门制定。

对社会团体进行年度检查不得收取费用。

第三十六条　本条例施行前已经成立的社会团体,应当自本条例施行之日起1年内依照本条例有关规定申请重新登记。

第三十七条　本条例自发布之日起施行。1989年10月25日国务院发布的《社会团体登记管理条例》同时废止。

民办非企业单位登记管理暂行条例

（1998 年 9 月 25 日国务院第 8 次常务会议通过
1998 年 10 月 25 日国务院令第 251 号发布施行）

第一章　总　　则

第一条　为了规范民办非企业单位的登记管理，保障民办非企业单位的合法权益，促进社会主义物质文明、精神文明建设，制定本条例。

第二条　本条例所称民办非企业单位，是指企业事业单位、社会团体和其他社会力量以及公民个人利用非国有资产举办的，从事非营利性社会服务活动的社会组织。

第三条　成立民办非企业单位，应当经其业务主管单位审查同意，并依照本条例的规定登记。

第四条　民办非企业单位应当遵守宪法、法律、法规和国家政策，不得反对宪法确定的基本原则，不得危害国家的统一、安全和民族的团结，不得损害国家利益、社会公共利益以及其他社会组织和公民的合法权益，不得违背社会道德风尚。

民办非企业单位不得从事营利性经营活动。

第五条　国务院民政部门和县级以上地方各级人民政府民政部门是本级人民政府的民办非企业单位登记管理机关（以下简称

登记管理机关)。

国务院有关部门和县级以上地方各级人民政府的有关部门、国务院或者县级以上地方各级人民政府授权的组织,是有关行业、业务范围内民办非企业单位的业务主管单位(以下简称业务主管单位)。

法律、行政法规对民办非企业单位的监督管理另有规定的,依照有关法律、行政法规的规定执行。

第二章 管 辖

第六条 登记管理机关负责同级业务主管单位审查同意的民办非企业单位的登记管理。

第七条 登记管理机关、业务主管单位与其管辖的民办非企业单位的住所不在一地的,可以委托民办非企业单位住所地的登记管理机关、业务主管单位负责委托范围内的监督管理工作。

第三章 登 记

第八条 申请登记民办非企业单位,应当具备下列条件:

(一)经业务主管单位审查同意;

(二)有规范的名称、必要的组织机构;

(三)有与其业务活动相适应的从业人员;

(四)有与其业务活动相适应的合法财产;

(五)有必要的场所。

民办非企业单位的名称应当符合国务院民政部门的规定,不得冠以“中国”、“全国”、“中华”等字样。

第九条 申请民办非企业单位登记,举办者应当向登记管理机关提交下列文件:

(一)登记申请书;

(二)业务主管单位的批准文件;

（三）场所使用权证明；

（四）验资报告；

（五）拟任负责人的基本情况、身份证明；

（六）章程草案。

第十条 民办非企业单位的章程应当包括下列事项：

（一）名称、住所；

（二）宗旨和业务范围；

（三）组织管理制度；

（四）法定代表人或者负责人的产生、罢免的程序；

（五）资产管理和使用的原则；

（六）章程的修改程序；

（七）终止程序和终止后资产的处理；

（八）需要由章程规定的其他事项。

第十一条 登记管理机关应当自收到成立登记申请的全部有效文件之日起60日内作出准予登记或者不予登记的决定。

有下列情形之一的，登记管理机关不予登记，并向申请人说明理由：

（一）有根据证明申请登记的民办非企业单位的宗旨、业务范围不符合本条例第四条规定的；

（二）在申请成立时弄虚作假的；

（三）在同一行政区域内已有业务范围相同或者相似的民办非企业单位，没有必要成立的；

（四）拟任负责人正在或者曾经受到剥夺政治权利的刑事处罚，或者不具有完全民事行为能力的；

（五）有法律、行政法规禁止的其他情形的。

第十二条 准予登记的民办非企业单位，由登记管理机关登记民办非企业单位的名称、住所、宗旨和业务范围、法定代表人或者负责人、开办资金、业务主管单位，并根据其依法承担民事责任的不同方式，分别发给《民办非企业单位（法人）登记证书》、《民办非企业单位（合伙）登记证书》、《民办非企业单位（个体）登记证书》。

依照法律、其他行政法规规定，经有关主管部门依法审核或者登记，已经取得相应的执业许可证书的民办非企业单位，登记管理机关应当简化登记手续，凭有关主管部门出具的执业许可证明文件，发给相应的民办非企业单位登记证书。

第十三条 民办非企业单位不得设立分支机构。

第十四条 民办非企业单位凭登记证书申请刻制印章，开立银行账户。民办非企业单位应当将印章式样、银行账号报登记管理机关备案。

第十五条 民办非企业单位的登记事项需要变更的，应当自业务主管单位审查同意之日起 30 日内，向登记管理机关申请变更登记。

民办非企业单位修改章程，应当自业务主管单位审查同意之日起 30 日内，报登记管理机关核准。

第十六条 民办非企业单位自行解散的，分立、合并的，或者由于其他原因需要注销登记的，应当向登记管理机关办理注销登记。

民办非企业单位在办理注销登记前，应当在业务主管单位和其他有关机关的指导下，成立清算组织，完成清算工作。清算期间，民办非企业单位不得开展清算以外的活动。

第十七条 民办非企业单位法定代表人或者负责人应当自完成清算之日起 15 日内，向登记管理机关办理注销登记。办理注销登记，须提交注销登记申请书、业务主管单位的审查文件和清算报告。

登记管理机关准予注销登记的，发给注销证明文件，收缴登记证书、印章和财务凭证。

第十八条 民办非企业单位成立、注销以及变更名称、住所、法定代表人或者负责人，由登记管理机关予以公告。

第四章 监督管理

第十九条 登记管理机关履行下列监督管理职责：

（一）负责民办非企业单位的成立、变更、注销登记；

（二）对民办非企业单位实施年度检查；

（三）对民办非企业单位违反本条例的问题进行监督检查，对民办非企业单位违反本条例的行为给予行政处罚。

第二十条 业务主管单位履行下列监督管理职责：

（一）负责民办非企业单位成立、变更、注销登记前的审查；

（二）监督、指导民办非企业单位遵守宪法、法律、法规和国家政策，按照章程开展活动；

（三）负责民办非企业单位年度检查的初审；

（四）协助登记管理机关和其他有关部门查处民办非企业单位的违法行为；

（五）会同有关机关指导民办非企业单位的清算事宜。

业务主管单位履行前款规定的职责，不得向民办非企业单位收取费用。

第二十一条 民办非企业单位的资产来源必须合法，任何单位和个人不得侵占、私分或者挪用民办非企业单位的资产。

民办非企业单位开展章程规定的活动，按照国家有关规定取得的合法收入，必须用于章程规定的业务活动。

民办非企业单位接受捐赠、资助，必须符合章程规定的宗旨和业务范围，必须根据与捐赠人、资助人约定的期限、方式和合法用途使用。民办非企业单位应当向业务主管单位报告接受、使用捐赠、资助的有关情况，并应当将有关情况以适当方式向社会公布。

第二十二条 民办非企业单位必须执行国家规定的财务管理制度，接受财政部门的监督；资产来源属于国家资助或者社会捐赠、资助的，还应当接受审计机关的监督。

民办非企业单位变更法定代表人或者负责人，登记管理机关、业务主管单位应当组织对其进行财务审计。

第二十三条　民办非企业单位应当于每年3月31日前向业务主管单位报送上一年度的工作报告，经业务主管单位初审同意后，于5月31日前报送登记管理机关，接受年度检查。工作报告内容包括：本民办非企业单位遵守法律法规和国家政策的情况、依照本条例履行登记手续的情况、按照章程开展活动的情况、人员和机构变动的情况以及财务管理的情况。

对于依照本条例第十二条第二款的规定发给登记证书的民办非企业单位，登记管理机关对其应当简化年度检查的内容。

第五章　罚　　则

第二十四条　民办非企业单位在申请登记时弄虚作假，骗取登记的，或者业务主管单位撤销批准的，由登记管理机关予以撤销登记。

第二十五条　民办非企业单位有下列情形之一的，由登记管理机关予以警告，责令改正，可以限期停止活动；情节严重的，予以撤销登记；构成犯罪的，依法追究刑事责任：

（一）涂改、出租、出借民办非企业单位登记证书，或者出租、出借民办非企业单位印章的；

（二）超出其章程规定的宗旨和业务范围进行活动的；

（三）拒不接受或者不按照规定接受监督检查的；

（四）不按照规定办理变更登记的；

（五）设立分支机构的；

（六）从事营利性的经营活动的；

（七）侵占、私分、挪用民办非企业单位的资产或者所接受的捐赠、资助的；

（八）违反国家有关规定收取费用、筹集资金或者接受使用捐赠、资助的。

前款规定的行为有违法经营额或者违法所得的，予以没收，可以并处违法经营额1倍以上3倍以下或者违法所得3倍以上5倍以下的罚款。

第二十六条 民办非企业单位的活动违反其他法律、法规的，由有关国家机关依法处理；有关国家机关认为应当撤销登记的，由登记管理机关撤销登记。

第二十七条 未经登记，擅自以民办非企业单位名义进行活动的，或者被撤销登记的民办非企业单位继续以民办非企业单位名义进行活动的，由登记管理机关予以取缔，没收非法财产；构成犯罪的，依法追究刑事责任；尚不构成犯罪的，依法给予治安管理处罚。

第二十八条 民办非企业单位被限期停止活动的，由登记管理机关封存其登记证书、印章和财务凭证。

民办非企业单位被撤销登记的，由登记管理机关收缴登记证书和印章。

第二十九条 登记管理机关、业务主管单位的工作人员滥用职权、徇私舞弊、玩忽职守构成犯罪的，依法追究刑事责任；尚不构成犯罪的，依法给予行政处分。

第六章 附 则

第三十条 民办非企业单位登记证书的式样由国务院民政部门制定。

对民办非企业单位进行年度检查不得收取费用。

第三十一条 本条例施行前已经成立的民办非企业单位，应当自本条例实施之日起1年内依照本条例有关规定申请登记。

第三十二条 本条例自发布之日起施行。

附录四

十二届全国人大常委会第十七次会议审议慈善法草案的意见

2015年10月31日,十二届全国人大常委会第十七次会议对慈善法草案(以下简称草案)进行了初次审议。现将主要意见简报如下:

一、总的意见

常委会组成人员和列席人员普遍认为,为规范慈善行为、促进慈善事业健康发展,制定慈善法很有必要。一些常委会组成人员提出,慈善法应当成为我国慈善事业的一部根本性法律,涵盖我国慈善领域的各个方面。草案目前主要对慈善组织的活动作了规范,实践中还存在大量非正式的“草根”慈善组织和非正规的慈善行为,草案没有涉及,建议进一步扩大本法的调整范围。

一些常委会组成人员提出,慈善立法要处理好与公益事业捐赠法、红十字会法、信托法、合同法、残疾人权益保障法等相关法律以及已经提请常委会会议审议的境外非政府组织管理法草案的关系,进一步明确界限,做好衔接,避免出现冲突。

有的常委会组成人员提出,应当大力支持和保障慈善事业发展,立法要从有利于慈善事业发展的角度来思考问题,不要把问题搞复杂化,使好事难办,同时要严格防止借慈善之名行谋私之实。有的委员提出,慈善立法应当处理好发展和规范的关系。慈善事业是一项新事物,要积极发展。有的委员提出,要把立法重点放在支持、鼓励社会组织和个人积极参与慈善活动,而不是急于把慈善活动管起来。有的委员提出,应当进一步厘清政府部门和慈善组织的界限,慈善事业发展应当体现民间主导、政府引导、自主发展的原则。有的委员提出,慈善立法应当针对当前我国慈善事业存在的实际问题,制定切实可行的措施,不宜过多地参照国外模式。

二、关于总则

草案第一条立法目的作了规定。有的委员建议将“发展慈善事业”改为“加强社会建设,进一步发展中国特色社会主义慈善事业”。有的委员建议将“弘扬慈善文化”改为“弘扬社会关爱”。有的委员建议增加“弘扬慈善文化”的具体内容,包括设立相关荣誉称号,给予褒扬等。有的委员建议删去“弘扬慈善文化”。有的委员建议将“促进社会进步”改为“促进社会和谐”;有的委员、代表建议改为“促进社会文明进步”。一些常委会组成人员建议在立法目的中增加规定“倡导中华民族乐善好施的优良传统”、“践行社会主义核心价值观”等相关内容。有的委员建议将“规范慈善行为”改为“规范慈善活动”。有的委员建议将保护“慈善组织、捐赠人、志愿者、受益人等”合法权益,改为保护“慈善组织、捐赠人、志愿者、受益人等慈善活动参与人”的合法权益。

草案第三条对哪些活动属于慈善活动作了规定。有的委员建议将“提供志愿服务”改为“提供服务”。有的常委会组成人员建议在第二项中增加规定“救助各类事故造成的损害”;有的委员建议增加“救助战争造成的损害和伤亡”;有的委员提出,自然灾害不属于突发事件,建议分开表述。一些常委委员和代表建议,在慈善活动的范围中增加“改善生态”、“保护动植物”、“促进社会服务事业发展”、“提高老年人福祉”等内容。

草案第七条规定,每年3月5日为中华慈善日。有的委员认为这一规定十分必要。有的委员提出,过多设立各种节日可能变相地妨碍公共秩序和人民生活,不赞成设立“慈善日”。有的委员建议,对是否有必要设立慈善日作进一步研究。一些委员建议,对慈善日的具体日期作进一步研究;有的常委会组成人员建议改为“9月5日”,与国际慈善日一致;有的委员建议安排在春节期间;有的委员建议将某一个月的第一个星期日确定为慈善日。

三、关于慈善组织

草案第九条对慈善组织应当符合的条件作了规定。有的委员建议进一步提高慈善组织的准入门槛,引入第三方机制来评估某一组织是否属于慈善组织。有的委员建议,将本条第三项规定的“有自己的名称和住所”改为“有规范的名称和固定的住所”;建议增加规定“有与其业务相适应的工作人员”和“有独立承担民事责任的能力”。

草案第十一条规定,慈善组织可以采取基金会、社会团体、社会服务机构等社会组织形式。有的委员提出,“社会服务机构”在现行法律法规中没有规定,不是法定的社会组织形式,建议改为“民办非企业单位”。有的委员提出,社会企业通过商业手段赚取利润用于扶助弱势群体,事实上也是以开展慈善活动为宗旨,建议将其纳入慈善组织进行管理。有的委员建议增加规定鼓励商业性的慈善活动。

草案第十四条规定,慈善财产包括创始财产、捐赠财产和其他合法财产。有的委员建议增加规定,慈善组织负有对接受捐赠的财产的合法性进行认定的责任。有的委员提出,慈善组织的创始财产的性质不清楚,建议进一步明确。有的委员建议将“其他合法财产”修改为“其他方式取得的合法财产”。

草案第十六条第二款中规定,捐赠人捐赠的实物不易储存、运输或者难以直接用于慈善目的的,慈善组织可以依法拍卖或者变卖,所得收入扣除成本等必要费用后,应当全部用于约定的捐赠目的。有的地方人大负责人提出，这一规定中“扣除成本”的含义不清楚，建议进一步明确。有的委员建议增加规定，捐赠人捐赠的证券，除另有约定外，慈善组织可以依法交易兑现、拍卖或者变卖。

草案第十七条规定，慈善组织开展慈善活动支出的比例以及管理成本的标准，捐赠协议有约定的，按照其约定；捐赠协议未约定的，依照国务院民政部门的有关规定。有的委员提出，慈善活动支出比例和管理成本的标准是慈善活动规范的重要内容，建议在草案中作出明确规定；有的委员建议规定，慈善组织每年募集资金的百分之七十应当用于慈善支出。有的委员、代表提出，慈善组织管理成本的标准不宜过高，建议规定捐赠协议约定的管理成本不能高于民政部门规定的标准。有的委员建议规定，慈善组织行政费用不得超过总资产的百分之十。有的委员建议对慈善组织工作人员的薪酬和活动经费标准作具体规定，并要求报经民政部门审批。

草案第十八条对慈善组织为实现财产保值增值进行投资作了规定。一些委员建议对这一规定进一步细化；有的建议对慈善组织进行投资的规模、比例、方向等作出严格规范。有的委员建议增加规定，具备法人资格的慈善组织可以投资设立公司。一些委员、代表建议增加规定，慈善组织投资取得的收益应当用于慈善事业。

草案第十九条对慈善组织的发起人、主要捐赠人以及管理人员的义务作了规定。有的常委会组成人员提出，这一规定中上述人员不得参与与慈善组织发生的交易行为的决策，实践中不好把握，建议删去。有的委员建议增加规定“与上述人员有利害关系的人员”的义务。

草案第二十一条对慈善组织高级管理人员的行为准则及不得任职的情形作了规定。有的委员建议对哪些人员属于慈善组织高级管理人员作出界定。有的委员建议进一步提高慈善组织管理人员的任职要求。有的委员建议在不得任职的情形中增加规定“被采取刑事强制措施的”;增加一项规定“因负有个人债务被司法机关采取措施或依法裁决尚未清偿的”。有的委员和陕西人大安东建议删去“高级”两字,明确所有管理人员都应当遵守宪法、法律和社会公德。

草案第二十三条对慈善组织的清算及清算后剩余财产的处理作了规定。有的委员建议增加规定,慈善组织清算后的剩余财产按照章程的规定处理,章程未规定的,由民政部门转赠其他慈善组织;有的委员建议规定,剩余财产应当尊重原捐赠人的意愿处理。

四、关于慈善募捐

有的委员提出,草案只对慈善组织的募捐活动作了规定,建议增加对个人募捐行为的相应规定。有的委员提出,草案主要对公开募捐作了规定,建议对非公开募捐增加相应的具体规定。

草案第二十六条规定,慈善组织自登记之日起可以向特定对象进行非公开募捐。依法登记满两年、运作规范的慈善组织,可以向原登记的民政部门申请公开募捐资格证书。有的委员提出,目前各地红十字会、妇联、残联等社会团体在民政部门免予登记,这些组织开展公开募捐如何处理,建议进一步研究。有的委员提出,要求慈善组织登记满两年方可开展公开募捐可能要求过严,建议进一步研究;有的代表建议删去登记满两年的要求。

草案第二十七条对慈善组织开展公开募捐的方式及地域限制作了规定。一些常委委员建议,在公开募捐的方式中增加网络募捐,并将草案第二十八条关于互联网募捐的规定合并到这一条中。有的委员、代表提出,对公开募捐设定地域限制没有道理,草案规定可以进行网络募捐,限制地域没有意义。有的委员建议规定,慈善组织开展“现场”公开募捐应当在其登记的民政部门行政管理区域内进行。

草案第二十八条对互联网募捐作了规定。有的委员建议明确互联网募捐的定义,明确其具体形式包括通过微信、微博等渠道进行募捐。一些常委委员和代表建议,进一步加强对互联网募捐的监督管理和对违法行为的责任追究。

草案第二十九条对公开募捐应当制定募捐方案及其内容作了规定。一些委员建议增加规定,募捐方案应当向民政部门备案。

草案第三十一条规定,不具有公开募捐资格的组织或者个人,不得采取公开募捐方式开展公开募捐,但可以与有公开募捐资格的慈善组织合作开展公开募捐,募得款物由具有公开募捐资格的慈善组织管理。有的委员建议,明确合作双方地位平等和协商原则,公募组织应当向不具有公开募捐资格的组织和个人公开相关信息。

五、关于慈善捐赠

有的委员建议,在草案中增加维护捐赠人合法权益的相关内容,保障捐赠人的知情权、隐私权以及公平公正对待捐赠行为的权利。有的代表建议增加受益人权益保护的规定,明确捐赠人和慈善机构不得附加损害受益人的人格尊严、隐私权等条件。

草案第三十八条规定,慈善捐赠财产包括资金、实物、有价证券、股权、知识产权收益等有形或者无形财产。有的委员提出,上述规定涉及捐赠财产的估值、变现等问题,实际情况比较复杂,建议做进一步研究。有的委员建议明确捐赠物的计价原则。

草案第四十三条规定,捐赠人与慈善组织约定捐赠财产的用途和受益人时,不得违背慈善宗旨指定其利害关系人作为受益人。任何组织和个人不得利用慈善捐赠,宣传烟草制品及其生产者、销售者等法律法规禁止宣传的事项。有的委员建议增加规定,捐赠人捐赠财产时与慈善组织约定要求托付照顾亲朋好友的,应当允许。有的委员建议增加规定,禁止烟草企业以慈善名义开展烟草捐赠和赞助,任何单位和个人不得接受此类捐赠和赞助。有的委员建议规定,任何组织和个人不得利用慈善捐赠宣传法律法规禁止的事项。

草案第四十四条对捐赠人的捐赠义务,以及捐赠人订立书面捐赠协议或者公开承诺捐赠后经济状况显著恶化,严重影响其生产经营或者家庭生活的,可以不再履行捐赠义务作了规定。有的委员建议增加规定,捐赠人签订捐赠协议或者公开承诺捐赠后,因死亡等特殊原因无法履行捐赠协议的,可由法院判定交付捐赠物。有的委员、代表提出,对捐赠人不履行捐赠义务应该有一定的约束。有的委员提出,捐赠人订立捐赠协议或者公开承诺捐赠应当履行,不宜在某些情形下给予豁免。有的常委会组成人员和地方人大负责人建议增加规定,捐赠人出现经济状况恶化等情形须经民政等相关部门确认后,方可不再履行捐赠义务。有的委员建议增加规定,公开承诺捐赠的捐赠人不履行捐赠义务应当通过适当方式公开作出说明。有的常委会组成人员建议将“捐赠人应当履行捐赠义务”修改为“捐赠人应当按照捐赠协议履行捐赠义务”。

草案第四十五条中规定,捐赠财产价值较大的,慈善组织应当及时主动向捐赠人反馈有关情况。有的常委会组成人员建议删去“价值较大”的限制,明确慈善组织应当向捐赠人反馈所有捐赠情况。有的常委会组成人员建议增加规定,受益人违反捐赠协议等方式约定的用途,滥用财产的,捐赠人有权要求其改正。

六、关于慈善服务

有的常委会组成人员提出,草案应当进一步强化志愿者的作用,明确志愿者是慈善服务的主体,并参考一些地方的规定增加具体的鼓励措施,促使更多的志愿者从事包括捐资捐物、提供精神情感服务在内的各类慈善服务。

草案第六十一条规定,慈善组织确定慈善服务受益人,应当坚持公开、公平、公正的原则,不得违背慈善宗旨指定慈善组织管理人员的近亲属作为受益人。有的委员建议将上述规定中的“慈善组织管理人员的近亲属”改为“募捐人和慈善组织管理人员的利害关系人”。有的代表提出,没有必要限制慈善组织管理人员的近亲属作为受益人,建议删去。

草案第六十五条对慈善组织招募志愿者参与慈善服务作了规定。有的委员建议增加规定,慈善组织应当对其招募的志愿者是否具备与从事志愿活动相适应的民事行为能力负责;招募青少年从事志愿服务应当符合其身心特点,并征得其监护人的同意。有的委员建议,对向志愿者支付相关费用的问题作出规定。

草案第七十条对慈善项目终止后剩余捐赠财产的处理作了规定。有的专委会委员建议增加规定,处理剩余财产“应当以适当方式征求捐赠人意见”。

七、关于促进措施

草案第八十一条第一款对县级以上人民政府制定慈善事业发展规划作了规定。有的委员建议增加规定,将促进慈善事业发展纳入国民经济和社会发展规划。有的委员建议删去这一规定。

草案第八十四条、第八十五条对捐赠财产用于慈善活动,以及受益人接受慈善捐赠或者慈善服务等依法享受税收优惠作了原则规定。一些常委委员和列席会议的人员提出,税收优惠是促进慈善事业发展的关键措施,目前对慈善活动税收优惠力度不大、存在的问题不少,草案对此规定的过于原则,建议进一步作出明确、具体的规定。有的委员赞成通过专门税收法律对税收优惠作规定。有的委员认为,税收政策并非仅限于税收优惠,而是应当通过开征遗产税等方式,综合运用各项税收政策促进慈善事业发展。有的委员建议明确规定,受益人接受慈善捐赠或者慈善服务“用于公益事业的”,依法享受税收优惠。有的委员提出,税收优惠对鼓励和促进慈善募捐具有积极作用,但不宜过分夸大,按照立法法的规定，税收优惠的具体问题只能由税收专门法律规定，不宜在慈善法中作具体规定。一些委员建议在慈善法出台后及时修改完善相关税法。

草案第八十八条对慈善服务设施用地作了规定。有的委员建议将慈善组织“可以依法使用”国有划拨土地或者农村集体建设用地，改为“可以依法申请办理使用”；有的委员建议改为“可以使用”。有的委员提出，规定慈善服务设施可以使用划拨土地需慎重，应当避免打着慈善名义搞房地产圈地。

八、关于监督管理

草案第九十七条中规定，县级以上人民政府民政部门应当依法制定慈善监督管理规章。有的地方人大负责人提出，按照立法法的规定，只有设区的市以上的地方政府有权制定规章，建议对上述规定作相应修改。

草案第一百一十四条规定，以开展慈善活动为宗旨的非营利组织即使没有登记，也可以开展力所能及的慈善活动，但应当遵守本法相关规定，并依法享受相关权益。有的委员提出，这一规定在实践中不易操作，且与目前已经提请常委会会议审议的境外非政府组织管理法草案的有关条款相冲突，容易被境外非政府组织所利用，实践中也难以管理，建议删去。有的委员提出，上述组织数量大、分布广、形式多样，仅作原则规定难以实现有效监管，建议进一步增加相关内容，并考虑疏堵结合。有的委员建议增加规定，上述组织开展慈善活动应当向民政部门备案。有的委员提出，未登记开展慈善活动的组织据估算有一百万家以上，立法应当给予肯定、鼓励和支持，不应当视而不见。有的委员提出，未经登记的组织包括无须登记的组织和应当登记而未登记的组织，后一类组织不应当允许其开展任何活动。有的委员建议删去“即使没有登记”中的“即使”两个字；明确上述组织“依法享受相关权益，但应当遵守本法规定”。

有的委员建议在监督管理一章中增加一条规定，县级以上人民政府负责侨务工作的部门协助民政部门做好境外慈善活动的监督管理。

九、关于法律责任

有的委员提出，草案对慈善组织发起人、法定代表人、理事和高管，以及捐赠人、受益人的法律责任规定的不够，建议进一步增加相应规定。

有的委员提出，草案针对骗捐行为的规定和责任追究针对性不强，建议进一步强化。

有的委员建议，对草案第一百零四条第四项规定的“泄露捐赠人、志愿者、受益人个人隐私”的违法行为增加规定民事责任。

有的代表提出，草案法律责任部分条款处罚幅度过大，建议进一步缩小。

十、其他意见

1. 有的委员、专委会委员建议在草案中增加规定，国家鼓励宗教团体和宗教场所依法开展慈善活动。有的委员提出，宗教组织在慈善事业中发挥着很大的作用，但其组织和活动都比较特殊，建议对此作进一步研究。有的委员提出，对宗教组织开展慈善活动需要慎重处理。

2. 有的委员建议在草案中进一步加强政府、慈善组织、捐赠人及受益人之间的信息共享，建立政府与慈善组织的协调机制。

3. 有的委员建议在慈善法中突出强调和规范对善款善物的筹集使用，坚持公开透明、阳光操作，切实接受捐赠人、受益人、媒体舆论和人民群众的监督。有的委员建议增加规定，慈善组织应当接受社会监督和捐赠者的监督。

4. 有的委员建议将草案第九十一条第二款中的国家鼓励“高等学校”设置慈善相关专业学科，修改为“教育行政部门和高等学校”。有的委员建议在第三款中增加规定，鼓励新闻媒体为慈善宣传和信息公开提供支持和费用优惠。

5. 草案第五十六条对慈善信托清算后剩余财产的处理作了规定。有的委员建议规定，慈善信托清算后的财产，应由原慈善信托管理人转交。

6. 有的地方人大负责人建议，在草案信息公开一章中增加规定各类媒体“对慈善组织的公示信息免费刊登”。有的委员建议进一步强化慈善组织的透明度，建议在草案第七十五条中增加规定，慈善组织应当公开高级管理人员的薪酬；同时提出，慈善信息平台没有必要国务院和地方政府各建一套，建议在草案第七十五条中规定地方政府应当依托统一平台发布信息。

7. 有的委员、地方人大负责人、代表建议，对境外组织来华从事慈善活动作出相应规定。有的地方人大负责人建议增加规定，境外非政府组织在中国境内开展慈善活动应当与境内依法登记的慈善组织合作进行。

地方人大和中央有关部门、单位对慈善法草案的意见

十二届全国人大常委会第十七次会议对慈善法草案进行了初次审议，会后，法制工作委员会将草案印发各省、自治区、直辖市、部分基层立法联系点所在市的人大常委会，以及中央有关部门、有关人民团体和社会组织、部分高等院校和研究机构征求意见。现将主要意见简报如下：

一、总的意见

各地方、部门和单位普遍认为，慈善法草案对解决当前我国慈善领域存在的突出问题，规范慈善活动，激发慈善组织活力，促进慈善事业发展，弘扬慈善文化，继承和发扬中华民族乐善好施的优秀文化传统，具有重大意义。

一些地方、部门和单位提出，慈善立法要注意处理好与公益事业捐赠法、红十字会法、信托法等有关法律以及社会团体登记管理条例、民办非企业单位登记管理暂行条例和基金会管理条例等行政法规的关系。

一些地方和单位提出，慈善法草案应注意做好与全国人大常委会审议中的境外非政府组织管理法草案的衔接，增加对接受境外捐赠等活动的相关规定，规范和引导境外组织和个人在华依法开展慈善活动。

一些地方和单位提出，草案关于慈善活动、监督管理等内容均以慈善组织为主要主体，对慈善组织以外的其他主体如何开展慈善活动规定的比较笼统，建议进一步予以充实。

二、关于总则

草案第三条规定，慈善活动是指自然人、法人或者其他组织以捐赠财产或者提供志愿服务等方式，自愿开展的非营利活动；并列举了慈善活动的范围。一些单位建议突出强调慈善活动的公益属性；有的单位建议将这一条中的“非营利活动”改为“公益活动”。有的地方建议在慈善活动的定义中增加规定“慈善组织以募集财产和服务等方式自愿开展的公益活动”。

有的单位提出，慈善活动的对象不应限定为“困难群体”，而应扩展为“需要帮助的人”。有的单位建议在慈善活动的范围中增加“促进艺术事业发展”；有的单位建议增加“社区建设、保护物种多样性”；有的单位建议增加“救助濒危动、植物”。

三、关于慈善组织

1. 草案第八条规定，慈善组织是指依法登记，以开展慈善活动为宗旨的非营利组织。有的地方建议修改为，慈善组织是指“以开展慈善活动为宗旨的非营利社会组织”，从而与社会团体登记管理条例等行政法规做好衔接。有的单位建议将该条与第十一条合并，表述为“本法所称慈善组织，是指依法登记，以开展慈善活动为宗旨的基金会、社会团体、社会服务机构等非营利组织”。

2. 草案第十条规定，设立慈善组织应当向县级以上人民政府民政部门申请登记，已经设立的社会组织可以向原登记的民政部门申请变更登记为慈善组织；第十一条规定，慈善组织可以采取社会团体、基金会和社会服务机构等三种社会组织形式。

一些部门和单位提出，按照我国目前的社会组织登记管理体制,设立包括慈善组织在内的各类社会组织,需要事先取得主管部门的批准,再向民政部门登记,制约了慈善组织成立和慈善事业的发展。草案关于慈善组织登记管理的规定应当与现行的社会组织登记管理制度做好衔接,本法出台后,设立慈善组织是否还需要主管部门事先批准,草案的规定并不明确。为此,建议改革现行的双重管理制度,明确慈善组织直接登记和公益法人认定制度。建议在草案中明确规定,新设以开展慈善活动为目的的非营利性组织,可以直接向民政部门申请登记为慈善组织,无须事先取得主管部门的批准;已经成立的基金会、社会团体、民办非企业单位等社会组织可以直接认定为慈善组织,无须进行双重登记。有的地方提出,草案规定民政部门对慈善组织申请登记作出决定的期限为三十日,为与社会团体登记管理条例相衔接,建议修改为六十日。有的单位提出,在不同级别民政部门登记的慈善组织享有的权益应有所差异,建议对不同级别民政部门准予登记作出区别性规定。

一些地方和部门建议对草案第十一条中规定的“社会服务机构”的内涵和外延作出界定。有的地方建议删去“社会服务机构”。有的地方建议修改为“民办非企业单位”。

3. 草案第十四条规定,慈善组织的财产包括创始财产、捐赠财产和其他合法财产。有的地方和单位建议增加“承担政府购买服务取得的收入”;有的单位建议增加“政府资助、行政奖励和政府采购公共服务的资金”以及“从事合法经营性活动取得的收入”;有的单位建议增加“投资增值财产”;有的单位建议增加“保值增值”和“政府资助的财产”;有的单位建议将“其他合法财产”修改为“其他方式取得的合法财产”。

4. 草案第十七条第二款规定,慈善组织开展慈善活动支出的比例以及管理成本的标准,捐赠协议有约定的,按照其约定;捐赠协议未约定的,依照国务院民政部门的有关规定。一些地方、部门和单位提出,应综合考虑慈善组织的不同社会组织形式,对其管理成本标准分类作出明确具体的规定。有的地方建议规定慈善组织管理成本应占总支出的百分之十以内。有的地方建议增加规定“捐赠协议约定的标准不得超过国务院民政部门规定的上限”。一些地方建议对慈善组织管理人员的薪酬标准作出明确规定。

有的部门提出,为减少道德风险和利益输出,更好发挥慈善财产的社会效益,慈善组织的管理成本和慈善活动支出标准应由民政部门规定。建议将草案上述规定修改为:“慈善组织开展慈善活动年度支出的比例以及管理成本的标准,依照国务院民政部门的有关规定执行。捐赠协议对单笔捐赠财产的慈善活动支出比例和管理成本有约定的,从其约定。”

5.草案第十八条规定,慈善组织为实现财产保值、增值进行投资的,应当遵循合法、安全、有效的原则。投资方案应当经决策机构组成人员三分之二以上同意,但政府资助的财产和捐赠协议约定不得投资的财产,不得用于投资。有地方和单位建议对慈善组织投资行为作进一步限制。有的地方和单位提出,草案应突出强调慈善组织投资取得的收益只能用于慈善目的。有的单位建议增加规定,“慈善组织不得从事可能使本组织承担无限责任的投资行为”。

有的地方和单位建议规定“进行风险较大、重大的直接投资项目应当经决策机构组成人员三分之二以上同意”。有的地方提出,对政府资助的不属于应急性用途的财产,在保障财产安全的情况下,不必一律禁止用于投资。有的地方和单位提出,对慈善组织及其有关人员因主观过错造成严重投资损失的情况如何处理,应在草案中作出明确规定。有的地方建议增加规定,因投资致使慈善组织财产遭受损失的,参与决策的人员应当承担相应的赔偿责任。

6.草案第十九条规定,慈善组织的发起人、主要捐赠人以及管理人员,不得利用其关联关系,损害慈善组织利益和社会公共利益。慈善组织的发起人、主要捐赠人以及管理人员与慈善组织发生交易行为的,不得参与该交易行为的决策,有关交易情况必须向社会公开。

一些地方、部门和单位建议扩大本条规范的关联交易主体和行为类型。有的单位提出,应将慈善组织的发起人、主要捐赠人以及管理人员的关联方纳入限制主体,将关联交易类型扩展至“与慈善组织发生转移资产或义务的事项”。有的单位提出,并非所有关联交易都对公共利益产生不利影响,建议区分公允的关联交易和非公允的关联交易。有的地方建议增加规定,慈善组织的发起人、主要捐赠人、管理人员为同一人时,不受本条规范。

7. 草案第二十一条对慈善组织高级管理人员的任职条件作了规定。一些地方和部门建议明确慈善组织“高级管理人员”的范围,并对其任职条件予以细化。

有的部门和单位提出,这一条中规定的“遵守宪法、法律和社会公德”是每个公民的义务,没有必要对慈善组织的高级管理人员作出特殊强调,建议删去该内容。有的部门提出,本条第二项“被判处刑罚,刑罚执行完毕未逾五年”的规定,应与公务员法的有关规定衔接,建议修改为“曾因犯罪受过刑事处罚的”;有的单位建议限于故意犯罪。有的单位建议将第四项“法律、行政法规规定的其他情形”修改为“法律规定的其他情形”;有的单位建议增加“在社会诚信体系中存在不诚信记录”。

8. 草案第二十三条第二款规定,慈善组织清算后的剩余财产,由民政部门主持转赠给宗旨相同或者相近的慈善组织,并向社会公告。

有的地方、部门和单位提出,民政部门应尊重清算组的决定;只有对因违法而被吊销资格的慈善组织,民政部门才能作为监管部门主动介入清算程序,此处的“民政部门主持转赠”,不是法律概念,且容易造成执行中的混乱,建议作相应修改。有的单位建议对慈善组织财产不足以清偿债务如何处理作出规定。

9. 草案第一百一十四条规定，以开展慈善活动为宗旨的非营利组织即使没有登记，也可以开展力所能及的慈善活动，但应当遵守本法相关规定，并依法享受相关权益。有的地方提出，未经登记的组织利用网络开展募捐活动，容易滋生违法犯罪行为。草案的规定过于原则，难以对这类组织进行有效监管，建议进一步完善。有的单位建议将该条调整至慈善组织一章中规定，允许此类组织经备案后开展慈善活动。

一些地方和部门建议删去该条。一些地方和部门提出，鉴于未经登记的非营利组织法律地位不明确，实践中也难以管理，建议慎重研究。有的地方提出，该规定与正在审议的境外非政府组织管理法冲突，建议作进一步研究。

四、关于慈善募捐

1. 草案第二十五条规定，本法所称的慈善募捐，是指符合条件的慈善组织基于慈善宗旨募集财产的活动。

一些地方和单位提出，这一条规定的慈善募捐主体限于慈善组织，与草案第三十一条关于其他组织和个人不得开展公开募捐的规定，以及第三十三条城乡社区组织和单位开展募捐活动的规定存在矛盾。有的地方建议将慈善募捐的定义修改为“慈善组织或者其他组织、个人为实施本法第三条的慈善活动依法开展的募集资金、物品的行为”；有的地方建议修改为“基于慈善宗旨，为了不特定人的利益而募集财产的活动”。

一些地方、部门和单位建议，进一步明确公开募捐与非公开募捐的界限，增强法律规范的可操作性。有的单位建议对向特定对象进行非公开募捐的人数进行限定。有的单位提出，慈善募捐仅指面向社会公众的公开募捐，非公开募捐不应由慈善法调整。有的地方建议将个人以非公开方式为特定对象筹集款物纳入慈善募捐范畴。

2. 草案第二十六条规定，慈善组织自登记之日起可以向特定对象进行非公开募捐；依法登记满两年、运作规范的慈善组织，可以向原登记的民政部门申请公开募捐资格证书。一些地方和单位提出，应进一步严格“公开募捐资格证书”的发放条件，慈善组织除没有受到本法规定行政处罚外，还应报送年度报告经民政部门审核合格后方可取得公开募捐资格。有的地方建议将申请公开募捐资格证书的条件修改为“依法登记，连续满三年运作规范、年检合格”；有的地方建议增加规定“有实际非公开募捐记录”。有的地方建议删去公开募捐须登记满两年的规定。有的地方建议明确民政部门的审查时限。有的部门提出，允许公开募捐，不应以未受到行政处罚为标准，而是应当符合相应的募捐资格标准，建议修改相关表述。

3. 草案第二十七条对公开募捐的方式及地域限制作了规定，第二十八条对互联网募捐作了规定。

一些部门提出，草案第二十七条禁止慈善组织跨区域开展公开募捐，第二十八条允许通过互联网募捐打破区域限制，二者相互矛盾，建议进一步研究。一些地方和单位建议在公开募捐方式中增加网络募捐。有的单位建议在公开募捐的方式中，增加规定上门募捐以及寄发劝募函、发送劝募短信等。

一些地方和单位建议，进一步明确互联网募捐是否包括通过微信公众号、手机应用软件、微博等形式开展募捐，对互联网募捐进一步作出相应规范。

一些地方和单位提出，目前互联网募捐已经成为慈善组织获得慈善资金的重要途径，草案第二十八条第二款规定开展互联网募捐必须在特定的网站或者慈善信息平台进行，势必影响慈善资金的募集和慈善组织的健康发展，建议删去。有的地方和部门建议增加规定，通过互联网开展募捐“应当注明其登记的民政部门及其行政管理区域”。

4. 草案第三十一条规定,不具有公开募捐资格的组织或者个人,不得采取公开募捐方式开展公开募捐,但可以与有公开募捐资格的慈善组织合作开展公开募捐,募得款物由具有公开募捐资格的慈善组织管理。

一些地方和单位提出,对个人和其他组织开展公开募捐活动是否一律禁止,有必要作进一步研究。有的地方和单位提出,对确系扶贫济困、公开透明的个人募捐行为,建议允许其在一定条件下允许。

一些部门和单位建议草案区分个人面向社会的公开求助行为和慈善募捐。社科院提出,应当肯定个人有向社会求助的权利,但同时应区分与慈善募捐的不同,慈善募捐强调慈善的公益属性,以为不特定多数人的利益为宗旨。有的单位提出,为避免引起争议,建议对个人募捐行为加以正面引导。有的单位建议删去本条规定。

五、关于慈善捐赠

1. 草案第三十八条第一款规定,捐赠人可以通过慈善组织捐赠,也可以直接向受益人捐赠。一些地方、部门和单位提出,捐赠人直接向受益人捐赠属于一般的民事赠与行为,没有必要在本法中规定,建议删去相应规定。有的单位建议增加规定“捐赠人可以向慈善组织以外的其他组织捐赠”。

2. 草案第四十二条规定,慈善组织接受数额较大的捐赠,应当与捐赠人签订书面捐赠协议,但捐赠人表示不签订的除外。慈善组织接受数额较小的捐赠,捐赠人要求签订书面捐赠协议的,慈善组织应当与捐赠人签订书面捐赠协议。一些地方和部门建议明确草案中“数额较大”的具体标准,增强法律规范的可操作性。有的单位认为,捐赠协议是否采取书面形式应该由当事人选择,不宜由法律规定。

3. 草案第四十三条第二款规定，任何组织和个人不得利用慈善捐赠，宣传烟草制品及其生产者、销售者等法律法规禁止宣传的事项。一些地方和单位提出，我国是世界卫生组织烟草控制框架公约的缔约国，为落实公约义务，应进一步全面禁止烟草宣传及促销。有的单位建议增加规定，禁止烟草企业进行任何形式的认捐、捐赠等慈善活动，并规定相应的法律责任。

4. 草案第四十四条第一款规定了捐赠人违反捐赠协议逾期未交付捐赠财产，慈善组织或者其他接受捐赠的人可以要求交付的两种情形；第二款规定，捐赠人订立书面捐赠协议或者公开承诺捐赠后经济状况显著恶化，严重影响其生产经营或者家庭生活的，可以不再履行捐赠义务。

一些地方、部门和单位提出，草案第一款的规定与合同法关于赠与合同的规定不一致，建议做好衔接。有的地方和单位建议将第一款第一项的范围扩展适用于草案第三条规定的全部慈善活动；有的部门建议删除第一款第一项以书面捐赠协议为限的规定；有的地方和部门提出，第一款第二项规定，捐赠人单方面作出公开承诺捐赠即不可撤销且可要求强制交付，范围过于宽泛，请予以进一步斟酌。有的地方建议删去第一款。

有的地方和部门提出，本条第二款规定可能导致捐赠人以经济恶化为理由，滥用权利，逃避履行捐赠义务，建议删除。一些地方和部门建议进一步明确捐赠人可以不履行捐赠义务的具体情形，并完善相关程序。一些地方和部门建议明确捐赠人“经济状况显著恶化”需经有关部门或第三方机构查证核实；有的单位建议增加规定，捐赠人在此种情况下不履行捐赠义务须经对方同意。

六、关于慈善信托

一些地方、部门和单位提出，应进一步研究如何处理好草案中规定的慈善信托与信托法中规定的公益信托的关系，做好衔接。

有的单位建议采用公益信托的概念，与信托法保持一致。一些地方、部门和单位建议增加规定，草案对慈善信托未作规定的内容，适用信托法的有关规定。

草案第四十七条规定，设立慈善信托、确定受托人，应当采取书面形式。信托文件要求备案的，受托人应当将信托文件向县级以上人民政府民政部门备案。一些地方、部门和单位建议将草案规定的慈善信托备案制改为登记制。有的部门建议增加规定，慈善信托的具体登记管理办法由国务院民政部门另行制定。

草案第五十一条规定，慈善信托根据需要可以由信托文件规定设信托监察人。受托人以及其他信托事务执行人不得兼任信托监察人。一些地方、部门和单位提出，为平衡信托当事人利益和制衡受托人，与信托法中关于公益信托的规定相一致，建议在草案中要求强制设立信托监察人并增加对监察人的资格要求。

有的部门提出，草案慈善信托一章未涉及保障慈善信托财产独立性的规定，建议从慈善信托财产与委托人自有财产和受托人固有财产相区别、破产财产排除等方面对保障慈善信托财产的独立性作出相应规定。

有的地方提出，对于慈善信托的受托人难以履行信托职责的，如何变更和确定新的受托人，建议草案对此明确相应程序。

七、关于慈善服务

有的部门和单位提出，草案应进一步明确“慈善服务”与“慈善活动”、“志愿服务”三者之间的关系。有的单位建议将“慈善服务”改为“志愿服务”，并将慈善服务一章中有关慈善组织财产管理使用的内容放在慈善组织等章节中予以规定。

草案第五十七条规定，本法所称慈善服务，是指慈善组织以及其他组织或者个人基于慈善目的，向他人或者社会提供的非营利服务。有的部门和单位建议增加除慈善组织以外的其他组织或者个人作为从事慈善服务的主体。有的单位建议将本条中的"慈善组织"改为"慈善服务提供方"。有的部门建议将本条修改为:"本法所称慈善服务,是指慈善组织以及自然人、法人和其他组织以志愿服务、使用慈善财产等方式向他人和社会提供非营利服务的慈善活动。"

草案第六十一条规定,慈善组织确定慈善服务受益人,应当坚持公开、公平、公正的原则,不得违背慈善宗旨指定慈善组织管理人员的近亲属作为受益人。有的地方和部门建议将这一条中规定的"近亲属"改为"利害关系人";一些地方和部门建议改为"近亲属或利害关系人、关联方"。有的地方建议删除"违背慈善宗旨"。

八、关于慈善活动的税收优惠

一些地方、部门和单位提出,税收优惠政策对于慈善事业的发展具有重要意义,草案关于慈善活动税收优惠的规定过于原则,缺乏可操作性,建议在草案中作出具体规定。有的单位建议授权国务院有关部门制定有关慈善活动税收优惠的配套规定。

有的单位建议在草案中完善税收优惠政策,一是允许企业大额捐赠可结转下一年度继续抵扣;二是捐赠实物、不动产、股票和股权时,免征增值税、营业税、印花税等。

一些地方和部门建议在草案第八十三条中增加规定"慈善信托及其取得的收入依法享受税收优惠。"有的单位提出,受益人接受慈善服务无法享受税收优惠,建议删去草案第八十五条中规定的受益人"接受慈善服务"依法享受税收优惠的内容。

有的地方和部门提出,税收优惠应当由专门税收法律法规规定,不宜在本法中作具体规定,建议将草案第八十三条至第八十六条合并为一条。有的部门建议表述为"国家鼓励慈善事业发展,符合条件的慈善组织、捐赠人和受益人可按照专门税收法律和行政法规的规定享受税收优惠政策"。

九、监督管理

一些地方和部门建议在草案监督管理一章中增加财政、税务、审计等部门对慈善活动的监管职责，发挥各有关部门协调联动作用。

草案第九十八条对民政部门在履行监督管理职责过程中有权采取的措施作了规定。有的地方和部门提出，这一条中规定的“采取录音、录像等手段取得与监督管理有关证据”、“查询慈善组织银行等金融账户”等规定，是否合理，建议进一步斟酌。一些地方和部门提出，查封、扣押权是民政部门履行监督管理职责的必要手段，建议赋予民政部门查封、扣押的权力。

十、关于法律责任

一些地方和部门提出，草案关于法律责任的规定，与慈善活动各主体义务相比，对接方面有欠缺，建议予以补充。

有的地方提出，草案第一百零九条规定的从事、资助危害国家安全或者社会公共利益活动本身破坏性大、影响非常恶劣，只要证实行为存在，就可以注销登记证书，无须考虑其情节是否严重，建议删除“情节严重的”内容。

有的地方和单位建议对慈善信托违法行为加大处罚力度。

十一、其他意见

1. 有的地方和单位建议将草案中有关慈善组织财产管理和运用的相关内容作专章予以规定。

2. 有的部门提出，根据我国担保法规定，学校、幼儿园、医院等以公益为目的的事业单位、社会团体不得为保证人，建议增加禁止慈善组织提供担保的相关规定。

3. 有的地方建议在草案中增加规定，经国务院批准免予登记的社会团体开展慈善活动，按照相关法规和社会团体章程执行。

4. 有的单位建议明确中国红十字会是否适用慈善法。

5. 有的单位建议在草案中对宗教组织从事慈善活动作出具体规定。

法律委、内司委、法工委座谈会对慈善法草案的意见

2015 年 12 月 10 日，全国人大法律委、内司委和常委会法工委联合召开座谈会，听取部分全国人大代表和专家学者，中央有关部门以及部分人民团体和社会组织对慈善法草案及修改稿的意见。全国人大代表袁敬华、周森、邓智毅，国务院扶贫办、法制办、财政部、国家税务总局、银监会、民政部、发改委、共青团中央、中华慈善总会、中国红十字会、宋庆龄基金会等十一家单位的负责同志，北京大学和清华大学的有关专家参加了座谈会。会议由法律委副主任委员、法工委主任李适时主持，内司委副主任委员苏辉、法工委副主任阚珂到会听取意见。与会同志普遍认为，慈善法草案根据常委会组成人员的审议意见以及各方面意见作了修改，更加成熟、完善。现将主要意见简报如下：

一、关于慈善组织的登记和组织形式

草案第二章对慈善组织的登记制度和组织形式等作了规定。有的同志提出，我国现有的社会组织包括基金会、社会团体和民办非企业单位三种类型，草案对新设立的慈善组织采取直接登记制，这会给社会公众造成慈善组织是独立于上述三类社会组织之外的第四类社会组织的误解。建议进一步厘清慈善组织的设立程序，在草案中明确，新设立慈善组织应先登记为某种类型的社会组织，

然后经民政部门认定为慈善组织。

有的同志提出，对已经设立的从事慈善活动的社会组织，应当由民政部门直接认定为慈善组织，没有必要要求该组织重新申请。

有的同志提出，慈善组织的设立和组织形式，应当与我国现有社会组织管理体制做好衔接，建议对此作进一步研究。有的同志提出，草案规定设立慈善组织应当符合“法律、行政法规规定的其他条件”。目前我国社会组织实行双重管理制度，即要求设立基金会、社会团体等社会组织需事先经业务主管部门批准后，再向民政部门登记。要求设立慈善组织符合行政法规规定的其他条件，又回到了双重管理制度，这与草案对新设立慈善组织采取直接登记的立法思路不一致，建议作进一步研究。此外，草案中规定慈善组织可以采取“社会服务机构”的形式，这一表述是否准确，建议作进一步研究。

二、关于慈善募捐

1. 草案第三章对慈善募捐的定义和分类、公开募捐资格等作了规定。有的同志提出，慈善募捐应当阳光透明，接受民政部门和社会的监督。对面向特定对象的非公开募捐很难实施有效监管，允许非公开募捐存在，实际上挤压了公开募捐的空间，为私下交易提供了渠道。建议删去草案关于允许开展非公开募捐的规定。

有的同志提出，慈善活动是为不特定社会公众开展的公益活动，个人自救以及为特定人募捐的行为不属于慈善活动，不需要在慈善法中规定。非公开募捐可由民事法律规范调整，慈善法只需对公开募捐进行规范。公开募捐的主体只能是慈善组织，其他组织和个人不得为不特定对象开展公开募捐。

有的同志提出，草案中规定不具有公开募捐资格的组织或者个人可以与具有公开募捐资格的慈善组织合作开展公开募捐，这一规定没有必要。合作募捐的主体实际上还是慈善组织，规定合作募捐实践中易引起混乱,建议删去草案的上述规定。有的同志提出,允许合作募捐有利于发挥个人和慈善组织两方面的积极性,为不具有公开募捐资格的组织和个人开展慈善活动提供通道,实践中很有必要,建议保留草案关于允许合作募捐的规定。

2. 草案第十七条规定,慈善组织采取设置募捐箱、义演、义赛等方式开展公开募捐的,应当在登记的民政部门管辖区域内进行。有的同志提出,由于我国各地区经济发展水平差异较大,对慈善组织开展募捐作地域限制,将使得在贫困地区民政部门登记的慈善组织难以募得足够款物,建议对慈善募捐的地域限制适当予以放宽。

三、关于慈善信托

草案第五章对慈善信托的设立、受托人的确定等作了规定。有的同志提出,对慈善信托应当加强管理,草案修改稿中规定设立慈善信托应当向民政部门备案,尚难以达到有效监管的目的,建议比照信托法中关于公益信托的规定,对慈善信托的设立采取登记制。

有的同志提出,慈善信托与慈善组织的财产管理是两回事,不宜放在一起规定。建议恢复对慈善信托专章加以规定。慈善信托不同于普通的民事信托,具有公益性,其设立条件应当比民事信托更加严格。建议对慈善信托的设立采取由主管部门审批或者登记的制度。此外,草案规定慈善信托的受托人可以是自然人,但却不可以是慈善组织和金融机构以外的其他法人,二者不平衡,建议对慈善信托受托人的资格规定更加严格的条件,同时对变更受托人采取许可制度。

有的同志提出,慈善信托是公益信托的一种,发展慈善信托有利于促进公益事业的发展,草案有关慈善信托的规定应当与信托法有关公益信托的规定尽量保持一致,做好衔接。慈善信托具有公益属性,其准入门槛与一般的民事信托相比较要求应当更高。为确保信托财产的独立性,保障公益目的得以实现,建议对慈善信托实施严格管理。考虑到慈善信托受托人的活动涉及资金的募集、保值增值和运用,带有金融活动的属性,银监部门对信托行为比较敏感,目前信托行业经营秩序有待进一步规范和加强管理。为此,建议对慈善信托的受托人设置更加严格的条件,明确自然人不得担任慈善信托的受托人。有的同志提出,目前我国慈善组织在开展公益信托方面缺乏实践经验,慈善信托的受托人还是由信托公司担任较为合适。

四、关于慈善活动税收优惠

1. 草案第八章对慈善组织、捐赠人以及受益人享有的税收优惠作了原则规定。一些部门的同志和专家学者提出,慈善信托作为开展慈善活动的一种重要方式,为鼓励其发展,有必要增加规定相应的税收优惠措施。有的同志提出,目前对慈善组织的税收优惠主要针对的是其接受捐赠的收入,其开展投资活动等取得的经营性收入仍需缴纳企业所得税。为鼓励慈善组织发展,建议草案明确对慈善组织取得的经营性收入给予税收优惠。此外,目前对捐赠人的税收优惠主要限于现金捐赠,捐赠人捐赠房屋等非货币资产的,在税收征管环节仍视为销售行为,在交易环节仍需缴纳相应的税费,影响了非货币捐赠的积极性,建议对此作进一步研究。

2. 有的同志提出,给予慈善活动相应的税收优惠,有利于促进慈善事业的发展。按照党的十八届三中全会决定的要求,税收优惠政策统一由专门税收法律法规规定。慈善法不是专门税收法律,不宜对慈善活动税收优惠政策作具体规定。建议在草案中仅作原则性规定,或作进一步简化,提一些方向性的要求;对此问题可在将来修改相关税收法律时统筹考虑。

针对草案修改稿中增加的“企业慈善捐赠支出超过法律规定

的准予在计算企业所得税应纳税所得额时扣除的部分，允许结转以后年度在计算应纳税所得额时扣除”的规定，有的同志提出，这一规定本身是合理的，各方面对此也没有争议，但它与现行企业所得税法的规定不一致，上述内容可在修改企业所得税法时一并考虑，在草案中不作规定。

五、关于慈善与扶贫

有的同志提出，我国即将进入“十三五”规划时期，按照党的扶贫开发工作会议的精神，扶贫攻坚任务仍然十分艰巨。草案及修改稿关于通过慈善活动开展扶贫济困的有关规定，体现了中央的要求，有利于精准扶贫、精准脱贫目标的落实。发展改革委郝福庆建议在草案中进一步充实扶贫开发的相关内容。有的同志提出，精准扶贫的一项要求是增加慈善活动受益对象的针对性，建议草案在这方面作进一步完善。

针对草案修改稿中增加的“国家对扶贫济困的慈善活动，实行特殊的税收优惠政策”的规定，有的同志提出，这一规定很有必要，体现了国家对扶贫工作的支持。有的同志提出，扶贫济困是慈善活动的一种，草案对慈善活动享有的税收优惠问题已经作了规定，没有必要再重复规定；“特殊的优惠政策”表述不严谨，含义也不清楚，实践中很难操作，建议不写为好。

六、关于慈善服务

草案修改稿第六章对慈善服务作了规定。一些同志提出，目前草案修改稿这一章主要规定的是以慈善组织为主体开展的志愿服务，属于志愿服务的一部分，建议将本章章名改为“慈善志愿服务”。

草案第六十四条规定，开展医疗康复、教育培训等具有专门技能的慈善服务，应当执行国家或者行业协会制定的标准和规程。

有的同志提出,实践中要求所有志愿者取得国家规定的相应资格有一定困难,如目前全国青少年社工有5万多人,取得社工资格证的不到一半,有些专门技能的资格证普及度也不高,建议对志愿者取得专门技能不作硬性要求,将本条内容作为慈善组织的培训义务加以规定。既鼓励专业人才开展具有专门技能的慈善服务,又允许慈善组织对志愿者进行培训后开展相关服务。

草案第六十九条第二款规定,慈善组织安排志愿者参与可能发生人身危险的慈善服务前应当购买人身意外伤害保险。有的同志提出,保险制度对于保障志愿者人身安全非常重要,建议在草案中增加规定"第三方责任险",避免因第三方责任要求志愿者或者慈善组织承担责任。

七、其他意见

1. 有的同志建议将草案第三条有关慈善活动定义中的"非营利活动"改为"公益活动"。

2. 有的同志建议在草案有关慈善组织财产的种类中增加"保值增值的收益"。有的同志建议增加"经营性收入"。

3. 有的同志建议在草案中对慈善组织的内部治理、投资决策行为的要求等进一步作具体规定。

4. 有的同志建议删去草案第三十八条中关于"捐赠人可以直接向受益人捐赠"的规定。

5. 有的同志建议在草案中增加有关慈善行业协会应当依法维护慈善行业权益的规定。

6. 有的同志建议在草案中对慈善组织的权利保障作进一步规定。

7. 有的同志、代表建议在草案中进一步增加有关"弘扬慈善文化"的具体内容。

慈善法草案向社会公众征求意见的情况

慈善法草案自2015年10月31日在中国人大网上向社会公布征求意见以来，截至11月30日，共有452名社会公众提出意见1843条，另收到来信16封。大家普遍认为，为规范慈善行为、促进慈善事业健康发展，有必要制定慈善法。现将主要意见简报如下：

一、关于总则

草案第三条对哪些活动属于慈善活动作了规定。有的意见提出，本条中关于慈善活动范围的界定与公益事业捐赠法关于公益事业范围的规定不一致，建议做好衔接，将促进“社会公共设施建设”纳入慈善活动的范围。有的意见建议将“保护动物”和“促进不同宗教和种族之间和谐平等发展”纳入慈善活动的范围。

草案第七条规定，每年3月5日为“中华慈善日”。有的意见提出，3月5日是学雷锋活动日，也是志愿者服务日，慈善日的设立要避免与原有其他节日为同一天，建议另设慈善日或者设立慈善周。

二、关于慈善组织

草案第十条规定，设立慈善组织，应当向县级以上人民政府民政部门申请登记。符合本法规定条件的，民政部门应当自受理申请之日起三十日内作出准予登记的决定;不符合本法规定条件的,不予登记,并书面说明理由。有的意见提出,慈善组织不是社会组织的某个类别,建议在本条中明确慈善组织的登记不是新设登记,而是已经成立的社会组织业务宗旨的变更登记。有的意见提出,本条没有对不予登记的回复时限做出规定,建议修改为"民政部门应自收到申请之日起三十日内书面回复申请人是否予以登记,对不予登记的必须书面说明理由"。有的意见提出,境外慈善组织来华开展慈善活动是否受本法调整,草案规定的不清楚,建议在草案中增加有关境外慈善组织来华开展活动必须依法登记的规定。有的意见提出,本条还应当规定救济条款,建议增加一款规定,"申请人对民政部门不予登记的决定不服,可以依法申请行政复议或者提起诉讼"。

草案第十一条规定,慈善组织可以采取基金会、社会团体、社会服务机构等社会组织形式。有的意见提出,有些事业单位也属于社会服务机构,从事慈善活动,但不在民政部门登记,建议草案对这部分主体作特殊规定。有的意见提出,社会服务机构不是现行法律法规规定的社会组织类型,建议修改为"民办非企业单位"。

草案第十三条规定,慈善组织应当执行国家统一的会计制度,依法进行会计核算,建立健全会计监督制度,并接受政府有关部门监督管理。有的意见提出,会计监督是对慈善组织监督的重要方式,建议进一步明确履行监管职责的具体部门。

草案第十四条规定,慈善组织的财产包括创始财产、捐赠财产和其他合法财产。有的意见提出,慈善组织的财产还应当包括政府资助的财产,且政府资助的财产在投资等方面的限制与慈善组织的其他财产不同,建议将"政府资助的财产"单独列项。

草案第十五条规定,慈善组织的财产只能用于慈善目的。有的意见提出,慈善组织的工作人员有权获得相应的劳动报酬,建议明确慈善组织的财产可以用于必要的行政成本支出。

草案第十六条规定，捐赠人捐赠的实物不易储存、运输或者难以直接用于慈善目的的，慈善组织可以依法拍卖或者变卖，所得收入扣除成本等必要费用后，应当全部用于约定的捐赠目的。有的意见提出，为了保证捐赠目的的实现，拍卖或者变卖应当得到捐赠人的同意。

草案第十七条规定，慈善组织开展慈善活动支出的比例以及管理成本的标准，捐赠协议有约定的，按照其约定；捐赠协议未约定的，依照国务院民政部门的有关规定。有的意见提出，为避免捐赠协议约定的支出比例和管理成本标准过高，建议在法律中规定上限。

草案第十八条规定，慈善组织进行投资应当遵循合法、安全、有效的原则，投资方案应当经决策机构组成人员三分之二以上同意。有的意见提出，要求所有投资方案必须经过决策机构组成人员三分之二以上同意，实践中难以做到，也会影响慈善组织投资决策的效率，建议将须经绝对多数同意的投资方案限定为慈善组织的“重大”投资方案。

草案第二十一条对慈善组织的高级管理人员应当遵守宪法、法律和社会公德，以及不得担任慈善组织高级管理人员的情形作了规定。有的意见提出，遵守宪法、法律和社会公德是所有公民的义务，不应该仅限于慈善组织的高级管理人员，建议将“慈善组织的高级管理人员”修改为“慈善从业人员”。有的意见建议对哪些人员属于慈善组织“高级管理人员”加以明确。

草案第二十二条规定，慈善组织连续三年未从事慈善活动的应当终止。有的意见建议将“三年”改为“二年”。

三、关于慈善募捐

草案第二十五条第二款规定，慈善募捐，包括面向社会公众的公开募捐和面向特定对象的非公开募捐。有的意见提出，实践中往往无法准确界定募捐对象是否属于特定对象,建议删去公开募捐和非公开募捐的区分。

草案第二十六条规定,慈善组织自登记之日起可以向特定对象进行非公开募捐;依法登记满两年、运作规范的慈善组织,可以向原登记的民政部门申请公开募捐资格证书。有的意见提出,新成立的慈善组织更需要通过公开募集资金来开展活动,建议取消慈善组织登记满两年后方可开展公开募捐的限制,明确慈善组织登记成立后即可开展公开募捐。有的意见提出,本条规定缺少对慈善组织取得公开募捐资格的后续管理,建议增加一款规定,"取得公开募捐资格证书的慈善组织受到本法规定的行政处罚的,由发证机关撤销其公募资格证书,并向社会公示,被撤销公募资格证书的慈善组织两年内不得重新申请公开募捐资格证书"。

草案第二十八条第二款规定,在省级以上民政部门登记的慈善组织,可以通过其网站或者其他网站开展募捐。在设区的市和县级民政部门登记的慈善组织,可以在其登记的民政部门建立或者指定的慈善信息平台开展互联网募捐。有的意见提出,互联网没有地域划分,要求互联网募捐必须通过特定的信息平台进行没有必要,建议删去草案的上述规定。

草案第三十一条规定,不具有公开募捐资格的组织或者个人,不得采取公开募捐方式开展公开募捐,但可以与有公开募捐资格的慈善组织合作开展公开募捐,募得款物由具有公开募捐资格的慈善组织管理。有的意见提出,个人在自身处于困境时有向社会寻求帮助的权利,个人开展公开募捐活动不应一概禁止,而是应当有序引导和规范管理。

草案第三十二条规定,广播、电视、报刊以及网络服务提供者、电信运营商,应当对利用其平台开展公开募捐的慈善组织的登记证书、公开募捐资格证书进行验证。有的意见提出,要求网络服务提供者对利用其平台开展公开募捐的相关证书进行验证,实践中难以做到，也没有必要。建议将这一条中规定的“利用其平台”限定为“利用其专门建立的慈善募捐平台”。

草案第三十三条规定，城乡社区组织、单位可以在本社区、单位内部开展募捐活动。有的意见提出，本条规定过于宽泛，容易造成“被募捐”现象发生，应当对社区和单位开展募捐活动设置一定的限制。建议将这一条规定修改为“城乡社区组织、单位可以在本社区、单位内部开展仅针对本社区、单位内部受助人员的募捐活动，并应当经当地民政部门批准”。

草案第三十六条规定，禁止任何组织或者个人假冒慈善名义骗取财产。有的意见提出，对这一条规定的违法行为可以适用治安管理处罚法和刑法关于诈骗的规定处理，没有必要在本法中重复规定，建议删去。

四、关于慈善捐赠

草案第四十一条规定，慈善组织接受捐赠，应当向捐赠人开具由财政部门统一监（印）制的公益事业捐赠票据。有的意见提出，在互联网募捐迅速发展的情况下，一律要求开具纸质票据会给慈善组织增加不必要的支出，建议增加一款规定，“各级财政部门应当积极推广和使用电子捐赠票据”。

草案第四十三条规定，任何组织和个人不得利用慈善捐赠，宣传烟草制品及其生产者、销售者等法律法规禁止宣传的事项。有的意见提出，我国签署的《烟草控制框架公约》对禁止利用慈善捐赠宣传烟草制品的规定更加严格，建议参照公约规定，进一步明确规定“禁止烟草业以慈善名义进行任何形式的烟草赞助和捐赠，任何单位、组织、各类社会活动不得接受任何形式的以慈善名义的烟草捐赠和赞助”，并增加相应的法律责任。

五、关于慈善信托

草案第五十一条对慈善信托监察人的设立条件和权利义务作

了规定。有的意见提出，信托监察人对慈善信托的监督非常重要，建议在草案中增加担任信托监察人的条件，同时明确信托监察人不得与受托人有利害关系。

草案第五十三条规定，慈善信托财产及其收益，不得用于非慈善目的。有的意见提出，这一规定限制过严，应当允许慈善信托开展投资等行为促进信托财产的保值增值，建议作进一步研究。

六、关于信息公开

草案第七十五条对慈善组织向社会公开信息的内容作了规定。有的意见提出，本条第二款规定慈善组织信息有重大变更的，应当及时向社会公开，这一规定中“及时”不明确，建议明确为“信息发生重大变更之日起二十个工作日内”向社会公开。

草案第七十七条规定，慈善组织向特定对象募捐的，应当及时向捐赠人告知募捐情况、募得款物的管理使用情况。有的意见提出，建议明确本条规定中“及时”告知的具体期限，如规定为5个工作日。

草案第七十九条规定，城乡社区组织、单位在内部开展慈善募捐，应当在本社区、单位内部及时公开款物募集和使用情况。有的意见提出，社区组织、单位募捐也应当由民政部门进行监管，建议增加一款“款物募集人数超过本社区组织、单位内部人数二分之一的，应向所在地人民政府民政部门备案”。

七、关于慈善活动税收优惠

草案第八十三条规定，慈善组织及其取得的收入依法享受税收优惠。有的意见提出，慈善组织以外的其他组织、个人开展慈善活动应当同样享受税收优惠。有的意见建议进一步扩大享受税收优惠的慈善组织的范围，建议在草案中规定，经民政部门确认的慈善组织，均应当享有税收优惠政策，而无需税务部门再行认定。有的意见提出，慈善信托作为开展慈善活动的一种方式，也应当享受税收优惠，建议在草案中增加相应规定。有的意见建议在草案中对慈善活动享受的税收优惠作更加明确、具体的规定。

有的意见提出，目前慈善捐赠享受所得税税前扣除仅限于现金捐赠，建议在草案中明确，捐赠实物以及股权、知识产权等无形资产如何确定现金价格，便于接受捐赠的慈善组织开具捐赠发票并享受相应的税收扣除。

八、关于监督管理

草案第一百条规定，慈善组织应当每年向民政部门报送年度工作报告，包括经审计的财务会计报告、年度开展募捐活动以及接受捐赠情况、开展慈善项目情况。有的意见建议明确报告的时间。有的意见提出，应当鼓励第三方机构，对慈善活动开展公益审计。

草案第九十四条对志愿者注册、志愿服务记录和评价制度作了规定。有的意见提出，对志愿者的评价制度和奖励措施没有必要在本法中规定，建议删去。

九、其他意见

1. 有的意见建议将本法名称改为“公益慈善法”。

2. 有的意见提出，慈善法要处理好与信托法、公益事业捐赠法等法律的关系，做好衔接。

3. 有的意见建议在草案中增加规范境外慈善机构及其与境内机构合作开展慈善活动的规定。

4. 草案第六十五条对慈善组织招募志愿者应当履行的义务作了规定。有的意见建议增加一款规定，招募未满十八周岁的志愿者，应征得其监护人的书面同意。

5. 草案第一百一十条规定，在慈善服务过程中，慈善组织对因不可抗力而受损害的志愿者负有适当补偿义务。有的意见提出，根据侵权责任法的规定,不可抗力属于免责情形,建议删除上述规定。

6. 草案第一百一十四条规定,没有登记的以开展慈善活动为宗旨的非营利组织可以开展力所能及的慈善活动。有的意见提出,这一条的含义不清楚,建议作进一步研究。有的意见建议,将“即使没有登记”改为“即使没有登记为慈善组织”。

一些慈善组织和相关单位对慈善法草案的意见

2015年11月11日，法工委阚珂副主任主持召开座谈会，听取一些慈善组织和信托机构、志愿服务机构，以及捐赠企业和受益单位对慈善法草案的意见和建议。中华慈善总会、中国青少年发展基金会、壹基金、华民慈善基金会、乐平基金会、泛海公益基金会、北京永真公益基金会、宁夏燕宝慈善基金会、百瑞信托有限责任公司、中国青年志愿者协会、三星集团中国总部、百年职校、瓷娃娃罕见病关爱中心等十三家慈善组织和相关单位参加了座谈。简报如下：

一、总的评价

与会单位普遍认为，草案明确了慈善组织的登记制度、扩大了具有公开募捐资格的慈善组织的范围，规定了促进慈善事业发展的具体措施，回应了社会需求，将对我国慈善事业发展起到积极的推动作用。草案框架合理，总体上较为成熟。

有的单位提出，草案应进一步发挥市场机制在慈善活动中的积极作用，打破条块、地域分割，淡化政府管制的思路，努力破除现有慈善领域存在的一些保护性和垄断性措施，大力鼓励民间慈善组织发展。有的提出，草案一些内容尤其是关于慈善活动税收优惠的规定过于原则，如果不在草案中作具体规定或者缺乏相应的配套规定，实施效果可能会大打折扣。有的单位提出，慈善法是慈善领域的一部基础性法律，草案有些条文内容过于具体，可在配套法规作规定，建议对草案相关内容作必要删减或者合并。

二、关于慈善活动和慈善目的的界定

草案第三条对慈善活动作了定义，第十五条规定慈善组织的财产只能用于慈善目的；第三十七条中规定慈善捐赠是指基于慈善目的赠与财产的活动。

有的单位提出，草案关于"慈善活动"和"慈善目的"的界定不清楚，建议将其限定为"为了不特定的社会公众的利益"而开展的活动。为特定对象募集款物、向特定对象捐赠不是为了慈善目的，不属于慈善活动。一些单位提出，要区分公益慈善与自益、互益行为，防止一些机构和个人以公益为名谋取私利。

有的单位建议，进一步明确慈善活动的内涵，明确提升劳动者技能、开展职业培训等活动是否属于"慈善活动"。

三、关于慈善组织

1. 草案第八条、第十条和第十一条规定，慈善组织是指依法登记，以开展慈善活动为宗旨的非营利性组织；设立慈善组织应当向民政部门申请登记，已经设立的社会组织可以变更登记为慈善组织；慈善组织可以采取基金会、社会团体、社会服务机构等社会组织形式。

一些单位提出，草案规定慈善组织的登记，与现有基金会、社会团体和民办非企业单位三类社会组织的登记之间的关系不清楚，建议明确是否存在双重登记的问题。有的单位提出，公益事业捐赠法中规定基金会与慈善组织是并列的两类组织，草案规定基金会是慈善组织的一种形式，是否科学，建议进一步研究。

2. 草案第十八条中规定，慈善组织为实现财产保值、增值进行投资的,应当遵循合法、安全、有效的原则。投资方案应当经决策机构组成人员三分之二以上同意。有的单位提出,慈善组织在实践中经常性地开展一些短期理财行为,时效性强,要求所有投资方案经决策机构组成人员多数同意,既没有必要,也难以做到。因此,建议将上述规定中的“进行投资”限定为“进行风险较大、重大的直接投资项目”;有的单位建议修改为“投资制度和重大投资决策”。有的单位建议不搞一刀切,根据投资行为的重要性确定不同的标准。

3. 草案第十九条规定,慈善组织的发起人、主要捐赠人以及管理人员与慈善组织发生交易行为的,不得参与该交易行为的决策,有关交易情况必须向社会公开。

有的单位提出,目前一些企业通过设立基金会,运用关联交易等暗箱操作方式实现转移财产或者偷税避税,问题较为突出,立法应当重点予以规范,建议明确禁止慈善组织的发起人、主要捐赠人以及管理人与慈善组织发生交易行为。乐平基金会提出,不宜一概禁止关联交易,建议在草案中进一步明确应当禁止的是低于公允价格、损害慈善组织的关联交易。

四、关于慈善募捐

1. 草案第二十六条、第二十七条对公开募捐资格、方式及其地域限制作了规定。有的单位提出,随着当前互联网募捐的快速发展,实践中非公开、区域性的募捐活动逐渐消失,草案放松了公开募捐的资格要求,扩大了公开募捐主体范围,有利于促进公开募捐的发展,但是放松资格要求后如何实现对公开募捐行为的有效监管,需要进一步研究。

一些单位提出,放松公开募捐的资格要求以及通过互联网方式开展募捐是大势所趋,过分限定慈善组织的公募资格及其地域限制没有必要,建议在草案第二十七条规定的公开募捐方式中增加互联网募捐,删去慈善组织开展公开募捐应当在其登记的民政部门行政管理区域内进行的规定;删去第二十八条要求在民政部门建立或者指定的慈善信息平台开展互联网募捐的规定。

2. 草案第三十三条规定,城乡社区组织、单位可以在本社区、单位内部开展募捐活动。有的单位提出,这一规定与草案第三十一条中关于不具有公开募捐资格的组织或者个人不得开展公开募捐的规定有矛盾,建议对社区募捐作进一步的限制。

五、关于慈善捐赠

草案第三十八条规定,捐赠人可以直接向受益人捐赠。有的单位提出,捐赠人直接向受益人捐赠属于民事捐赠,不属于慈善捐赠,不宜在草案中规定,建议删去。

草案第四十五条规定,捐赠人有权查询、复制其捐赠财产管理使用的有关资料。有的单位提出,一些大型慈善组织捐赠人数量众多,一概赋予捐赠人查询、复制有关资料的权利,对慈善组织而言将不堪重负,对一般捐赠人来说也没有必要。因此,建议规定“在公开相关信息无法满足捐赠人要求”的前提下,捐赠人方可查询、复制相关材料。

六、关于慈善信托

有的单位提出,目前我国信托业尤其是公益信托不发达。按照信托法规定,公益信托的设立和确定其受托人,应当经有关公益事业的管理机构批准。实施中由于没有主管部门愿意担任批准机构,极大制约了公益信托的发展。草案明确规定民政部门为公益信托的主管部门,实行备案制,有利于促进公益信托的发展。建议草案在信托法规定基础上,针对慈善信托的特殊性,进一步增加相应的具体规定,扩大允许作为信托财产的范围(如以特定财产的收益作为信托财产),并增强相关条文的可操作性。有的单位提出，草案慈善信托一章应当处理好与信托法的关系，避免出现冲突。

草案第四十七条规定，设立慈善信托、确定受托人，应当采取书面形式。信托文件要求备案的，受托人应当将信托文件向县级以上人民政府民政部门备案。有的单位提出，为加强对慈善信托的监管，设立慈善信托和确定受托人均应当向民政部门备案，不应允许通过信托文件排除备案要求。

草案第四十八条规定，慈善信托的受托人可以是委托人信赖的慈善组织或者金融机构。有的单位建议增加规定，担任受托人的金融机构应当具有信托业务资格；有的单位建议规定，担任受托人的金融机构应当“有相应的从事信托活动的经验和技能”。

草案第五十六条规定，慈善信托清算后的剩余财产，信托文件有规定的，按照其规定；信托文件未规定的，应当将剩余财产转赠给宗旨相同或者相近的慈善组织或者其他慈善信托。有的单位提出，慈善信托的财产属于社会公共财产，清算后剩余的财产不应允许按照信托文件的规定返还委托人。有的单位赞成草案的规定，认为信托财产与捐赠财产不同，慈善信托清算后的剩余财产，应当允许按照信托文件规定返还委托人。

七、关于慈善服务

草案慈善服务一章对志愿服务作了规定。有的单位提出，志愿服务和慈善活动是公益事业的“两条腿”。二者在服务方式、服务领域和功能、覆盖人群、激励措施等方面存在很大的不同，目前中央文明办、团中央和民政部都在大力推动志愿服务发展，志愿服务不是通常意义上的慈善活动。草案对志愿服务可不作规定或仅作原则规定，将来条件成熟时制定单独的志愿服务法。

有的单位提出，志愿服务是慈善活动的重要组成部分，在现实中很重要。目前草案主要对慈善组织招募志愿者参与慈善服务作了规定，有关志愿服务的规定仍然较为原则，建议进一步作具体规定。有的单位建议增加规定，企业事业单位应当支持本单位员工以合理方式积极参与志愿服务。

八、关于慈善活动税收优惠

一些单位提出，目前慈善活动享受税收优惠十分有限，现有税收政策远远落后于慈善事业发展的客观需要，且实际操作中面临各种障碍，对慈善活动的发展不仅没有多大的促进作用，反而拖后腿，对此应当高度重视。一是一些部门和地方存在观念上的偏差，认为依法纳税是各类社会组织的法定义务，没有从推动和促进慈善事业健康发展的角度，认真贯彻落实国家对慈善事业的税收减免规定。二是享受税前扣除仅限于现金捐赠，捐赠房产等实物或者股权的，须先按照交易行为缴纳相应的税费后，方可完成捐赠。例如，华民慈善基金会创始资金两亿元，设立过程中缴纳相应的税费及滞纳金高达四千万元。三是依法享有免税资格的慈善组织的范围十分有限。按照财政部、国家税务总局和民政部《关于非营利组织免税资格认定管理有关问题的通知》的规定，只有向经三部门审核确认具有“公益性捐赠税前扣除资格”的慈善组织捐赠，方可享受所得税税前扣除；这一部分慈善组织所占比例很小，大量提供社会服务的民办非企业单位并不享受这一待遇；2015 年 5 月国务院取消了该项资格认定，下一步如何操作尚不明确。四是按照财政、税务部门的有关规定，慈善组织员工工资低于当地职工平均工资两倍的，方可享有免税资格。这一规定导致实践中慈善组织难以吸引和留住优秀人才、制约了慈善专业人才培养和慈善组织发展。

与会单位普遍建议，进一步加大国家对慈善活动的税收优惠支持力度。有的单位建议，在草案促进措施一章中对如何加强对慈善活动的税收优惠提出总的要求，从而在下一步制定相关单行税法中予以落实。一些单位提出，应当允许捐赠现金以外的其他财产，如股权、期权、房产以及其他实物也享受相应的税收优惠政策。

九、其他意见

1. 草案第七十六条规定，慈善组织公开募捐周期大于六个月的，至少每三个月公开一次募捐的具体情况。有的单位提出，大型慈善组织的募捐活动往往是持续性的，募捐周期较长，要求每三个月公开一次募捐情况对慈善组织而言负担比较重，建议适当放宽要求。有的单位建议修改为慈善组织应当“定期”公开募捐情况。

2. 有的单位建议删去草案第二十一条关于“慈善组织的高级管理人员应当遵守宪法、法律和社会公德”中的“高级”两个字。

3. 有的单位建议在草案中加强对慈善从业人员合法权益的保障，促进慈善专业队伍建设。

4. 有的单位建议在草案第六十一条中增加规定，慈善组织不得指定捐赠人的近亲属作为受益人。

5. 有的单位建议对假冒慈善组织名义骗捐等行为进一步规定严格的法律责任。

6. 有的单位建议对我国慈善组织赴境外从事慈善活动作出鼓励性规定。

一些专家学者对慈善法草案的意见

2015 年 11 月 10 日，法工委阚珂副主任主持召开座谈会，听取一些专家学者对慈善法草案的意见和建议。简报如下：

一、总的意见

与会专家学者普遍认为，为规范慈善行为、促进慈善事业发展，制定一部专门的慈善法具有重要意义，建议立法机关在充分听取各方面意见的基础上，加快立法进程。有的学者提出，制定一部专门的慈善法，在我国慈善事业发展史上具有开创性和里程碑意义。有的学者提出，行善也要遵守规则，慈善法首次从立法上对社会公共道德建设作出系统性规范，对提升我国公民的行善意识和道德素养具有积极意义。有的学者认为，慈善法的开展可以促进养老、抚幼、助残等各项社会服务事业的发展，不仅有利于扶贫济困，也有利于加快服务业发展和解决就业；不仅具有社会意义，更蕴含着巨大的经济价值。对当前条件下推动经济转型升级和社会和谐发展，具有重大的经济和社会意义。

与会专家学者提出，近年来学术界对慈善立法工作高度关注，积极参与立法过程。目前提交常委会会议审议的草案基本采纳了专家学者提出的主要意见，采用了大慈善的概念、扩大了公开募捐的主体范围、加强了慈善组织信息公开和内部治理。总体上看，草案内容全面、框架合理，回应了社会各方面的期盼和需求，应当给予高度肯定。但是,草案在相关概念的界定和一些具体制度的设计上,仍然存在一些分歧和有待改进的地方,建议下一步充分听取有关方面意见和建议,进一步修改完善。

有的学者提出,慈善法是慈善领域的一部基础性法律,旨在规范捐赠人、慈善组织和受益人三方主体之间的关系,其调整对象具有公共利益的属性,属于社会法的范畴。草案有关制度设计民法的思路体现的比较明显,社会法的思路体现的不充分,建议进一步加强。

二、关于慈善活动等概念的界定

1. 一些专家提出,草案对慈善活动、非营利活动、慈善目的等一些基本概念作了规定,但是从现有规定看,有些概念的界定仍然存在不准确或者容易引起歧义的地方,建议作进一步研究。

有的学者提出,慈善与公益二者既有重合,又有区别。二者相互依存。慈善的概念小于公益概念,慈善针对扶贫济困,关注动机;公益受益对象范围更广,关注慈善活动的时效性;建议在草案中突出强调慈善活动的公益属性。

有的学者提出,草案多处条文使用了“慈善目的”的概念,但是对哪些目的属于慈善目的没有作出界定,建议草案首先对慈善目的这一基本概念作出界定,在此基础上,进一步界定“慈善活动”、“慈善组织”和“慈善信托”等概念。

有的学者提出,社会组织有营利性和非营利性之分,但社会组织的活动没有营利性和非营利性之分。草案规定慈善活动是“非营利活动”,混淆了慈善组织的非营利性与慈善活动有可能是营利性活动之间的区分,逻辑上不能自洽,实践中也容易引起混乱,建议进一步厘清相关概念之间的联系和区别。有的学者建议将慈善活动是“非营利活动”改为“以实现公共利益为目的的活动”;有的学者建议改为“以不特定对象为受益目标的活动”。

2. 草案第三条对哪些活动属于慈善活动作了列举性规定。有的学者提出,这一条第一款“扶贫济困、扶助老幼病残等困难群体”中的“困难群体”,一般理解为经济方面需要帮助的人群,排除了吸毒青年、艾滋易感染人群等非经济性的弱势群体,建议将“困难群体”改为“弱势群体”。此外,艺术领域也是慈善活动资助的一项重要领域,促进艺术的研究、传承和传播,有利于提升社会品味和人文素养,建议在这一条第三款中增加“促进艺术事业发展”的内容。

有的学者提出,慈善活动既包括无偿提供服务,也包括以低价或优惠方式提供部分有偿的服务,因此,建议将这一条中规定的“提供志愿服务”改为“提供服务”。

三、关于慈善组织

1. 慈善组织的登记和组织形式

草案第十条规定,设立慈善组织应当向民政部门申请登记,已经设立的社会组织可以变更登记为慈善组织;第十一条规定,慈善组织可以采取社会团体、基金会和社会服务机构等三种社会组织形式。

按照草案规定,新设立以开展慈善活动为目的的非营利性组织,可以直接向民政部门申请登记为慈善组织,无须事先取得主管部门的批准。一些专家提出,慈善组织是独立于基金会、社会团体、民办非企业单位三类社会组织之外的第四种新的社会组织形式,还是仅仅作为一种法律资格认定,草案表述并不清楚。在登记环节,新设立慈善组织,是否需要先登记为慈善组织,然后登记为基金会、社会团体、民办非企业单位中的一种组织形式,即进行双重登记,草案内容规定的也不清楚,建议对于条文内容再予斟酌。

有的学者建议将“变更登记”改为“认定”,并在第十一条后增加“民政部门对符合条件的慈善组织可以依法直接登记”;有的学者建议将“变更登记”改为“认定”,将第十一条“可以采取”改为

“直接登记为”。

一些学者认为,目前民法通则规定了企业、机关、事业单位和社会团体四类法人,与慈善法草案中规定的基金会、社会团体、社会服务机构等组织形式不能相互衔接,且对民办非企业单位按照社团法人形式予以管理,缺乏民法基本理念的支持。在具体修改意见上,有的学者建议在民法典制定过程中采用财团法人和社团法人的分类,为慈善组织的内部治理制度提供依据;有的学者建议将“社会服务机构”改为“民办非企业单位”。

2. 慈善组织的财产

草案第十四条规定,慈善组织的财产包括创始财产、捐赠财产和其他合法财产。

一些学者提出,慈善组织的财产不仅包括创始财产和捐赠财产,还包括政府资助及购买服务的收入、经营性活动的收入、保值增值的收入及其他合法收入。从世界慈善事业发展的趋势看,政府资助及购买服务的收入、慈善组织的经营性收入将在慈善组织的财产中占据越来越重要的位置(目前在荷兰的慈善组织财产中占百分之六十),建议列举规定“政府资助及购买服务的收入”和“经营性活动的收入”。

有的学者提出,慈善组织的创始财产和捐赠财产属于不同维度的分类,创始财产也可能包括捐赠财产,建议予以进一步研究。

3. 慈善组织的投资行为

草案第十八条规定,慈善组织为实现财产保值、增值进行投资的,应当遵循合法、安全、有效的原则。投资方案应当经决策机构组成人员三分之二以上同意,但政府资助的财产和捐赠协议约定不得投资的财产,不得用于投资。

有的学者提出,对于政府资助的财产和捐赠协议约定不得投资的财产,如果其以资金形式存在,作为慈善组织财产的一部分,如何进行区分,可能存在操作上的难度,建议对该条进一步研究。

4. 慈善组织的关联交易

草案第十九条规定，慈善组织的发起人、主要捐赠人以及管理人员，不得利用其关联关系，损害慈善组织利益和社会公共利益。慈善组织的发起人、主要捐赠人以及管理人员与慈善组织发生交易行为的，不得参与该交易行为的决策，有关交易情况必须向社会公开。

有的学者提出，草案对于关联交易的规定，没有区分基金会、社团和民非，相比基金会条例的规定有所突破，予以肯定。同时提出，并非所有关联交易都对公共利益产生不利影响，如基金会理事以明显低价向慈善组织提供场地等行为，在实践中很常见，建议区分社会公允的关联交易和非公允的关联交易的范围。

有的学者提出，该条对关联交易的行为内容缺乏清晰界定，草案所列举的关联方范围较窄，实践中慈善组织很容易通过与相关关联方的近亲属发生交易来规避关联交易，建议草案借鉴我国营利领域尤其是上市公司关于关联交易的规定，在适用范围上予以扩大。

5. 慈善组织的清算

草案第二十三条第二款规定，清算后的剩余财产，由民政部门主持转赠给宗旨相同或者相近的慈善组织，并向社会公告。

有的学者认为，如果慈善组织的章程中对清算后的剩余财产有约定，应约定优先。草案规定的"民政部门主持转赠"，是否具有可操作性，以及其文字表述，建议进一步研究。

6. 未登记的慈善组织

草案第一百一十四条规定，以开展慈善活动为宗旨的非营利组织即使没有登记，也可以开展力所能及的慈善活动，但应当遵守本法相关规定，并依法享受相关权益。

有的学者肯定该条规定的积极意义和必要性，并提出，一方面，从理论上来说，未经登记的慈善组织不享受税收优惠、不能进行公开募捐,但其民事权利能力不应受到限制,不影响其从事实质性公益活动。另一方面,实践中存在大量未经登记即已经开展慈善活动的非法人组织(约有一千万个未登记,登记在册约六十万个),根据民政部2000年颁布的《取缔非法民间组织暂行办法》第二条规定,未经登记,擅自以社会团体或者民办非企业单位名义进行活动的属于非法组织,应予以取缔,因此,这些草根组织急需草案为其合法性的确认提供法律依据。有的学者建议将该条放在慈善组织一章中予以规定。

四、关于慈善募捐

1. 慈善募捐的定义

草案第二十五条规定,本法所称的慈善募捐,是指符合条件的慈善组织基于慈善宗旨募集财产的活动。

有的学者提出,为与税收法律法规中的"公益性捐赠税前扣除资格"相衔接,建议将"慈善募捐"改为"公益募捐",同时区别于针对特定主体的私益募捐;建议将"慈善宗旨"改为"慈善目的"。

有的学者建议将本条改为"本法所称的慈善募捐,是指慈善组织或为慈善活动开展的以募集财产为目的的活动。"

2. 公开募捐方式

草案第二十七条规定公开募捐应当受行政管理区域限制,并列举公开募捐的四种方式,第二十八条单独规定了互联网募捐。

有的学者建议取消二十七条中对公开募捐应当在慈善组织"登记的民政部门行政管理区域内进行"的限制,并取消对互联网划域限制。

3. 不得公开募捐的情形

草案第三十一条规定,不具有公开募捐资格的组织或者个人,不得采取公开募捐方式开展公开募捐,但可以与有公开募捐资格的慈善组织合作开展公开募捐,募得款物由具有公开募捐资格的慈善组织管理。

有的学者提出，对本条内容应从正面予以规范，规定可以开展公开募捐的主体，并结合法律责任中予以进一步明确，避免社会公众的误解。有的学者认为，为避免将公开为特定收益对象募集资金视为本条所称的公开募捐，以及泛化公开募捐方式，建议将第二句改为“不得采取本法二十七条规定的公开募捐方式开展慈善募捐”。

有的学者认为，对于合作方式开展募捐，实质上仍然是慈善组织在开展募捐活动，建议删去。

五、关于慈善捐赠

1. 慈善捐赠财产

草案第三十八条规定，捐赠人可以通过慈善组织捐赠，也可以直接向受益人捐赠。慈善捐赠财产包括资金、实物、有价证券、股权、知识产权收益等有形或者无形财产。

有的学者提出，慈善法属于社会法范畴，对于捐赠人直接向受益人捐赠，适用民法通则和合同法中关于赠与的规定，没有必要在慈善法中再作规定。建议删去第一款内容。

有的学者提出，知识产权的收益可归属于资金类别，专利权、商标权以及著作权等皆可作为捐赠标的，建议将“知识产权收益”改为“知识产权”。

2. 诺而不捐的情形

草案第四十四条规定了捐赠人违反捐赠协议逾期未交付捐赠财产，慈善组织或者其他接受捐赠的人可以要求交付的两种情形：一种是捐赠财产用于草案第三条第一项、第二项规定的慈善活动，并订立书面捐赠协议的；另一种是捐赠人通过广播、电视、报刊、互联网等方式公开承诺捐赠。

有的学者认为，为与合同法赠与合同中第一百八十八条的规定相衔接，并将所有慈善活动一视同仁，建议将第一款适用情形扩大至草案第三条所规定的所有慈善活动，并且不受书面捐赠协议与否的限制。

六、关于慈善信托

关于慈善信托的性质，有的专家认为慈善信托是一种组织形式，与慈善组织的关系更为密切，建议调整草案结构，将慈善信托内容放在第三章慈善组织后予以规范；也有的专家认为慈善信托更多的是一种行为方式，属于慈善活动领域，捐赠、募捐、信托都是对善款的一种运用，可以放在第五章规范。

一些学者认为慈善信托是有别于民事信托的一种特殊信托形式，建议对于慈善信托的定位予以重新调整。草案虽然降低了慈善信托的门槛和监管程度，但并没有赋予其慈善募捐资格和税收优惠，以低门槛和灵活性牺牲相关权利和优惠，难以满足现实中多元化的慈善信托需求。建议慈善信托回归登记制度，增加税收优惠规定，赋予其公募资格，严格信托监察人制度。

关于如何处理与信托法中公益信托的关系，有的学者认为，基于"大慈善"的立法理念，慈善信托和公益信托在内涵上是一致的，为避免法律适用中的冲突，建议仍然采用"公益信托"概念，草案对信托法起补充和完善作用。为处理好与信托法相关内容的对接，有的学者建议第四十六条增加一款，规定"慈善信托视同于信托法定义的公益信托。民政部门作为公益信托的公益事业管理机构"。

七、关于慈善服务

有的学者认为，慈善服务是一个新的概念，与传统中所说的政府提供的公共服务和社会组织提供的社会服务不同，实质上是慈善组织开展慈善项目中的一般规则，是否有必要对其专章予以规范，以及如何处理慈善服务与志愿服务的关系，建议进一步研究。

慈善服务是慈善事业的重要组成部分，关系到慈善资源能够最终实现慈善目的。有的学者建议对本章内容加以扩展，突出强调针对老年人、儿童等特殊群体的服务，将其作为慈善服务的一项重要内容，能够弥补上述领域单纯依靠市场调节的不足，实现社会资源的重新配置，满足社会深层次需求。

八、关于慈善活动的税收优惠

税收优惠政策是慈善事业发展与否的关键因素。多名专家提出，目前我国对于慈善领域的税收优惠缺乏系统性和完整性，存在"三个不平衡"。一是慈善组织间的不平衡。相比于基金会和社团，民办非企业单位接收捐赠必须收税，基本不享受税收优惠；二是税种之间的不平衡。对于现金捐赠，可以依据相关税收规定对其企业所得税和个人所得税予以减免，但是对于非货币捐赠，包括不动产、实物、股票等有价证券的捐赠，目前税务部门仍按照销售行为计算流转税，挫伤社会捐赠的积极性；三是对于慈善组织内部不同活动内容的不平衡。目前对于慈善组织从事投资性经营行为，并没有相关税收优惠的规定，不享受税收减免政策。建议对税收优惠问题进一步作专题研究。

有的学者针对非货币捐赠，建议草案增加规定"对于大额捐赠享受特殊税收优惠"。有的学者建议将八十三条修改为"慈善组织取得的收入以及开展慈善活动，依法享受税收优惠"；将八十五条修改为"受益人接受慈善捐赠，依法享受税收优惠"。

九、其他意见

1. 草案第一百零一条规定了慈善组织评估制度。有的学者认为，为保证评估的客观公正，建议将评估交给社会选择，政府自身不得参与评估制度。

2. 有的学者建议将在草案结构上将慈善捐赠放在慈善募捐前

予以规范。

3. 有的学者建议在第六条中规定财政、税收与民政部门对于慈善活动的协调配合。

4. 有的学者建议将第八条慈善组织的定义中“依法登记”内容删去。

5. 有的学者建议赋予慈善组织名称权，允许其可以以慈善组织的名义开展活动。

6. 草案第十六条规定慈善组织对募集的财产应当登记造册，妥善管理，专款专用。有的学者建议将“募集的财产”改为“慈善组织的财产”。

7. 有的学者认为草案第四十三条对于烟草制品及其生产者、销售者的特别规范，有悖公益伦理，建议删除。有的学者认为可以对烟草行业作出特殊规定，但不得限制其捐赠资格，建议保留。

8. 有的学者建议将第八章章名改为“支持措施”，与第五条内容一致。

9. 有的学者建议将第一百一十条中“由民政部门予以收缴”内容删除。

10. 有的学者建议增加规定，鼓励慈善组织开展国际活动。

中央有关部门对慈善活动税收优惠问题的意见

2015年11月13日，法工委阚珂副主任带领社会法室同志，与财政部、国家税务总局、民政部有关负责同志就慈善法草案有关慈善活动税收优惠问题进行座谈。民政部党组成员、民间组织管理局局长詹成付和政策法规司司长陈百灵、民间组织服务中心党委书记刘忠祥，国家税务总局所得税司副司长叶霖儿以及财政部条法司、税政司、关税司有关同志参加了会议。简报如下：

一、现行有关慈善活动的税收优惠

国家税务总局的同志介绍，按照我国公益事业捐赠法、企业所得税法、个人所得税法及其实施条例等有关法律法规和政策文件的规定，慈善活动的税收优惠涉及所得税、增值税、关税等多个税种及多个环节，其中最核心的是所得税优惠。

1. 对慈善组织的税收优惠。目前我国对慈善组织的税收优惠政策主要体现在“收入”方面，包括“不征税收入”和“免税收入”。企业每一纳税年度的收入总额，减除不征税收入、免税收入、各项扣除以及允许弥补的以前年度亏损后的余额，为应纳税所得额。

关于不征税收入，根据企业所得税法第七条规定，慈善组织获得的财政拨款、行政事业性收费、政府性基金等合法收入在计算收入总额时直接作为不征税收入，不计算入企业应纳税所得额中。

关于免税收入，按照企业所得税法的规定，符合条件的非营利组织的收入为免税收入，免征企业所得税。财政部、国家税务总局《关于非营利组织企业所得税免税收入问题的通知》（财税〔2009〕122号）规定，符合条件的非营利组织企业所得税免税收入范围包括：（1）接受其他单位或者个人捐赠的收入；（2）除企业所得税法第七条规定的财政拨款以外的其他政府补助收入，但不包括因政府购买服务取得的收入；（3）按照省级以上民政、财政部门规定收取的会费；（4）不征税收入和免税收入孳生的银行存款利息收入；（5）财政部、国家税务总局规定的其他收入。

关于免税资格问题。企业所得税法实施条例以及财政部、国家税务总局《关于非营利组织免税资格认定管理有关问题的通知》，对非营利组织应当符合的条件作了具体规定，明确财政、税务部门对非营利组织享受免税的资格联合进行审核确认，并定期予以公布（2014国务院取消了此项审核，目前国家税务总局正在研究相应的替代措施）。

2. 对企业和个人作为捐赠人的税收优惠。企业和个人的公益性捐赠支出，按照一定比例准予在计算应纳税所得额时扣除。

一般情况下的扣除比例。企业所得税法和个人所得税法及其实施条确规定，“企业发生的公益性捐赠支出，在不超过年度利润总额12%的捐赠，可以在计算年度应纳税所得额时扣除”；个人捐赠“捐赠额未超过纳税义务人申报的应纳税所得额30%的部分，可以从其应纳税所得额中扣除”。

向特殊领域的捐赠实行全额扣除。2009年财政部、国家税务总局《关于通过公益性群众团体的公益性捐赠税前扣除有关问题的通知》等文件规定，个人向宋庆龄基金会、中国福利会、中国残疾人福利基金会、中国扶贫基金会、中国煤矿尘肺病治疗基金会、中华环境保护基金会、中华红十字会、中华慈善总会八家非营利机构和青少年活动场所、老年服务机构，以及通过非营利机构向教育事业的捐赠,可在税前全额扣除。企业通过非营利性社会团体和国家机关向红十字事业、农村义务教育、公益性青少年活动场所等领域的捐赠,可在应纳税所得额中全额扣除。

3. 对慈善活动受益人的税收优惠。个人作为慈善活动的受益人,尤其是作为慈善捐赠的受捐赠人,所获得的捐赠收入不计入个人所得税法中规定的个人应纳税所得,无须缴纳个人所得税。

二、目前存在的主要问题

1. 财政部、国家税务总局的同志提出,从现有规定看,国家对慈善活动采取的各项税收优惠措施较为全面,尤其是2008年汶川地震以来,进一步加大了对捐赠活动的税收优惠力度,有力推动公益慈善事业发展。从优惠税种看,现有规定主要围绕所得税展开,也涉及土地和房屋契税、房产税和城镇土地使用税、土地增值税等多个方面。如《契税暂行条例》规定,从事慈善事业的事业单位、社会团体承受土地、房屋用于办公、教学、医疗、科研和军事设施的,免征契税。从税率优惠力度看,无论是企业扣除比例(百分之十二)还是个人扣除比例(百分之三十),在国际上均处于中等偏上水平,并不存在扣除比例偏低的问题。

在慈善捐赠活动中,捐赠人必须向具有公益性捐赠税前扣除资格的非营利组织进行捐赠,才能享有国家规定的税收优惠。民政部、财政部和税务总局三家审核确认非营利组织的公益性捐赠税前扣除资格。2015年5月14日,国务院发布《关于取消非行政许可审批事项的决定》,取消该项非行政许可审批事项。

财政部、国家税务总局的同志认为,一方面,税收优惠政策既要促进慈善事业发展,又要防止一些企业和富豪打着慈善的旗号谋取不正当的名声或者私利。从国际上看,美国等一些西方发达国家税务部门均对非营利组织的认定及其税收优惠实行严格的监督管理,考虑到我国目前包括慈善组织在内的各类社会组织情况较为复杂,对享有税收优惠的慈善组织的范围不宜放的过宽。另一方面,公益事业的发展在我国仍然是一项新事物,针对目前有关方面反映较为突出的实物捐赠、股权捐赠难以享受税收优惠,以及个别富商大额国外捐赠等问题,媒体报道有偏失,实际情况较为复杂,需要进一步作深入研究,待条件成熟时完善相关税收法律法规。

2. 民政部的同志提出,现行有关法律法规对慈善活动享有的税收优惠作了一些规定,但是从实际工作看很不完善:一是覆盖的税种较为有限,主要限于所得税优惠,缺乏流转税等其他税种的优惠。以实物、不动产和股权等形式捐赠,可以享受相应的所得税优惠,但是在流转环节视同销售行为,仍需缴纳相应的税费。例如某企业家捐赠市值三十五亿元的公司股票,流转环节须额外缴纳税款七亿多元,方可完成捐赠。二是覆盖的环节较为有限。慈善组织的收入既包括捐赠收入、政府资助,也包括政府购买服务以及慈善组织向公众提供服务的收入,从现有税收优惠政策看,我国对于慈善组织的税收优惠主要局限于财产捐赠等少数环节。例如,慈善组织取得捐赠财产及其银行存款利息,可以依法享受免征所得税的优惠,但是慈善组织从事经营性活动取得的收入,不进行分配,继续用于公益事业,仍无法享受所得税减免。三是覆盖的主体十分有限。按照目前财政、税务部门的做法,其认可的享有公益性捐赠税前扣除资格的非营利组织,仅限于基金会和少量的公益性社会团体,公益性民办非企业单位不具有申请资格,无法享受相应的政策优惠。另外,在实践中,一些地方税务部门担心社会组织借"公益"之名偷税漏税,对非营利组织的税收优惠管理过于严格,导致大量原本应当享受税收优惠的组织,实际上难以享受,极大地制约了捐赠人的捐赠意愿和慈善组织、慈善事业的健康发展。

三、对完善草案有关规定的意见和建议

慈善法草案第八十三条、第八十四条和第八十五条分别对慈

善组织、捐赠人和受益人依法享受税收优惠作了原则规定。

财政部、国家税务总局的同志提出，按照党的十八届三中全会决定的要求，税收优惠政策统一由专门税收法律法规规定。考虑到税收法律体系的完整性，慈善法等非税收类单行法律不宜对税收优惠作具体规定。草案目前对慈善活动的税收优惠作了指引性的原则规定是合适的，也可以再简化一些，将三条规定合并为一条，仅规定慈善活动依法享受税收优惠。如需进一步加大对慈善活动的税收优惠力度，应当通过修改完善单行税收法律法规来实现，不宜在慈善法中作具体规定。

民政部的同志提出，慈善事业发展事关国家战略，要以战略思维来认识问题。国家给予慈善活动一定的税收优惠，不是一项恩泽，而是促进慈善事业发展的一项重要举措。国家通过税收优惠等政策扶持措施，给慈善事业健康发展带来的积极影响和长期收益，远远大于因税收优惠而减少的政府收入。切不可因噎废食，无所作为。慈善法作为慈善领域的一部基础性法律，要坚持问题导向，有必要针对当前实践中存在的突出问题，以及各方面的迫切要求，对慈善活动享有税收优惠作进一步规定。即使按照党的十八届三中全会决定的要求，税收优惠政策统一由专门税收法律法规规定，慈善法也有必要进一步提出一些总的要求，要有基本原则，明确慈善活动在哪些税种、哪些环节可以享受税收优惠，从而体现国家促进慈善事业发展的战略要求。

此外，民政部的同志还针对完善慈善活动税收优惠提出两项具体意见：一是草案仅对慈善组织、捐赠人和受益人三方享有的税收优惠作了原则规定，考虑到慈善信托也是开展慈善活动的重要形式，有必要在草案中对慈善信托依法享受税收优惠作出规定。二是国务院2013年批转发展改革委等部门《关于深化收入分配制度改革若干意见的通知》提出，对企业公益性捐赠支出超过年度利润总额百分之十二的部分，允许结转以后年度扣除。这一规定由于与企业所得税法不一致未能实施。考虑到近年来大额捐赠逐渐增多,为促进慈善事业发展,建议对此问题统筹考虑,与企业所得税法的修改一并研究。

一些信托机构和专家学者等对慈善信托问题的意见

2015年12月2日，法工委阚珂副主任主持召开座谈会，听取有关信托机构、信托行业协会、监管部门，以及部分从事信托问题研究的专家学者对慈善法草案有关慈善信托问题的意见。国投信托公司、长安信托公司、国民信托公司、中国信托业协会、银监会的有关负责人，北师大中国公益研究院、中国政法大学的专家学者，以及民政部政策法规司、民间组织服务中心负责同志参加了座谈。与会人员围绕慈善信托问题，进行了深入讨论和交流。简报如下：

一、以信托方式开展慈善活动的积极意义

与会人员普遍认为，慈善信托是开展慈善活动的一种重要方式。在慈善法中专门规定慈善信托，对拓宽慈善活动方式、促进慈善事业发展具有重要意义。与通过慈善组织捐赠财产开展慈善活动相比，慈善信托具有以下特点：一是财产高度独立。慈善信托财产既独立于委托人财产，又独立于受托人的财产，受托人接受的各项信托财产之间也是相互独立的，通常不会受到委托人、受托人自身财务状况包括破产清算的影响。二是运行低成本。很多慈善信托都可以通过交纳一定的管理费用，依托已经成立的信托机构开展慈善活动，不用另设组织并付出较高的运行成本；慈善信托方式也更有利于财产的保值增值。三是自主性。委托人可以通过信托

文件和后续的监督发挥影响力,对信托财产的管理使用进行有效地控制,保证实现慈善初衷。四是灵活性。目前股权、房产等现金以外的其他财产,在通过捐赠方式开展慈善时面临不少困难,但通过信托方式可以进行灵活处理;信托财产用于慈善活动时,不受年度支出比例的限制,可以根据需要灵活开展慈善项目。

有的学者提出,在慈善事业中引入信托,有利于在慈善领域形成竞争机制,促进慈善组织规范运作和慈善事业健康发展。高传捷认为,考虑到我国慈善信托发展尚处于起步阶段,在草案中不必苛求完美,可以通过立法提供制度选择,让慈善信托先发展起来,今后根据实践中出现的问题逐步予以规范。

二、慈善信托受托人的范围及其资格

慈善法草案第四十八条规定,慈善信托的受托人可以是委托人信赖的慈善组织或者金融机构,也可以是具有完全民事行为能力的自然人。座谈会上,对可以担任慈善信托的受托人的范围,主要有三种观点:

一是认为由信托公司担任受托人,更有利于慈善信托的规范运行。中国信托业协会、银监会信托部的同志提出,从保证财产独立性和能够实施有效监管的角度考虑,应当对担任慈善信托受托人的主体范围作出严格限制。信托公司有严格的财务管理、有效的行政监管和充足的客户资源,由信托公司担任慈善信托的受托人,更有利于确保慈善信托财产的安全、规范和高效运行。银监会信托部的同志提出,目前只有信托公司可以在银行采取“信托公司名+公益项目名”的方式开户,其他组织甚至银行等其他金融机构都无法这样操作,实际上也没有开展慈善信托业务的能力,建议将草案中的“金融机构”修改为“信托公司”。

二是认为可以允许慈善组织和信托公司以外的其他金融机构担任慈善信托受托人,但要提出相应的要求。国投信托的同志提出，信托公司不具备开展慈善活动的专业性，应当允许慈善组织作为慈善信托的受托人。信托业协会、银监会信托部的同志提出，除信托公司外，如果允许慈善组织作为受托人，应当要求慈善组织建立与信托业务相适应的财务管理制度，或者允许慈善组织通过聘请专业的机构对信托财产进行管理。有的学者提出，应当允许信托公司以外的其他金融机构作为慈善信托的受托人。有的学者提出，如果允许商业银行等金融机构作为慈善信托的受托人，要充分考虑现有法律法规对混业经营的相关要求。

三是认为应当允许所有的自然人、法人担任受托人。有的学者和长安信托的同志提出，信托法允许自然人、法人担任受托人，在慈善法草案中也可以把慈善信托受托人的范围放宽一些，后续的监管措施可以根据实际情况，在相关的管理细则中予以规定。有的学者提出，在允许自然人、法人均可担任慈善信托受托人的基础上，要对其资格作出严格要求，具体要求可由主管部门另行规定。

慈善法草案第四十九条规定，受托人管理和处分信托财产，应当按照信托目的，恪尽职守，履行诚信、谨慎管理的义务。有的学者提出，上述关于受托人信义义务的规定，很必要，也很重要，建议进一步明确、具体，确保在行政管理缺位的情况下，委托人、受益人可以依据该规定进行权利救济。

三、慈善信托的监督管理

根据信托法的规定，公益信托实行批准制，设立公益信托和确定其受托人，应当经有关公益事业的管理机构批准。按照慈善法草案，慈善信托实行选择性备案，即设立慈善信托、确定受托人，信托文件要求备案的，受托人应当将信托文件向县级以上人民政府民政部门备案。

有的学者和银监会信托部的同志提出，信托法中“有关公益事业的管理机构”不明确，且后续的税收优惠等配套制度没有及时跟进，是公益信托多年来一直没有发展起来的主要原因。慈善法草案明确了民政部门是接受慈善信托备案的管理部门，往前进了一大步，必将有利于慈善信托业的发展。

一些专家学者和信托机构的同志提出，考虑到慈善信托本身的特点，以及当前要推动慈善信托发展的现实需要，不宜要求慈善信托必须向民政部门备案，可以通过税收优惠等鼓励措施进行正面引导，规定向民政部门备案的慈善信托，可以享受相应的优惠措施。有的学者提出，可以通过建立慈善事业委员会对备案的慈善信托进行审查，认定符合相应的条件后，由有关部门给予优惠。

国投信托的同志提出，从行政管辖的角度看，草案规定的县级以上人民政府行政部门是指委托人、受托人还是受益人所在地的民政部门不清楚，为避免有关部门在备案管理上相互推诿，建议明确信托文件要求备案的，应当向受托人所在地的民政部门备案。

四、慈善信托的税收优惠

与会同志普遍认为，慈善信托作为慈善活动的一种重要方式，应当明确在税收上可以享受的优惠措施。北师大高传捷、长安信托提出，应当借鉴国外鼓励慈善信托的经验，规定慈善信托的委托人、受托人、受益人依法享受税收优惠。

1. 关于享受税收优惠的环节，有两种不同观点：一是在设立慈善信托时即享受税收优惠。国民信托、国投信托的同志认为，慈善信托一旦设立，相当于委托人已经完成了财产捐赠，应当允许在其应纳税所得额中予以扣除。二是在实际开展慈善活动时享受税收优惠。银监会信托部的同志提出，应当在实际捐赠到受益人时，从委托人当年应纳税所得额中予以扣除。

2. 关于享受税收优惠是否要以“公益性”为前提，也有两种不同观点：一是以设立慈善信托时受益人不确定为前提。信托业协会、银监会信托部的同志认为，慈善信托财产及其收益的所有权应当最终属于未来的不特定的受益人，根据慈善信托的这一公益特点，如果具体的受益人在设立慈善信托时已经明确，就应当等同于普通民事信托，不享受税收优惠。银监会信托部的同志还提出，要防止通过慈善信托的名义指定委托人、受托人的利害关系人作为受益人，实施逃税、避税等行为。二是不区分受益人是否特定，只要符合慈善目的就能享受税收优惠。长安信托的同志提出，慈善信托设立时即便确定了特定的受益人，但只要符合慈善宗旨，就应当与慈善捐赠一样，享受相应的税收优惠；为防止上述逃税、避税等违法行为，建议规定委托人和受托人在约定慈善信托财产的用途和受益人时，不得违慈善信托的宗旨，指定其利害关系人作为受益人。

信托业协会的同志建议，对慈善信托的税收优惠，不宜简单套用慈善捐赠享受税收优惠的有关规定，应根据慈善信托本身的特点，出台专门的税收优惠法律、法规。有的学者建议规定，在本法颁布施行后一定时间内，由有关部门制定关于慈善信托税收优惠的相关细则。

五、对草案的其他具体修改意见

1. 慈善法草案第五十二条规定，慈善信托的受益人按照信托文件确定。有的学者提出，慈善信托的公益性决定了在设立慈善信托时，受益人应当是不特定的人，为避免上述规定产生歧义，建议规定信托文件在确定受益人时，应当符合慈善目的，程序合法，公平公正。

2. 慈善法草案第五十三条规定，慈善信托财产及其收益，不得用于非慈善目的。有的学者提出，如果委托人不享受税收优惠政策，应当允许其自行决定将慈善信托财产及其收益的全部用于慈善，还是部分用于慈善，或者只将收益部分用于慈善。

3. 草案第五十一条规定，慈善信托根据需要可以由信托文件规定设信托监察人。有的学者建议，慈善信托设立信托监察人应当作为强制要求，以保证对慈善信托的有效监督。

4. 有的学者和信托业协会的同志提出，要处理好慈善法与信托法的关系，建议明确慈善信托的其他事项本法没有规定的，适用信托法的有关规定。

慈善法草案广东、云南调研简报

2015年11月16日至19日，法工委阚珂副主任带领社会法室同志先后赴广东省深圳市和云南省昆明市，就慈善法草案有关问题进行调研。民政部有关负责同志陪同参加调研。其间，调研组分别与两省有关部门、部分慈善组织和相关单位进行座谈；实地考察了部分慈善组织，了解情况、听取意见。全国人大代表李光惠参加了在云南省的调研活动。现将有关情况简报如下：

一、两省慈善事业发展的基本情况

从调研情况看，广东和云南两省近年来都很重视慈善事业的发展，按照中央关于转变政府职能、加强社会建设等系列重大决策部署，以培育发展社会组织、加快推进现代社会组织体制建设为突破口，积极推动慈善事业健康发展。广东省慈善事业发展走在全国前列。全省社会捐赠平台方便多样，服务体系健全，社会捐赠积极踊跃；慈善组织网络基本覆盖城乡社区；志愿服务制度健全，注册志愿者占城镇常住人口比例达百分之十。云南省积极探索和规范网络募捐、联合劝募、社区义卖、微公益等各种新兴慈善形式的发展，积极推动民间慈善组织发展；规范完善志愿者招募机制，健全培训激励机制；强化规范慈善组织内部治理和信息公开；加强慈善组织诚信建设和监督检查。

两省的同志普遍表示，当前慈善事业发展存在慈善组织法律定位不明确、内部治理不完善、信息公开不充分等突出问题，制定慈善法有利于激发慈善组织活力，推动慈善事业的发展。并就慈善法草案提出了具体意见。

二、关于慈善组织

1. 草案第八条规定，慈善组织是指依法登记，以开展慈善活动为宗旨的非营利组织。第十条规定，设立慈善组织应当向民政部门申请登记，已经设立的社会组织可以向原登记的民政部门申请变更登记为慈善组织。第十一条规定，慈善组织可以采取基金会、社会团体、社会服务机构等社会组织形式。

广东省民政厅、深圳市民政局提出，慈善组织是社会组织中以开展慈善活动为宗旨的一类组织，而不是基金会、社会团体和民办非企业单位这三类社会组织形式之外的第四类社会组织。因此，建议将对慈善组织资格的赋予由“登记制”改为“认定制”，即明确慈善组织是在现有社会组织类型上的一项资格认定。

云南省民政厅和有的慈善组织提出，非营利组织概念的外延比社会组织要宽泛，通常还包括部分中介服务组织、事业单位，而社会组织仅限于基金会、社会团体和民办非企业单位三种形式，建议将草案第八条与第十条合并表述，修改为“本法所称慈善组织，是指依法登记，以开展慈善活动为宗旨的社会组织”。

有的慈善组织提出，慈善组织的资格获得与税收优惠密切相关，建议在草案第九条中明确认定慈善组织的具体条件。同时明确，依据慈善法认定的慈善组织享有相应的税收优惠，不需要再经财政税务部门认定。

2. 草案第十七条规定，慈善组织开展慈善活动支出的比例以及管理成本的标准，捐赠协议有约定的，按照其约定；捐赠协议未约定的，依照国务院民政部门的有关规定。

一些单位提出，捐赠协议有关慈善活动支出比例及管理成本标准的约定,一般是针对单次捐赠活动所作的约定,而按照目前基金会管理条例的规定,国务院民政部门有关慈善活动支出比例及管理成本标准的规定,是年度性的总体要求。二者指向不同,不宜放在同一层次上规定,建议进一步厘清。同时,为防止捐赠协议规定的标准超出合理范围,产生道德风险和利益输送问题,建议在草案这一条中规定,“捐赠协议约定的标准不得超过国务院民政部门规定的上限”。有的单位提出,为便于实际执行,建议在草案中直接对慈善组织开展慈善活动的支出比例及管理成本的标准作出具体规定。

一些单位提出,应当尊重慈善组织的自主性,慈善组织开展慈善活动的支出比例及管理成本的标准,没有必要由主管部门规定,而是应当由捐赠协约定或者由慈善组织章程规定。

3. 草案第二十三条规定慈善组织终止后应当进行清算,并对清算后的剩余财产的处置作了规定。有的慈善组织提出,慈善组织清算后的剩余财产不应由民政部门主持转赠给相同宗旨的慈善组织,而应该按照慈善组织的章程规定办理,章程未规定的,应当在民政部门的监督下(而非主持下)转赠其他慈善组织。

三、关于慈善募捐

1. 草案第二十六条、第二十七条规定,慈善组织自登记之日起可以向特定对象进行非公开募捐;依法登记满两年、运作规范的慈善组织,可以向原登记的民政部门申请公开募捐资格证书;慈善组织开展公开募捐,应当在其登记的民政部门行政管理区域内进行。

有的慈善组织提出,随着互联网募捐方式的快速发展,公开募捐与非公开募捐的界限正在逐步消失,对公开募捐资格进行限制没有必要。草案对二者加以区分,并采取不同的管理方式,这种思路是否合适,建议作进一步研究。深圳市民政局提出,草案第二十六条要求依法登记满两年、运作规范的慈善组织方可开展公开募捐。这一限制性规定是否合理，建议作进一步研究。

云南省民政厅提出，公开募捐资格认定是一项重要的行政许可行为，应当对民政部门审查批准规定时限要求，建议明确规定民政部门应当“自收到申请之日起三十日内”经审查后发给公开募捐资格证书。此外，公开募捐资格认定不宜实行终身制，对已不具备公开募捐资格的慈善组织，认定机关应该予以收回或者取消公开募捐资格。因此，建议在草案第二十六条增加一款规定，“对持有公开募捐资格证书的慈善组织，受到本法规定行政处罚的、年度检查不合格或连续两年未参加年度检查的，由原发放公开募捐资格证书的民政部门收回其持有的公开募捐资格证书”。

有的慈善组织提出，草案关于慈善组织开展公开募捐应当在其登记的民政部门行政管理区域内进行的规定不合理。应当允许经济落后地区的慈善组织到经济发达地区开展义演、义卖等公开募捐活动，建议草案作相应修改。

2. 草案第二十八条对通过互联网开展募捐作了规定。有的慈善组织提出，互联网募捐是公开募捐的一种方式，也是将来慈善募捐的主要方式，对互联网募捐作特殊规定没有必要，建议将草案这一条内容与第二十七条合并。一些单位提出，互联网募捐是公开募捐的一种方式，具有方便、快捷、公开透明等优点，应允许所有取得公开募捐资格的慈善组织开展互联网募捐。草案按照慈善组织的登记级别对其募捐平台作不同规定没有必要，建议不作要求。同时，考虑到互联网募捐存在监管难度，为保障捐赠人的知情权和选择权，便于社会公众监督互联网募捐，建议明确慈善组织在开展互联网募捐时，应当注明其登记的民政部门。

3. 草案第三十一条规定，不具有公开募捐资格的组织或者个人，不得采取公开募捐方式开展公开募捐，但可以与有公开募捐资格的慈善组织合作开展公开募捐，募得款物由具有公开募捐资格的慈善组织管理。有的慈善组织建议，在草案中明确个人公开募捐行为与个人自救的区别,个人公开求助行为不应该禁止。

4. 草案第三十二条规定,广播、电视、报刊以及网络服务提供者、电信运营商,应当对利用其平台开展公开募捐的慈善组织的登记证书、公开募捐资格证书进行验证。有的慈善组织提出,对于在微信、微博等互联网媒体上发布的募捐信息,要求网络服务提供者对相关证书逐一进行验证非常困难,现实中不具有可操作性,建议对本条规定作进一步研究。

四、关于慈善捐赠

草案第三十八条第一款规定,捐赠人可以通过慈善组织捐赠,也可以直接向受益人捐赠。有的慈善组织和云南省民政厅提出,慈善立法应当重点规范的是捐赠人通过慈善组织进行捐赠,由慈善组织实施慈善项目,草案相关制度也是以此为基础进行设计的。捐赠人直接给予受益人财物的行为,应当适用合同法中关于赠与合同的规定,没有必要在草案中规定,建议删去草案的上述规定。

草案第三十八条第二款规定,捐赠人捐赠的财产应当是其有权处分的合法财产。慈善捐赠财产包括资金、实物、有价证券、股权、知识产权收益等有形或者无形财产。云南省人大内司委提出,应当对文物、字画等特殊物品的捐赠进一步予以规范,建议在草案中明确特殊物品捐赠的价格确定方式。深圳市民政局建议规定,非货币捐赠应该由第三方机构进行评估确定价值。

五、关于慈善信托

1. 草案第四十七条规定,设立慈善信托、确定受托人,应当采取书面形式。信托文件要求备案的,受托人应当将信托文件向县级以上人民政府民政部门备案。

云南省民政厅提出,为加强对慈善信托的监管,同时考虑与信托法中有关公益信托规定的衔接,建议将慈善信托由备案制改为登记制。云南省人大内司委提出,为提高慈善公信力,建议明确所有慈善信托应当在民政部门进行备案,而非限于信托文件要求备案的方才备案。

2. 草案第四十九条规定了慈善信托受托人管理和处分信托财产的义务。云南省民政厅提出,不应当允许慈善信托进行公开募捐。慈善组织作为受托人时,一旦对其信托计划进行公开宣传,就会形成实质上的“公开募捐”。因此,建议在本条中增加一款规定,“受托人推介慈善信托计划时,不得进行公开宣传”。

3. 草案第五十一条规定,慈善信托根据需要可以由信托文件规定设信托监察人。云南省民政厅提出,慈善信托的受益人为不特定社会公众,在实现权利救济方面往往缺少可操作性。目前在国内已有的信托实践中,都会选择会计师事务所、审计事务所或律师事务所作为监察人,效果良好。因此,建议在草案中明确规定:慈善信托应当设立信托监察人。信托监察人应选择声誉良好的会计事务所、审计事务所或律师事务所担任,具体要求由信托文件规定。

4. 草案第五十六条对慈善信托剩余财产的处置作了规定。深圳市民政局、云南省民政厅提出,慈善法只需要对慈善信托剩余财产没有权利归属人或者权利归属人是不特定的公众的情形作出规定,建议对此情形按照与信托法规定的“近似原则”,由民政部门主持将剩余财产转赠给宗旨相同或者近似的慈善组织或其他慈善信托。

六、关于慈善服务

草案第五十七条规定,本法所称慈善服务,是指慈善组织以及其他组织或者个人基于慈善目的,向他人或者社会提供的非营利服务。广东省民政厅提出,草案关于慈善服务的定义中缺少“法人”这一类主体,建议将“慈善组织以及其他组织或者个人”修改为

"慈善组织以及自然人、法人和其他组织"。云南省民政厅建议将这一条修改为"本法所称慈善服务,是指慈善组织以及自然人、法人和其他组织以志愿服务、使用慈善财产等方式向他人和社会提供非营利服务的慈善活动"。

草案第六十六条规定了慈善组织对志愿服务者服务信息的记录义务,以及出具志愿服务记录证明的义务。广东省民政厅、云南省民政厅提出,实践中除慈善组织使用志愿者提供志愿服务外,还有其他单位使用志愿者提供志愿服务的情况。建议规定其他使用志愿服务的单位,也应当依法做好志愿服务记录、提供志愿服务记录证明等工作,保护志愿者合法权益。

七、关于慈善活动税收优惠

与会单位普遍表示,目前关于慈善活动的税收优惠比较有限,并且在具体落实中存在一些困难,建议进一步加大国家对慈善活动的税收优惠支持力度。有的慈善组织、云南省民政厅提出,慈善信托与慈善组织都是作为开展慈善活动的主体,应当享受相同优惠待遇。建议在草案中增加规定,慈善信托及其取得的收入依法享受税收优惠。

云南省地方税务局提出,目前企业发生的公益性捐赠支出超过企业所得税法规定限额的部分不允许向以后年度结转扣除,影响了企业捐赠的积极性。建议草案放宽规定,允许企业发生公益性捐赠支出超过规定年度限额的部分,在后续年份结转扣除。

云南省财政厅提出,今年 5 月国务院取消了公益性捐赠税前扣除资格的认定,目前尚未出台新的规定,给公益事业发展造成一定影响,建议国家尽快出台公益性捐赠税前扣除资格认定的相关政策。

八、关于慈善活动的监督管理

草案第七十三条规定,县级以上人民政府民政部门应当建立或者指定慈善信息平台，慈善组织应当在该平台发布慈善信息。深圳市民政局提出，政府部门没有必要建立或者指定慈善信息平台。有的慈善组织提出，随着互联网技术的发展，慈善组织发布慈善信息的渠道多种多样，没有必要一概要求在民政部门建立或者指定的信息平台发布慈善信息，建议删去这一规定。

草案第一百条中规定，慈善组织应当每年向民政部门报送年度工作报告，包括经审计的财务会计报告。云南省民政厅、深圳市民政局提出，对慈善组织的财务会计报告进行审计应当是一项政府职责，在必要的时候使用。没有必要要求慈善组织提交的财务报告必须事先经过审计。目前基金会、社会团体和民办非企业单位三类社会组织经济实力情况不一、差别较大，统一要求所有慈善组织都必须对其财务会计报告进行审计，会给慈善组织造成经济负担。因此，建议删去草案这一条中要求慈善组织的财务会计报告须经审计的规定。

云南省人大常委会法工委建议，进一步加强对慈善活动的审计监督工作。省审计厅提出，按照审计法的规定，社会捐助资金属于政府审计的对象，但是对慈善组织的审计更多的应当依靠慈善组织的自律和社会审计，政府部门不宜过多介入。

深圳市民政局提出，对于慈善组织、慈善活动的监管应当是民政、财政、税务等部门的综合监管，建议在草案中细化民政部门对慈善组织、慈善活动的监管职责；同时明确财政、税务等相关部门依照各自职责对慈善组织、慈善活动进行监管。

九、其他意见

1. 有的慈善组织建议将本法名称改为“公益慈善法”。

2. 广东省民政厅建议将草案第三条第一项扶贫济困、扶助老幼病残等“困难群体”改为“弱势群体”。

3. 深圳市红十字会建议在草案第十六条中规定，慈善组织拍卖或者变卖不易储存、运输或者难以直接用于慈善目的的捐赠实物须经过捐赠人的同意。

4. 云南省人大内司委、有的慈善组织建议在草案中进一步强化对慈善组织的工作人员的权益保障。

十二届全国人大常委会第十八次会议审议慈善法草案二次审议稿的意见

12 月 23 日下午，十二届全国人大常委会第十八次会议对慈善法（草案二次审议稿）进行了审议。现将主要审议意见简报如下：

一、总的意见

常委会组成人员和列席人员普遍认为，慈善事业在扶危济困、促进社会公平、落实共享发展理念中发挥着重要作用。草案二次审议稿较好地吸收了常委会审议意见和社会各方面意见，体现了十八届五中全会和中央扶贫开发工作会议的精神，内容更加全面，可操作性更强，有利于进一步促进我国慈善事业的发展，弘扬社会主义核心价值观和中华民族优秀传统文化。

有些常委会组成人员提出，慈善法是社会领域的一部重要法律，是慈善制度建设的基础性、综合性法律。提交大会审议，有利于集思广益、凝聚共识，赞成经这次常委会会议审议和完善后提请十二届全国人大第四次会议审议。

二、关于总则

草案二次审议稿规定了立法目的。有的地方人大负责人提出，慈善事业发展应当落实“共享发展”的理念。有的委员建议将“促进社会进步”改为“促进共享发展，完善社会第三次分配”。有的委员和地方人大负责人建议将“志愿者”改为“慈善服务提供者”。

草案二次审议稿第三条对哪些活动属于慈善活动作了规定。有的委员建议将第一项和第二项合并,并对“慈善”下定义。有的委员建议将第二项中的“困难群体”改为“特殊群体”,将第六项中的“其他公益活动”改为“其他公益活动项目”。有的委员建议,增加规定“对参战参试的退役军人、烈士父母子女、驻外牺牲人员家属的帮扶”。

草案二次审议稿第四条规定,开展慈善活动,应当遵循合法、自愿、诚信、非营利的原则。有的委员建议增加共享原则。有的委员建议增加公开、平等原则。

草案二次审议稿第七条规定,每年3月5日为中华慈善日。有的常委委员提出,3月5日与其他很多节日在同一天,建议具体日期再斟酌。有的常委委员建议改为9月5日。有的常委委员建议不设慈善日。

三、关于慈善组织

草案二次审议稿第八条规定,慈善组织是指依法登记,以开展慈善活动为宗旨的基金会、社会团体、社会服务机构等非营利组织。有的委员提出,社会团体、社会服务机构中哪些属于慈善组织,建议明确。

草案二次审议稿第九条对慈善组织应当符合的条件作了规定。有的委员提出,慈善法应当明确慈善组织的法人地位,建议增加规定“慈善组织依法登记成立,取得法人资格。慈善组织以其全部财产对其债务承担责任,捐赠人以其捐赠财产额为限对慈善组织承担责任”。有的委员提出,注册慈善组织不太复杂,但免税资格难以获得,影响了人们做慈善的积极性和慈善事业的发展规模,建议研究。有的专委会委员建议将第三项修改为“有规范的名称和固定的住所”，增加“有与其业务活动相适应的工作人员”、“有独立承担民事责任的能力”的要求。有的委员提出，华人社团在内地一般都没有住所，建议对华人社团与国内慈善组织有所区别，不对住所提出要求。

草案二次审议稿第十条规定了设立慈善组织和认定慈善组织的程序。有的代表提出，依据该条规定，新设立的慈善组织需要先申请登记为基金会、社团等社会组织，然后申请认定为慈善组织，程序烦琐，建议草案规定新设立慈善组织可一次性直接登记认定为慈善组织。

草案二次审议稿第十一条规定了慈善组织章程应当载明的事项。有的委员建议增加一项“信息公开的方式”。有的专委会委员建议明确慈善组织决策、执行机构产生和罢免等程序。

草案二次审议稿第十二条规定，慈善组织应当建立健全内部治理结构。有的委员建议明确理事会的构成和作用。

草案二次审议稿第十三条第二款规定，慈善组织开展慈善活动的年度支出以及管理成本的标准，由国务院民政部门会同国务院财政、税务等部门规定。有的委员和代表建议明确年度支出的下限比例和管理成本的上限比例。有的委员提出，不同慈善组织开展慈善活动的差别比较大，由政府部门规定年度支出和管理成本的标准不妥，建议由政府部门规定哪些项目属于成本，同时规定相应的信息公开措施，由社会监督。有的委员提出，民政部门会同财政、税务等部门制定的标准，如果本法实施后还未出台，会影响慈善组织的发展。

草案二次审议稿第十四条规定，慈善组织的发起人、主要捐赠人以及管理人员，不得利用其关联关系，损害慈善组织利益和社会公共利益；上述人员与慈善组织发生交易行为的，不得参与该交易行为的决策。有的委员建议删去“主要捐赠人”中的“主要”二字。有的委员建议将“管理人员”修改为“高级管理人员”。有的委员建议明确什么是“关联关系”。有的代表建议明确不得参与交易行为的决策具体是指什么。有的委员建议将第二款修改为“慈善组织的发起人、主要捐赠人以及管理人员一般不得与慈善组织发生交易行为;确需发生交易行为的,不得参与该交易行为的决策,有关交易情况必须向社会公开”。

草案二次审议稿第十六条规定了不得担任慈善组织负责人的情形。有的委员提出,慈善组织负责人承担的社会责任较大,任职资格应严格把关,建议增加“因犯有贪污、贿赂、侵占财产、挪用财产罪或者破坏社会主义市场经济秩序罪,被判刑罚,执行期满未逾五年,或者因犯罪被剥夺政治权利,执行期满未逾五年”、“担任经营不善、破产清算的公司、企业的法定代表人,并负有个人责任的,自该公司、企业破产清算完结之日起未满三年”、“担任因违法被吊销营业执照的公司、企业的法定代表人,并负有个人责任的,自该公司、企业被吊销营业执照起未逾三年”、“个人所负数额较大的债务到期未清偿”的情形。

草案二次审议稿第十八条规定了慈善组织的清算。有的常委会组成人员建议将第三款中的“并向社会公告”放到第四款最后,修改为“并由民政部门向社会公告”。有的专委会委员提出,为防止久清不算、久算不决,建议增加规定清算完成时限。有的委员建议将第三款“章程未规定的,由民政部门主持转给宗旨相同或者相近的慈善组织”修改为“章程未规定的,上缴国库”。

四、关于慈善募捐

草案第二十一条规定了公开募捐资格。有的委员建议提高慈善组织的设立门槛,并规定只要一登记就可以发给公开募捐资格证书。有的委员建议规定“民政部门发给公开募捐资格证书后,应当向社会公布”。有的委员建议将“没有受到本法规定的行政处罚的”中的“本法”修改为“法律、行政法规”。有的专委会委员建议规定依法登记且连续三年运作规范、年检合格的慈善组织，可以申请公开募捐资格证书。

草案二次审议稿第二十二条规定了公开募捐的形式。一些常委委员、代表提出，对现场募捐作出地域限制有一定的局限性，不能有效实现募捐目的，建议放开对现场募捐的地域限制。有的委员提出，个人募捐在实践中增长很快，对此不宜简单禁止，要在区分非法募捐和个人求助的基础上，作出相对灵活的规定。有的委员建议规范和加强对个人网络募捐行为的管理。有的委员提出，第二十四条已经对公开募捐时公布公开募捐资格证书作了规定，建议删去“通过网络募捐的，应当标明其登记机关”。有的委员建议民政部门在其网站上公布公共场所公开募捐的日期。

草案二次审议稿第二十三条规定，开展公开募捐，应当制定募捐方案。有的委员建议规定募捐方案要向民政部门备案。有的委员提出，为了提高募捐的透明度，建议增加规定“在开展活动十五日前公开募捐方案”。

草案二次审议稿第二十五条规定，不具有公开募捐资格的组织或者个人，可以与具有公开募捐资格的慈善组织合作开展公开募捐。有的委员建议在第一句话后增加“基于慈善宗旨”。有的代表提出，合作募捐讲不通，不存在合作募捐的概念，应当是谁募捐谁负责。

草案二次审议稿第二十八条规定，开展募捐活动，不得妨碍公共秩序、企业生产及人民生活。有的委员建议将“企业生产”修改为“企业事业单位生产和工作”。

五、关于慈善捐赠

草案二次审议稿第三十一条规定，捐赠人可以通过慈善组织捐赠，也可以直接向受益人捐赠。有的委员、代表建议删去“也可以直接向受益人捐赠”的表述。

草案二次审议稿第三十三条规定，自然人、法人和其他组织开展演出、比赛、销售、拍卖等经营性活动，承诺将所得用于慈善活动的，应当在举办活动前签订捐赠协议。有的委员建议在“签订捐赠协议”后增加“方可进行宣传活动”。

草案二次审议稿第三十四条规定，慈善组织接受捐赠，应当开具捐赠票据；捐赠人匿名或者放弃接受捐赠票据，慈善组织应当做好相关记录。有的委员提出，匿名捐赠或者放弃捐赠的仅由慈善组织做好相关记录无法做到有效监督，建议修改为捐赠人匿名或者放弃接受捐赠票据的，慈善组织仍应开具匿名捐赠票据，并妥善保管。

草案二次审议稿第三十五条规定，慈善组织接受数额较大的捐赠，应当与捐赠人签订书面捐赠协议；接受数额较小的捐赠，捐赠人要求签订书面捐赠协议的，慈善组织应当签订书面捐赠协议。有的委员建议明确“数额较大”、“数额较小”的界定标准。有的代表提出，对于数额较大的捐赠协议，应当进行公证并赋予强制执行效力。

草案二次审议稿第三十六条规定，任何组织和个人不得利用慈善捐赠，以任何方式宣传烟草制品及其生产者、销售者以及法律法规禁止宣传的其他产品和事项。有的委员建议修改为“禁止烟草生产者、销售者以慈善名义进行捐赠；个人或单位不得接受烟草生产者、销售者以慈善名义的捐赠。”有的代表建议修改为“任何组织和个人不得利用慈善募捐进行法律法规禁止宣传的产品和事项”。有的委员建议增加规定“捐赠人与慈善组织约定捐赠财产的用途和受益人，因自然原因消失而捐赠财产未分配的，可按原约定的相似用途和受益人继续执行”。

草案二次审议稿第三十七条规定了捐赠协议的履行。有的委员提出，捐赠是单方法律行为，法律关系以物的交付为成立要件，物在交付之前，法律关系都不成立，意思表达方随时都可以撤回，草案规定与民法原理不符。建议对承诺后不履行的情况，通过当初公布于众的方式再让社会都知道。有的地方人大负责人建议修改为“捐赠人不能交付的，慈善组织有权解除协议，并通过协议签订的范围公开不履行捐赠义务的人的名单和数额”。有的委员提出，有的企业承诺捐赠之后由于经济下行等原因拿不出捐款，建议修改或者删除这一条。有的委员建议增加规定，捐赠人拒不交付的，除可以向人民法院申请支付令或者起诉外，还可以通过登记地民政部门将捐赠人的情况告知征信系统，并建议增加捐赠人确属经济状况显著恶化可以不再履行捐赠义务的规定。有的委员建议增加一款规定：“但捐赠人自签订捐赠协议以后财产遭到不可抗力导致的重大损失或者发生重大变化的情况，慈善组织与捐赠人协商一致，可以延迟交付、修改和撤销捐赠协议，捐赠人由于签订捐赠协议给慈善组织和受捐赠人遭到的损失应予以补偿。”有的常委会组成人员建议进一步明确本条与第三十三条的关系。有的委员提出，第二款将草案第三条慈善活动进行区分规定不妥当，建议删去本条第二项中的“第一项、第二项”。

草案二次审议稿第三十八条第一款规定，捐赠人有权查询、复制其捐赠财产管理使用的有关资料；捐赠财产价值较大的，慈善组织应当及时主动向捐赠人反馈有关情况。有的委员提出，捐赠人往往没有查询捐赠财产的渠道，建议增加规定“县级以上民政部门或者相关的部门，要为捐赠人查询、复制其捐赠财产管理使用的有关资料提供便利条件”。

草案二次审议稿第三十八条第二款规定，慈善组织违反捐赠协议等方式约定的用途，捐赠人有权要求其改正；拒不改正的，捐赠人可以向人民法院起诉。有的代表建议增加规定：“捐赠人有权委托法定继承人或者委托人代其监督捐赠财产或者资产的使用。”有的委员、代表提出，为了增加捐赠人的救济途径，同时减少法院诉累，建议增加规定“捐赠人可以要求有关行政主管机关责令其改正”。有的代表提出，捐赠人起诉是请求法院监督其改正，还是要求退回捐赠，建议明确。

有的委员提出，慈善法草案应当体现华侨捐赠对于慈善活动的重要性，建议增加“国家鼓励海外华侨华人积极支持内地慈善事业”的规定。

有的委员建议对网络捐赠的监管和鼓励作出规定。

六、关于慈善财产的管理运用

草案二次审议稿第三十九条规定了慈善组织的财产。有的委员提出，第三项“政府资助的财产”应当与慈善组织的其他财产有所区分，建议修改为“政府购买服务的资金”。有的委员建议将第四项“保值、增值的收益”改为“经营性收入”。有的专委会委员建议将“募捐财产”作为慈善财产的来源之一。

草案二次审议稿第四十一条第一款规定，慈善组织对募集的财产，应当登记造册，妥善管理，专款专用。有的常委会组成人员建议将“妥善管理”修改为“严格管理”。

草案二次审议稿第四十一条第二款规定，捐赠人捐赠的实物不易储存、运输或者难以直接用于慈善目的的，慈善组织可以依法拍卖或者变卖，所得收入扣除必要费用后，应当全部用于约定的捐赠目的。有的委员提出，本款有关拍卖或者变卖的内容，在实践中容易造成混乱，建议对内容进行进一步研究。

草案二次审议稿第四十二条规定，慈善组织为实现财产保值、增值进行投资的，应当遵循合法、安全、有效的原则，投资取得的收益应当全部用于慈善目的；重大投资方案应当经决策机构组成人员三分之二以上同意。有的常委会组成人员提出，慈善组织为实现财产保值、增值进行投资的行为有一定风险，建议草案对投资的具体形式作出规定。有的代表建议增加“重大投资方案应当向民政部门备案”的规定。有的委员建议规定，政府资助的财产和捐赠协议约定不得投资的财产，不得用于投资，也不得用于清偿投资失败的债务。有的委员建议明确“重大”的标准，并规定“重大投资因个人原因造成严重损失的，应当追究决策人的责任”。有的委员建议删去“重大”二字。有的专委会委员提出，募捐财产因其特殊性质，建议规定不得用于投资。有的委员提出，各个慈善组织的组织形式区别很大，建议明确“决策机构”的含义；另外，慈善组织制定章程应当考虑风险规避的问题。有的委员提出，按照有关规定，保值增值的收益要征收企业所得税，本条规定不是太清楚，建议明确。有的地方人大负责人提出，第四十一条和第四十二条规定了慈善组织可以依法拍卖、变卖捐赠实物以及可以依法投资，但并没有规定从事这些行为时如何享受税收优惠政策，建议草案对此予以明确。

草案二次审议稿第四十五条规定，慈善项目终止后捐赠财产有剩余的，募捐方案未规定或者捐赠协议未约定的，慈善组织应当将剩余财产用于目的相同或者相近的其他慈善项目。有的专委会委员建议增加“处理财产时应当以适当方式征求捐赠方意见”的规定。

草案二次审议稿第四十七条第二款规定，受益人未按照协议使用资助财产或者有其他严重违反协议情形的，慈善组织有权要求其改正；拒不改正的，慈善组织有权解除协议。有的代表建议增加规定：“捐赠人在慈善组织不改正的情况下有权要求其改正或者要求其退回捐赠。”

草案二次审议稿第四十八条至第五十条规定了慈善信托。有的委员提出，慈善信托不同于慈善财产，不应合并入慈善财产管理运用一章，建议单独一章予以规定。

草案二次审议稿第四十九条第三款规定，受托人以及其他信托事务执行人不得兼任信托监察人。有的委员提出，相关利害关系人也不得兼任信托监察人。

有的委员建议增加规定:“金融机构破产的,慈善基金应当得到优先清算偿付,并规定捐赠人签订书面捐赠协议后去世的,应先执行捐赠财产后再由继承人继承。”

七、关于慈善服务

草案二次审议稿第五十一条规定,慈善服务是指慈善组织和其他组织以及个人基于慈善目的,向他人或者社会提供的非营利服务。有的委员提出,慈善服务不仅包括无偿服务,也包括有偿服务和成本付出性质的服务,建议对定义中“非营利服务”再作研究。有的委员建议将“非营利服务”改为“社会服务”,李路委员建议改为“无偿服务”。

草案二次审议稿第五十三条规定,开展医疗康复、照料护理等具有专门技能的慈善服务,应当安排有专门技能的志愿者承担。有的委员提出,具有专门技能的志愿者比较少,建议将培训具有专门技能的志愿者作为慈善组织的义务加以规定。有的委员提出,安排有专门技能的志愿者承担这些慈善服务,减轻了慈善组织义务,加重了志愿者负担,建议修改。有的委员建议增加“心理辅导”。

草案二次审议稿第五十四条第二款规定,慈善组织根据需要可以与志愿者签订协议,明确双方权利义务,约定志愿服务的内容、方式和时间。有的常委会组成人员建议将“可以”修改为“应当”。

八、关于信息公开

草案二次审议稿第六十条第二款规定,县级以上人民政府民政部门应当在统一或者指定的信息平台,及时向社会公开慈善信息。有的委员提出,一审稿中有关于慈善组织和慈善信托的受托人应当在统一的信息平台发布慈善信息的规定,草案二次审议稿删去了，建议恢复。

草案二次审议稿第六十二条规定了慈善组织的信息公开。有的委员提出，慈善组织从慈善财产中支出管理成本的情况要予以公开，接受监督。有的代表建议，增加规定“在每个会计年度结束之日起四个月内”，明确信息公开的时间要求。

草案二次审议稿第六十六条规定，涉及国家秘密、个人隐私、商业秘密的信息以及法律、行政法规规定不予公开的其他信息，不得公开。有的代表建议对哪些是国家秘密、个人隐私、商业秘密予以明确，或者规定利益相关人的救济途径。

九、关于促进措施

草案第六十九条规定，慈善组织及其取得的收入依法享受税收优惠。有的常委委员建议进一步对税收优惠作出更具体的规定。有的委员、代表建议明确给予税收优惠的税种。有的委员提出，税收优惠是本法最关键、最核心的内容，不能把所有东西都推给税法去做；本法应当尽可能显示出支持税收优惠，让税法来适应这部法律。有的委员建议，必须在税法中规定的内容，应当尽快修改税法、在税法中规定；可以通过慈善法予以规定的，尽量通过慈善法加以解决。有的委员提出，对投资经营的收入，是否也要给予税收优惠，建议明确。有的专委会委员提出，慈善信托受托人应当享受税收优惠，建议修改为“慈善组织、慈善信托受托人及其取得的收入依法享受税收优惠”。

草案二次审议稿第七十条第一款规定，企业慈善捐赠支出超过法律规定的准予在计算企业所得税应纳税所得额时扣除的部分，允许结转以后年度在计算应纳税所得额时扣除。有的常委委员提出，慈善法对税收优惠作出规定是必要的，但要处理好与专门法的关系。十八届三中全会提出税收问题要统一由税收专门法律规定。慈善法可作原则规定，具体优惠措施还是要由专门的税收法律规定，建议修改为“依法享受优惠”。有的代表建议，降低捐赠成本，捐赠免税，捐赠的钱企业可以直接计入成本，同时要做好核查，防止偷税漏税。

草案二次审议稿第七十条第二款规定，境外捐赠用于慈善活动的物资，依法减征或者免征进口关税和进口环节增值税。有的委员建议修改为“依法享受关税和增值税税收优惠”。

草案二次审议稿第七十二条规定，慈善组织、捐赠人、受益人依法享受税收优惠的，有关部门应当及时办理相关手续。有的专委会委员建议在享受税收优惠的主体中增加“慈善信托”。

草案二次审议稿第七十四条规定，国家对扶贫济困的慈善活动，实行特殊的税收优惠。有的委员提出，扶贫济困只是慈善活动的一个方面，慈善活动都应当享受特殊的税收优惠，建议修改为“国家对各种慈善活动实行特殊的税收优惠”。有的委员提出，扶贫济困的慈善活动享受特殊的税收优惠不清楚，建议进一步予以明确。有的委员建议将这一条放在第七十一条后面。

草案二次审议稿第七十五条规定，慈善组织开展扶贫、济困、助残等需要慈善服务设施用地的，可以依法使用国有划拨土地或者农村集体建设用地。有的委员提出，本条中的慈善服务设施用地属于哪一类用地应在法律中予以明确，避免产生操作困难或其他问题。有的代表建议明确“扶贫”、“济困”、“助残”等的具体含义。

草案二次审议稿第七十九条规定，国家鼓励企业事业单位和其他组织为开展慈善活动提供场所和其他便利条件。有的委员建议在“企业事业单位”前增加“机关”。

草案二次审议稿第八十一条规定，国家建立慈善表彰制度。有的委员建议对慈善行为要进行表彰、颂扬，引发社会的正面关注。有的委员提出，鼓励志愿者活动的更好方式是将志愿活动计入志愿者档案，建议增加规定“国家应当建立志愿者档案制度，对志愿者活动进行记载”。有的代表提出，近年来市场化的媒体通过做慈善排行榜等方式，向社会宣传表彰慈善企业和人士，效果较好，政府没有必要再介入表彰中来，建议删去这一条。

十、关于监督管理

草案二次审议稿第八十八条第一款规定，任何单位或者个人发现慈善组织、慈善信托有违法行为的，可以向民政部门等投诉、举报。有的委员建议将“慈善组织、慈善信托有违法行为”修改为“慈善组织有违法行为、慈善信托有违法情形”。

十一、关于法律责任

草案二次审议稿第九十二条规定，慈善组织有不依法向捐赠人出具捐赠票据等行为的，由民政部门予以警告，责令改正。有的委员建议将“责令改正”修改为“责令在限期内改正”，并增加规定“逾期不改的，民政部门可以公布其名称，屡次不改的吊销资格”。

有的委员建议对照前面几章法律条文中设定的权利义务，尽可能在法律责任中明确相应的法律责任。

有的委员提出，法律责任部分的条文可以设计得更科学合理些。

有的委员建议加大对非慈善组织和个人诈捐、骗捐的处罚力度。

有的代表建议增加“对慈善组织恶意攻击诋毁造成恶劣影响”的法律责任。

十二、其他意见

1. 有的委员建议明确，除民政部门审批外，国内公益慈善组织在开展筹募活动时，必须与政府慈善组织、慈善总会、红十字会联合开展,必须得到政府慈善组织的审批和授权才能开展筹募活动。

2. 有的委员提出,草案应明确个人救助是否属于公开募捐范围,不应对个人救助完全禁止。

3. 有的委员提出,草案对非公开募捐没有具体条文规范,建议增加对非公开募捐程序的规定,如接受捐赠现场需有两人在场,捐赠款项需及时向社会公布等内容。

4. 有的委员提出,对于有些特殊情况下的不履行捐赠协议的,例如捐赠人签订协议后去世的,财产继承人不履行捐赠协议的情况,慈善法应当明确规定必须先履行捐赠协议,然后再进行财产继承。

5. 有的委员提出,慈善法应当对慈善基金加以保护,通过合法途径投入证券运行的,或者是通过银行理财的,运行机构破产后,慈善基金应该首先得到清算偿付。

6. 有的委员提出,相较于一审稿,慈善服务虽保留章名,但内容仅限于志愿服务,不符合我国和世界慈善发展趋势,建议修改。有的委员提出,慈善服务是慈善领域的重要环节,也是我国目前最缺失的部分,建议在本章中对利用慈善财产提供慈善服务的内容予以充实,章名改为“慈善服务及资金来源”。

7. 有的委员建议对宗教捐赠作出规定。

8. 有的委员建议强化对境外慈善组织和个人来华开展慈善活动的支持和规范。

9. 有的委员建议解决好慈善机构的编制问题。

10. 有的委员建议将市州及以上慈善总会、红十字会列为具有公益性捐赠税前扣除资格的公益性社会团体。

慈善法草案研读学习专题会简报

1月15日，全国人大常委会办公厅、全国人大法律委员会和常委会法制工作委员会在京联合举办慈善法草案二次审议稿修改稿（以下简称草案修改稿）研读学习专题会，三十一个省、自治区、直辖市人大常委会法制工作部门、代表联络工作部门的负责同志，全国台联、中央军委政治工作部的有关负责同志，参加了研读学习专题会。上午召开全体会议，法律委主任委员乔晓阳同志主持会议，并对做好代表集中研读讨论的组织服务工作提出具体要求。法工委主任李适时同志对草案修改稿的几个主要问题作讲解辅导。法工委副主任阚珂同志出席了会议。

下午召开分组会议，各省（区、市）人大常委会法制工作部门负责同志就做好组织代表研读工作和草案修改稿内容进行了讨论。与会同志一致表示，回去后将按照会议的要求，向本省（区、市）人大常委会党组和本单位负责同志汇报，尽快组织全国人大代表研读讨论草案修改稿，按照全国人大常委会法工委的时间要求将代表的意见及时整理反馈。同时，对草案修改稿提出一些意见和建议，简报如下：

一、关于总则

草案修改稿第三条规定，本法所称慈善活动，是指自然人、法人和其他组织以捐赠财产或者提供服务等方式，自愿开展的扶贫、济困等公益活动。江苏建议，在“自愿”后增加“无偿”。山西建议，将历史文化保护、公共服务设施建设列入慈善活动的范围。

草案修改稿第六条规定，县级以上人民政府有关部门依照本法和其他有关法律，在各自的职责范围内做好相关慈善工作。浙江建议，将“法律”修改为“法律、法规”，为地方慈善立法留下空间。

二、关于慈善组织

草案修改稿第九条规定了慈善组织的条件，包括有必要的财产、有符合条件的组织机构和负责人等。四川建议，“必要的财产”加以界定，将“符合条件的组织机构”修改为“健全的组织机构”。

草案修改稿第十条规定，设立慈善组织，应当向县级以上人民政府民政部门申请登记；已经设立的社会组织，可以向原登记的民政部门申请认定为慈善组织。民政部门应当在规定的期限内作出决定。有特殊情况需要延长登记或者认定的决定期限的，应经国务院民政部门批准。浙江提出，目前认定与登记的关系还不是很清楚，建议进一步研究。江苏、浙江提出，延长对慈善组织登记或者认定的期限，没有必要经国务院民政部门批准，建议删除“经国务院民政部门批准”。陕西建议将“国务院民政部门”修改为“上一级民政部门”。宁夏建议规定，慈善组织登记应当免费。

草案修改稿第十一条规定，慈善组织的章程，应当符合法律法规的规定，并载明组织形式等事项。湖北建议在“组织形式”后增加“活动方式”。

草案修改稿第十二条第一款规定，慈善组织应当根据法律、行政法规以及章程的规定，建立健全内部治理结构，明确决策、执行、监督等方面的职责权限。江苏建议将“行政法规”修改为“法规”。陕西建议规定，达到一定规模的慈善组织，应当建立监事会。

草案修改稿第十二条第二款规定，慈善组织应当执行国家统一的会计制度,并接受政府有关部门的监督管理。陕西建议将“政府有关部门”修改为“审计等政府有关部门”,突出审计部门的监督作用。

草案修改稿第十三条规定,慈善组织应当按照章程规定的慈善宗旨开展慈善活动。江苏建议将“章程”修改为“法律法规和章程”。河南建议在“慈善宗旨”后增加“业务范围”。

草案修改稿第十四条第一款规定,慈善组织的发起人、主要捐赠人以及管理人员,不得利用其关联关系,损害慈善组织利益和社会公共利益。江苏、湖北建议增加规定,上述人员不得利用其关联关系损害“他人合法权益”;江西建议规定不得损害“受益人的利益”。四川建议,进一步明确“主要捐赠人”的概念,是指三分之一以上捐赠人,还是一半以上的捐赠人。

草案修改稿第十五条规定,慈善组织不得从事、资助危害国家安全和社会公共利益的活动,不得接受附加违反法律法规和社会公德条件的捐赠。河南建议增加规定,慈善组织“不得从事损害公民、法人和其他组织合法权益的活动”。

草案修改稿第十六条规定,被判处刑罚,自刑罚执行完毕之日起未逾五年等情形的人,不得担任慈善组织的负责人。河北建议进一步提高担任慈善组织负责人的门槛,并明确“负责人”是指慈善组织的“一把手”还是“发起者”。四川建议规定,有贪污行为记录的人,终生禁止其担任慈善组织的负责人。

草案修改稿第十八条第三款规定,慈善组织清算后的剩余财产,按照慈善组织章程的规定处理。江苏提出,除规定按照章程处理外,还应当明确规定慈善组织处理剩余财产的具体要求。

三、关于慈善募捐

草案修改稿第二十二条规定,慈善组织开展公开募捐,应当取得公开募捐资格。依法登记满二年的慈善组织,可以向原登记的民政部门申请公开募捐资格证书。江西、吉林、湖南、四川、宁夏提出，已经设立的慈善组织在结构和运作方面应该比较规范，没有必要规定取得公开募捐资格的二年考察期。湖南、宁夏提出，可以提高慈善组织的设立条件，并在登记时直接赋予其公开募捐的资格。

草案修改稿第二十三条第二款规定，慈善组织在公共场所设置募捐箱或者通过举办义演、义赛、义卖、义展、义拍、慈善晚会等方式开展公开募捐的，应当在其登记的民政部门管辖区域内进行。河南、河北提出，不宜限制慈善组织开展公开募捐的地域范围。

草案修改稿第二十三条第三款规定，慈善组织通过互联网开展募捐的，应当在民政部门统一或者指定的慈善信息平台发布募捐信息；其中，在省级以上民政部门登记的慈善组织也可以在其网站发布募捐信息。江苏、陕西提出，不应对慈善组织通过互联网公开募捐的平台或网站进行限制。陕西建议规定，在省级以下民政部门登记的慈善组织也可以在其网站发布募捐信息。

草案修改稿第二十四条对开展公开募捐，应当制定募捐方案，以及募捐方案应当包括的内容作了规定。四川、陕西提出，为便于监督管理，建议规定募捐方案应当报民政部门备案。陕西建议规定，公开募捐既可以事前向民政部门备案，也可以事后备案。

草案修改稿第二十六条规定，不具有公开募捐资格的组织或者个人基于慈善目的，可以与具有公开募捐资格的慈善组织合作开展公开募捐。湖北、吉林、河南、河北建议，为规范合作募捐，增强可操作性，建议对合作募捐的方式等内容作具体规定。江苏提出，合作募捐是否为不具有公开募捐资格的组织和个人进行公开募捐"开了口子"，意图不清楚，建议删去这一规定。

草案修改稿第二十七条规定，广播、电视、报刊以及网络服务提供者、电信运营商，应当对利用其平台开展公开募捐的慈善组织的登记证书、公开募捐资格证书进行验证。湖北建议出现经验证不实等情况，对广播、电视等媒体应如何处理作出规定。四川建议规定,上述媒体和平台应当对求助信息留存备查。

草案修改稿第三十条规定,禁止任何组织或者个人假借慈善名义或者假冒慈善组织开展募捐活动,骗取财产。湖南提出,这一规定过于笼统和宏观,建议明确界定何种情况属于“假借慈善名义”、“假冒慈善组织”。

四、关于慈善捐赠

草案修改稿第三十七条第二款规定,任何组织和个人不得利用慈善捐赠,以任何方式宣传烟草制品及其生产者、销售者以及法律法规禁止宣传的其他产品和事项。江西提出,如果不允许烟草企业在捐赠时出现企业名称,慈善组织接受捐赠后在实际财务处理等方面会存在困难,也不利于调动烟草企业参与慈善活动的积极性。

草案修改稿第三十八条对捐赠人交付捐赠财产的义务作了规定。湖北、江西建议,对捐赠人承诺捐赠后出现经济状况显著恶化、破产等情形如何处理作出规定。四川建议做好本条规定与合同法有关规定的衔接,并增加捐赠人不良信用记录的相关规定。

草案修改稿第三十九条第一款规定,捐赠人有权查询、复制其捐赠财产管理使用的有关资料,慈善组织应当及时主动向捐赠人反馈有关情况。北京、湖北提出,要平衡本条和第三十八条对捐赠人义务的规定,增加捐赠人的权利救济途径,维护捐赠人的合法权益。湖北建议规定,捐赠人提出查询、复制有关资料要求的,慈善组织应当在十五日内反馈有关情况。

草案修改稿第三十九条第二款规定,捐赠人对慈善组织滥用捐赠财产且拒不改正的,可以向人民法院起诉。湖北建议增加可以向民政部门投诉。

五、关于慈善信托

草案修改稿第四十二条规定,慈善信托的受托人,由委托人确定其信赖的慈善组织担任。江苏建议,对慈善信托的受托人只能由慈善组织担任的规定作进一步研究。湖北建议,增加规定金融机构可以作为慈善信托的受托人。

草案修改稿第四十四条第一款规定,慈善信托的委托人根据需要,可以确定信托监察人。浙江、新疆建议,明确委托人在哪个环节、以何种方式确定信托监察人。陕西建议规定,达到一定规模的慈善组织,应当确定信托监察人。

草案修改稿第四十四条第二款规定,信托监察人发现受托人违反信托义务或者难以履行职责的,应当向委托人提出,并有权以自己的名义提起诉讼。浙江建议,出现上述情形时,委托人也有权进行监督,直接规定监察人的起诉权不合适,可规定出现委托人去世等情形时,监察人有权以自己的名义提起诉讼。

草案修改稿第四十五条第一款规定,慈善信托的受托人管理和处分信托财产,应当按照信托目的,恪尽职守,履行诚信、谨慎管理的义务。湖北建议增加"有效管理"的义务。

六、关于慈善财产

草案修改稿第四十九条第二款规定,捐赠人捐赠的实物不易储存、运输或者难以直接用于慈善目的的,慈善组织可以依法拍卖或者变卖,所得收入扣除必要费用后,应当全部用于约定的慈善目的。湖南提出,实践中有的捐赠人与慈善组织没有约定慈善目的,建议对"应当全部用于约定的慈善目"的规定进一步研究。

草案修改稿五十条对慈善组织为实现保值、增值进行投资作了规定,并规定重大投资方案应当经决策机构组成人员三分之二以上同意。江苏、山西、青海、河南提出,要充分考虑慈善组织进行投资的风险,对其投资行为作进一步的规范和限制。湖北建议删除"重大投资方案"中的"重大"限制。宁夏建议将"三分之二"修改为"四分之三"。

草案修改稿第五十一条规定，慈善组织开展慈善活动，应当依照法律、法规和章程的规定，按照募捐方案或者捐赠协议使用捐赠财产；确需变更捐赠财产用途的，应当征得捐赠人同意。湖北、浙江提出，如果出现捐赠人死亡或者企业解散等情况，实际无法征得捐赠人的同意，建议删除“确需变更捐赠财产用途的，应当征得捐赠人同意”的规定。陕西提出，如果捐赠人数较多，可能无法做到征得所有捐赠人的同意，建议将“应当征得捐赠人同意”修改为“应当征得捐赠人同意或者经民政部门同意”。

草案修改稿五十三条对慈善项目终止后剩余捐赠财产的处理作了规定。黑龙江、江西建议，对针对某些个体定向捐赠的慈善目的实现后，剩余财产的所有权及处理方式等作出规定。

草案修改稿第五十五条第二款规定，受益人未按照协议使用资助财产或者有其他严重违反协议情形的，慈善组织有权要求其改正；拒不改正的，慈善组织有权解除协议。陕西建议增加规定“并可以要求其退还资助的财产”。

草案修改稿五十六条对慈善组织开展慈善活动的年度支出及管理成本作了规定。江苏、黑龙江提出，这一规定过于原则，建议进一步明确具体标准，或者提出具体的要求。

七、关于慈善服务

草案修改稿第五十八条规定，开展慈善服务，应当尊重受益人、志愿者的人格尊严，不得侵害受益人、志愿者的隐私。湖北建议将“隐私”修改为“个人隐私”，同时增加规定不得侵害“捐赠人”的个人隐私。

草案修改稿第五十九条第一款规定，开展医疗康复、照料护理、教育培训、社会工作等具有专门技能的慈善服务，应当执行国家或者行业协会制定的标准和规程。湖北建议在“医疗康复”后增加“心理咨询”。

草案修改稿第六十条第一款规定，慈善组织招募志愿者参与慈善服务，应当公示与慈善服务有关的全部信息，告知服务过程中可能发生的风险。湖北建议增加规定，应当公示与“项目内容”有关的全部信息。

草案修改稿第六十二条规定，慈善组织应当安排志愿者从事与其年龄、文化程度、技能和身体状况相适应的慈善服务。湖北建议修改为“慈善组织安排志愿者从事的慈善服务，应当与其年龄、文化程度、技能和身体状况相适应”。

江苏提出，目前慈善服务一章主要针对慈善组织提供慈善服务作了规定，建议增加其他组织开展慈善服务的规定。宁夏建议规定，慈善组织应当为志愿者缴纳五险三金，以鼓励志愿者从事志愿服务。

八、关于信息公开

草案修改稿第八章对慈善组织的信息公开作了规定。江苏建议规定，慈善组织应向社会公开其工作人员工资等管理成本。江苏、青海建议对其他组织和个人开展慈善活动的信息公开义务作出规定。湖南建议对募捐财产的使用公开作专门、详细的规定。

草案修改稿第六十八条规定，慈善组织应当每年向社会公开组织章程、决策执行监督机构成员信息、年度工作报告等信息以及国务院民政部门要求公开的其他信息。江西提出，决策执行监督机构成员信息包括哪些具体内容不清楚，建议进一步明确。浙江建议增加规定法律法规要求公开的其他信息。

草案修改稿第七十一条规定，慈善组织应当向受益人告知其资助标准、工作流程和工作规范等信息。江西建议，除上述内容外，还应规定受益人申请资助的方式等内容。

九、关于促进措施

草案修改稿第七十四条规定，县级以上人民政府民政部门应当建立与其他部门之间的慈善信息共享机制。湖北建议对“信息共享”机制的内容进一步细化。

草案修改稿第七十五条规定，慈善组织及其取得的收入依法享受税收优惠。江苏提出，从事慈善活动的其他组织或者个人也应当依法享受税收优惠。山西、新疆建议，对慈善组织需要缴纳的部分税收，直接规定予以免除。

草案修改稿第七十六条规定，企业慈善捐赠支出超过法律规定的准予在计算企业所得税应纳税所得额时扣除的部分，允许结转以后三年内在计算应纳税所得额时扣除。江苏建议规定，个体工商户和其他组织开展慈善活动也应纳入这一税收优惠范围。

草案修改稿第八十六条规定，经受益人同意，捐赠人对其捐赠的慈善项目可以冠名纪念，法律、法规规定需要批准的，从其规定。湖北建议增加规定除冠名以外的其他鼓励方式。

湖北建议规定，国家鼓励慈善组织为志愿者购买相关的商业保险，并鼓励保险公司承保。浙江建议，恢复草案修改稿一审稿第九十四条的规定，即国家建立志愿者注册、志愿服务记录和评价制度，鼓励企业事业单位和其他组织对有良好服务记录的志愿者给予优待。

安徽提出，本法规定税收优惠措施指引到相关法律，但实际上相关法律可能没有规定，建议尽量细化相关的税收优惠措施，确实不能细化的，本法出台后要督促国务院尽快出台相关配套规定，或修订相关税收条例。四川建议增加规定慈善活动设施建设及相关优惠措施。

十、关于监督管理

草案修改稿第八十九条规定，县级以上人民政府民政部门对涉嫌违法的慈善组织，经县级以上人民政府民政部门主要负责人批准，可以查询慈善组织的金融账户。陕西、甘肃、广西、湖南提出,查询金融账户的权力过大,赋予民政部门这一权力要非常慎重,建议对该规定进一步研究。

草案修改稿第九十三条规定,慈善行业组织应当建立健全行业规范,加强行业自律。江西提出,要进一步明确慈善行业组织与政府之间的关系。湖南提出,可参考其他法律中关于行政监督和社会监督的规定,对慈善组织行业内部监督机制作出明确规定。

草案修改稿第九十四条规定,民政部门和其他有关部门或者慈善行业组织接到投诉、举报后,应当及时调查处理。国家对假借慈善名义或者假冒慈善组织骗取财产或者慈善组织、慈善信托违法违规行为予以曝光。河南建议,对"及时调查处理"规定明确的时限要求。四川建议删除"或者假冒慈善组织"中的"或者"。

十一、关于法律责任

草案修改稿第九十五条规定,慈善组织未依法报送年度工作报告的,由民政部门予以警告、责令限期改正;逾期不改正的,限期停止活动;情节严重的,吊销登记证书。浙江提出,对未依法报送年度报告的行为采取吊销登记证书的处罚太重。

草案修改稿第九十七条第一款第二项规定,广播、电视、报刊以及网络服务提供者、电信运营商未履行本法第二十七条规定的验证义务的,由民政部门实施警告、责令停止募捐活动、责令退还违法募集的财产等处罚。浙江提出,广播、电视等的上述行为不属于募捐活动中的违法行为,建议单独规定相应的法律责任。

草案修改稿第九十七条第二款规定,广播、电视、报刊以及网络服务提供者、电信运营商未履行本法第二十七条规定的验证义务的,由其主管部门依法给予处罚。陕西建议明确主管部门进行处罚的种类和幅度。浙江建议规定由民政部门给予处罚。

草案修改稿第一百零一条对慈善信托受托人实施违法行为应当承担的法律责任作了规定。湖南建议,进一步提高对慈善信托受托人违法行为的处罚力度。

河南建议，借鉴基金会管理条例的相关内容，在本法中增加规定慈善组织决策不当的法律责任。

十二、关于附则

草案修改稿第一百零五条规定，城乡社区组织、单位可以在本社区、单位内部开展群众性互助互济活动。浙江、上海建议将该规定放到慈善募捐一章。浙江建议对城乡社区组织、企业和国家机关动员本单位职工向灾区捐款等情况作出规定。陕西提出，对群众性互助互济活动也要有信息公开的要求。

草案修改稿第一百零六条规定，慈善组织以外的其他组织可以开展力所能及的慈善活动。河北建议，明确"力所能及"的边界及把握原则。上海提出，这条与第一百零五条的关系不清楚，建议删去。

山西建议，对个人向社会公开求助、福利彩票等是否适用本法作出规定。江苏建议在附则中明确规定，个人因生活困难，可以公开向社会求助。黑龙江建议，对慈善活动的衍生活动是否纳入本法调整范围进一步研究。

山西建议，进一步明确本法与红十字会法等法律的关系。陕西建议，本法通过实施后，对公益事业捐赠法作相应修改。

新疆建议，进一步明确本法中"有关部门"具体指哪些部门。

全国人大代表研读慈善法草案有关意见简报

2016 年 1 月 11 日,全国人大常委会办公厅将慈善法草案发送全国人大代表,并发出通知要求各省(区、市)人大常委会和中央军委政治工作部、全国台联分别组织全国人大代表研读讨论慈善法草案。1 月 15 日,全国人大常委会办公厅、全国人大法律委、常委会法工委联合举办慈善法草案研读学习专题会,各省(区、市)人大常委会法制工作部门、代表联络工作部门和中央军委政治工作部、全国台联的负责同志参加了会议。会后,各有关单位按照要求,分别组织全国人大代表研读讨论,并反馈了全国人大代表对慈善法草案的意见;另有四十六名全国人大代表转来了对慈善法草案的意见。简报如下:

一、总的意见

代表们普遍认为,制定慈善法十分必要,是贯彻落实党的十八大和十八届三中、四中、五中全会精神,倡导社会力量开展社会救济和社会互助活动的重要举措;对弘扬中华民族扶贫济困的优良传统,规范和促进慈善事业发展,全面建设小康社会具有重要意义。草案经过全国人大常委会两次审议修改,总体上比较成熟,赞成提请十二届全国人大四次会议审议。

二、关于总则

有的代表建议在立法目的中增加“根据宪法”的规定(河南);有的建议增加“增强社会慈善意识”(广东);有的建议将“规范慈善活动”改为“规范和鼓励慈善活动”(山西)。

有的代表建议在草案中增加宗教领域开展慈善活动的相关规定。(江苏、云南、山东、上海)

有的代表建议明确境外组织、国外企业和国际友人等从事慈善活动是否适用本法规定。(解放军)

有的代表建议在慈善活动的定义中明确慈善活动的无偿性(安徽、河北)。有的建议对慈善活动的界定进一步放宽(江西)。有的建议在草案第三条中增加一项“为维护社会公平正义,无偿提供法律援助,维护公民合法权益的”(湖南);有的建议增加“因见义勇为行为受到损害的”(黑龙江);有的建议增加“促进乡村发展”(江苏)。有的建议将第一、二两项合并修改为“扶贫济困、扶老助孤、支教助学”(内蒙古)。有的建议将第四项中的“科学”改为“科技”(贵州)。有的建议在第三项中增加“战争行动”造成的损害,在第四项中增加“国防”(解放军)。

有的代表提出,设立“中华慈善日”应慎重(北京)。有的提出,规定慈善日很有必要,但9月节假日较多,建议进一步斟酌慈善日的具体日期(广西)。有的提出,慈善应当天天做而不是慈善日才做,建议删除设立慈善日的规定(山西)。有的建议将有关慈善日放到附则中规定(台湾)。

三、关于慈善组织

有的代表提出,草案第八条规定慈善组织的形式包括“社会服务机构”,目前尚无法律依据,建议进一步斟酌(甘肃、河北)。有的建议将“社会服务机构”改为“民办企业单位”(上海、安徽)。有的建议明确“慈善组织具有法人资格”（辽宁）。

有的代表建议明确慈善组织成立条件中的“有自己的名称和住所”和“有必要的财产”（湖南、广西、江西、陕西）。有的建议明确界定“不以营利为目的”的具体含义（甘肃）。有的提出，法律的效力应当高于行政法规，建议删去第七项中的“行政法规”（河南）。

有的代表提出，按照草案第十条第三款的规定，向县级民政部门申请登记或者认定为慈善组织的时限需要延长的，也必须经国务院民政部门批准，建议进一步斟酌（甘肃）。有的建议规定，需延长时限的报上一级民政部门批准即可（湖北、山西）。有的提出，根据行政许可法中的规定，设立慈善组织属于“能够自主决定的”的事项，不需要设定行政许可，建议将慈善组织“登记”改为“备案”（河南）。有的建议将本条中的“日”改成“工作日”（四川）。有的建议适当缩短登记和认定的时限（湖南、陕西、宁夏）。

有的代表建议在草案第十二条第二款中增加规定“审计制度”（湖南、江苏、四川）。有的提出，对政府捐赠的财物的使用和管理，必要时可以实施审计（海南）。有的建议增加规定，“慈善组织依法独立进行会计核算”（广东）。有的建议明确本条中“有关部门”具体指哪些部门（青海）。

有的代表建议将草案第十三条修改为，慈善组织应当按照规定的慈善宗旨“和业务范围”开展慈善活动。（江苏）

有的代表建议对草案第十四条第二款关于慈善组织关联交易规定中的“交易行为”作进一步明确。（湖南）

有的代表提出，草案第十六条规定被判处刑罚的人不得担任慈善组织的负责人，建议取消因过失犯罪受到刑罚人员不得担任慈善组织的负责人的限制，重点限制因犯贪污罪、受贿罪、行贿罪、挪用公款罪等经济性犯罪受到刑罚的人员。（吉林、解放军）

有的代表建议，将草案规定的慈善组织终止情形中“连续二年”未从事慈善活动改为“超过一年”(吉林);有的建议改为“连续三年”(浙江)。有的建议明确连续两年未从事慈善活动应当是自上一次慈善活动结束或者终止之日起(山西)。有的建议对“未从事慈善活动”增加具体的要求(天津)。

有的代表提出,草案规定了慈善组织成立的条件和程序,但对退出条件和程序规定比较简单,建议进一步完善。(湖南)

有的代表提出,慈善组织管理人员对于慈善组织的运行情况较为了解,由其作为清算组成员能够保证清算工作的有序、高效开展,建议清算组由慈善组织管理人员组成。(吉林)

有的代表建议,在草案中增加对慈善组织雇佣相关人员并公示其薪酬的有关规定。(甘肃)

有的代表建议在“慈善组织可以依法成立行业组织”后增加规定,“行业组织须依法履行职责,自觉接受监督”。(四川)

四、关于慈善募捐

有的代表提出,草案规定慈善组织“依法登记满二年”方可开展公开募捐过于严格,建议以慈善组织开展慈善活动的情况和效果作为获得公开募捐资格的条件(天津)。有的建议取消二年的考察期,同时提高慈善组织登记和认定的门槛(吉林、江苏、宁夏、安徽)。有的建议对慈善募捐中公开募捐的对象予以明确(海南)。

有的代表建议将草案第二十一条第一款中规定的“自登记之日起”改为“自登记或者认定之日起”(广东)。有的建议增加一款“非公开募捐应当在募捐目的完成后六十日内向特定对象提供募捐事项审计报告”(上海)。

有的代表建议在第二十三条后增加一款“国务院民政部门应当制定统一的慈善募捐信息发布平台服务监督管理办法”(广东)。有的提出,捐赠人的捐赠行为不受地域限制,慈善组织的募捐行为也不应受地域限制,建议删去相应规定(河南、江苏、宁夏、浙江、吉林）。有的提出，草案对互联网募捐的限制太严，建议进一步放宽互联网募捐的要求（江苏、天津、山东、安徽、浙江、河北、解放军）。有的提出，慈善组织通过互联网募捐的，应当允许在其网站发布募捐信息（湖北）。有的建议明确互联网募捐是否包括通过微博、微信等方式开展募捐（安徽）。

有的代表建议增加规定，慈善组织的公开募捐方案应当在开展募捐活动前一定期限内报民政部门备案。（吉林、山东、贵州、解放军、宁夏）

有的代表提出，实践中广播、电视、报刊以及网络服务提供者、电信运营商难以验证利用其平台开展公开募捐的慈善组织，建议将验证责任交由有关民政部门承担。（湖南）

有的代表建议，对不具有公开募捐资格的组织或者个人与具有公开募捐资格的慈善组织开展合作募捐的形式、内容等作详细规定。（吉林）

五、关于慈善捐赠

有的代表建议在草案第三十三条中增加一款规定，“捐赠人捐赠财产不得损害利益相关者的合法权益”（贵州）。有的建议增加一款规定，“境外组织和人员捐赠实物，应当符合我国质量和安全相关法律法规”（解放军）。

有的代表建议明确草案第三十七条中规定的“利害关系人”的含义（湖南）。有的提出，在经民政部门批准或者法律法规准许的特殊情况下，可以指定利害关系人作为受益人（广东）。

有的代表建议，将草案三十七条第二款修改为“任何组织和个人不得利用慈善捐赠，以任何方式宣传法律法规禁止宣传的产品和事项”（湖南、甘肃、江西、山东、青海）。有的提出，除烟草还有酒类、药品等很多东西不能借慈善做宣传，草案单列禁止烟草宣传欠妥（广西、上海、北京）。有的建议增加规定，“禁止烟草企业对一切组织、个人活动进行捐赠和赞助”（江苏、解放军）。

有的代表建议在草案第三十八条中增加规定，“捐赠人确因亏损、破产等客观原因或不可抗力不能按照捐赠协议履行捐赠义务，可以不再履行捐赠义务”。（河南、四川、天津、安徽、湖北、上海）

有的代表建议在草案第三十九条中增加规定，慈善组织违反协议拒不改正的，捐赠人除了可以向法院起诉外，还可以收回捐赠财产（广西）。有的建议明确捐赠人可以将捐赠财产转交其他慈善组织继续按原用途使用（浙江）。有的建议增加规定，捐赠人也可以将相关情况向民政部门投诉、举报，由民政部门调查处理（黑龙江、云南、安徽、江西）。

六、关于慈善信托

有的代表提出，慈善信托不宜作专章规定，建议在慈善财产一章中规定。（北京）

有的代表建议严格规定设立慈善信托的条件，防止慈善信托被滥用。（山东）

有的代表建议将草案第四十一条中的“向受托人所在地县级以上人民政府民政部门备案”改为“向受托人登记的民政部门备案”。（广东）

有的代表提出，慈善信托的受托人应当也可由委托人信赖的金融机构担任。（湖北）

有的代表提出，慈善信托监察人的设置应当与信托法关于公益信托的规定相一致，建议将草案第四十四条第一款修改为“慈善信托的委托人应当确定信托监察人”（甘肃、吉林、重庆、山东、湖北）。有的建议明确委托人可以按信托文件设立信托监察人（浙江）。有的建议增加一款规定“信托监察人提起诉讼应当事先征得委托人同意”（四川）。

七、关于慈善财产

有的代表建议明确慈善组织财产中的“创始财产”的具体含义。(内蒙古)

有的代表建议在草案第四十九条中明确规定,慈善组织拍卖变卖捐赠实物,“必须经过捐赠人的同意”。(内蒙古)

有的代表建议对慈善财产投资的规模、比例、方向等作进一步明确规定(青海、福建、解放军)。有的提出,应强化对慈善财产的监管,建议规定慈善组织的重大投资方案必须经决策机构组成人员四分之三以上同意(宁夏)。有的提出,重大投资方案应报县级以上人民政府民政部门批准(黑龙江)。

有的代表提出,草案第五十三条有关慈善项目终止后剩余财产的处理,应当事先征询捐赠人的意见。(江西)

有的代表建议在草案第五十五条中明确,受益人未按规定使用资助财产又拒不改正的,除规定慈善组织有权解除协议外,还有权收回财产。(广西、陕西)

有的代表建议对慈善组织开展慈善活动的年度支出及管理成本作更加明确的规定。(江西、贵州、青海)

有的代表建议进一步明确慈善组织建立项目管理制度的具体要求。(广东)

八、关于慈善服务

有的代表建议草案进一步明确慈善服务的质量和标准。(湖南)

有的代表建议将“法律援助”作为慈善服务的内容在本章的相关条款中得到体现。(湖南)

有的代表建议在草案第六十二条增加一款“志愿者以个人名义开展慈善活动的,必须从事与其年龄、文化程度、技能和身体状

况相适应的慈善服务，除紧急情况外须事先向受益人声明并征得其同意”。（湖南）

有的代表建议在草案第六十四条第一款后增加“严格保护志愿者个人信息”；在第二款前增加“除应急救援等特殊情形外，慈善服务活动组织者应当对志愿服务活动进行风险预测，避免安排志愿者从事具有较高人身安全风险以及技能要求的志愿服务活动”。（湖南）

九、关于信息公开

有的代表建议在草案中增加信息平台和信息系统应当便于个人信息上传、举报、求助等功能的规定。（广西）

有的代表提出，慈善组织向民政部门报送的年度报告应当包括审计报告，建议在草案中明确规定。（四川）

有的代表建议，删去草案第六十八条第一款中的“登记证书号码”（内蒙古）。有的建议增加一项“慈善财产收支情况”（天津）。

有的代表提出，草案第七十二条第二款关于不得公开受益人信息的规定，不符合慈善活动信息公开的要求，容易受人质疑，建议进一步研究（广西）。有的提出，本条第一款已有对个人隐私保护的规定，建议删除第二款中的“受益人”，避免重复（四川）。有的建议对不予公开的信息范围作更明确、具体、严格的规定（重庆）。有的建议在不同意公开的内容中增加“通讯地址”（江西）。

有的代表建议在草案中增加捐赠人与受益人隐私保护的条款。（江苏）

十、关于促进措施

有的代表建议在草案中增加对民营性质的慈善组织给予优惠政策和扶持措施的规定。（湖南）

有的代表提出，慈善信托是开展慈善活动的一种方式，建议将

慈善信托纳入税收优惠的范围。（辽宁）

有的代表建议在促进措施中明确慈善税收优惠的税制、慈善组织税收优惠资格和享受税收优惠政策的具体条件（广东、广西、江苏）。有的建议对税收优惠措施进一步完善，作出更具体、更优惠的规定，促使公民、法人和其他组织更加积极地参与慈善活动（山西、重庆、江西、山东、贵州、安徽、湖北、浙江、辽宁）。

有的代表提出，草案对企业享有税收优惠做了具体规定，但对自然人如何享有税收优惠未作具体规定，建议增加相应规定（吉林、福建、湖北）。

有的代表建议明确草案第八十条中"特殊的优惠政策"的内容（广西、浙江）。有的提出，国家对支教助学、环境保护等其他慈善活动也应当实行特殊的税收优惠政策（陕西、河北）。

有的代表建议，在草案第八十四条中增加加强引导和监管慈善活动舆论宣传的相关内容，以及免费开展慈善宣传、明确慈善宣传与商业广告界限相关内容。（解放军）

有的代表建议在草案中增加规定，"对初创期的慈善组织，有关部门要通过资金扶持、政府购买服务、建立孵化基地等方式，扶持慈善组织发展"。（山东）

十一、关于监督管理

有的代表建议在草案第八十八条中增加一款规定，"慈善组织应当依法接受审计机关的监督"。（山东）

有的代表提出，对涉嫌违法的慈善组织，民政部门可以采取"查询金融账户"的措施属于专门机关的职能，建议斟酌（湖南、甘肃、吉林、山西、安徽）。有的建议将"经县级以上人民政府民政部门主要负责人批准"改为"经本级人民政府民政部门主要负责人批准"（广东）。

有的代表建议明确草案第九十二条中规定民政部门向社会公

布慈善组织及其负责人信用记录的时限要求。(江苏)

有的代表建议在草案第九十四条中增加一款规定,“国家鼓励各级人民政府指导设立慈善组织第三方社会监督机构,对慈善活动进行监督”(广东)。有的建议增加一款规定,“县级以上人民政府民政部门应建立投诉窗口,设置投诉热线,并派专员负责接待处理有关慈善组织、慈善信托的投诉、举报事项”(吉林)。

有的代表提出,第三方机构评估牵扯太多利益关系,不同的评估机构可能会得出不一样的评估结果,对慈善组织的评估应当是民政部门主导或者由民政部门委托第三方机构。(广西、山东)

有的代表建议增加一条“加强对境外慈善机构或者有境外资金背景的慈善机构的监管,严格政治审查,防止敌对势力借慈善名义对我国进行渗透破坏”。(解放军)

十二、关于法律责任

有的代表建议增加有关利用慈善捐赠宣传烟草制品等法律法规禁止宣传的产品和事项的法律责任。(广东)

有的代表建议,将草案第九十五条第二项中规定的“未依法履行”信息公开义务改为“未依法如实履行”。(湖南)

有的代表建议,对草案第九十六条规定的慈善组织私分、挪用等违法行为,按照违法轻重程度分别给予不同的处罚。(湖南)

有的代表建议扩大通过慈善活动骗取税收优惠违法行为的责任主体范围。(云南)

有的代表建议,将草案第一百零二条第一款修改为“损害是由志愿者故意造成的,慈善组织可以向其追偿”;建议在第二款后增加规定,“因其他意外受到伤害的,志愿者购买的相应人身意外伤害保险不足以补偿的,经由县级以上人民政府适当予以救济”;并增加一款规定,“慈善组织以其合法财产为限履行义务并承担责任”。(湖南)

有的代表建议增加规定，因故意或者重大过失提供不合格产品或者不符合安全、卫生、环保标准的实物造成受益人损害的，应当承担赔偿责任。（甘肃）

有的代表建议增加一条规定，“任何组织和个人故意损害慈善组织名誉、破坏慈善活动，造成恶劣影响的，应当依法予以治安处罚；构成犯罪的，依法追究刑事责任”。（天津）

有的代表提出，骗取税收优惠和从事、资助危害国家安全或者社会公共利益的活动属于破坏性大、影响恶劣的行为，无须情节严重就可以吊销登记证书。（海南、湖南）

十三、其他意见

有的代表提出，草案应进一步处理好与其他相关法律之间的关系。（重庆、上海、陕西、安徽）

有的代表建议在草案中增加规定，加大对慈善事业的宣传力度。（甘肃、江西）

有的代表提出，草案主要规范慈善组织的活动，对自然人和法人的慈善活动规定太少，建议增加相应规定。（广西、福建、湖北）

有的代表建议慈善法出台后，国务院及相关部门应当尽快出台配套规定，以更好地贯彻落实慈善法。（河南、吉林、云南、浙江）

有的代表提出，草案应当将着重点放在促进慈善事业发展上，建议将本法的名称修改为“中华人民共和国慈善促进法”。（天津）

慈善法草案二次审议稿修改稿向社会公众征求意见的情况

按照审议修改慈善法草案工作方案,1 月 11 日,中国人大网将慈善法草案二次审议稿修改稿(以下简称草案修改稿)全文向社会公开,征求意见。截至 1 月 31 日,共收到 169 位网民的 661 条意见。现将主要意见简报如下:

一、关于总则

草案修改稿第一条规定了立法目的。有的建议在“弘扬慈善文化”后增加“鼓励个人和组织参与慈善事业”。

草案修改稿第三条规定了慈善活动的范围。有的提出,社会上有的组织打着公益旗号,实际是兴趣爱好方面的,如高尔夫协会,本法应当将这些组织明确排除出去。有的建议在第三项“救助自然灾害、事故灾难和公共卫生事件等突发事件造成的损害”中的“损害”后增加“的受害人”;有的建议删去“等突发事件”。有的建议将第六项“其他公益活动”修改为“符合社会公共利益的其他活动”。

草案修改稿第七条规定,每年 9 月 5 日为“中华慈善日”。有的提出,3 月 5 日是学雷锋日,慈善精神与学雷锋是一脉相承的,建议恢复 3 月 5 日为中华慈善日的规定。有的建议修改为 10 月 17 日,与国家扶贫日定在同一天。

二、关于慈善组织

草案修改稿第八条规定，本法所称慈善组织，是指依法成立，以开展慈善活动为宗旨的基金会、社会团体、社会服务机构等非营利组织。有的提出，慈善组织是否具有法人资格不够清楚，建议对此予以明确。有的提出，社会服务机构与现在的民办非企业单位是什么关系，建议明确。有的建议将社会服务机构修改为民办非企业单位。

草案修改稿第十条规定了设立慈善组织的程序。有的建议增加规定“慈善组织依法登记成立，取得法人资格”，“慈善组织以其全部财产对其债务承担责任，捐赠人以其捐赠财产额为限对慈善组织承担责任”。有的提出，第二款中的“社会组织”是否指第八条中的“基金会、社会团体、社会服务机构等非营利组织”不清楚，建议明确。有的提出，慈善组织登记与社会组织登记二者是什么关系，有无先后顺序；认定慈善组织是行政许可还是行政确认，建议明确。

草案修改稿第十条第三款规定，有特殊情况需要延长登记或者认定的决定期限的，经国务院民政部门批准，可以适当延长，但延长的期限不得超过六十日。有的提出，要求都经国务院民政部门批准，难以操作。有的建议将“六十日”修改为“三十日”。

草案修改稿第十一条规定了慈善组织章程规定的事项。有的建议将第三项、第四项、第五项中的“及”修改为“和”，将第九项中的“及”修改为“以及”。

草案修改稿第十四条第一款规定，慈善组织的发起人、主要捐赠人以及管理人员，不得利用其关联关系，损害慈善组织利益和社会公共利益。有的建议对“关联关系”作出界定。

草案修改稿第十四条第二款规定，慈善组织的发起人、主要捐赠人以及管理人员与慈善组织发生交易行为的，有关交易情况必须向社会公开。有的建议将“必须”修改为“应当”。有的建议在“发起人、主要捐赠人以及管理人员”后增加“及其近亲属”。

草案修改稿第十六条规定了不得担任慈善组织负责人的情形。有的建议对因贪污、受贿、侵占、挪用等行为被判处刑罚的个人,应终身禁止其担任慈善组织的负责人。有的提出,中组部明确规定机关事业单位在职人员不得在社会组织兼职,离退休领导干部不能在社会组织担任领导职务,建议在本法予以规定。有的建议增加“负有较大数额的个人债务尚未清偿”的情形。有的建议明确,慈善组织的负责人包括慈善组织的会长、理事长、理事、秘书长、副秘书长。

草案修改稿第十七条规定了慈善组织应当终止的情形。有的建议增加“资不抵债持续满一年”的情形。

草案修改稿第十八条规定了慈善组织的清算。有的提出,哪些慈善组织已经终止,民政部门往往不了解,建议将第二款的有关规定修改为“慈善组织、利害关系人或者民政部门可以申请人民法院指定有关人员组成清算组进行清算。人民法院应当受理该申请,并及时组织清算组进行清算”。有的建议对慈善组织的清算作出更加具体的规定,如规定清算组的组成、程序、职权、公告的期限、清偿顺序、资不抵债的处理等,增强可操作性。有的提出,民政部门不是慈善组织财产的所有人,建议对第二款中“民政组织可以申请人民法院指定有关人员组成清算组进行清算”的表述再作研究,并建议将第三款“由民政部门主持”修改为“在民政部门指导下”。

三、关于慈善募捐

草案修改稿第二十条规定,慈善募捐是指慈善组织基于慈善宗旨募集财产的活动。有的建议将“财产”修改为“捐赠财产”,以与公司法、证券法等所称的募集财产加以区别。

草案修改稿第二十一条第一款规定，慈善组织自登记之日起可以向特定对象进行非公开募捐。有的提出，为了防止有人将公开募捐包装成非公开募捐，建议明确特定对象的人数上限，如不超过二百人。有的建议增加规定："已经设立的社会组织经认定为慈善组织的，自认定之日起可以向特定对象进行非公开募捐"。有的建议修改为"依法登记为基金会的慈善组织自登记之日起可以向特定对象进行非公开募捐"。

草案修改稿第二十二条第一款规定，依法登记满二年的慈善组织，可以向原登记的民政部门申请公开募捐资格证书。慈善组织内部治理结构健全、运作规范的，民政部门应当自受理申请之日起六十日内发给公开募捐资格证书。有的提出，已经登记设立的社会组织经认定为慈善组织的，是自登记之日起算二年，还是自认定为慈善组织之日起算二年，建议明确。有的建议取消二年这一门槛限制，慈善组织只要登记，即自动取得公开募捐资格证书。有的提出，"二年"时间太短，"内部治理结构、运作规范"的要求比较笼统、不好操作，建议对慈善组织规模、注册资金、专业人员等提出一定要求，或者恢复一审稿"没有发现其受到本法规定的行政处罚"的表述。有的建议修改为："依法登记满二年、内部治理结构健全、运作规范的慈善组织，可以向原登记的民政部门申请公开募捐资格证书"。有的提出，"六十日"时间太长，建议修改为"十五日"。

草案修改稿第二十三条规定了公开募捐的方式。有的建议规定，有公开募捐资格的慈善组织通过广播、电视、报刊、互联网等媒体发布募捐信息的，媒体应当免收费用。有的提出，公开募集的款物应当公开公示，并依法接受审计。

草案修改稿第二十三条第三款规定，慈善组织通过互联网开展募捐的，应当在民政部门统一或者指定的慈善信息平台发布募捐信息。有的提出，民政部门统一或者指定的平台不一定高效，一些公益筹款平台可能会因此失去公益筹款的资格,该款规定在实践中也难以操作,建议再作研究。有的建议,由民政部门对实践中运行良好的公益筹款平台进行认定,慈善组织可以继续在通过认定的平台上筹款。有的建议修改为“所有慈善组织都可以在其网站发布募捐信息”。有的建议修改为“慈善组织通过互联网开展募捐的,应当在发布募捐信息当日在民政部门统一或者指定的慈善信息平台上备案”。有的建议修改为“慈善组织通过互联网开展募捐的,应当在民政部门认定的慈善信息平台发布募捐信息,也可以在慈善组织备案的机构网站发布募捐信息”。

草案修改稿第二十四条规定,募捐方案应当包括募捐目的等。有的提出,有的募捐是长期募捐,起止时间不好掌握,建议删去“起止时间”的表述。有的提出,“接受捐赠方式”中包含了银行账户,建议删去“银行账户”。有的建议增加规定“公证机构出具的法律意见书”。有的提出,募捐方案是否需要备案,建议明确。

草案修改稿第二十六条规定,不具有公开募捐资格的组织或者个人基于慈善目的,可以与具有公开募捐资格的慈善组织合作开展公开募捐,募得款物由具有公开募捐资格的慈善组织管理。有的提出,合作募捐也要遵守公开募捐的规定,对此予以单独规定没有实际意义。有的建议删去个人合作募捐的规定。有的提出,应当允许个人为自我救济而进行的公开募捐。有的提出,如果慈善组织不愿意与个人合作开展募捐,有没有对个人求助者的救济手段?

草案修改稿第二十七条规定,广播、电视、报刊以及网络服务提供者、电信运营商,应当对利用其平台开展公开募捐的慈善组织的登记证书、公开募捐资格证书进行验证。有的提出,验证的要求较高,难以把握,建议将“验证”修改为“查验”。

草案修改稿第二十九条规定,开展募捐活动,不得摊派或者变相摊派,不得妨碍公共秩序、企业生产及人民生活。有的提出,近期发生的骗捐事件很多,建议对个人在网络上开展募捐进行严格限制。

有的提出,我国彩票事业运作中暴露出很多问题,建议增加一条规定:“国家发行彩票所募集的彩票公益金作为专项用于社会公益事业的资金,其分配和使用应当符合本法规定的慈善宗旨,具体办法由国务院规定。”

四、关于慈善捐赠

草案修改稿第三十二条规定,捐赠人可以通过慈善组织捐赠,也可以直接向受益人捐赠。有的提出,一些人可能会以向受益人捐赠为名投机套利、偷税漏税,建议明确“向受益人捐赠”的具体情形。有的建议删去后半句。

草案修改稿第三十三条第一款规定,捐赠财产包括货币、实物、有价证券、股权、知识产权等有形或者无形财产。有的建议增加“土地使用权、房屋所有权”,并将“有形或者无形财产”修改为“货币和可用货币估价并可依法转让的非货币财产”。

草案修改稿第三十三条第二款规定,捐赠人捐赠的实物应当具有使用价值,符合安全、卫生、环保等标准。有的提出,这里的标准应当明确为强制性标准,不应包括推荐性标准。

草案修改稿第三十四条规定,自然人、法人和其他组织开展演出、比赛等经营性活动,承诺将全部或者部分所得用于慈善目的的,应当在举办活动前与慈善组织或者其他接受捐赠的人签订捐赠协议。有的建议将“举办活动前”修改为“举办活动十天前”。

草案修改稿第三十六条规定,慈善组织接受捐赠,捐赠人要求签订书面捐赠协议的,慈善组织应当与捐赠人签订书面捐赠协议。有的建议增加规定“捐赠协议应当经过公证并赋予强制执行效力”。有的建议修改为:“慈善组织接受捐赠,应当与捐赠人签订书面捐赠协议,无法区分捐赠人或者捐赠人明确拒绝的除外。”

草案修改稿第三十七条第一款规定，捐赠人与慈善组织约定捐赠财产的用途和受益人时，不得指定其利害关系人作为受益人。有的提出，本条前半句涉及用途和受益人两种情况，后半句只有受益人一种情况，建议在后半句增加“不得指定用于利害关系人”。

草案修改稿第三十七条第二款规定，任何组织和个人不得利用慈善捐赠，以任何方式宣传烟草制品及其生产者、销售者以及法律法规禁止宣传的其他产品和事项。有的提出，该规定有一定的进步意义，但还不够，实践中有的烟草企业利用捐赠来占领道德高地，以掩盖烟草制品对健康、社会和环境的负面影响，造成不良影响；此外，我国在2005年已经加入了《烟草控制框架公约》(2003年世界卫生组织通过)，该公约规定：“缔约方不应允许任何政府分支机构或公立部门，接受来自烟草业或那些促进其利益者的对政治、社会、财政、教育、社区或其他类的捐助。”中国应履行承诺，建议在法律中明确规定禁止烟草业对一切组织、个人、活动的捐赠和赞助。有的建议规定“禁止烟草企业对捐赠的单位和项目冠名”。有的建议将这一规定移至总则。

草案修改稿第三十八条规定了捐赠人应当按照捐赠协议履行捐赠义务。有的建议增加规定：“对经公证的以给付为内容并载明捐赠人愿意接受强制执行承诺的债权文书，捐赠人不履行或者履行不适当的，慈善组织或者其他接受捐赠的人可以依法向有管辖权的人民法院申请执行。”

草案修改稿第三十九条第二款规定，慈善组织违反捐赠协议等方式约定的用途，滥用捐赠财产的，捐赠人有权要求其改正；拒不改正的，捐赠人可以向人民法院起诉。有的提出，除向人民法院起诉外，还应当允许捐赠人向慈善组织登记的民政部门投诉。有的建议赋予捐赠人单方面解除捐赠协议的权利。

五、关于慈善信托

草案修改稿第四十条规定，慈善信托即公益信托。有的提出，慈善信托、公益信托二者不能画等号，该表述不够准确，建议再作研究。

草案修改稿第四十一条规定，设立慈善信托、确定受托人和监察人，应当采取书面形式，并向县级以上人民政府民政部门备案。有的建议修改为“经县级以上人民政府民政部门批准”。有的建议将“县级以上人民政府民政部门”修改为“委托人登记的民政部门”。

草案修改稿第四十二条规定，慈善信托的受托人，由委托人确定其信赖的慈善组织担任。有的提出，只允许慈善组织作为慈善信托的受托人，不利于慈善信托的发展，除非允许营利性法人也可以成为慈善组织，否则该条起不到实际作用。有的建议，委托人信赖的自然人和法人也可以作为受托人。有的建议规定“接受委托的慈善组织可以聘请金融机构和专业顾问机构协助管理信托财产”。

草案修改稿第四十三条规定，慈善信托的受托人违反信托义务或者难以履行职责的，委托人可以变更受托人。有的建议增加规定“委托人已不存在或无法申请变更的，监察人可以向民政部门申请变更受托人”。

草案修改稿第四十四条规定，慈善信托的受托人根据需要，可以确定信托监察人。有的建议修改为：“慈善信托的受托人应当在信托文件中确定信托监察人；信托文件未明确规定的，由民政部门指定信托监察人。”有的建议明确，除监察人外，委托人也可以监督受托人。

草案修改稿第四十五条第二款规定，慈善信托的受托人应当每年至少一次将信托事务处理情况及财务状况向其备案的民政部门报告，并向社会公开。有的建议规定“慈善信托设立监察人的，受托人应当将年度信托事务处理情况及财务状况报送监察人”。有的建议将该规定移至第八章“信息公开”中规定。

六、关于慈善财产

草案修改稿第四十七条规定了慈善组织的财产。有的提出，目前的表述是在描述慈善组织的资金来源，并且创始财产中可能就有捐赠财产，逻辑上有些问题，建议按照财产属性表述，如现金财产、实物财产、有价证券财产等。

草案修改稿第四十八条规定，慈善组织的财产应当根据章程和捐赠协议的规定全部用于慈善目的；任何组织和个人不得私分、挪用或者侵占慈善财产。有的建议明确慈善组织的财产和慈善财产二者的关系。有的提出，慈善组织的财产并不等同于慈善财产，否则不能解释慈善组织工作人员的薪酬来自何处。有的建议明确规定"慈善财产属于慈善组织所有"。

草案修改稿第五十一条规定，慈善组织确需变更捐赠财产用途的，应当征得捐赠人同意。有的提出，该规定过于简单、不易操作，建议规定，匿名捐赠的，报民政部门批准并向社会公示后方可变更财产用途；部分匿名、部分非匿名捐赠的，应征得全体非匿名捐赠人同意后再将方案报民政部门同意，并向社会公示后，方可变更财产用途。

草案修改稿第五十四条规定，慈善组织不得指定慈善组织管理人员的利害关系人作为受益人。有的建议修改为"不得违背慈善宗旨指定慈善组织管理人员的利害关系人作为受益人"。

草案修改稿第五十六条规定，捐赠协议对单项捐赠财产的慈善活动支出和管理成本有约定的，按照其约定。有的建议将"按照其约定"修改为"从其约定"。

七、关于慈善服务

草案修改稿第六十条规定，慈善组织根据需要可以与志愿者签订协议。有的提出，该规定可能侵犯志愿者要求签订协议的权利，建议修改为“慈善组织或者志愿者任何一方要求签订协议的，应当签订书面协议”。

草案修改稿第六十二条规定，慈善组织应当安排志愿者从事与其年龄、文化程度、技能和身体状况相适应的慈善服务。有的提出，该规定有歧义，建议修改为“慈善组织安排志愿者从事的慈善服务，应当与其年龄、文化程度、技能和身体状况相适应”。

八、关于信息公开

草案修改稿第六十六条第一款规定，县级以上人民政府建立健全慈善信息统计和发布制度。有的提出，建立健全慈善信息统计和发布制度是县级以上人民政府的义务，建议在“县级以上人民政府”后增加“应当”。

草案修改稿第六十八条规定慈善组织应当每年向社会公开信息。有的建议参照有关基金会信息公开的要求，规定慈善组织应当公开关联交易情况。有的建议将第三项中的“财务会计报告”修改为“独立审计机构审计的财务会计报告以及重大募捐和捐赠项目审计报告”，并增加规定“慈善组织治理机制的运行情况”。

草案修改稿第六十九条规定慈善组织应当定期公开募捐情况和项目实施情况。有的建议将“定期”明确为“每半年”。有的提出，因慈善领域不同，项目周期差别较大，如环保项目、生态修复项目实施周期较长，公布频率太高会增加运行管理成本。建议将第二款、第三款有关规定修改为：“公开募捐周期超过六个月的，至少每半年公开一次募捐情况。慈善项目实施周期超过十个月的，至少每半年公开一次项目实施情况。”

九、关于促进措施

草案修改稿第七十六条规定，企业慈善捐赠支出超过法律规定的准予在计算企业所得税应纳税所得额时扣除的部分，允许结转以后三年内在计算应纳税所得额时扣除。有的建议将“结转”修改为“结转至”。

草案修改稿第七十八条规定，慈善组织、捐赠人、受益人依法享受税收优惠的，有关部门应当及时办理相关手续。有的建议修改为：“慈善组织除承接政府购买服务之外，不得从事任何营利性活动。慈善组织除因政府购买服务取得的收入之外的收入依据本法获得免税资格。捐赠人向慈善组织捐赠财产从应纳税所得中直接扣除。受益人获得的捐赠收入依据本法享受免税。”

草案修改稿第八十六条规定，经受益人同意，捐赠人对其捐赠的慈善项目可以冠名纪念，法律、法规规定需要批准的，从其规定。有的提出，一些烟草企业以捐赠、赞助冠名的方式来达到推销烟草制品的目的，如冠名企业名称的希望小学、奖学金、评选活动等层出不穷，对控烟工作造成不利影响，此外，修改后的广告法第二十二条已经明确规定“禁止利用其他商品或者服务的广告、公益广告，宣传烟草制品名称、商标、包装、装潢以及类似内容”，建议增加规定“烟草企业除外”。

有的建议将有关税收优惠方面的规定，能明确的尽量明确。

有的建议对慈善信托也给予税收优惠。

有的建议规定“通过广播、电视、报刊、互联网等媒体发布募捐信息的，实行广告收入税收全免政策”。

十、关于监督管理

草案修改稿第八十八条规定，县级以上人民政府民政部门应当依法履行职责，对慈善活动进行监督检查，对慈善行业组织进行指导。有的建议增加规定“慈善组织应当依法接受审计部门的审计监督”。

草案修改稿第八十九条规定了民政部门对涉嫌违法的慈善组织有权采取的措施。有的提出，第四项中规定的查询金融账户的权力容易被滥用，建议慎重。有的建议将“县级以上人民政府民政部门对涉嫌违法的慈善组织”修改为“县级以上人民政府民政部门对慈善组织履行监督管理职责”，并将第四项修改为“对涉嫌违法的慈善组织，经国务院民政部门或者县级以上人民政府主要负责人批准，可以查询慈善组织的金融账户”。有的建议规定：“监督检查不得影响被检查慈善组织的正常活动。”

草案修改稿第九十条规定，检查人员或者调查人员不得少于二人，并应当出示合法证件和检查、调查通知书。有的建议增加规定“检查、调查的人员少于二人或者未出示合法证件和监督检查、调查通知书的，被检查、调查的单位有权拒绝”。

草案修改稿第九十一条规定，慈善组织应当每年向其登记的民政部门报送年度工作报告，包括财务会计报告、年度开展募捐活动以及接受捐赠情况等。有的提出，第六十八条第一款第三项已经对年度工作报告的内容作了规定，建议删去本条年度工作报告包括的内容。

草案修改稿第九十三条规定，慈善行业组织应当建立健全行业规范，加强行业自律。有的提出，本条与第十九条第二款的规定有交叉重复，建议修改或者删去这一条。

草案修改稿第九十四条规定，单位或者个人可以向民政部门和其他有关部门或者慈善组织投诉、举报慈善组织、慈善信托的违法行为。有的建议增加对投诉、举报人予以保护的规定。

十一、关于法律责任

草案修改稿第九十六条规定了慈善组织私分、挪用或者侵占慈善财产等的法律责任。有的提出，“一万元以上十万元以下罚款”的处罚太轻，建议规定“违法所得超过一万元的，处一倍以上十倍以下罚款”。

草案修改稿第九十七条第一款第二项规定，广播、电视、报刊以及网络服务提供者、电信运营商未履行本法第二十七条规定的验证义务,由民政部门给予警告、责令停止募捐活动等处罚;第二款对相同情形,规定由其主管部门依法给予处罚。有的建议删去第一款第二项,并规定实行双罚制,除对单位实施处罚外,对其负责人及其直接责任人员也给予处罚。

草案修改稿第一百条规定,慈善组织从事、资助危害国家安全或者社会公共利益活动的,由有关机关依法查处。有的建议将"有关机关"修改为"国家安全机关或者公安机关"。

草案修改稿第一百零二条第一款规定,慈善服务过程中,因慈善组织或者志愿者过错造成受益人、第三人损害的,慈善组织应当依法承担赔偿责任。有的建议增加规定"对因意外事件造成志愿者损害的,慈善组织应当给予适当补偿"。

有的建议增加烟草企业利用捐赠开展宣传、冠名、表彰的法律责任。

十二、关于附则

草案修改稿第一百零六条规定,慈善组织以外的其他组织可以开展力所能及的慈善活动。有的建议恢复一审稿的表述,修改为:"以开展慈善活动为宗旨的非营利组织即使没有登记,也可以开展力所能及的慈善活动,但应当遵守本法相关规定,并依法享受相关权益。"

有的提出,宗教场所的募捐也要受到法律监管,建议增加一条规定:"宗教事业、宗教场所的慈善活动,由国务院宗教事务管理部门根据本法制定相关实施细则。"

十三、其他意见

1. 有的建议将法律名称修改为"公益慈善法"。

2. 有的提出,草案规定的慈善活动的范围涉及教育、科学、文化、卫生、体育等事业以及环境保护等方面的活动,对这些活动民政部门无法主管,建议在国务院设立国家慈善委员会,办公室设在民政部,理顺管理体制。

3. 有的提出,为防止境外势力假借慈善为名危害国家安全,建议对境外慈善组织在华开展活动作出规定。

4. 有的建议将公益事业捐赠法的内容吸收进慈善法,并废止公益事业捐赠法。

慈善法草案北京调研简报

1月29日，全国人大常委会法工委主任李适时带领法工委社会法室同志赴北京就慈善法草案中关于慈善组织开展慈善活动的年度支出和管理成本标准等有关问题展开调研。调研中，实地查看和了解有关基金会、社会团体和社会服务机构，并与有关负责人进行了座谈。民政部副部长邹铭、北京市政府副秘书长马林、北京市民政局局长李万钧等有关负责同志陪同参加调研。现将有关情况简报如下：

一、北京市基金会的有关情况

北京市在基金会的设立以及社会捐赠金额方面都位居全国前列。截至2015年12月31日，北京市共登记基金会378家，其中公募基金会41家，非公募基金会337家，活动领域以教育、社会服务类基金会为主。基金会的业务主管单位主要是民政、教育、科技、文化、卫生等部门。

根据2015年民政部门年检数据统计，北京市基金会上年度总收入为24.55亿元，其中86.6%来源于社会捐赠，达21.26亿元。基金会总支出为19.47亿元，占总收入的79.3%，其中业务活动成本占基金会总支出的95%以上，管理成本的支出占基金会总支出的3.9%，约7684万元。在管理费用的支出中，2015年基金会人员年工资支出总额为3672.2万元，其中，专职人员工资占比超过

91%,专职人员数占北京市基金会从业人员总数的28.1%,三分之二多的从业人员属于兼职无薪或低薪状态。

从2009年至2014年五年的发展数据看,北京市基金会的行政办公支出和人员工资福利总额快速增长,由2009年的1552.5万元增长到2014年的9209.9万元,但相比于基金会的增长速度仍然处于劣势,平均每家基金会约为30万元,处于较低水平。实际工作中很多基金会是通过由发起单位承担部分管理成本等其他办法来解决经费占比问题。据民政部门介绍,近年来,管理成本支出超过10%的基金会数量不断增多,2009年有8家,2014年有33家,占全部基金会的10%左右。

实地考察的北京京华公益事业基金会,2011年由北京福建企业总商会以原始基金400万元牵头发起成立,是北京市第一家由商会组织建立的公募基金会,主要从事救灾救济、扶贫救困、医疗卫生、支教助学等方面的公益慈善活动。该基金会五年来共募集资金1.1亿元,总支出9900万元;连续两年慈善支出超过当年慈善收入,如2015年接受捐赠739万元,慈善活动支出744万元;基金会秘书处下设资金管理部、商会基金拓展部、对外基金拓展部等四个部门,共有专职工作人员九名。每年的管理成本包括办公场所的租赁费以及人员工资,约165万元。

实地考察的中国盲人协会,其前身是1953年成立的中国盲人福利会,2006年经民政部批准正式成为社团法人,是残联的主体协会。协会主要代表全国1731万名盲人的利益,在相关法律法规和国家标准的制定、促进盲人康复和融入社会、推进无障碍设计建设和盲人辅助用品研发等方面开展慈善活动。协会成立八年来慈善财产收入共3000余万元,平均每年400余万元。协会活动场所由残联无偿提供,从业人员共有七人,平均每人的工资水平为月薪5000元。

二、基金会和社会团体对慈善法草案的意见

1.关于慈善组织开展慈善活动的年度支出标准。慈善法草案

第五十六条对慈善组织开展慈善活动的年度支出作出具体规定。根据现行基金会管理条例规定,公募基金会每年用于从事章程规定的公益事业支出,不得低于上一年总收入的70%;非公募基金会每年从事章程规定的公益事业支出,不得低于上一年基金余额的8%。从调研情况来看,该规定对于公募基金会,尤其是资金来源比较稳定、实力较为雄厚的公募基金会,标准并不严苛,以京华公益事业基金会为例,其自成立以来,每年公益事业支出占上年总收入比均在88%以上,2011年达到119%,远远超过基金会条例规定的70%的标准。由北京市共青团发起成立的北京青少年发展基金会,每年总收入稳定在4000万元至5000万元左右,公益事业支出占上年总收入比均在90%以上。对于非公募基金会,基本能够按照条例规定的8%的标准操作,但是对处于发展初期、规模不大的非公募基金会,具有一定难度和挑战。主要原因有几个方面:一是非公募基金会不能向社会公众募捐,资金来源较为单一,尤其是企业发起成立的基金会,目前仍大多由发起单位连续注资来保证活动开展,其在实现公益慈善项目支出功能的同时,主观上也关注基金的保值增值等可持续发展,希望达到"细水长流";二是受社会和经济发展影响,已经具有一定规模和影响的非公募基金会面临转型压力,新成立的非公募基金会也需要在运作中解决如何定位和实际操作等问题,这在一定程度上影响非公募基金会的公益事业支出比例。

中国盲人协会提出,作为社团法人,《社会团体登记管理条例》对其开展慈善活动的年度支出并无限制性规定,但是作为具有税前捐赠扣除资格的公益性社团法人,按照《财政部、国家税务总局、民政部关于公益性捐赠税前扣除有关问题的通知》规定,需申请前连续三年每年用于公益活动的支出不低于上年总收入的70%(含70%),同时需达到当年总支出的50%以上(含50%)。建议慈善法草案对此问题予以进一步研究。

2. 关于慈善组织开展慈善活动的管理成本标准。慈善法草案规定，具有公开募捐资格的基金会开展慈善活动的年度管理成本不得超过当年总支出的10%；在特殊情况下，开展慈善活动的年度管理成本难以符合上述规定的，应当报其登记的民政部门同意并向社会公开有关情况；捐赠协议对单项捐赠财产的管理成本有约定的，按照其约定。

参与座谈的京华公益事业基金会、青少年发展基金会、友成企业家扶贫基金会、北京亿方公益基金会、北京万通公益基金会和北京银杏公益基金会等六家基金会均表示，基金会每年募集款项情况波动较大，但工作人员工资福利和行政办公支出属于固定支出，基金会管理条例对此硬性规定不得超过当年总支出的10%，对于基金会的运作来说难度很大。慈善法草案增加特殊情况的规定，给予一定条件的放宽限制，并规定捐赠协议有约定的从其约定，对于现行做法具有一定进步。从数据上看，调研的六家基金会虽然均达到10%以内的管理成本支出比例要求，但有四家明确表示其全部或者部分人员工资和房租支出是由发起单位承担（京华公益事业基金会、青少年发展基金会、北京亿方公益基金会、北京万通公益基金会）。例如，北京万通公益基金会，是由冯仑、万通地产、万通投资发起成立的非公募基金会，主要关注城市生态社区建设领域，需要较高水平的专业性人才，其唯一资产来源是万通公司的净收入，管理成本则由冯仑个人每年单独捐款解决；基金会共有专职人员五人，2015年万通公司面临亏损，基金会只能支付2.5人工资，另外2.5人在万通领取工资。

北京市民政局提出，基金会进入职业化、专业化的发展轨道后，必要的人力成本和行政办公支出是重要的基础性保障。面对国内基金会由发展初始阶段的“递送钱物”型向现在的“递送专业化服务”型的发展趋势，低成本无法保证其专业人员的投入和服务质量的提高。建议法律对此不作规定，在公开透明的前提下，由社会选择管理成本的支出比例。

中国盲人协会提出,社团法人一般以提供服务为主,需要较多从业人员,且筹资能力较弱,在管理成本的支出上很难达到10%的要求,希望慈善法草案对此问题按照慈善组织不同形式分类研究。

现在制约慈善组织发展的最大瓶颈是高素质人才的聘用。参与座谈的基金会和中国盲人协会针对管理成本标准问题进一步提出以下建议:方案一是对基金会的管理成本支出比例不在法律法规中进行限制性规定,由捐赠人自主决定,可在捐赠协议或者募捐方案中标明管理成本的支出,可通过慈善组织的信息公开予以监督。方案二是鉴于各地经济发展水平不一,在管理成本标准的制定上不宜一刀切,建议慈善法只作原则性规定,由地方按照经济发展水平制定具体标准。

另外,青少年发展基金会和万通基金会还对政府在慈善领域购买服务的相关税收优惠提出意见和建议,中国盲人协会也对草案的其他文字表述等内容提出建议。

慈善法草案天津调研简报

1月29日,全国人大常委会法工委副主任阚珂带领社会法室同志赴天津市,就慈善法草案有关问题进行调研。民政部有关负责同志一同参加调研。调研组与部分在天津市注册的基金会进行了座谈,并实地考察了天津市青少年发展基金会、天津市青年创业就业基金会和南开大学教育基金会,了解情况、听取意见。现将有关情况简报如下:

一、天津市的基金会的基本情况

天津市高度重视社会公益组织在弘扬扶危济困优良传统、促进社会和谐稳定等方面发挥的重要作用,通过举办公益论坛、公益成果展览和资助公益创投项目等方式,大力鼓励和支持基金会的建设和发展。目前,在天津市注册登记的基金会共有64家。其中公募基金会20家,非公募基金会44家。全市基金会总资产14.5亿元。其中,公募基金会8.6亿元,占总资产59.3%;非公募基金会5.9亿元,占总资产40.7%。资产超千万的基金会有21家,超五千万元的有8家,超亿元的有5家,最高资产2.995亿元。在募集资金上,2011年至2014年,天津市的基金会总收入12.8亿元。其中公募基金会5.9亿元,占46.1%;非公募基金会6.9亿元,占53.9%。在基金会公益支出方面,2011年至2014年,天津市的基金会公益总支出7.8亿元。其中,公募基金会公益支出3.54亿元,占自身同期收入60%;非公募基金会4.26亿元,占同期收入61.7%。天津市的基金会的服务领域已涵盖慈善救助、老年福利、教育科技和创业就业等多个方面,资产规模和公益支出逐年提高,为推动天津市慈善事业发展和完善社会保障体系等方面作出了积极的贡献。

二、基金会运行中存在的问题和困难

调研中我们发现,公募基金会与非公募基金会、不同资金规模的基金会在实际运行中差异很大,但同样都存在着不同的问题和困难。他们反映的主要问题和困难是:

1.现有行政法规对基金会规定的管理成本标准限制太严

根据国务院《基金会管理条例》的规定,基金会工作人员工资福利和行政办公支出不得超过当年总支出的10%。调研和座谈中,很多基金会反映这个标准太高了,很大程度上限制了基金会的运行和发展。

天津市青少年基金会提出,所有的慈善组织都免不了人员、技术和办公场所等方面的成本支出,如果没有这些前期成本投入,就难以将慈善项目做好。适当的成本支出是执行一个项目成功与否的根本性前提,并且其他国家关于慈善组织管理成本的规定,通常是高于我国《基金会管理条例》的规定。天津市联合助学基金会和天津市鹤童老年公益基金会提出,限制严格的管理成本标准导致基金会只能聘用极少的工作人员,往往基金会的一个工作人员必须身兼数职,影响了基金会的工作效率。

此外,调研中我们发现,为了符合《基金会管理条例》关于成本管理标准的规定,很多基金会都采取了变通方式。例如,天津市滨海社会救助基金会是民营企业成立的非公募基金会,基金会的办公场所、水电费等行政成本都由企业赞助,无偿提供使用。天津理工大学教育基金会和南开大学教育基金会利用自身是由学校建立的这一优势，很多工作人员都是由校方人员兼任。天津市青少年发展基金会隶属于共青团天津委员会，工作人员中有一部分是团市委事业单位工作人员编制，工资薪酬由财政负担，不计入基金会的行政成本。

2. 年度募捐不平衡导致公益支出比例难以达到

根据国务院《基金会管理条例》的规定，公募基金会每年用于从事章程规定的公益事业支出，不得低于上一年总收入的70%；非公募基金会每年用于从事章程规定的公益事业支出，不得低于上一年基金余额的8%。部分基金会表示这个公益支出比例规定一般都能达到，但是在年度募捐不平衡的情况下，有时会存在困难。

天津市青少年基金会提出，在一些特殊的年度，如当国家遭遇严重自然灾害或重大事故的时候，当年度的捐款总额可能会相较往年有一定程度的提升，而当年度募集的捐款有很多已经用于当年的公益项目，等到了下一年度，募集的捐款额度回归正常，对于公益支出不低于上一年总收入的70%的比例就难以达到，甚至会出现募集的捐款全部都用于公益支出也达不到上一年总收入70%的情况。天津市青年创业就业基金会提出，由于公益支出比例的规定，基金会必须考虑财务结算的时限，带来大量财务操作层面上的问题，不利于受助方及时接受帮助。

3. 不同类型的基金会在筹集资金方面存在不同的困难

天津市青年创业就业基金会提出，目前社会对于慈善和公益的理解主要还是聚焦在传统的扶贫济困上，政府的帮扶政策也主要是针对扶贫济困的慈善组织，而对类似创业就业、文化体育等新兴领域的慈善组织社会关注度不够，募捐的难度也远大于扶贫济困的慈善组织。

天津市鹤童老年公益基金会提出，非公募基金会如果没有企业定向捐款支撑，募集资金非常困难。同时，非公募基金会与公募基金会合作开展募捐也存在很多限制，如募得的资金有一部分需要交给公募基金会,使用公募基金会的项目进行募捐会受到项目募捐上限等限制。

同时,调研中我们发现,一些非公募基金会开展募捐的方式,存在非公开募捐与公开募捐模糊不清的情形,对这一情况需要做进一步研究。例如,南开大学教育基金会属于非公募基金会,它通过互联网向特定的校友群推送募捐信息,形式上与互联网公开募捐类似。募捐的对象属于特定群体,但是在互联网模式下,容易跨界形成实质上的公开募捐。

三、对慈善法草案提出的意见和建议

针对基金会实际运行中存在的问题和困难,结合慈善法草案的规定,天津市的部分基金会提出了具体的意见和建议,主要集中在以下几方面:

1. 关于管理成本标准

有的基金会提出,管理成本标准的设定应当保证基金会能够有正常运行的工作人员人数。有的基金会提出,建议提高管理成本比例,增加慈善组织工作人员的待遇,吸引更多的职业、专业的人才从事慈善工作。有的基金会提出,应该针对不同的慈善项目根据捐赠协议约定不同的管理成本。对规模大的、具有规模化效应的项目管理费可以规定低一些;对规模小的项目,可以把管理费用的标准设置得高一些。

2. 关于公益支出比例

有的基金会提出,对慈善组织公益支出的比例可以是几个年度统筹考虑,例如,在法律中规定慈善组织近三年的公益总支出应当符合近三年总收入的70%。有的基金会提出,高校基金会与其他基金会相比,存在项目周期长等特殊性,慈善法通过后,高校基金会申请公开募捐资格后,建议继续保留原非公募基金会公益支出比例的规定。

3. 关于税收优惠政策

有的基金会提出，目前很多基金会的主要捐款来自民营企业，法律法规对于捐赠的税收优惠仅限于所得税，这对民营企业的激励不够大，建议将税收优惠扩大到营业税等其他税种。有的基金会提出，应当增强个人捐赠享受税收优惠的现实可操作性。有的基金会提出，建议对目前的免税政策作进一步具体规定，解决异地捐赠享受税收优惠的问题。有的基金会提出，建议增加对慈善组织资金保值增值过程中收益的税收优惠政策。有的基金会提出，建议增加对实物捐赠享受税收抵扣的具体措施。

香港特区慈善法律制度的有关情况

1月13日，全国人大常委会法工委副主任阚珂带领社会法室同志赴深圳市，与香港特区政府官员就慈善立法有关问题进行座谈。香港特区政府律政司民事法律专员关奕濠、法律改革委员会副秘书长李天恩介绍了香港特区慈善法律制度及慈善法改革的有关情况。简报如下：

一、香港特区慈善法律的有关规定

香港没有一部统一的慈善法，对慈善活动也没有统一的监管部门。有关慈善组织、慈善募捐、慈善信托的规定散见于不同的条例中，分别由不同的部门依据慈善活动主体和内容的不同分别实施相应的监管。

1. 关于慈善组织

香港特区法律制度深受英国法的影响，有关"慈善组织"的概念与英国法上的界定基本一致。慈善组织是指以开展慈善为唯一宗旨的组织；"慈善"概念传统上包括济贫、促进教育以及推广宗教等活动。随着慈善事业的发展，慈善的概念不断拓宽，逐步涵盖促进公众健康、提升社会公德、保护环境以及保护动物等方面的内容。但是，属于政治性质、促进创办人或捐助人利益、提倡某类特殊运动（如足球和自行车运动等），以及为某一组织或者行业内部提供服务的活动，不属于慈善活动。

香港的慈善组织没有统一的组织形式和登记制度。慈善组织通常采用以下形式：一是根据《公司条例》登记的公司；二是依据《社团条例》注册的组织，此外，一些未登记的组织也可以成为慈善组织；三是信托，从事慈善目的的信托是慈善组织的一种类型；四是依据专门法规成立的团体，如香港保良局、东华三院等。目前香港共有约6000家慈善组织，其中获得免税资格的有5123家。

对慈善组织，香港没有统一的监管部门。对依据《保良局条例》、《东华三院条例》等专门法规成立的团体，专门法规规定了监管部门和监管手段，按照其规定执行。如《保良局条例》规定了由民政事务局局长、社会福利署署长等组成的顾问局，对影响法团或行政的任何事宜，有权向保良局的董事会成员提出意见。对接受政府资助的慈善组织，包括涉及福利、教育、医疗及艺术的服务的慈善组织，主要由各业务主管部门分别实施监管。上述两类慈善组织以外的其他慈善组织，一般没有具体监管部门，相关部门的监管主要包括以下方面：一是税务部门的监管。税务部门主要负责给予慈善组织免税待遇。为定期复核慈善组织是否具有免税资格，税务部门会要求慈善组织提交账目、年报及其他文件。二是公司注册处的监管。依据《公司条例》成立的慈善组织，每年需要提交公司财务报表。三是律政司司长以"慈善事务守护人"身份作出的监管。《受托人条例》赋予律政司司长对慈善活动违法行为进行监督管理。四是其他政府部门的监管，如教育局负责监察教育服务的提供等。

慈善组织的财产应当依据公司章程或者信托协议等明确规定的成立目的和方针来使用。如果非法挪用捐款，相关部门可以采取适当行动，律政司司长也可以以"慈善事务守护人"的身份提起诉讼。

2. 关于慈善募捐

香港对慈善募捐行为没有统一的规范，重点是对在街头等公共场所的募捐行为,出于维护公共秩序的需要,实施较为严格的管理;对举办慈善晚会,以及通过广播、报刊、互联网等方式开展公开募捐,法律上并未作相应的规定。具体来说,一是受到政府监管的公开募捐。慈善组织如果打算在公开场所开展募捐活动,应当向社会福利署申请许可。实施许可的目的是为了避免募捐活动滋扰市民、维护公共秩序。通过街头售卖小件物品筹措善款的,应当向食物环境卫生署申请临时小贩牌照。拟通过售卖奖券筹款的,应当向影视处申请牌照。二是不受政府监管的公开募捐。具体包括慈善拍卖、慈善舞会、音乐会、晚宴、电影首映礼、传媒表演节目以及以邮寄、广告、慈善电话热线方式安排的公众慈善筹款活动等。对通过互联网开展的募捐活动,网站没有义务验证慈善组织的资质或者其真实性。

此外,对个人因自身困难向社会求助,或者某些社会热心人士为他人开展募捐,法律并不禁止。如一些报刊开辟有专栏,刊登需要帮助的病人的情况,热心读者和社会人士可以将款项汇到报社开立的专门账户,由报社转交给需要帮助的人。对个人或者组织的诈捐行为,香港法律有严格的规范,构成犯罪的,依法追究刑事责任。

3. 关于慈善信托

慈善信托既可以通过设立公司的方式成立,也可以依据信托协议成立。担任慈善信托受托人的主体主要是律师等专业人士以及信托公司等金融机构。数额较大的慈善信托一般由金融机构如香港各大银行担任受托人。

4. 关于慈善活动税收优惠

税收优惠是促进慈善事业发展的主要措施。某一组织一旦被认定为具有慈善性质,根据《税务条例》,其取得的捐赠收入以及经营收入无须缴纳所得税;捐赠人向该组织捐款的,也可以享受相应的所得税减免。向慈善组织捐赠实物的,可豁免缴纳交易环节的税费。慈善活动税收优惠措施涵盖慈善活动的各方主体和各个环节。

二、法律改革委员会关于改革慈善法律制度的建议

2007年以来,香港特区政府法律改革委员会就香港慈善组织的法律问题进行研究。2011年,法律改革委员会向社会发布咨询文件,经过公众咨询后,法律改革委员会向特区政府提交并向社会发布了报告书。

报告书建议借鉴英国做法,在香港成立统一的慈善事务委员会,对慈善组织进行统一登记和管理,由统一的主管部门认定慈善组织,并负责监督慈善组织的运行情况,以及统一赋予公开募捐资格等。但香港一些慈善组织和普通民众普遍不赞成这一建议,认为改革现有做法成本大,且赋予慈善事务委员会的权力过大、有滥用权力的危险。法律改革委员会最终认为,在现阶段成立慈善事务委员会的条件不成熟,建议政府主要通过加强政府不同部门之间的沟通协调,以及通过促进慈善组织更加透明来推动慈善事业发展。

此外,法律改革委员会提出的具体建议还包括:(1)只要是向公众进行募捐的慈善组织以及申请免税的慈善组织都应注册,注册名单备存于政府部门,以便公众查阅。(2)慈善组织应适用特别的财务报告准则。(3)增强慈善组织的透明度,年度公开募捐超过五十万元的慈善组织应当提交审计报告和财务报表,获得免税资格的慈善组织应当在其网站上发布财务报表和活动报告,并由政府确定一个部门在该组织违反信息披露义务时进行调查。(4)申请公开募捐许可证时使用格式文本,开通热线电话以回应公众对公开募捐的查询、处理投诉。(5)通过互联网方式开展的公开募捐,应将慈善组织的注册号码,在网页上明示出来;当面游说募捐的,应当将慈善组织的注册号码展示在摊位或柜台上。(6)为避免

通过互联网诈捐,建议教育市民做“精明捐赠人”,加强公众教育。

(7)为防止街头非法筹款,建议建立不同部门之间的统筹平台,以处理筹款牌照申请。

后 记

慈善法是社会领域的一部重要法律，是慈善制度建设的基础性、综合性法律。2016 年 3 月 16 日，第十二届全国人民代表大会第四次会议审议并表决通过了《中华人民共和国慈善法》，自 2016 年 9 月 1 日起施行。制定慈善法，是发展慈善事业、规范慈善活动的客观需要，是加强社会领域立法、全面推进依法治国的重要举措，是打赢脱贫攻坚战、全面建成小康社会的实际措施，也是弘扬中华民族传统美德、培育和践行社会主义核心价值观的内在要求。慈善法的顺利出台，是我国慈善法治建设中具有里程碑意义的一件大事，必将对我国慈善事业的健康发展起到积极的推动作用。

为配合慈善法的学习和宣传工作，帮助读者准确理解慈善法的立法原意和各项规定，保证法律的贯彻落实，全国人大常委会法制工作委员会参与慈善立法工作的同志编写了这本书，供大家学习参考。

本书由全国人大常委会法制工作委员会原副主任阚珂任主编，全国人大常委会法制工作委员会社会法室巡视员郭林茂任副主编。参加编写的人员有：刘左军、陈佳林、吴晓华、郑全红、赵光、王瑞、李辉、蔡人俊、母光栋、张淑宁、徐潇枫等。民政部政策法规司、民间组织管理局、社会福利与慈善事业促进司、社会工作司对本书的编写工作给予了大力支持。

本书力求准确、详尽、通俗地阐释慈善法的立法原意和相关内容。但因时间和水平有限,释义不妥和疏漏之处在所难免,敬请广大读者批评指正。

编　者

2016 年 5 月 10 日